# Lesen Verstehen Interpretieren

## Faszination Literatur

Deutsch

Lieselotte Kinskofer
Stefan Bagehorn

MMD MULTIMEDIA DIENSTLEISTUNGEN Nürnberg MMD GmbH

Multimedia-Dienstleistungen Nürnberg MMD GmbH

Dieses Buch ist der Begleitband zur gleichnamigen Fernsehreihe des Bayerischen Rundfunks.

Die Deutsche Bibliothek – CIP-Einheitsaufnahme

Kinshofer, Lieselotte:
Lesen, Verstehen, Interpretieren: Faszination Literatur / Lieselotte Kinshofer; Stefan Bagehorn. – Nürnberg: MMD

Dr. Lieselotte Kinskofer ist Autorin der Kapitel 1, 2, 3, 5, 6, 7, 10 und 11.
Stefan Bagehorn ist Autor der Kapitel 4, 8, 9 und 12.

Bildnachweis: Daniel Schwarz, Köln (S. 24, 50, 51, 73, 193)

3. Auflage 2007

Umschlaggestaltung: Wolfgang Struwe, München
Gesamtherstellung: Gebr. Bremberger, München

# Vorwort

*Nichts ist dauernd als der Wechsel, nichts beständig als der Tod. Jeder Schlag des Herzens schlägt uns eine Wunde, und das Leben wäre ein ewiges Verbluten, wenn nicht die Dichtkunst wäre. Sie gewährt uns, was uns die Natur versagt: eine goldene Zeit, die nicht rostet, einen Frühling, der nicht abblüht, wolkenloses Glück und ewige Jugend.*

Finden Sie das kitschig? Der Mann, der dies sagte, war Ludwig Börne, Journalist, Schriftsteller und kritischer Geist des 19. Jahrhunderts und nicht gerade dafür bekannt, Kitsch zu schreiben. Sehen wir uns den Text eines anderen Autors des 19. Jahrhunderts an, von Joseph von Eichendorff, dem „Romantiker“:

*Schläft ein Lied in allen Dingen,*
*Die da träumen fort und fort,*
*Und die Welt hebt an zu singen,*
*Triffst du nur das Zauberwort.*

*Lesen, Verstehen, Interpretieren - Faszination Literatur*, ist der dritte Band des neuen Deutschkurses im Medienverbund. Es geht um Literatur, um die Lektüre von „Klassikern“ und modernen Autoren, um das Verständnis für die Struktur und den Inhalt von Werken. Über die Interpretation kann man sich sehr gut Zugang zu einem literarischen Werk verschaffen, auch wenn manche behaupten, die Analyse zerstöre das „Gefühl“. In Wirklichkeit wird ein guter Text um so besser, je mehr man von ihm versteht. In den Fernsehsendungen erhalten Sie ergänzende und vertiefende Hinweise zum Thema Literatur, Literaturgeschichte und Literaturwissenschaft.

Der Dank von Frau Kinskofer gilt im Besonderen Rosemarie Jell, die die Lösungen zu den Kapiteln 1-3, 5-7 und 10-11 schrieb und damit den Lehrstoff und die dazu gestellten Aufgaben einer ersten kritischen Prüfung unterzog. Inga Dopatka hat die Entstehung auch dieses Buches als Lektorin kritisch begleitet. Vielen Dank für die Anregungen, die Ideen und die Geduld mit den Autoren.

Wir wünschen uns und Ihnen, dass Ihnen die Lektüre des Buches und der empfohlenen Werke Spaß macht und Sie dazu anregt, auch weiterhin zu lesen - vielleicht, um wie Ludwig Börne das Leben in schwierigen Zeiten besser ertragen zu können, vielleicht auch, um zusammen mit Eichendorff das Zauberwort zu suchen, auf dessen Klang hin die Welt zu singen anhebt.

Viel Freude bei der Arbeit wünschen Ihnen

Dr. Lieselotte Kinskofer und Stefan Bagehorn

# Inhalt

## 8 Lyrik 1: Einführung in die Lyrikanalyse 145



## 9 Lyrik 2: Lyrik heute 171



## 10 Literarische Textanalyse am Beispiel Roman 189

1

# 1. Was ist eigentlich Literatur?

Lernziele

- Definition der Begriffe Literatur und Literaturwissenschaft
- Diskussion der Gattungs- und Epochenbegriffe
- Blick auf den Buchmarkt und die Vermarktung von Literatur

*Literatur ist die Kunst,*
*Außergewöhnliches an gewöhnlichen Menschen zu entdecken und darüber mit gewöhnlichen Worten Außergewöhnliches zu sagen.*
Boris Pasternak[1]

Der russische Dichter Boris Pasternak wurde bekannt durch sein Werk *Doktor Schiwago*. 1958 erhielt er den *Literaturnobelpreis*, wenn auch nicht für den oben zitierten Satz, der durchaus ein Lob verdient hat. Denn er enthält eine *Definition* des Begriffes *Literatur*, die wirklich zum Nachdenken anregt.

Wenn Sie Kinder haben oder viel mit Kindern zu tun haben, so wissen Sie, dass die einfachsten Fragen oft die schwierigsten sind. „Warum ist die Erde rund?", „Wie funktioniert ein Fernseher?", „Warum kann ich mit dem Auge sehen und nicht mit dem Ohr?". In diese Kategorie gehört auch die Frage, mit der dieses Kapitel überschrieben ist. „Was ist Literatur?" Jeder Mensch kennt den Begriff, jeder benutzt ihn. Kämen alle, die sich öffentlich zu dem Thema äußern, in die Verlegenheit, erklären zu müssen, was sie unter Literatur verstehen, so entstünde wahrscheinlich ein großes Schweigen - oder vielleicht auch ein großer Streit darüber, was nun die richtige Definition ist, was zur Literatur gehört und was nicht.

Um die „wahre Literatur" von der „Ware Literatur" abzusetzen, um die großen Werke des *Bildungskanons* davor zu schützen, neben Simmel und Konsalik oder, noch schlimmer, neben den *Groschenromanen* stehen zu müssen, werden viele Definitionen bemüht. Aber was für den einen hohe Kunst, ist für den anderen einfach nur Kitsch, das ist im „Literarischen Quartett" nicht anders als bei der Diskussion im Freundeskreis.

Wenn wir schon keine umfassende, abschließende und endgültige Erklärung auf die Frage „Was ist Literatur?" anbieten können, werden wir uns dennoch bemühen, einer Antwort zumindest nahe zu kommen. Und wenn wir gerade dabei

[1] Zitiert nach www.zitate.de, Stichwort „Literatur", vom 17. Januar 2001.

sind uns mit Definitionen zu beschäftigen, so tun wir es denn auch gleich ausgiebig und stellen noch weitere Fragen. Fragen, die zwar einfach scheinen, aber doch recht schwer zu beantworten sind: Was ist *Fiktion*? Was ist eine *literarische Gattung*? Welche Unterschiede gibt es zwischen *Trivialliteratur* und so genannter *anspruchsvoller Literatur*? Die Erklärungen sind, das sei wiederholt, Annäherungen bzw. Einschätzungen. Definitive Feststellungen gibt es nicht.

## 1.1 Der Begriff Literatur

Wie immer, wenn sich ein Thema oder eine Frage als schwierig erweist, wenn die Antwort komplizierter ist als die Frage, lohnt sich ein Blick ins Lexikon. Dieses Mal bemühen wir nicht erst das Hauslexikon, sondern wenden uns gleich den *Fachbüchern* zu. In diesem Kapitel wird vor allem aus zwei literaturwissenschaftlichen Lexika zitiert. Sie können jedoch auch gerne andere zurate ziehen.

> ***Literatur**, im umfassenden, in der Antike gebräuchlichen Sinn alles schriftlich Aufgezeichnete (lat. **Littera** 'Buchstabe'). Die Breite dieses Literaturbegriffs blieb jedoch nicht immer erhalten. (...)*
> *In der Moderne, etwa seit dem Naturalismus, konkurrieren verschiedene Literaturbegriffe, wobei die Bandbreite von der ästhetizistischen Verengung auf 'reine Dichtung' bis zum sog. erweiterten Literaturbegriff der neueren → Literaturwissenschaft reicht. (...)*[2]

Sehen wir uns diese Definition genauer an. Wie man mit Sachtexten umgeht, haben Sie ja bereits in dem Band *Reden, Schreiben, Präsentieren - Mit Texten arbeiten*[3] gelernt. Zunächst einmal ist alles, was schriftlich aufgezeichnet wird, Literatur - das ist nun wirklich eine sehr weite Definition. Damit sind Sie, wenn Sie etwas schriftlich zu Papier bringen, schon ein Literat. So einfach kann eine Definition sein. Ganz so einfach ist es dann aber doch wieder nicht, denn es gibt auch viel differenziertere Meinungen zum Literaturbegriff:

> *Was ist Literatur? (...) Grob gesagt werden drei Literaturbegriffe unterschieden: a. der pragmatische Literaturbegriff: Literatur ist, was in einer Gesellschaft zu einem historischen Zeitpunkt mehrheitlich dafür gehalten wird; b. der deskriptive: Alles Geschriebene gehört zur Literatur (erweiterter Literaturbegriff);c. der normative: Zur Literatur gehören schriftlich fixierte Werke, die bestimmten ästhetischen Anforderungen genügen (...) Die → Fiktionalität kennzeichnet Literatur, wie sie traditionell zum zentralen Gegenstand der L. gehört. Misch-*

---

[2] Volker Meid, *Sachwörterbuch zur deutschen Literatur*, Stuttgart: Reclam Verlag, 1999, S. 307.

[3] Lieselotte Kinskofer u. Stefan Bagehorn, *Reden, Schreiben, Präsentieren - Mit Texten arbeiten*, München: TR-Verlagsunion, 2001.

*formen (Dokumentarliteratur, Briefe, Tagebücher usw.) sowie unter bestimmten theoretischen oder historischen Voraussetzungen auch Sachliteratur finden ebenfalls Berücksichtigung.*[4]

Literatur ist demnach

- entweder was die meisten *Zeitgenossen* dafür *halten*
- oder *alles Geschriebene*
- oder alles Geschriebene, das bestimmte *Kriterien* erfüllt.

Zur Literatur gehören

- *fiktionale Texte*, also alles, was erdichtet, erfunden wurde
- *Mischformen* wie Brief und Tagebuch
- im Zweifelsfall auch *Sachliteratur*.

Wissen Sie nun mehr als zuvor? Wenn alles Geschriebene Literatur ist, so ist die so häufig gemachte Unterscheidung zwischen Höhenkamm- und Trivialliteratur hinfällig. Wenn Literatur das ist, was die meisten dafür halten, dann ist der Literaturbegriff immer noch ziemlich ungenau. Wenn die Texte allerdings bestimmte Kriterien erfüllen müssen, so stellt sich die Frage: Welche Kriterien? Wer legt diese fest? Wer überwacht ihre Einhaltung?

Ein ketzerischer Gedanke: Sollten wir diese Festlegungen wirklich den paar *Literaturpäpsten* und *Kritikern* überlassen? Ein Rat: Seien Sie selbstbewusst. Kriterien sind *willkürlich*, von der *Zeit abhängig*, in der sie festgelegt werden, aber auch vom *Geschmack* des Menschen, der sie definiert. Schaffen Sie sich *eigene* Kriterien. Hier einige Beispiele, was Kriterien sein könnten - nicht um Höhenkammliteratur zu bestimmen (Goethe, Schiller), sondern das, was *Sie* lesen und womit *Sie* sich beschäftigen wollen:

Literatur ist für mich

- was spannend/interessant/neuartig/faszinierend ist
- wenn mich die Schicksale der geschilderten Menschen anrühren
- wenn ich mich gut amüsiere
- wenn ich etwas gerne lese
- wenn mich ein Text zum Nachdenken anregt
- wenn mich die Sprache begeistert

---

4 *Literaturwissenschaftliches Lexikon. Grundbegriffe der Germanistik*, hrsg. von Horst Brunner u. Rainer Moritz, Berlin: Erich Schmidt Verlag, 1997, S. 202 unter dem Stichwort „Literaturwissenschaft".

Wohlgemerkt: Kein Kritiker der Welt hat diese Kriterien aufgestellt, es sind *Vorschläge*, wie Sie sich Ihre eigene Definition von Literatur schaffen können. Die Texte, auf die diese Kriterien zutreffen, müssen nicht „trivial“ im Sinne der Literaturkritiker sein, auch hohe Literatur kann amüsant oder spannend sein.

Ein *Beispiel*: Goethes *Werther*

- war für seine Zeit spannend, interessant, neuartig und faszinierend und ist es für viele Menschen heute noch
- schildert ein sehr anrührendes Schicksal: ein Mensch, der sich aus einer hoffnungslosen Liebe nicht mehr lösen kann
- regt zum Nachdenken an
- die Sprache begeistert

Zugegeben: Mit dem Amüsieren ist es hier nicht so leicht. Hier eine kleine Textprobe, die Ihnen vielleicht deutlicher macht, was Sie versäumt haben, falls Sie das Buch bisher nicht zur Hand genommen haben.

> *Es ist ein einförmig Ding um's Menschengeschlecht. Die meisten verarbeiten den grösten Theil der Zeit, um zu leben, und das bißgen, das ihnen von Freyheit übrig bleibt, ängstigt sie so, daß sie alle Mittel aufsuchen, um's los zu werden. O Bestimmung des Menschen!*[5]

Das gilt heute wohl noch genauso wie damals - nur würde man es heute natürlich etwas anders formulieren.

In diesem Zusammenhang noch einmal zum Thema „Was ist Trivialliteratur?“ Hier ein Auszug aus der Definition von Brunner und Moritz:

> *Etwa seit den 60er Jahren des 20. Jh. gibt es Ansätze, T. differenzierter zu beurteilen. Aus dem „Zweischichtenmodell“ T. - „Hochliteratur“ wurde so ein „Dreischichtenmodell“ (...): Lediglich solche Texte, die serienmäßig erscheinen und bei deren Lektüre durch ein wenig gebildetes Publikum ihre individuelle Autorschaft unwesentlich bleibt, gehören demnach zur T. Zwischen ihr und der eigentlichen Dichtung liegt die Schicht der realistischeren, komplexeren und handwerklich besseren „Unterhaltungsliteratur“.*[6]

---

[5] Johann Wolfgang von Goethe, *Die Leiden des jungen Werthers,* in: *Sämtliche Werke in 18 Bänden*, Band 4: „Der junge Goethe“, München: dtv, 1977, S. 268-381, hier: S. 273.

[6] *Literaturwissenschaftliches Lexikon. Grundbegriffe der Germanistik*, S. 350-353, hier: S. 351.

1

Der Autor des Lexikonartikels unterscheidet also zwischen *Trivialliteratur*, *Unterhaltungsliteratur* und *Dichtung*. Trivialliteratur hat folgende Kriterien: Die Texte erscheinen regelmäßig, der Autor ist unbekannt, weil auch unwichtig. Den Hinweis auf ein wenig gebildetes Publikum hätte sich der Autor sicherlich sparen können - Groschenromane lesen heißt noch lange nicht dumm sein.

Wie schwierig es aber wirklich ist, zwischen *Kitsch* und *Kunst* zu unterscheiden, schildert die Literaturwissenschaftlerin und Schriftstellerin Ruth Klüger in dem kleinen Band *Von hoher und niedriger Literatur*.

> *Es hat seine Tücken, schon in der Definition. Sage ich, Kitsch sei Nachahmung, so läßt sich erwidern, daß die meiste Kunst Nachahmung sei, und zwar nicht einmal Nachahmung der Natur, sondern Nachahmung anderer Kunst. (...) Wenn ich behaupte, triviale Literatur hält sich nicht, gute Literatur wird dagegen immer neu aufgelegt, so gibt es erstaunliche Gegenbeispiele, wie die Trivialautoren Ludwig Ganghofer und der nicht zu überbietende Karl May. (...) Wenn ich sage, der Kitsch ist verlogen, so ist ein offensichtlicher Einwand, den wir seit Platon kennen, daß alle Kunst lügt, daß alle Kunst zumindest falsche Tatsachen vorspiegelt, also kann es nicht der Künstlichkeitscharakter sein, der den Kitsch ausmacht.*[7]

Ruth Klüger sagt hier sehr genau, wie man Kitsch nicht definieren kann. Aber woran erkennt man nun, ob man es mit Kitsch zu tun hat?

> ***Kitsch**, abwertende Bezeichnung für Kunstprodukte aller Art, die sich durch widerstandslose Konsumierbarkeit, Sentimentalität sowie die Suggestion von Stimmungen und idyllischem Schein auszeichnen. Eine wesentliche Rolle spielt dabei die kommerzialisierte und trivialisierende Verwendung von Werken, Motiven oder Versatzstücken der 'Hochkunst'.*[8]

Wissen Sie nun mehr? Oder ist Ihnen die fragende Annäherung von Ruth Klüger lieber als die Sicherheit des Lexikon-Artikels? Auch beim Stichwort Kitsch ist die Einschätzung häufig abhängig von der Zeit, in der man lebt, und vom persönlichen Geschmack. Viele behaupten ja, die Unterscheidung von Unterhaltung und ernst zu nehmender Kunst parallel zur Unterscheidung von U- und E-Musik sei ein typisch deutsches Phänomen. Ein *spannendes* Buch ist aus Sicht der Literaturkritiker nicht unbedingt auch ein *gutes* Buch, ein Problem, das die Amerikaner angeblich so nicht kennen.

---

[7] Ruth Klüger, *Von hoher und niedriger Literatur. Bonner Poetik-Vorlesung, Band 1*, hrsg. von Karin Hempel-Soos/Joseph A. Kruse/Helmut J. Schneider, Göttingen: Wallstein-Verlag, 1996, S. 11f. In diesem Zusammenhang sei darauf verwiesen, dass in diesem Buch, wie in vielen anderen Veröffentlichungen, aus denen zitiert wird, noch die alte Rechtschreibung verwendet wurde. Sofern also wörtlich zitiert wird, wird daher auch die alte Rechtschreibung in diesen Zitaten korrekt wiedergegeben.

[8] Volker Meid, *Sachwörterbuch zur deutschen Literatur*, S. 273.

Welche Lektüre Sie bevorzugen, hängt nicht nur von Ihrem Geschmack ab, sondern auch von *Ihrer Einstellung zum Lesen*. Viele Menschen wollen nach einem Arbeitstag Ablenkung, Unterhaltung, Spannung - das ist vermutlich nicht die richtige Zeit, um sich in Stifters Romane zu vertiefen, die sich durch eine eher meditative Stimmung, keinesfalls aber durch Action auszeichnen. Lassen Sie sich Ihre *persönlichen Vorlieben* nicht nehmen. Sollten aber Goethe und Schiller, Thomas Mann und Bertolt Brecht bislang nicht zu ihren Lieblingsautoren gehört haben, so nutzen Sie jetzt die Gelegenheit, Neues kennen zu lernen und Vorurteile gegenüber der angeblich so langweiligen Hochliteratur abzubauen.

Noch ein anderer Aspekt: Nach der Literatur-Definition von Brunner/Moritz gehört nicht nur Erdachtes, Erdichtetes, Erfundenes zur Literatur. Auch Mischformen sind möglich, z.B. Tagebuch und Brief. Bei großen Dichtern werden Tagebücher und Briefe ediert, sie gelten als Teil des Werks. Aber auch in bestimmten Epochen, so beispielsweise in der Romantik, waren Brief und Tagebuch für einen Autor Teil seines literarischen Werks: Wer das ganze Leben als Kunstwerk betrachtet, der kann nicht einzelne Teile ausklammern.[9] Auch hier eine Ermunterung: Ihre Sachtexte können literarische Qualität haben. Das heißt nicht, dass Sie etwas dazuerfinden müssen - aber gut schreiben kann man üben und lernen.

Auch *Sekundärliteratur*, also Literatur über Literatur, kann literarisch sein - ein Aspekt, der bei vielen Wissenschaftlern, auch Literaturwissenschaftlern, zu kurz kommt. Manche gestalten ihre Texte eher nach dem Motto: je unverständlicher, desto wissenschaftlicher. Lassen Sie sich nicht irre machen. Was Sie nicht verstehen, ist nicht unbedingt zu hoch für Sie. Vielleicht ist es einfach unverständlich geschrieben.

## Aufgaben

1. Formulieren Sie in einigen Sätzen Ihre eigene Definition von Literatur.
2. Geben Sie einige Beispiele: Was ist Ihrer Auffassung nach Kitsch, was Unterhaltung, was „große" Literatur? Begründen Sie diese Meinung.

---

[9] Vgl. dazu das Kapitel „Romantik als Lebens- und Schreibform" in: *Deutsche Literaturgeschichte. Von den Anfängen bis zur Gegenwart*, hrsg. von Wolfgang Beutin/Klaus Ehlert/Wolfgang Emmerich u.a., Stuttgart/Weimar: Metzler, 1994, S. 173-180.
Vgl. ebenfalls Karl Heinz Bohrer, *Der romantische Brief. Die Entstehung ästhetischer Subjektivität*, München/Wien: Carl Hanser Verlag, 1987.

## 1.2 Was ist Literaturwissenschaft – und wozu ist sie gut?

Diese Frage ist nicht viel einfacher als die nach der Literatur, die wir, genau besehen, nicht abschließend beantworten konnten. Doch lassen Sie uns zunächst nachsehen, wie die einschlägigen Fachwerke mit der Frage umgehen: Was ist *Literaturwissenschaft*? Erst in einem zweiten Schritt kann dann geklärt werden, wozu das gut ist.

> ***Literaturwissenschaft**, Bezeichnung für den wissenschaftlichen, d.h. methodisch reflektierten Umgang mit Literatur. Zu diesem Gesamtbereich gehören grundsätzlich auch die traditionelle → Philologie und die → Literaturgeschichte; in der Praxis jedoch hat sich die (allgemeine) L. im engeren Sinn aus diesem Komplex herausgelöst. Sie sieht ihre Aufgabe in der Auslegung von Texten, wozu sie eine Fülle von methodischen Programmen und Fragestellungen entwickelt hat (und entwickelt) (...)*[10]
>
> *Die großen Arbeitsfelder der L. sind Textsicherung und -bereitstellung (→ Edition, hierfür ist weiterhin die Bezeichnung Editionsphilologie üblich), deutender Umgang mit Texten (Interpretation) sowie historische und soziale Einordnung von Personen und Texten, Ereignissen und Handlungen (Literaturgeschichte).*
>
> *Die drei Arbeitsfelder gehen nicht unabhängig voneinander vor, stützen sich aber in der Praxis auf eigene Regeln und Gewohnheiten. Als viertes Feld hat die Theoriedebatte (auch: Methodendiskussion) seit etwa 1965 an Bedeutung gewonnen. Sie dient der Selbstreflexion der L.: Was ist L., was leistet sie, und wofür sind ihre Erkenntnisse zu gebrauchen? Inwiefern ist sie eine Wissenschaft, inwiefern ein Bereich gesellschaftlicher Kulturpraxis?*[11]

Meid spricht von einem *methodisch reflektierten Umgang* mit Literatur. Wie diese Methoden aussehen, damit werden wir uns noch später befassen. Hier steht nur, dass es methodische Programme und Fragestellungen gibt. Mithilfe dieser Methodik ist offenbar eine *Auslegung* von Texten möglich.

Brunner und Moritz fassen das Gebiet der Literaturwissenschaft etwas weiter:

***Textsicherung und -bereitstellung:***

Der Literaturwissenschaftler ist, wenn er sich der *Editionsphilologie* zuwendet, damit beschäftigt, die Texte der Autoren herauszugeben. Oft heißt das, auf die *Handschriften* zurückzugreifen oder verschiedene *Drucke* miteinander zu vergleichen, sie von *Veränderungen*, die andere *Editoren* vorge-

---

[10] Volker Meid, *Sachwörterbuch zur deutschen Literatur*, S. 316.

[11] *Literaturwissenschaftliches Lexikon. Grundbegriffe der Germanistik*, S. 202.

nommen haben, zu befreien oder sie zum ersten Mal komplett zu veröffentlichen. Häufig werden die Texte, aber auch die *Varianten* ediert. Der *Herausgeber* kommentiert bei *historisch-kritischen Ausgaben* auch die Begriffe und Anspielungen, die der unbedarfte Leser nicht verstehen kann.

***Deutender Umgang mit Texten:***

Das ist die *Interpretation* im üblichen Sinne, wie Sie sie vielleicht noch aus Ihrer Schulzeit kennen - und wie wir es auch hier versuchen werden. Es gibt verschiedene *Methoden*, an Texte heranzugehen, sie zu deuten, zu *interpretieren*. Wir werden uns einige in den folgenden Kapiteln ansehen und versuchen, sie anzuwenden.

***Einordnung von Personen und Texten:***

Dies ist die Literaturgeschichte im engeren Sinn. Der *historische Rahmen*, in welchem Literatur geschrieben worden ist, wird genauer definiert. *Epochen* werden festgelegt und typische literarische Erscheinungen einzelner Epochen herausgearbeitet. Dazu mehr unter „1.4 Der Epochenbegriff“.

***Theoriedebatte:***

Außerdem befasst sich die Literaturwissenschaft auch noch mit sich selbst, mit der Frage, was sie *leistet*, wofür man sie *gebrauchen* kann, in welche Richtung sie sich *fortentwickelt*. Mit diesem Thema werden wir uns im Rahmen dieses Deutschbuches jedoch nicht befassen. Das führt ein bisschen zu weit.

## 1.3 Der Gattungsbegriff

Wozu braucht man nun Literaturwissenschaft? Die Grundlage vermutlich aller Wissenschaften ist wohl das Streben des Menschen, Dinge begreifen zu wollen. Ist eine Sache schließlich „erkundet“, sucht man nach einem Rahmen, in welchem andere Menschen die neuen Erkenntnisse nachvollziehen können. Man sucht nach *Ordnungskriterien*, nach *Gemeinsamkeiten*, nach *Unterschieden*, man möchte eine *Struktur* herstellen oder seine Erkenntnisse gut *begründen* können. Eines der wesentlichsten Ordnungskriterien ist der *Gattungsbegriff*.

> ***Gattung**, Kategorie zur Klassifizierung von literarischen Texten. Der Begriff wird in verschiedener Weise verwendet: als Bezeichnung für überhistorische Konstanten wie die Goetheschen „Naturformen der Dichtung" Epik (→ Epos), → Lyrik und Dramatik (→ Drama) oder als Bezeichnung für konkrete, geschichtlich bedingte Formen (Goethe: „Dichtarten") wie Tragödie oder Roman bzw. deren Untergruppen.*[12]

---

[12] Volker Meid, *Sachwörterbuch zur deutschen Literartur*, S. 190f.

1. *Der Begriff G. findet sich in der → Literaturwissenschaft auf zumindest dreifache Weise verwendet. Zum ersten, in übergeordneter Bedeutung, werden etwa im Zusammenhang der „G.-Trias" deren Konstituenten „Epik", „→ Lyrik" und „Dramatik" als G. bezeichnet. Zum zweiten gelten einzelne literarische Formen als G., z.B. der „→ Roman", die „→ Novelle", die „Kurzgeschichte". Zum dritten, in untergeordneter Bedeutung, werden auch spezifische Ausprägungen eben genannter Formen als G. bezeichnet, im Fall des „Romans" etwa der „Abenteuerroman", der → „Bildungsroman", der „Kriminalroman" (...)*
2. *G. sind Ensembles sprachlicher Merkmale, die einer Gruppe von Texten gemeinsam sind und diese eine Gruppe zu einem bestimmten historischen Zeitpunkt von anderen Gruppen unterscheiden. Dabei können einzelne Merkmale in den Merkmalssätzen verschiedener G. auftauchen. Entscheidend ist letztlich eine je nach G. spezifische Kombinatorik der versammelten Merkmale. Die Flexibilität einer G., die Möglichkeiten ihrer Ausdehnung, um weitere oder der Reduktion auf wenige Merkmale, ist abhängig von der damit verbundenen Unterscheidungsleistung hinsichtlich der anderen G.*
3. *In ihrer unterscheidenden Funktion eignen sich G. vorzüglich zur Klassifikation von Texten. Sie helfen, die Gesamtheit der literarischen Texte überschaubar zu machen und zu ordnen (Editionen des Gesamtwerks eines Autors etwa gehorchen weitgehend gattungssystematischen Bauplänen). Die eminente Rolle, welche die G. diesbezüglich spielen (neben den G. gibt es andere, nicht minder effiziente Ordnungsmodelle: die Chronologie, das Alphabet usw.), ist auf die besondere Verstehensqualität zurückzuführen, die mit dem Begriff der G. und dessen systematischen Möglichkeiten einhergeht.*[13]

## Aufgabe

3. Fassen Sie die wichtigsten Thesen dieser Definition so zusammen, wie Sie es weiter oben am Beispiel von anderen Definitionen gesehen haben.

Die klassischen Gattungen von Literatur sind also Lyrik, Epik und Dramatik. Lyrik - Gedichte; Epik - erzählende Formen, Prosa; Dramatik - Texte fürs Theater. Das ist die einfachste, wenn auch nicht sorgfältigste Definition der drei Begriffe.

[13] *Literaturwissenschaftliches Lexikon. Grundbegriffe der Germanistik*, S. 113.

Natürlich gibt es Mischformen: Es gibt das dramatische Gedicht, es gibt auch Brechts episches Theater, es gibt Romane, die lyrische Elemente beinhalten, in denen sich eine Rhythmisierung der Sprache nachweisen lässt. Es gibt die Gedichte, die sich nicht reimen und dennoch lyrischer sind als so manches Geburtstagsgedicht, das ein Hobby-Autor verfasst hat.

Die Begriffe Lyrik - Epik - Dramatik sollen in den folgenden Kapiteln näher erklärt werden. Hier sei aber festgehalten, dass diese Kategorien in verschiedenen Epochen unterschiedlich hoch angesehen waren. *Lyrik* galt zu fast allen Zeiten als besonders hohe Kunst, eine Verdichtung der Sprache, eine dichterische Sprache. Im Barock war sie noch stark religiös orientiert, das kann man von der heutigen Lyrik kaum noch sagen.

Das *Drama* bzw. das *Theater* galt einmal als grobe *Unterhaltung* mit Gauklern, Taschenspieler und Marionetten (Barock), später sollte es zur *Belehrung* und *Erbauung* dienen, den Menschen zum Guten führen, ihm ein Beispiel geben (*Aufklärung*).

Die *Epik* hat sich sehr stark gewandelt. Der Roman z.B. trat einen beispiellosen Siegeszug an. Sein Erscheinen war geknüpft an die Erfindung des *Buchdrucks*, an die Vereinfachung in der Herstellung von Büchern, an billige Produktionsbedingungen.

Ein *Beispiel:*

Shakespeare (1564-1616) gilt nach wie vor als der größte Dramatiker überhaupt. Es gibt auch Lyrik von Shakespeare, aber keine Romane. War er für Epik nicht begabt? Oder hatte er keine Lust? Wahrscheinlicher ist, dass Shakespeare sich auf die *Bedingungen seiner Zeit* einstellte. Für die Aufführung eines Dramas brauchte man einige Abschriften oder Textauszüge für die einzelnen Schauspieler, aber man musste kein Buch drucken lassen. Dass seine Dramen dennoch gedruckt wurden, spricht für seine *Bedeutung* schon zu seiner Zeit. Doch - und hier treten die Literaturwissenschaftler, vor allem die Editionsphilologen auf den Plan - es gibt offenbar keine Handschriften von Shakespeare, nur Drucke. Und die verschiedenen Drucke weisen auch deutliche Unterschiede auf. Wer also Shakespeare-Texte herausgeben will, muss verschiedene Drucke vergleichen: Ist das die Wortwahl Shakespeares? Ist es wahrscheinlich, dass er so und nicht anders schrieb? Ist diese Szene wirklich von ihm? Welcher Druck ist am glaubwürdigsten? So sieht das aus, wenn sich der Editionsphilologe mit dem Thema befasst:

> *Die Ausgaben, in denen wir heute Shakespeares Dramen lesen, enthalten also einen Text, der zwar selten grob verzerrt, was Shakespeare schrieb, der aber doch in vielen Einzelheiten das Original nicht getreu wiedergibt. Dem Werk Shakespeares ist es ergangen wie einem alten Gemälde, das man durch die Jahrhunderte hindurch immer wieder retouchiert, aufgefrischt, mit beschränkter Sachkenntnis restauriert, in Kopien und Kopien von Kopien verbreitet und schließlich dank seiner unverminderten Popularität massenhaft in billigen Drucken auf den Mark geworfen hat. Überlagerungen aus fast vier Jahrhunderten der Shakespearetradition verdecken das Original. (...) Aus der vor den Drucken liegenden Texttradition in Manuskripten bis zurück auf die Handschriften des Dichters selbst sind alle Dokumente verlorengegangen.*[14]

Ein Glück also für die Editionswissenschaftler, dass Shakespeare offenbar keine Romane geschrieben hat! Diese zu rekonstruieren wäre wohl eine ungeheure Aufgabe gewesen. Wann welche Gattung ihre Blüte erlebt, das wird in den folgenden Kapiteln deutlich werden.

Gattung, so steht es bei Brunner und Moritz, kann aber auch eine Unterteilung innerhalb von Lyrik, Epik oder Dramatik bedeuten. In der Epik gibt es eben den Roman, die Novelle, die Kurzgeschichte etc. In der Dramatik das Lustspiel, die Tragödie etc. Die Lyrik kennt religiöse Lyrik oder Naturlyrik, aber auch andere Formen und Möglichkeiten. Die Unterscheidung kann aber noch weiter führen. Innerhalb des Romans unterscheidet man beispielsweise den utopischen Roman, den Schelmenroman, den historischen Roman, den Kriminalroman, Science Fiction und vieles mehr. Das letzte Beispiel zeigt, dass auch immer neue *Untergattungen* hinzukommen können, während andere an Bedeutung verlieren. Auch die Literatur ist *Moden* unterworfen - jede Epoche hat ihre eigene Lieblingsgattung.

## 1.4 Der Epochenbegriff

Ähnlich wie die Literaturwissenschaft mit der Einteilung in Lyrik, Epik und Dramatik versucht, die Texte einer bestimmten *Form* zuzuordnen, so werden sie mithilfe der Epoche einer bestimmten *Zeit* zugeordnet. Die Grenzen sind häufig fließend, die Begriffe etwas unterschiedlich - und doch kann man sich im Allgemeinen darauf verständigen, was gemeint ist, wenn jemand von Klassik oder Romantik spricht. Epochenbegriffe sind, so steht es bei Brunner und Moritz, „ebenso problematisch wie unverzichtbar".[15]

---

[14] Hans Walter Gabler, „Der Text", in: *Shakespeare-Handbuch. Die Zeit. Der Mensch. Das Werk. Die Nachwelt*, unter Mitarbeit zahlreicher Fachwissenschaftler, hrsg. von Ina Schabert, Stuttgart: Alfred Kröner Verlag, 1978, S. 202-251, hier: S. 204.

[15] *Literaturwissenschaftliches Lexikon. Grundbegriffe der Germanistik*, S. 82.

> *Werden E.begriffe nicht unkritisch, sondern reflektiert benutzt, erweisen sie sich weiterhin als nützlich. Es ist durchaus möglich, Zeiträume zu bestimmen, innerhalb derer Gemeinsamkeiten in der literarischen Produktionsweise nachgewiesen werden können; allerdings besteht bei einer solchen Reduktion von Komplexität zwangsläufig die Gefahr, nur noch Typisches zu erkennen, die vielen Geschichten zu einer Geschichte zusammenzufassen und darüber die Individualität konkreter Texte zu vernachlässigen.*[16]

Für die *Interpretation* von Texten könnte dies bedeuten: Sehen Sie sich zunächst den Text an, arbeiten Sie mit dem Text - und versuchen Sie erst dann, ihn mit einer Epoche und bestimmten Merkmalen dieser Epoche in Verbindung zu bringen. Sagen Sie nicht: „Aha, Goethe, typisch klassisch." Lassen Sie zuerst den Text sprechen.

Eine der gängigen Einteilungen in Epochen, beginnend mit der neuen deutschen Literatur - also ohne Althochdeutsch und Mittelhochdeutsch - sieht etwa so aus:[17]

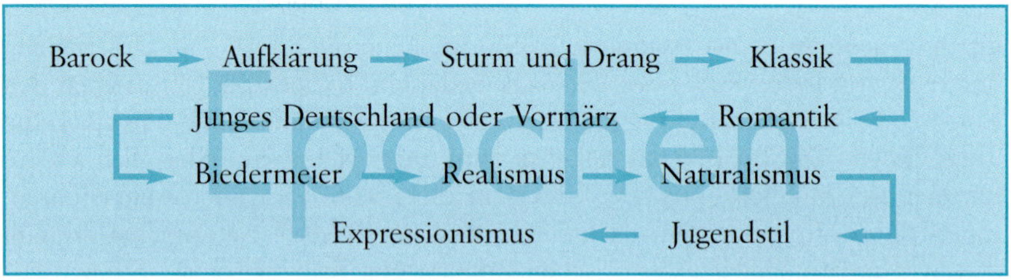


Es fehlen bei dieser Einteilung „Epochen" des 20. Jahrhunderts. Das mag daran liegen, dass die beiden konsultierten Werke in den 50er Jahren bzw. 70er Jahren erschienen sind. Ein anderer Grund mag sein, dass es schwierig ist, Epochen einen Namen zu geben, die noch so nahe an der Gegenwart sind. Die hier zitierte Epocheneinteilung mag vielleicht einige Änderungen erfahren haben, ist aber dennoch weitgehend gültig.

So teilt die *Deutsche Literaturgeschichte* von Metzler die Epochen ein:

> *Mittelalterliche Literatur - Humanismus und Reformation - Literatur des Barock - Aufklärung - Kunstepoche (Klassik und Romantik sowie die Außenseiter) - Vormärz - Realismus und Gründerzeit - Im Zeichen des Imperialismus - Literatur der Weimarer Republik - Literatur im Dritten Reich - Die deutsche Lite-*

---

[16] *Literaturwissenschaftliches Lexikon. Grundbegriffe der Germanistik*, S. 83.

[17] Vgl. Fritz Martini, *Deutsche Literaturgeschichte von den Anfängen bis zur Gegenwart*, Stuttgart: Alfred Kröner Verlag, 1952.
*Geschichte der deutschen Literatur*, 5 Bände, Stuttgart: Reclam Verlag, 1975ff.

1

> *ratur des Exils - Deutsche Literatur nach 1945 - Die Literatur der DDR - Die Literatur der Bundesrepublik - Zwischenbilanz 1992: Einheit und Vielfalt der deutschen Literatur.*[18]

Sie sehen hier, dass die Epochen zunächst einmal weitgehend gleich sind. Doch für die *literarischen Entwicklungen des 20. Jahrhunderts* werden politische Ereignisse zur zeitlichen Eingrenzung herangezogen. Es gibt eine Literatur der Weimarer Republik (1918-1933), im Dritten Reich und im Exil (1943-1945), es gibt Literatur der DDR und der Bundesrepublik etc. Der *Einfluss der Politik* auf die Literatur wird damit indirekt eingestanden. Literatur ist nicht mehr unabhängig von äußeren Ereignissen zu sehen.

Noch deutlicher wird diese Tendenz, wenn man eine Sozialgeschichte der Literatur heranzieht. In *Hansers Sozialgeschichte der deutschen Literatur* ist z.B. der Band 3 so überschrieben: „Deutsche Aufklärung bis zur Französischen Revolution 1680-1789". Die Französische Revolution, ein einschneidendes historisches Ereignis, wird hier also herangezogen, um eine literarische Epoche zu definieren. Darüber hinaus wird in der Sozialgeschichte stärker auf die *Bedingungen* eingegangen, die literarische Produktion oder die Aufführung von Dramen möglich oder unmöglich machen. Einzelne Kapitel heißen beispielsweise „Stadtkultur, Bildungswesen und Aufklärungsgesellschaften" oder „Schriftsteller und literarischer Markt".[19]

Sehen wir uns nun einmal eine Epoche an: Die Romantik

> *Als R. bezeichnet man eine künstlerische, insbesondere literarische Epoche in Europa von etwa 1795 bis etwa 1840.*[20]

Dies ist nun eine zeitliche Eingrenzung, allerdings eine sehr weite. Denn in diese Zeit fällt nicht nur die Romantik, sondern auch die Klassik. Die Literaturgeschichte geht zudem noch davon aus, dass es Außenseiter gibt, die sich nirgends einordnen lassen: Jean Paul, Heinrich von Kleist, vielleicht auch Friedrich Hölderlin.[21]

Nach der Literaturgeschichte von Metzler bezeichnet die Romantik eine *Gegenströmung* zur klassischen und realistischen Literaturposition. Hier nur einige Punkte, wie diese Literaturgeschichte das „Typische" an der Romantik definiert.[22]

---

18 *Deutsche Literaturgeschichte. Von den Anfängen bis zur Gegenwart*, S. V-VII.

19 *Hansers Sozialgeschichte der deutschen Literatur*, Band 3: „Deutsche Aufklärung bis zur Französischen Revolution 1680-1789", erster Teilband, hrsg. von Rolf Grimminger, München: dtv, 1980, S. 5.

20 *Literaturwissenschaftliches Lexikon. Grundbegriffe der Germanistik*, S. 297.

21 *Deutsche Literaturgeschichte. Von den Anfängen bis zur Gegenwart*, S. 186f.

22 Ebenda, S. 173ff.

***Erneuerung der Mythologie:***

Dies geschieht in Abgrenzung zur vernunftbetonten Aufklärung. Friedrich Schlegel schreibt *Über Sprache und Weisheit der Inder* und wendet sich damit fernöstlicher Mythologie zu.
Die *Verbindung* von *Mythos* und *Poesie* findet sich in vielen Werken der Romantiker.

Friedrich Schlegel

***Das Unbewusste:***

Anders als die Aufklärung ist die Romantik allem *Rätselhaften* gegenüber aufgeschlossen. Die Figuren E.T.A. Hoffmanns sind häufig dem Wahnsinn nahe, Müßiggang ist das Thema von Eichendorffs *Taugenichts*, Krankheit, Schwärmerei, Sinnlichkeit - was im Menschen vorgeht, was nicht erklärbar ist, interessiert die Romantiker.

E.T.A. Hoffmann

Wilhelm und Jakob Grimm

***Volkslied, Sage, Märchen:***

Clemens Brentano und Achim von Arnim sammelten alte *Volkslieder*, bearbeiteten sie und gaben sie unter dem Titel *Des Knaben Wunderhorn* heraus. Die Brüder Grimm sammelten *Märchen* und *Sagen* - bis heute ist die Märchensammlung ein Klassiker. Wer sich dem Wunderbaren, dem Rätselhaften nicht verschließt, der muss sich auch der volkstümlichen Welt der Sagen und Märchen öffnen. Darüber hinaus haben viele romantische Autoren selbst Märchen, so genannte „Kunstmärchen“ geschrieben, so z.B. Ludwig Tieck oder Clemens Brentano.

Über diese drei Themen kann man sich der Romantik nähern. Natürlich gibt es auch zu anderen Zeiten Märchen, natürlich haben sich auch Autoren nach 1900 mit dem Unbewussten beschäftigt, gerade weil zu diesem Zeitpunkt die Psychoanalyse so wichtig wurde. Dennoch sind dies Kategorien, die vor allem auf die Romantik zutreffen, viel mehr als auf Barock, Aufklärung oder Realismus.

## AUFGABE

**4.** Nennen Sie zehn Autoren der Romantik oder aus dem Umfeld der Romantik und einige ihrer Werke mit Gattungsbezeichnung.

## 1.5 Literaturbetrieb und Geschäft

*Die exakte Kalkulation eines Massenartikels beginnt mit dem Namen. Die Titel der opulenten Werke von Johannes Mario Simmel, der ein Abonnement auf Bestseller hat (Startauflage seines neuen Buches: 100 000), haben so wenig wie die Überschriften der einzelnen Abschnitte etwas mit dem Inhalt zu tun, aber sie sind eingängige Formeln, die jeweils ein oder zwei Reizworte umranken: „Es muß nicht immer Kaviar sein", „Liebe ist nur ein Wort", „Gott schützt die Liebenden" (...)*[23]

Zwei böse Worte enthält die Überschrift zu diesem Aufsatz: Von „Massenverblödung" ist die Rede - und dann kalauert der Autor auch noch mit den Worten Bestseller und Belletristik und erfindet für Simmel die „Bestsellertristik". Und doch entlockt einem der Beitrag nur ein müdes Lächeln. 100 000 Startauflage? Meine Güte, das ist doch nicht viel! Wir haben heute *Harry Potter*, der sich innerhalb von Tagen millionenfach verkauft. Wir haben Bücher, die Bestseller werden, weil sie im „Literarischen Quartett" besprochen wurden. Wir haben Autoren, bei denen sich ein Buch wie das andere liest, die den Zeitgeist treffen, reich werden - und wieder von der Bildfläche verschwinden.

Es gibt aber auch noch die anderen. Nämlich die Autoren, die zwar bei einem renommierten Verlag landen, aber trotzdem nur 3000 Exemplare ihres Buches verkaufen. Der renommierte Verlag will dann weitere Werke des Autors oft nicht mehr veröffentlichen. Heinrich Böll hat schon vor vielen Jahren das „Ende der

---

23 Wolf Donner, „... Zum Zwecke der Massenverblödung. Simmels neue Bestsellertristik", in: Helmut Popp, *Der Bestseller. Reihe Studientexte für die Kollegstufe*, München: R. Oldenbourg Verlag, 1978, S. 91.

*„Ein gutes Pfund Simmel, ebenso viel Bodo Schäfer und eine gute Prise Mankell.*

*Die Pilcher sacht unterheben und mit Carnegie verquirlen.*

*Und zum Schluss – für die Kleinen – einen Spritzer Rowland hinzugeben.*

*Das Ganze einen guten Monat sacken lassen und die Tantiemen gut anlegen.*

*Voilà!"*

Bescheidenheit" proklamiert und auf die bedenkliche finanzielle Situation der meisten Autoren aufmerksam gemacht,[24] geändert hat sich aber nichts. Verleger zu sein, scheint immer mehr mit *Geschäft* und immer weniger mit Literatur zu tun zu haben – die Gesetze des *Marktes* eben. Wer über Verlagswesen in der Zeitung liest, der liest von Fusionen, von Geschäften, von Umstrukturierung.

Immer seltener steht ein Verlag für ein bestimmtes *Programm*, für *Anspruch*, für eine Reihe renommierter *Schriftsteller*. Autoren wechseln die Verlage, Verlage werben sich die Autoren gegenseitig ab. Dass die Werke des Schriftstellers Siegfried Lenz seit fast 50 Jahren beim Verlag Hoffmann und Campe in Hamburg verlegt werden, ist eine große Ausnahme. Dass ein Buch eine Saison überlebt, ist eher selten. Die meisten Bücher kommen auf den Markt, verkaufen sich oder nicht und werden nach kurzer Zeit verramscht. Wer an dieser Entwicklung schuld ist, lässt sich kaum feststellen. Leser wollen preiswerte Bücher, und diese lohnen sich für einen Verlag nur, wenn viele davon verkauft werden. Wahrscheinlich ist es unsinnig, eine Entwicklung zu beklagen, die nicht mehr rückgängig gemacht werden kann.

Bestseller werden vielleicht in den Verlagen konzipiert und geplant, doch den richtigen Dreh hat noch keiner raus. Immer wieder gibt es – wie im Fall *Harry Potter* – Überraschungen. Jeder englische Lektor, der vor Jahren das Manuskript abgelehnt hat, müsste inzwischen aus Verzweiflung und Wut über seine mangelnde Urteilskraft seinen Job an den Nagel gehängt haben. Denn Millionen von Lesern können sich doch nicht irren, oder?

---

24 Heinrich Böll, „Ende der Bescheidenheit", in: *Literarisches Leben in der Bundesrepublik. Für die Sekundarstufe, Arbeitstexte für den Unterricht*, hrsg. von Ilsabe Dagmar Arnold-Dielewicz u. Heinz Ludwig Arnold, Stuttgart: Reclam Verlag, 1977, S. 16–33.

# Aufgaben

„Wie mache ich einen Bestseller?" - Mit dieser Frage befasst sich der folgende Artikel.

5. Fassen Sie die wichtigsten Aussagen des Textes zusammen (etwa ein Drittel des Ursprungstextes)!

6. Nennen Sie einige sprachliche Mittel, die die Autorin einsetzt, um ihr Thema zu gestalten!

7. Wie beurteilen Sie den „Literaturbetrieb", in dem Bestseller geplant und gemacht werden? Geben Sie eine kurze Stellungnahme in fünf bis zehn Sätzen!

Gisa Funck
**Schmonzette mit Sogwirkung**
Vom Ladenhüter zur Bestseller-Autorin:
Die Amerikanerin Janet Fitch und ihr Roman *Weißer Oleander*

*Auf dem Buchumschlag ist ein Sonnenuntergang zu besichtigen. Eine Frau steht auf einem Steg und blickt versonnen auf einen gelb-orange angeleuchteten Fluss. Auf der Rückseite wirbt der Lübbe-Verlag mit den Worten: „Astrid ist so stark wie der weiße Oleander, der selbst dann blüht, wenn man ihn immer wieder verpflanzt." Und spätestens, wenn man hört, dass „Weißer Oleander" von Janet Fitch einer jener Bestseller ist, der seinen Erfolg der amerikanischen Talk-Königin Oprah Winfrey verdankt, hegt man einen Verdacht: Das Buch muss eine Schmonzette sein.*

*Seit vier Jahren preist die mächtige Oprah Winfrey (geschätztes Vermögen 425 Millionen Dollar) in ihrer Show Bücher an, bei denen es ihr weniger um die literarische Qualität als um den therapeutischen Gehalt zu tun ist. Die 46-jährige TV-Diva, die – selbst einst übergewichtig, drogensüchtig und im Elend aufgewachsen – als Inkarnation des american dream von ihren Zuschauern verehrt wird, bevorzugt Romane, die Lebenshilfe versprechen. Wie sie geschrieben sind, ist zweitrangig. Und so kann es kommen, dass Oprah Winfrey neben anspruchsvoller Lektüre wie Bernhard Schlinks „Der Vorleser" leicht verdauliche Prosa unbekannter Autorinnen empfiehlt, die von gebeutelten Frauen handeln, die ihren Weg trotz aller Widrigkeiten machen. Eine Empfehlung, die für schreibende No-names Gold wert ist. Mindestens 500 000 Mal zusätzlich geht ein Buch über den Ladentisch, sobald darauf der Aufkleber „Oprah's Book-Club" prunkt. Über Nacht werden so aus Ladenhütern Chartbreaker.*

*Janet Fitch ist dafür ein typisches Beispiel. Kaum hat Winfrey den „Weißen Oleander" im April letzten Jahres in ihrer Sendung hochgelobt, schnellte der Titel auf Platz Zwei der New-York-Times-Bestsellerliste – und blieb dort 32 Wochen lang. Mittlerweile ist die Schallmauer von einer Million verkaufter Exemplare gebrochen, wurde das Buch in 20 Sprachen übersetzt. Jüngst hat auch noch Warner die Filmrechte „für gutes Geld" erworben, wie Fitch sagt. Tatsächlich passt ihr Debütroman ins Schema jener Ehrlich-währt-am-längsten-Sagas, die Winfrey und die Mehrheit amerikanischer Hausfrauen nun mal so lieben.*

*In „Weißer Oleander" geht es um Astrid, deren Leben mit zwölf Jahren eine entscheidende Wendung nimmt, als ihre allein erziehende Mutter aus Rache einen ehemaligen Liebhaber umbringt. Die Mutter kommt hinter Gitter, und Astrid muss das Martyrium eines Pflegekindes erleiden. Das besteht – man ahnt es früh – aus einer Odyssee durch diverse grauenhafte Adoptivfamilien, bis das zeichnerisch begabte Mädchen doch noch Glück hat. Astrid findet einen Freund und bekommt einen Studienplatz an der Kunstakademie.*

*Ein Plot also, der einer Mischung aus Oliver Twist und Aschenbrödel gleicht und haarscharf am Kitsch vorbeischrammt. Quasi im Minutentakt stößt Astrid eine Ungerechtigkeit nach der anderen zu, wird sie angeschossen, von Hunden angefallen oder als billige Arbeitskraft missbraucht. Und dennoch: Man verfolgt ihre Odyssee gebannt. Das liegt am Tonfall, in dem Fitch Astrids Geschichte erzählt. Ein eigenwilliger, emotional aufgeladener Ton, den sich die 45-Jährige aus Los Angeles hartnäckig erschrieben hat. (...)*[25]

## Weiterführende Literatur

*Deutsche Literaturgeschichte. Von den Anfängen bis zur Gegenwart*, hrsg. von Wolfgang Beutin/Klaus Ehlert/Wolfgang Emmerich u.a., Stuttgart/Weimar: Metzler, 1994.

*Geschichte der deutschen Literatur*, 5 Bände, Stuttgart: Reclam, 1975ff.

Horst Brunner/Rainer Moritz (Hrsg.), *Literaturwissenschaftliches Lexikon. Grundbegriffe der Germanistik*, Berlin: Erich Schmidt, 1997.

Volker Meid, *Sachwörterbuch zur deutschen Literatur,* Stuttgart: Reclam, 1999.

*Zwei Literaturgeschichten, zwei Sachwörterbücher zur Literatur und zur Literaturgeschichte. Dieses Kapitel hat Ihnen vermutlich gezeigt, wie wichtig es manchmal ist, Begriffe nachschlagen zu können. Auch ist es nicht falsch, einmal in einer Literaturgeschichte zu blättern, sich über einzelne Epochen oder Autoren zu informieren. Die Literaturgeschichte vom Metzler-Verlag bietet einen guten Überblick in einem Band, die Reclam-Bände hingegen befassen sich ausführlicher mit den einzelnen Epochen und Autoren.*

---

25 *Süddeutsche Zeitung, SZ am Wochenende* vom 30. September 2000, S. III, zitiert nach http://szarchiv.diz-muenchen.de

# 2. Epik 1: Erzählformen des zeitgenössischen Romans

2

Lernziele

- Den Begriff „Roman“ definieren
- Verschiedene Gattungen kennen lernen
- Themen und Tendenzen des neuen deutschen Romans kennen lernen
- Erste Schritte zur Textanalyse und Interpretation

*Das Leben ist ein Roman.*[1]

Einzelne Ereignisse eines Lebens mögen eher einem *Drama* gleichen, einer *Tragödie* oder einer *Komödie*. Dieser Filmtitel nun vergleicht das Leben insgesamt mit einem *Roman*. Dabei ist es doch schwierig, etwas Fiktionales, wie es ein Roman gewöhnlich ist, mit dem wirklichen Leben zu vergleichen - oder hier umgekehrt, das Leben als eine Art *Fiktion* zu beschreiben. Früher sagte man, wenn etwas gar zu schön war: „Es ist wie im Roman.“ Gemeint waren damit natürlich diese netten Romane, die „hinten“ immer gut ausgehen. Später sagte man eher: „Das ist ja wie im Film.“ Auch das war noch positiv gemeint. Doch heute heißt es oft: „Bin ich hier in einem schlechten Film oder was?“ - und das hat dann mit unserem Thema, dem Roman, gar nichts mehr zu tun.

## 2.1 Der Roman als literarische Erzählform

Beim Stichwort Gattungen im ersten Kapitel haben wir noch unterschieden zwischen Lyrik, Epik und Dramatik. Das Lexikon verweist beim Begriff Epik auf Epos und dort steht, es handle sich um eine „erzählende Großform in Versen“.[2] Als Beispiele werden Homers *Ilias* und *Odyssee* herangezogen sowie die mittelalterliche Bibelepik und das *Nibelungenlied*. Brunner und Moritz weisen darauf hin, dass der Roman „in antiken Poetiken nicht behandelt wird“. Es hänge daher von der Gattungsdefinition ab, welche Werke man rückblickend als Romane bezeichne.[3]

---

[1] Titel eines Films von Alain Resnais „La vie est un roman“ von 1982.

[2] Volker Meid, *Sachwörterbuch zur deutschen Literatur*, S. 146.

[3] *Literaturwissenschaftliches Lexikon. Grundbegriffe der Germanistik*, S. 293.

> ***Roman**, Großform des Erzählens in Prosa. Das Wort R. ist aus den romanischen Bezeichnungen für die Volkssprache und dann für 'Erzählung in Versen oder in Prosa' abgeleitet. Es wurde erst in der 2. Hälfte des 17. Jh.s ins Deutsche übernommen und konkurrierte zunächst mit einer Vielzahl von Umschreibungen wie 'Helden- und Liebes-Gedicht', 'Geschichtgedicht', 'Wundergeschichte' usw.*[4]

Das Epos im Sinne von Homers *Odyssee* gibt es wohl nicht mehr. Die erzählende Großform in Versen hat Platz gemacht für die Großform in Prosa, für den *Roman*. Eine *Gattung*, die im Mittelalter noch nicht bekannt war, ein *Begriff*, der noch im 17. Jahrhundert mit anderen Begriffen konkurrieren musste, eine *Erzählform*, die heute konkurrenzlos den Markt beherrscht und die Lyrik und Dramatik weit hinter sich gelassen hat. Dennoch ist es gar nicht so leicht, den Roman zu definieren: Ist er nun aus dem Epos hervorgegangen? Ist das Epos ausgestorben und der Roman an seine Stelle getreten? Ist er etwas völlig Neues?

Wenn man die historischen Wurzeln sucht und daraus eine Definition ableiten möchte, ist dies beim Roman offenbar besonders schwer. Leichter ist es, sich die heutige Romanproduktion anzusehen und daraus eine Definition abzuleiten.

> *Engländer sind bekannt dafür, daß sie einen Sinn fürs Praktische haben und bei einem Ding lieber nach seinen meßbaren Eigenschaften als nach seinem Wesen fragen. E.M. Forster, der 1927 das typisch englische und immer noch sehr lesenswerte Buch **Aspects of the Novel** (**Ansichten des Romans**, 1949) geschrieben hat, definiert den Roman deshalb als „eine Prosafiktion von nicht weniger als 50 000 Wörtern". Als „Fiktion" unterscheidet sich der Roman vom historischen Tatsachenbericht, als „Prosafiktion" vom Versepos und als „Prosafiktion von nicht weniger als 50 000 Wörtern" von kürzeren Erzählformen, die wir „Novelle", „Kurzgeschichte", „Märchen" oder „Fabel" nennen.*[5]

Bereits im ersten Kapitel dieses Buchs war davon die Rede, dass die Entwicklung des Romans stark von den *Produktionsbedingungen* abhängig gewesen ist. Wer schreibt schon Werke mit 800 Seiten Umfang, wenn diese dann mit der Hand kopiert werden müssen, weil es den Buchdruck noch nicht gibt oder wenn es niemand lesen kann, weil der Großteil der Bevölkerung des Lesens und Schreibens nicht mächtig ist? Der Roman ist also eine relativ *moderne* Erfindung.

---

[4] Volker Meid, *Sachwörterbuch zur deutschen Literatur*, S. 445f.

[5] Hans-Dieter Gelfert, *Wie interpretiert man einen Roman? Für die Sekundarstufe*, Stuttgart: Reclam Verlag, 1999, S. 7.

Im 18. Jahrhundert wurde er allmählich populär, auch wenn sich die Poetologen wie Johann Christoph Gottsched dagegen sträubten, diese Texte gleichwertig neben das Drama oder gar die Lyrik zu stellen. Doch dazu im dritten Kapitel. Hier zunächst einmal in kurzen Zügen die *Entwicklung des Romans* oder *romanähnlicher Texte* bis ins 18. Jahrhundert, bis zur Aufklärung.[6]

- In den ***antiken Poetiken*** wird der Roman nicht behandelt, das Wort „Roman" hat im Griechischen und Lateinischen keine Entsprechung. Welche Texte man also rückwirkend als Roman bezeichnet, hängt davon ab, wie man die Gattung definiert.

- Es gibt den ***spätantiken Roman***. In den ersten Jahrhunderten nach Christus gibt es erstmals Werke, die man als Romane bezeichnen kann. Die neue Gattung befasst sich mit *Liebe* und *Abenteuer* - zwei Themen, die lange Zeit als *charakteristisch* für die Gattung angesehen wurden.

- Der Roman im ***Mittelalter*** - das ist vor allem der höfische Roman, der noch in *Versen* gehalten ist. Erst im späten Mittelalter (13. bis 15. Jahrhundert) wird die *Prosaform* bestimmend.

- Häufig entstehen die Werke in deutscher Sprache nach Vorbildern in anderen Sprachen, z.B. nach französischen Mustern. Doch tauchen mit den Volksbüchern Prosawerke auf, die als eigenständige deutsche Romane gesehen werden können. ***Volksbuch*** wiederum bezeichnet gedruckte Werke des 15./16. und 17. Jahrhunderts in „gemeiner prosaischer Form", die über die Jahrhunderte hinweg gelesen und erzählt wurden. Beispiele: *Melusine und Magelone*, *Rübezahl*, *Eulenspiegel*, auch die *Faust*-Geschichte.[7]

- Im ***Barock*** gibt es bereits verschiedene Unterarten des Romans: den höfisch-heroischen Roman, den Schäferroman (der angesiedelt ist auf einer Ebene zwischen der hohen Gesellschaft des Adels und den „niederen Menschen", die die Landstraße bevölkern) und den „niederen" Roman, der von Gauklern und Schelmen handelt. Gerade dieser *Schelmenroman*, auch *Pikaro-Roman* genannt, bildete innerhalb der Romantradition eine eigenständige Linie heraus, die wir uns noch ansehen werden.

---

[6] Die folgende stichpunktartige Geschichte des Romans folgt weitgehend der Darstellung von Horst Brunner u. Rainer Moritz, *Literaturwissenschaftliches Lexikon. Grundbegriffe der Germanistik*, S. 293ff.

[7] Vgl. *Literaturwissenschaftliches Lexikon. Grundbegriffe der Germanistik*, S. 359.

## 2.2 Gattungsgeschichtliche Aspekte

Im Roman sind *Helden* am Werk, und die sind gut oder schlecht, brutal oder witzig, schüchtern, gestört - die Vielfalt der Charaktere ist grenzenlos. Manche sind aus edlem Hause, andere treiben sich Hunderte von Seiten lang auf der Straße herum. Je größer die Flut der Romane im Laufe der letzten Jahrhunderte geworden ist, desto größer wurde auch das Verlangen der Literaturwissenschaftler, sie einzuordnen. Und tatsächlich, die Kategorien machen vieles leichter - Sie werden sehen.

### 2.2.1 Der Pikaro- oder Schelmenroman

Vom *Pikaro* war bereits die Rede. Er ist der Held, der viel herumkommt und auch vor Betrügereien nicht zurückschreckt. Die Erzählung hat die Form der *fiktiven Autobiografie*. Der *Ich-Erzähler*, also der „Schelm" selbst, blickt auf sein Leben zurück und schildert einzelne Entwicklungsphasen seines Ich. Die geschilderten und kommentierten Ereignisse haben häufig *episodischen Charakter* und werden nur dadurch zusammengehalten, dass es sich eben um Erlebnisse des Ich-Erzählers handelt. Der Pikaro ist häufig gesellschaftlicher Außenseiter, aber manchmal versucht er, in die gute Gesellschaft hineinzukommen oder sie auch zu „sprengen". Als Außenseiter hat der Ich-Erzähler die Möglichkeit, die Gesellschaft *kritisch zu kommentieren*.

*Oskar, der unermüdliche Trommler der Blechtrommel*

Die Vorbilder für den pikaresken Roman kommen aus Spanien. Der Prototyp ist der anonym erschienene *Lazarillo de Tormes*, der Anfang des 17. Jahrhunderts ins Deutsche übersetzt wurde. In Deutschland war Grimmelshausens *Simplicissimus Teutsch* der bekannteste Pikaro-Roman des 17. Jahrhunderts. Die Gattung hat sich im Übrigen bis ins 20. Jahrhundert gehalten, auch wenn sie einige Wandlungen durchgemacht hat. Thomas Manns *Bekenntnisse des Hochstaplers Felix Krull* und Günter Grass' *Blechtrommel* stehen in dieser Tradition.[8]

---

[8] Die Darstellung folgt weitgehend Volker Meid, *Sachwörterbuch zur deutschen Literatur*, S. 397f.

## 2.2.2 Der Bildungs- oder Entwicklungsroman[9]

Sicherlich, auch der Pikaro bildet sich auf seine Weise, lernt dazu, was die Tücken des Lebens betrifft. Doch im richtigen *Bildungsroman* sind die Anliegen ernsthafter. Ein Mensch begibt sich auf die Reise durchs Leben, es geht um *Orientierung* und *Selbstfindung*, auch darum, seinen Platz im Leben zu finden. Es gibt Irrungen und Wirrungen, aber auch den Weg zurück auf den richtigen Pfad. Der Mensch - meistens handelt es sich bei den Romanhelden um Männer - ist nicht mehr so stark gebunden durch religiöse oder gesellschaftliche Vorgaben, er muss sich selbst seinen Platz als *Individuum* im Leben suchen.

Als erster deutscher Bildungsroman gilt die *Geschichte des Agathon* von Christoph Martin Wieland (1766/67). Einer der bekanntesten ist wohl Goethes Roman *Wilhelm Meisters Lehrjahre* (1795/96). Einer der letzten großen Bildungsromane ist Gottfried Kellers *Der grüne Heinrich* (1854/55 - erste Fassung). Heutzutage ist es anscheinend nicht mehr so leicht, einen klassischen Bildungsroman zu schreiben. Einen jungen Menschen auf *Reisen* zu schicken, ihn *Erfahrungen* sammeln zu lassen, ihn seinen *eigenen Weg* suchen zu lassen - diese Elemente finden sich noch rudimentär in Werken von Thomas Mann und Hermann Hesse, aber einen großen Bildungsroman des 20. Jahrhunderts gibt es wohl nicht. Vermutlich, wie Meid schreibt, „weil die Voraussetzungen (...) - Einheit der Person, Kontinuität der Existenz - mit der Moderne fragwürdig geworden sind."

## 2.2.3 Der historische Roman

Der historische Roman gestaltet *Vergangenheit*. Heute hat er besondere Bedeutung im Bereich des so genannten *Trivialromans*, man denke nur an die *Angelique*-Bände. Kostümeffekt und Reiz des Fremdartigen sind nach Meid die Gründe dafür, warum sich die Unterhaltungsliteratur so gerne der Historie zuwendet. Andererseits vermitteln historische Romane durchaus auch Wissen und wecken zudem das Interesse an der Literatur. Viele Jugendliche haben mit Alexandre Dumas' *Musketieren* einiges über Ludwig XIII. und Ludwig XIV. von Frankreich gelernt und wissen über sie mehr als über den ersten deutschen Bundeskanzler. Doch ist der Darstellung des historischen Romans nicht immer zu trauen, denn *historische Fakten* und *Fiktion* sind miteinander verquickt.

---

[9] Vgl. Volker Meid, *Sachwörterbuch zur deutschen Literatur*, S. 73f.

Zu bestimmten Zeiten hat der historische Roman eine Bedeutung, die weit über die Darstellung der Vergangenheit hinausgeht. Das gilt beispielsweise für die Zeit des deutschen Exils (1933-1945). Viele Schriftsteller, die von den Nazis vertrieben worden waren oder geflüchtet waren, versuchten sich in dieser Gattung. Heinrich Mann schuf mit seinem *Henri Quatre* (1935-1938) das Bild eines Königs, der der Humanität verpflichtet ist - quasi ein Gegenbild zu Hitler. Lion Feuchtwanger schrieb mit *Der falsche Nero* fast eine Parodie auf das faschistische Deutschland. Auch innerhalb Deutschlands wurden zwischen 1933 und 1945 historische Romane verfasst (z.B. von Werner Bergengruen, Gertrud von le Fort), um sich aus dem aktuellen Geschehen zurückzuziehen, vielleicht auch, um nicht angreifbar zu sein.[10]

Es gibt unzählig viele Untergattungen des Romans. Genannt seien noch der Abenteuerroman, der Kriminalroman, Science Fiction - Sie werden selbst für jede dieser Gattungen ein Beispiel parat haben. Es gibt den Schauerroman und den Satirischen Roman - die Palette lässt sich beliebig erweitern. Die meisten Werke lassen sich bestimmten *Genres* zuordnen. Spannend wird die Frage nach der Kategorie ohnehin erst dann, wenn die Einordnung zweifelhaft ist, wenn sie noch nicht von anderen vorgenommen worden ist. Am besten kann man dies bei der *Gegenwartsliteratur* beobachten. Sekundärliteratur dazu ist schwer zu finden, wer diese Texte lesen und verstehen will, ist auf sich selbst, sein Wissen und seine *Bereitschaft zur Auseinandersetzung* angewiesen. Deshalb lassen sich die folgenden Bemerkungen zum *Roman in der Gegenwart* auch keinem Lexikon entnehmen; es sind Anmerkungen, die Sie selbst mit *eigenen Leseerfahrungen* und *Beobachtungen* anreichern, ergänzen, aber auch verbessern dürfen.

## 2.3 Der Roman in der Gegenwart

Wo, bitteschön, beginnt die Gegenwart? Und was ist Gegenwartsliteratur? Vor zwanzig Jahren war in den deutschen Gymnasien Heinrich Böll der letzte Schrei, außerdem las man Alfred Andersch und Peter Handke - das war modern, das stand noch nicht in der *Literaturgeschichte*. Dies hat sich geändert. Natürlich stehen sie jetzt in der Literaturgeschichte, haben ihre *Einordnung* erfahren. Böll und Andersch gehören zur *Nachkriegsliteratur*, Handke fiel zunächst durch das Theaterstück mit Namen *Publikumsbeschimpfung* als böser Bube auf, gilt aber inzwischen auch schon als *Klassiker*, den man einordnen kann. „Innerlichkeit" ist eines der Stichworte, die gerne im Zusammenhang mit Handke fallen.

Literatur der Nachkriegszeit, DDR-Literatur, die Studentenbewegung von 1968 - das alles dürfte nun, am Anfang eines neuen Jahrtausends, zur *Vergangenheit* zählen.

---

[10] Vgl. Volker Meid, *Sachwörterbuch zur deutschen Literatur*, S. 230ff.

In diesem Rahmen soll der Begriff Gegenwartsliteratur sehr eng gefasst werden. Das entscheidende Datum wird der Geschichte und Politik entlehnt. Das Datum ist der 3. Oktober 1990, als die staatliche Einheit Deutschlands wiederhergestellt wurde. Damit war die DDR-Literatur Vergangenheit, zugleich war es auch die Literatur der Bundesrepublik Deutschland. Ob dieses Datum, ob die *Wiedervereinigung* wirklich ein wichtiger Einschnitt in der literaturhistorischen Entwicklung ist, wird erst die Zukunft zeigen.

Doch gibt es nach 1990 zum ersten Mal seit Jahrzehnten wieder eine deutsche Literatur, die nicht schon aus politischen Gründen in zwei Teile zerfällt. Es ist noch zu früh um zu sehen, ob es wirklich *eine* deutsche Literatur gibt, ob sich viel geändert hat, ob neue Themen auftauchten, ob Autoren aus den so genannten neuen Bundesländern anders schreiben als die „Wessis". Dennoch wollen wir versuchen, hier einige Themen oder Themenschwerpunkte vorzustellen und an einigen Beispielen Tendenzen der Gegenwartsliteratur anzudeuten - mehr ist nicht möglich.

Die Beschäftigung mit historischen Stoffen war schon immer sehr beliebt und ist es bis heute geblieben. Die Personen haben wirklich gelebt oder sie sind erfunden - auf jeden Fall hat sich hier im Vergleich zu den 80er Jahren wenig geändert, als Christoph Ransmayrs *Die Schrecken des Eises und der Finsternis* (1984) sowie Sten Nadolnys *Die Entdeckung der Langsamkeit* (1983) erschienen.

Einige *Beispiele* aus den 90er Jahren:

- Hanns-Josef Ortheil legte eine Trilogie über die Künste vor. Der erste Band, *Faustinas Küsse* (1998) beschreibt Goethes Rom-Aufenthalte von 1786-1788 und verbindet sie mit einer fiktiven Geschichte. Der zweite Band, *Im Licht der Lagune* (1999), auch 1786 angesiedelt, behandelt das Thema Malerei, der dritte Band, *Die Nacht des Don Juan* (2000) lässt Casanova zur Uraufführung von Mozarts „*Don Giovanni*" nach Prag kommen und in die Geschehnisse eingreifen.

- Robert Schneider erzählt in seinem Bestseller *Schlafes Bruder* (1992) die Geschichte des Musikers Johannes Elias Alder. Elias ist 1803 geboren; das Buch schildert das dörfliche Leben, seine Berufung zum Künstler, seine unglückliche Liebe, seine Entscheidung, nicht mehr zu schlafen und so zu sterben.

- Helmut Kraussers Roman *Melodien* (1993) hat zwar eine Gegenwartshandlung, geht aber im zweiten Handlungsstrang bis ins 16. Jahrhundert zurück und beschreibt die Entdeckung von 26 Melodien, auf denen sich die Macht der Musik gründet.

Im Rahmen der Beschäftigung mit Geschichte ist vor allem die Auseinandersetzung mit dem Dritten Reich immer noch sehr wichtig. *Nationalsozialismus* und die *Aufarbeitung der deutschen Vergangenheit* sind demnach keine Themen der Nachkriegsliteratur allein, sondern auch noch in der Gegenwart von großer Bedeutung.

- Bernhard Schlink schildert in seinem Roman *Der Vorleser* (1995) die Liebe eines Jungen zu einer älteren Frau. Erst während seines Jurastudiums erfährt der Ich-Erzähler, dass diese Frau Aufseherin in einem Konzentrationslager war und viele Menschen in den Tod geschickt hat. (Vgl. auch Kapitel 10.)
- Marcel Beyer erzählt in seinem Roman *Flughunde* (1995) die Geschichte von Hermann Karnau, der als Akustiker für die Nationalsozialisten arbeitet.

Ein neues Thema ist allerdings die *deutsche Wiedervereinigung* und die Beschäftigung mit der *DDR-Vergangenheit*.

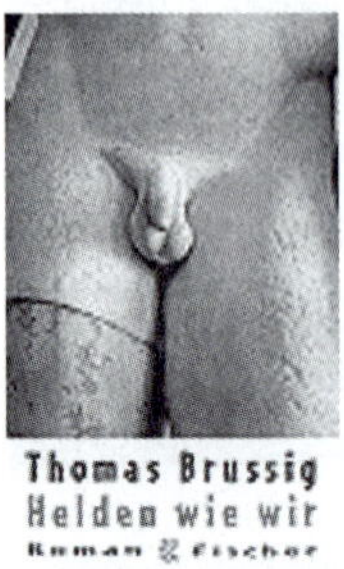


- Thomas Brussig legte mit *Helden wie wir* (1995) eine Art Schelmenroman vor, der in der DDR spielt. Auch sein Roman *Am kürzeren Ende der Sonnenallee* hat durchaus groteske Züge, wenn es um das Thema „Jugend in der DDR" geht.
- Ingo Schulze hat *Simple Storys* (1998) einen „Roman aus der ostdeutschen Provinz" genannt.
- Der *Regenroman* (1998) von Karen Duve, mit dem wir uns noch ausführlicher befassen werden, spielt ebenfalls mit dem Ost-West-Thema.

Natürlich gibt es nach wie vor Romane, die autobiografisch motiviert sind, wie etwa *Crazy* (1999), der Bestseller von Benjamin Lebert, oder die Romane des Büchner-Preisträgers Arnold Stadler. Stellvertretend für seine Auseinandersetzung mit Kindheit, Jugend, Ausbildung und vor allem mit der Heimat sei genannt *Mein Hund, meine Sau, mein Leben* (1994).

Mit dieser Aufzählung und Strukturierung, die sich vor allem an eigenen Lektüreerfahrungen orientiert, ist kein Urteil gefällt. Es sind sicherlich Bücher dabei, die man in dreißig Jahren noch lesen wird und solche, die in Vergessenheit geraten. Es sind solche dabei, die von der Literaturkritik in den Himmel gehoben wurden und solche, die nicht einmal einer intensiveren Betrachtung für wert befunden wurden.

2

Aber es wurden in dieser Aufzählung viele Autoren nicht genannt, die mit ihren ersten Werken viel Beachtung gefunden haben, so etwa Zoë Jenny (*Das Blütenstaubzimmer*, 1997), John von Düffel (*Vom Wasser*, 1998), Birgit Vanderbeke (*Das Muschelessen* 1990, *Alberta empfängt einen Liebhaber* 1997).

Nicht vergessen werden sollen die Autoren, für die oder für deren Eltern Deutsch nicht die Muttersprache ist oder die in einem anderen Kulturkreis aufgewachsen und dann nach Deutschland gekommen sind. Hans-Peter Kunisch konstatiert in einem Artikel „Eine Ankunftsliteratur anderer Art" und spricht von einem selbstbewussten Auftritt der neuen Ausländer.

> *Als nun vor kurzem der diesjährige Chamisso-Preis vergeben wurde, präsentierte sich die Lage folgendermaßen: Nicht einer der drei Ausgezeichneten war ein Bilderbuch-Gastarbeiter. Nicht einer nahm sich deren Schicksal zum Thema. Und wenn „Fremde" und „Verschiedenheit" thematisiert werden, geschieht dies meist auf spielerische Art. Nach Gewinnern wie Yoko Tawada (1996), José Oliver (1997) und Emine Sevgi Özdamar (1998) kamen dieses Jahr alle drei – der Bulgare Ilija Trojanow, die aus Ungarn stammende Terézia Mora, die Rumänin Aglaja Veteranyi – aus Osteuropa (...). Und alle hatten sie schon beim Ingeborg-Bachmann-Preis mitgemacht, dem noch immer wichigsten Wettbewerb für die junge deutschsprachige Literatur, den Terézia Mora letztes Jahr gewonnen hatte, bevor sie beim Chamisso-Preis Zweite wurde.*[11]

Nicht berücksichtigt sind bei diesem kleinen Überblick auch die „Klassiker" der deutschen Gegenwartsliteratur wie Martin Walser, Peter Handke, Peter Härtling, Botho Strauß, Elfriede Jelinek, Christa Wolf oder Siegfried Lenz – eine wahllose Sammlung von Namen, aber auch ein kurzer Blick auf Autoren, die das literarische Leben seit Jahrzehnten mitbestimmen. Doch über den Roman im 20. Jahrhundert wird in Kapitel 3 noch zu sprechen sein.

---

[11] Hans-Peter Kunisch, „Eine Ankunftsliteratur anderer Art. Der selbstbewusste Auftritt der neuen Ausländer in der deutschsprachigen Gegenwartsliteratur", in: *Süddeutsche Zeitung*, Literaturbeilage vom 22. März 2000, Beilage S. 1.

# 2.4 Lesen - verstehen - interpretieren: Annäherung an den Roman

## 2.4.1 Die Inhaltsangabe

Mit der Inhaltsangabe haben wir uns bereits in dem Band *Reden, Schreiben, Präsentieren* befasst. Dort ging es darum, Sachtexte zu lesen, zu verstehen und die wichtigsten Aussagen mit eigenen Worten zusammenzufassen. Das klingt zunächst leichter als eine Inhaltsangabe zu einem literarischen Text zu schreiben. Denn der „Sachtext" ist ja vermutlich sachlich, er handelt nicht von Gefühlen und bedient sich nicht des inneren Monologs. Träumereien, Visionen, Fantasien, wie man sie der Literatur zuschreibt, sind ihm fremd. Dennoch: Die Inhaltsangabe zu einem literarischen Text funktioniert nicht viel anders.

> *Die Inhaltsangabe zu fiktionalen Texten informiert in knappster Form über den* ***Handlungsablauf eines epischen oder dramatischen Werkes*** *(Erzählung, Roman, Theaterstück, Film u.a.). Zumeist wird ihr ein* ***Vorspann*** *vorangestellt, der die wichtigsten Daten über das Werk und seinen Inhalt enthält. Als selbständige* ***Darstellungsform*** *findet sie sich in Roman-, Schauspiel- oder Opernführern, in den Programmheften der Theater und Kinos, in Rundfunk- und Fernsehzeitschriften u.a. Sie ist oft aber auch* ***Teilaufgabe*** *anderer Darstellungsarten wie etwa des literarischen Aufsatzes, der literarischen Facharbeit und Textanalyse, wo sie die Voraussetzung für die Lösung weiterer Aufgaben schafft.*[13]

Die Inhaltsangabe ist Ihre Chance, sich mit dem Text *vertraut zu machen*, bevor Sie auf *weitere Fragen* eingehen. Sie müssten sich den Text ohnehin zunächst genau ansehen und eine Zusammenfassung wesentlicher Punkte vielleicht nicht niederschreiben, aber doch im Kopf haben. Die Inhaltsangabe *verhindert*, dass sie völlig *vom Thema abdriften*, dass sie den Text *missverstehen* und auf diesem Missverständnis ihre Argumentation aufbauen. Die Inhaltsangabe *zwingt* Sie zu *genauem Lesen* und zum *Formulieren mit eigenen Worten*. Wer das kann, der hat begriffen.

---

[12] Vielleicht ist es nützlich, sich in diesem Zusammenhang noch einmal die entsprechenden Kapitel in *Reden, Schreiben, Präsentieren* anzusehen. Um das *Verstehen von Texten* ging es in Kapitel 6 und 7, um die *Inhaltsangabe* und die *Erörterung* in den Kapiteln 10 bis 12. Wer statt des *Sachtextes* einen *literarischen Text* bearbeiten möchte, muss bei der *Prüfung* ebenfalls häufig mit einer Inhaltsangabe beginnen.

[13] Karl Josef Weiß/Helmut Ewert/Gerd Dieter Kohse, *Literatur und Text. Ein Lehr- und Arbeitsbuch für den Literaturunterricht der Sekundarstufe II*, Bad Homburg vor der Höhe: Verlag Dr. Max Gehlen, 1994, S. 327.

Hier einige Anregungen zum Schreiben der Inhaltsangabe eines literarischen Textes:

- Übernehmen Sie nicht die Sprache des Textes, sei sie nun elegisch, ironisch, pathetisch, lapidar oder wie auch immer. Bemühen Sie sich um eine *klare, einfache Sprache*. Wörtliche Reden geben Sie bitte in indirekter Rede wieder.
- Halten Sie sich die wichtigen *W-Fragen* vor Augen. Wenn Sie wissen, um wen es geht, wo er sich aufhält, was er da macht, vielleicht sogar warum, dann sind Sie einen erheblichen Schritt weiter.
- Sie dürfen umstellen, Sie dürfen eine andere Reihenfolge der Ereignisse wählen als der literarische Text vorgibt. Da bei Ihnen nicht die Kunst im Vordergrund steht, sondern das *Verständnis des Textes*, dürfen Sie das Wichtigste herausziehen, Rückblenden und Vorwegnahmen als solche kennzeichnen und sich auf die Wiedergabe der Handlung konzentrieren.

Das Vorgehen ähnelt dem Arbeitsablauf bei den Sachtexten:

- Auf jeden Fall ist es wichtig, den literarischen Text *mehrmals intensiv zu lesen*. Unterstreichen Sie, machen Sie sich Anmerkungen, klammern Sie ein, was Ihnen für die Inhaltsangabe weniger wichtig erscheint.
- Lesen Sie wirklich *mehrmals*. Sie werden immer neue Aspekte finden. Haben Sie die Fragen vor Augen: *Wer* handelt? *Was* tut er? *Worum* geht es? *Wo* spielt die Geschichte? *Was* wird zwischen den Zeilen miterzählt?
- Notieren Sie sich die wichtigsten Punkte und verkürzen Sie dabei. *Wählen Sie* also *aus*, was Ihnen wichtig erscheint, ziehen Sie Handlung zusammen oder *abstrahieren* Sie. Wenn der Autor lang und breit einen Duft beschreibt und ihn als Erinnerung an seine Jugend zu einer eigenen kleinen Geschichte ausbaut, so fassen Sie dies wieder zusammen - so wie es hier geschehen ist.
- Selbst wenn Sie Ihre Inhaltsangabe einfach und klar schreiben sollen - bemühen Sie sich um eine *schöne Sprache*. Auch sachliche Texte können gut geschrieben sein.

### 2.4.2 Anmerkungen zu den rhetorischen Stilmitteln

Von rhetorischen Stilmitteln war bereits in *Reden, Schreiben, Präsentieren* die Rede, als es um die Analyse von Sachtexten ging. Sehr viel wichtiger sind sie aber, wenn Sie sich mit einem *literarischen Text* befassen. Sprache und Inhalt haben miteinander zu tun, was erzählt wird steht in unmittelbarem Zusammenhang damit, *wie* es erzählt wird.

- Ist der *Satzbau* kompliziert oder einfach? Ist die *Sprache* schlicht, sachlich, poetisch, bilderreich, altmodisch, modern, peppig? Arbeitet der Autor mit ganzen Sätzen oder mit Satzfetzen?
- Sprechen die Figuren alle dieselbe *Sprache*? Oder gibt es verschiedene Sprachstile, Jargons?
- Welche rhetorischen Stilmittel fallen Ihnen auf? Welche *Funktion* haben sie? Gibt es Ihrer Auffassung nach einen *Grund*, warum der Autor sie verwendet hat, warum sie gerade an dieser Stelle stehen?

Sehen wir uns zwei kurze *Textbeispiele* an:

1. *Hier soll ich also bleiben. Wenn möglich bis zum Abitur. Das ist der Vorsatz. Ich stehe auf dem Parkplatz des Internats Schloß Neuseelen und schaue mich um. Meine Eltern stehen neben mir. Sie haben mich hierhergebracht.*[14]
2. *Das ist die Geschichte des Musikers Johannes Elias Alder, der zweiundzwanzigjährig sein Leben zu Tode brachte, nachdem er beschlossen hatte, nicht mehr zu schlafen.*
   *Denn er war in unsägliche und darum unglückliche Liebe zu seiner Cousine Elsbeth entbrannt und seit jener Zeit nicht länger willens, auch nur einen Augenblick lang zu ruhen, bis daß er das Geheimnis der Unmöglichkeit seines Liebens zugrunde geforscht hätte.*[15]

Der erste Text besteht aus sehr kurzen Sätzen; der zweite Satz ist gar nicht vollständig. Es gibt keine Nebensätze, und obwohl keine flapsigen Wörter vorkommen, klingt der Text so, als könnte er auch gesprochen sein. Kurz und knapp. Im zweiten Text wird zwar genauso schnell das Thema angesprochen, doch sind die Sätze sehr viel komplexer. Die Sprache ist altertümlicher und poetischer.

Sehen Sie sich in diesem Zusammenhang noch einmal an, was in *Reden, Schreiben, Präsentieren* zu den rhetorischen Mitteln bei Sachtexten gesagt wurde. Wir werden sicherlich bei den Gattungen Dramatik und Lyrik noch einmal auf dieses Thema zu sprechen kommen.

### 2.4.3 Wer – wo – was – wann? – Die Struktur des Textes

Eine gute *Nachricht*, eine richtig aufgebaute *Meldung* oder ein *Bericht* – sie alle beantworten im ersten Satz oder in den ersten beiden Sätzen die W-Fragen: Wer,

---

[14] Benjamin Lebert, *Crazy*, Köln: Kiepenheuer & Witsch, 2000, S. 9.

[15] Robert Schneider, *Schlafes Bruder*, Frankfurt am Main/Wien, Lizenzausgabe für die Büchergilde Gutenberg, 1993, S. 7.

wo, was, wann? Das ist es, was den Leser einer Zeitung, den Zuschauer einer Nachrichtensendung interessiert. Offenbar sind diese W-Fragen sehr gute *Kriterien*, um ein Ereignis zu *strukturieren*, um es so *aufzubereiten*, dass es dem Leser oder Zuschauer *verständlich* ist. Dies gilt natürlich nicht nur für Sachtexte.

Auch bei fiktionalen Texten helfen die W-Fragen den Text zu strukturieren, zu verstehen und ihn für sich zugänglich zu machen. So kann manches, was beim ersten Lesen oder Überfliegen verwirrend aussieht, klarer und verständlicher werden.

Die Meinung, dass der Text durch eine Interpretation entzaubert wird, müssen Sie nicht unbedingt teilen. Normalerweise genießt man jede Kunst umso mehr, je klarer man sieht, welcher *Mittel* sich der Künstler bedient hat: Wer bei einer Sinfonie die Stimmführung oder die Instrumentierung oder die Verarbeitung des Motivs verfolgen und bewundern kann, wer bei einem Bild Farbgebung und Pinselstrich einzuschätzen weiß, der hat vermutlich mehr Freude an der Kunst. Deshalb profitieren Menschen, die gerne lesen, auch noch mehr von der Literatur, wenn sie versuchen, den Text für sich „aufzudröseln“. Die journalistischen W-Fragen sind eine von vielen Möglichkeiten.

***Wer?***
Diese Frage zielt auf die *Personenkonstellation*. Ist es ein Held? Sind es mehrere? Ist es ein Paar? Ist es vielleicht gar ein Team? Hat der Held einen Gegenspieler? Sind bestimmte Menschen einander in besonderer Weise zugeordnet?

***Wo?***
Wo spielt die Handlung? Gibt es mehrere *Orte*? Oder ist es ein Roman, der zugleich das Bild einer Stadt zeichnet (z.B. *Berlin Alexanderplatz* von Alfred Döblin)? Haben die Orte eine bestimmte *Funktion*? Sind sie an bestimmte Personen oder Ereignisse gekoppelt?

***Was?***
Dies ist die Frage nach der *Handlung*. Hier können Sie sich mit ein paar Notizen behelfen, oder, falls dies gefordert ist, eine Inhaltsangabe schreiben. Wie dies geht, haben wir ja bereits gelernt.

***Wann?***
Die Frage nach der *Zeit*. Gibt es verschiedene Zeitebenen? Oder spielt die Handlung chronologisch? Geht es um einen Tag, eine Woche, einen Monat, ein Jahr, ein ganzes Leben? Gibt es Rückblenden oder vorausschauende Teile?

Wir werden diese Fragen nun an einem Text erproben, der erst vor wenigen Jahren erschienen ist. Das Blättern in der Sekundärliteratur ist also kaum hilfreich, wir sind auf uns selbst und auf unsere Beobachtungsgabe angewiesen.

## 2.5 Lesen und Strukturieren: *Regenroman* von Karen Duve

Zu den am meisten beachteten Neuerscheinungen und literarischen Debuts der letzten Jahre gehört der *Regenroman* von Karen Duve.[16] Die Autorin wurde 1961 in Hamburg geboren und hat inzwischen auch Kurzgeschichten veröffentlicht. Schüler schätzen es im Allgemeinen nicht, wenn sie mit ganz aktueller Literatur konfrontiert werden. Zwar mag diese ihnen von Inhalt und Thematik her näher stehen als Werke des 19. Jahrhunderts, doch gibt es keine (oder kaum) Sekundärliteratur zu einem Gegenwartsroman. Wir versuchen hier eine Annäherung über die Kategorien Wer - Wann - Wo - Was?

Wir beginnen mit einem Teil des *Was?*, ohne uns allerdings selbst darum zu bemühen. Hier der Text des Schutzumschlages, der Ihnen - sofern Sie das Buch nicht gelesen haben und auch jetzt nicht lesen wollen - zumindest einen Einblick gibt:

> *Als der unbegabte, doch um so mehr von sich überzeugte Hamburger Schriftsteller Leon und seine attraktive, an Bulimie leidende Frau Martina ihr abgeschiedenes Traumhaus am Rande eines Moorgebiets in Mecklenburg finden, scheint alles bereit für eine glückliche Idylle. Martina will vor allem die Natur genießen, Leon sucht die nötige Ruhe, um die Biographie eines Zuhälters und Ex-Boxers zu schreiben, für die er bereits Honorar erhalten und dieses längst ausgegeben hat. Und mit seinem Auftraggeber ist nicht zu spaßen. Aber das Moor und der Morast menschlicher Beziehungen sind tückisch. So, wie die Schneckenplage und der unablässige Regen die Grundmauern des Hauses angreifen, so durchdringen alsbald Gleichgültigkeit und Kälte Leon und seine Ehe. Ein zugelaufener Hund und die erotische Verwirrung um die herbe Kay und ihre nimmersatte, fette Schwester Isadora - ihre einzigen Nachbarn in der Ödnis - beschleunigen den Zerfall. Und eines Tages stehen Leons Auftraggeber vor der Tür, um ein letztes Mal das Manuskript einzuklagen - diesmal mit Mitteln, denen Leon nicht gewachsen ist ...*

Natürlich ersetzt diese Inhaltsangabe nicht die Lektüre. Aber Sie wissen nun auf alle Fälle, worum es geht. Das Material, mit dem Sie jetzt konfrontiert werden, wurde übrigens nur aus den ersten drei Kapiteln gesammelt. Das macht es zunächst einfacher für Sie, die Zusammenhänge nachzulesen. Und es zeigt, dass man auch mit Teilen des Textes bereits in der Analyse sehr weit kommen kann.

---

[16] Zitiert wird aus folgender Ausgabe: Karen Duve, *Regenroman*, Frankfurt am Main/Wien, Lizenzausgabe für die Büchergilde Gutenberg, mit freundlicher Genehmigung des Eichborn Verlages Frankfurt/Main, 1999.

2

## 2.5.1 Wer? - Die Personenkonstellation

Es geht um ein Paar, das wird schon nach wenigen Sätzen deutlich. Martina steht auf dem öden Parkplatz an einer Landstraße und wartet auf Leon. Der wollte nur kurz in die Büsche verschwinden, taucht aber jetzt nicht wieder auf. Der Rahmen wird gleich abgesteckt.

> *Die dünne junge Frau hieß Martina Ulbricht. Sie hatte vor wenigen Wochen geheiratet, und ihr Mann, Leon Ulbricht, mit dem sie unterwegs war, um ein Haus zu besichtigen und eventuell zu kaufen, war vor einer Viertelstunde im Gebüsch verschwunden und nicht wieder aufgetaucht. (S. 7)*

Fangen wir also mit Leon und Martina an. Sie sind - das zeigt sich bei weiterer Lektüre - unsere „Helden".

### *Leon und Martina*

Im Zentrum steht das Paar, das aus Hamburg wegzieht und sich in Mecklenburg in einem Haus am Moor niederlässt. Martina Ulbricht ist eine „dünne junge Frau" (S. 7), „vierundzwanzig" (S. 11) und wird relativ ausführlich beschrieben.

> *Sie hatte einen großen Mund - Zähne wie Würfelzucker, die Lippen in den Winkeln wund und ein bißchen ausgefranst. Er gab ihrem Gesicht einen beängstigenden Zug ins Raubtierhafte. Aber über diesem Mund saß eine ganz gerade und durchschnittlich große Nase. Und die Augen lagen so nackt und verschreckt in ihren Höhlen, als wären diese nicht ihr angestammter Platz, sondern nur ein vorläufiger Zufluchtsort, und es könnte jederzeit der rechtmäßige Besitzer kommen, Ansprüche geltend machen und sie wie zwei Murmeln in die Tasche stecken. Alle Details ihrer Physiognomie zusammengenommen erweckten einen derart vorteilhaften Eindruck, daß wo immer Martina erschien, die Männer sich strafften wie Vorstehhunde, die Witterung aufnehmen, während die Frauen bei ihrem Anblick zusammensackten wie mißratene Kuchen. (S. 8)*

Martinas Magerkeit hingegen ist mehr als nur eine Äußerlichkeit. Sie hat Bulimie. Deutlich wird dies, als sie kurz nach dem Umzug ihre Eltern in Hamburg besucht. Genauestens wird geschildert, was sie alles in den wenigen Minuten, die sie sich in die Küche zurückzieht, in sich hineinstopft und wie es ihr gelingt, diese Menge an Lebensmitteln wieder aus sich herauszuholen. Die Detailliertheit der Schilderung macht sie um so ekliger. Hier nur ein kurzer Ausschnitt.

> *Mit dem nächsten Rülpser erbrach sie die Banane. Eine halbe Nuß geriet dabei in ihren Nasengang. Es schmerzte, aber wenn sie jetzt eine Pause machte, um die Nuß herauszuholen, mußte sie hinterher wieder ganz von vorn beginnen, die Übelkeit neu aufbauen. Sie steckte den Finger wieder in den Hals. Ein Schwall brauner Flüssigkeit schoß aus ihrem Mund. Noch ein Schwall. Es war*

> *wichtig, viel Cola zu trinken, wenn man sich erbrechen wollte. Die Kohlensäure half, den Mageninhalt hochzutreiben. (S. 70f.)*

Von Leons Aussehen erfahren wir zunächst nicht so viel. Er ist „achtunddreißig Jahre alt“ (S. 11) und manche sehen in ihm offenbar einen „bebrillten Zwerg“ (S. 30) und denken darüber nach, „wie dieser kleine, häßliche Kerl, der noch nicht einmal reich war, es anstellte, ihnen die Frauen auszuspannen“ (S. 30).

Martina arbeitete bis zum Umzug nach Mecklenburg als Redaktionsassistentin bei einer Talkshow. Dort lernte sie auch Leon kennen, er trat in der Talkshow auf. Sehr viel mehr wird über Martinas Beruf nicht gesagt.

Leon hingegen ist ein erfolgloser Schriftsteller. „Er schrieb Kurzgeschichten über enttäuschte Männer, die ihm ähnelten, und Gedichte, die sich nicht reimten und nicht gut verkauften“ (S. 20). Nun aber hat er einen großen Auftrag: Er soll die Biografie des Ex-Boxers und Zuhälters Benno Pfitzner schreiben. Mit dem Vorschuss finanziert er das Haus im Mecklenburgischen. Während Martinas Beruf für das Fortschreiten der Handlung gar nicht entscheidend ist, ist es Leons Beruf sehr wohl: denn er erhofft sich von diesem Umzug die Chance, in Ruhe schreiben und kreativ sein zu können.

> *Er hatte es doch gleich gewußt: Nirgends würde er so schreiben können wie hier. Er brauchte sich bloß an den Schreibtisch zu setzen, in die Weite des Moores hinauszuschauen, und schon entfaltete die Inspiration knallend ihre Flügel. (S. 89)*

Die Beziehung wird gleich zu Anfang an einer Kleinigkeit deutlich gemacht, als Leon auf dem Rücksitz seines Wagens ein Buch mit dem Titel „Du kannst mich einfach nicht verstehen“ sieht.

> *Es gehörte Martina. Seit Leon mit ihr zusammen war, stieß er ständig auf solche Bücher, mit denen sie das Rätsel Mann auszuloten versuchte. Er hatte schon mehrere Anläufe gestartet, ihr* ***richtige*** *Bücher schmackhaft zu machen, hatte ihr abends im Bett vorgelesen, ihr welche geschenkt und darauf geachtet, sie nicht gleich zu Anfang zu überfordern, hatte versprochen, ihr den Rücken zu massieren, wenn sie wenigstens DAS PARFÜM zu Ende lesen würde. Umsonst. Wann immer er sie mit einem Buch in der Hand antraf, war es ein Ratgeber für Frauen. (S. 14)*

Leon, 14 Jahre älter als seine Frau, klein, hässlich und kurzsichtig, während sie als Schönheit geschildert wird, sieht sich also in der Rolle des Erziehers. Martina ist ein Material, aus dem er etwas schaffen möchte - eine Partnerin, die ihm und seiner Kreativität angemessen ist. Gute Bücher lesen, das wäre wohl die richtige Beschäftigung für die Schriftsteller-Gattin. Zu seinen pädagogischen Bemühungen passt, dass er ihr auch einen neuen Namen gibt.

*Als sie Leon kennenlernte, damals am Buffet nach der Talkshow, war ihr Name noch Roswitha Voss gewesen, Leon hatte zu ihr gesagt, Roswitha sei ein so fürchterlicher Name, daß sie sich genausogut das Wort ASOZIAL auf die Stirn tätowieren lassen könnte. Und daß sie ihren Namen nicht zu ändern bräuchte, falls sie sich eines Tages entschließen sollte, in einer Bar mit Séparée zu arbeiten. So hatte er das formuliert. Er hatte sie verletzt. Das war neu. Normalerweise überschütteten Männer sie mit Komplimenten (...) Und da Leon auch noch ein Dichter war, hatte Roswitha sich auf der Stelle in ihn verliebt und sich von da an Martina genannt. Ihren Nachnamen hatte sie verloren, als sie ihn heiratete. (S. 41)*

Martina ist aber nicht ganz so dumm, wie Leon sie offenbar sieht, wenn er ihr gute Lektüre empfiehlt. Sie sieht sehr genau Leons Schwächen: Seine Ahnungslosigkeit in praktischen Dingen des Alltags, vor allem bei Reparaturen, wovon es im neuen Haus wirklich genug gibt. Sie sieht auch, wie wichtig es ihm ist, sie zu ernähren, nicht von ihrem Geld abhängig zu sein. Er hat Geld von diesem Boxer und Zuhälter bekommen, er kauft das Haus, er ist der Ernährer der Familie. Ein sehr konventionelles Bild von Beziehung also, und Martina spielt dieses Spiel mit.

### Weitere Figuren

Natürlich ließe sich diese Stoffsammlung und Stoffanordnung beliebig fortsetzen. Das jetzt zusammengetragene Material ist ja lediglich dem ersten Drittel des Romans entnommen. Ähnlich genau kann man sich auch mit den Figuren befassen, die sich um das Paar herumranken, das die Einsamkeit im Moor gesucht hat und sie dann kaum erträgt.

Martina zugeordnet sind vor allem ihre Eltern, die sie schon sehr bald nach dem Umzug besucht. Dazu muss sie nach Hamburg zurückfahren, kann also dem Moor entfliehen. Die Bedeutung der Eltern, vor allem des dominanten Vaters, wird in einer Rückblende in Martinas Jugend deutlich, aber auch im Umgang miteinander am Kaffeetisch - und natürlich in der Szene, in der Martina sich zurückzieht und einen Bulimie-Anfall erleidet.

Leon zugeordnet sind Harry, sein „einziger und bester Freund" (S. 21) und Benno Pfitzner. Leon empfindet es zunächst als Glücksfall, dass Harry ihm den Auftrag besorgt, Pfitzners Biografie zu schreiben. Dieser Auftrag ist Auslöser für den Umzug in den Osten. Später wird sich das, was Leon zuerst als Segen empfand, als Fluch erweisen. Pfitzner und Harry werden zu einer Bedrohung. Wenn sie aus Hamburg kommen, um das Manuskript einzufordern, das Leon noch gar nicht geschrieben hat, werden sie zur Bedrohung einer Idylle, die es gar nicht gibt, weil das Leben am Rande des Moores eben keine Idylle ist.

Ein weiteres Paar in diesem Roman sind die Schwestern Schlei. Mit ihnen werden Sie sich am Ende dieses Kapitels in der Aufgabe befassen.

### 2.5.2 Wo? - Die Orte der Handlung

Zentral sind die alte Heimat, Hamburg, sowie die neue Heimat in Mecklenburg. Hamburg liegt hinter ihnen, auch wenn Martina bereits nach kurzer Zeit im Moor nach Hamburg fährt, zu ihren Eltern, in ihre Kindheit (sie holt Kisten mit ihren Kinder- und Jugendsachen, sie erinnert sich an ihre erste Liebe). Zunächst sah das Haus in Mecklenburg wie ein Traum von Ruhe, Idylle und - für Leon - Kreativität aus. Doch erweist sich das Haus eher als Falle: Es ist renovierungsbedürftig. Leon kommt nicht zum Schreiben, er ist mit handwerklichen Aufgaben befasst - er, der mit Werkzeug gar nicht umgehen kann. Die Besucher aus Hamburg entwickeln ein sehr bedrohliches Potential. Pfitzner will seine Biografie, für die er bereits 50 000 Mark gezahlt und Leon einen Mercedes überlassen hat. Der Roman lebt von dieser Spannung von „alter“ Heimat Hamburg (Westen) und „neuer“ Heimat Haus im Moor (Osten), von Stadt und Land, von altem und neuem Leben. Das neue Leben gerät zum Überlebenskampf, zum Kampf gegen Wetter und Natur, gegen Tiere (Schneckenplage) und Versinken im Moor.

### 2.5.3 Wann? - Die Zeit der Handlung

Wochen? Monate? Das Dasein im Moor scheint gelegentlich zeitlos. Selten sind in Karen Duves Roman Zeitangaben zu finden. Nur im Zusammenhang mit der noch zu schreibenden Biografie wird im ersten Drittel des Romans eine Zeitangabe gemacht.

> *Trotz des Umzugs und der vielen Reparaturen im Haus lag er ganz gut in der Zeit. Den groben Handlungsverlauf hatte er noch in Hamburg skizziert, und in den verregneten letzten beiden Wochen war er so prächtig vorangekommen, daß er damit rechnete, in vier bis sechs Wochen Pfitzner die ersten Kapitel schicken zu können. (S. 89)*

Vermutlich vergehen Monate im Moor, von Sommer und Herbst ist die Rede (S. 277), doch scheint es oft so, als spielte das keine Rolle. Vielleicht, weil die Tage so ähnlich, so eintönig sind, dass man sie nicht voneinander unterscheiden kann.

Die Spanne der erzählten Zeit erstreckt sich von der Fahrt nach Mecklenburg, wo das Haus gekauft wird, bis zum bitteren Ende, dem „Untergang“. Sie umfasst also die gesamte Zeit, in der Leon und Martina dieses Haus bewohnen. Eingestreut sind Rückblenden, die das frühere Leben der beiden, das Leben in der Großstadt Hamburg beschreiben: Martinas Jugend, Leons Leben in einer Wohnung, die er mit einem Schlachtergesellen teilte, wie sich das Paar kennen gelernt hat, wie die beiden heirateten.

Die Zeit spielt noch in einem anderen Zusammenhang eine Rolle: Für Leon wird die Zeit knapp. Hat er zunächst noch - wie oben zitiert - jede Menge Zeit oder glaubt das zumindest, so wird seine Zeit irgendwann abgelaufen sein - und da versteht Pfitzner keinen Spaß.

### 2.5.4 Was? - Der Handlungsablauf

Hier geht es nun darum den Handlungsablauf zu skizzieren, damit einem keine Episode entgeht, damit man den *Überblick* darüber behält, wann sich was ereignet und wann welche Figur zum ersten Mal erscheint. Dabei besteht auch die Möglichkeit, sich ein paar *persönliche Notizen* zu machen. Hier eine grobe Skizze der ersten dreißig Seiten des Romans.

2

- Am Anfang des ersten Kapitels steht ein Wetterbericht. Später wird sich zeigen, dass jedes Kapitel mit einem Wetterbericht beginnt - und es ist fast immer Regen angesagt.
- Martina und Leon haben auf dem Weg zu ihrem neuen Haus im Osten an einem Parkplatz gehalten; sie finden eine Wasserleiche; eklige Szene; übrigens: alles ist nass, sie machen sich schmutzig.
- Weiterfahrt: Leon muss den Mercedes reparieren lassen, weil er es selbst nicht hinkriegt; der Junge an der Tankstelle macht sich über sein mangelndes technisches Verständnis lustig, findet aber Gefallen an Martina.
- Rückblick auf Leons Leben in Hamburg; wirkt wie ein recht trostloses Leben; Leon sieht fern (eklige Szene im Fernsehen: schaut zu, sieht, wie Warane einen Hirsch fressen); Harry taucht auf, führt ihn zu Pfitzner - Leon erhält den Auftrag, die Biografie zu schreiben: „Von da an war alles anders gewesen." (S. 27)
- Leon und Martina auf dem Weg zu ihrem neuen Haus; sie diskutieren über die Wasserleiche, Eindrücke von der Gegend: „Bei Sonnenschein sieht das hier ganz anders aus". (S. 29)
- Rückblende: Wie Leon und Martina sich kennen gelernt haben.
- Ankunft in Priesnitz, trostlose Schilderung des Ortes: „Und es regnete immer noch (...)". (S. 32)

Es gibt einige Dinge, die fallen bereits beim *ersten Lesen* auf. Aber grundsätzlich ist *mehrmaliges Lesen* Voraussetzung für eine intensive Beschäftigung mit einem Text. Häufig sind *zentrale Themen* beim ersten Mal nicht zu erkennen.

Wir wissen nun bereits, dass in diesem Buch das Wetter eine wichtige Rolle spielt - das kann man auf Grund des Titels bereits vermuten. Sie können weitere Belege suchen und sie zuhauf finden. Auch Namen scheinen wichtig zu sein: Roswitha wechselt ihren Vornamen, um Leon eine Freude zu machen, Leon selbst heißt mit Nachnamen „Ulbricht" - „Ausgerechnet", sagt der Krämer des neuen Wohnortes dazu (S. 91), denn er als „Ossi" erinnert sich natürlich noch an Walter Ulbricht, der in den 60er Jahren Staatsratsvorsitzender in der DDR gewesen war. Ein Hund, der Martina und Leon zuläuft, wird von Martina Noah gerufen (S. 78), und das nur kurz, nachdem das Wetter als „große Sintflut" charakterisiert wird (S. 73).

Allerdings ist beim ersten Lesen schwer zu erkennen, wie wichtig Tiere in diesem Buch sind.

- Da ist der Hund, der bei Martina und Leon vor der Tür liegt.
- Bereits zu Beginn wird Leon verletzt, als ihm ein „Salamander" auf die Hand spuckt. (S. 42f.)
- Als Leon noch in Hamburg lebt, sieht er sich die Warane im Fernsehen an und ist von ihrer Grausamkeit fasziniert. (S. 23)
- Martinas Schwester Eva erzählt bei ihren Eltern, dass sie künftig im Studium keine Frösche mehr sezieren wolle. „Während Eva sich wortreich für die Frösche einsetzte, aß Martina vier Stück Butterkuchen und leerte die Hälfte der Keksschale, die auf dem Tisch stand." (S. 66)

Im Verlauf des Romans werden Tiere eine ganz wichtige Funktion haben. Denn das Moor, zusätzlich feuchter und gefährlicher geworden durch den vielen Regen, ist eher der Lebensraum für Amphibien - sicherlich aber nicht für Leon und Martina.

> *An dem runden Geländer glitzschte eine braune Nacktschnecke auf ihrer Schleimspur dahin. Leon beugte sich zu ihr. Ein kleiner, blasenwerfender, vollkommener Organismus. Unendlich verletzlich, nichts als ein Muskelstück in Schleimhaut, und doch in der Lage, über einen Haufen Glasscherben zu kriechen, ohne auch nur einen einzigen Kratzer davonzutragen. Die Schnecke wackelte bedächtig mit den beiden längeren ihrer vier Fühler und schrumpfte sie dann in sich hinein. (S. 47)*

Zu diesem Zeitpunkt kann Leon noch gar nicht ahnen, dass ihm Schnecken und anderes Getier das Leben im Moor noch sehr schwer machen werden.

Immer mehr wird im Verlauf des Romans die Handlung ins Groteske abgleiten, immer weniger werden Martina und Leon *Handelnde* sein, immer mehr *Opfer* des Auftrags aus Hamburg und der häuslichen Situation in Mecklenburg. Vom Wetter - also vom Regen - ganz zu schweigen.

## Aufgaben

Zwei weitere Personen sind Leon und Martina zugeordnet: Die Schwestern Schlei wohnen in der Nachbarschaft.

1. Schreiben Sie eine Inhaltsangabe zu folgender Passage.
2. Beantworten Sie in Stichworten folgende Fragen:
   a. Welche Eigenschaften haben die beiden Schwestern?
   b. Wie wird ihre Beziehung zueinander geschildert?

**c.** Wie wird ihre Beziehung zu Martina und Leon geschildert?

**d.** Nennen Sie einige sprachliche Mittel, die die Autorin einsetzt.

2

*(...) Draußen standen zwei Frauen, von denen die eine so groß war, daß sie mit dem Kopf beinahe an den Türrahmen stieß. Mehr war in der Dunkelheit nicht zu erkennen. Und daß die Große eine Frau war, erkannten Leon und Martina auch erst, als sie „Guten Abend" sagte.*

*„Guten Abend", sagte auch die zweite, die wesentlich kleiner und ziemlich dick war. „Wir sind ihre Nachbarn. Mein Name ist Isadora Schlei, und das ist meine Schwester Kay." (...)*

*Die Frauen folgten ihr ins Wohnzimmer. Leon drückte sich an die Wand und ließ ihnen den Vortritt. Sie hatten keine Mäntel dabei. Und ehe er der Dicken den Schirm und die Plastiktüte, die sie in der Hand hielt, abnehmen konnte, war sie schon an ihm vorbeimarschiert. Die Große trug eine grüne Latzhose, wie man sie in Fachgeschäften für Arbeitsbekleidung bekam, darunter ein graues Männerhemd. Ihre Füße steckten in klobigen Stiefeln. Sie hatte kurze braune Haare, im Nacken geschoren, in die Stirn fielen ein paar widerspenstige Haarsträhnen. Das Gesicht war seltsam ebenmäßig – ovale Augen und gerade Brauen, eine Nase wie mit dem Lineal gezogen und dünne Lippen. Leon fand sie reizlos. Na gut, sie war schlank. Ihre Hüften waren schmal, soweit sich das in der Latzhose erkennen ließ. Aber ihre Schultern waren breiter als seine, und ihr Busen war erbärmlich; so gut wie gar nicht vorhanden. Und sie war wirklich riesig, mindestens 1,90 m. Die Schwester war das genaue Gegenteil. Alles an ihr wirkte weich und üppig. Sie trug einen Rock aus grünem Samt, der so lang war, daß er auf dem Boden schleppte und der Saum sich mit Wasser vollgesogen hatte. Über ihrem gewaltigen Busen spannte sich blauer Seidenstoff mit einem chinesischen Muster, und auf dem Busen lagerten mehrere Ketten aus Gold. Auch an den kurzen Fingern trug sie protzige Goldringe mit Steinen.*

*„Pat und Patachon", dachte Leon, als er Isadora Schlei die Hand reichte. Isadora klemmte Schirm und Tüte unter die Achsel, nahm seine Hand in ihre beiden dicken Pfoten und drückte sie hingebungsvoll. Er sah ihr ins Gesicht, wartete, ob sie unter seinem Blick verlegen würde. Von ihrer Nase tropfte Wasser. Er war sich ziemlich sicher, daß sie es war, die er am Morgen im Moorloch überrascht hatte. Sie ließ sich aber nichts anmerken. Ihre langen schwarzen Haare hatte sie zu einer Geisha-Frisur aufgetürmt, in der zwei goldene Stäbchen steckten. Aber wenn sie irgend etwas Japanischem ähnlich sah, dann höchstens einem Sumo-Ringer. Kay Schlei behielt Martinas Hand etwas zu lange in der ihren und starrte sie an.*

*„Ich mache Tee", sagte Martina und zog ihre Hand verlegen zurück. „Oder möchte jemand lieber Kaffee?"*

„Kaffee", sagte Leon, und Kay schloß sich an: „Kaffee ... - bitte."

„Tee wäre großartig, Sie Gute", sagte die dicke Schlei-Schwester und ließ sich (...) auf das Sofa plumpsen. Martina verschwand in Richtung Küche, und Leon nötigte auch das Mannweib auf das Sofa. Was für ein bemitleidenswert häßliches Geschöpf! Die Dicke war auch nicht sein Typ, aber zumindest konnte er sie als Sparringpartner benutzen, um zu testen, ob er immer noch seine alte Wirkung auf Frauen besaß. Leon zog sich seinen Lieblingssessel heran, und während er sich setzte, sah er sie mit einem abwartenden Lächeln an. Sie lächelte zurück, ebenfalls abwartend und ohne eine Spur von Verlegenheit. Vielleicht war sie dumm. Die Große saß unbeholfen in ihrer Sofaecke, wie ein Müllarbeiter, den man in den Salon gebeten hatte. Sie tat, als würde sie sich für die Einrichtung interessieren, betrachtete die einzelnen Möbelstücke lächerlich ausgiebig, ließ den Blick zur Decke schweifen und starrte dann auf ihre Füße. Isadora Schlei lächelte immer noch. Sie hatte ein hübsches Gesicht, eine kleine Nase, einen vollen Mund und Augen so schwarz wie Kirschen, allerdings einen amphibienhaften Ansatz zum Doppelkinn. Leon wurde klar, daß er stärkeres Geschütz auffahren mußte, wenn er sie verlegen machen wollte. Und das wollte er auf alle Fälle.

„Kennen wir uns nicht schon?" fragte er.

„Ja. Ich schätze, wir sind uns bereits heute morgen begegnet. Aber Kennen würde ich das nicht nennen."

Leon war erstaunt, wie gleichmütig sie hinnahm, daß er sie nackt gesehen hatte. Schließlich war sie ganz schön fett.

„Tut mir leid, daß ich Sie erschreckt habe. Das wollte ich nicht", sagte er. „Aber Sie haben mich gar nicht erschreckt."

„Dafür sind Sie aber ziemlich schnell gelaufen."

Isadora Schlei kicherte und hielt sich dabei wie ein Schulmädchen die Hand vor den Mund. Vermutlich war sie nicht älter als Mitte dreißig. Heute morgen hatte er sie für älter gehalten, weil sei so dick war. Das Alter ihrer Schwester war schwer zu schätzen. Er tippte auf Ende zwanzig.

„Und dafür, daß Sie mich nicht erschrecken wollten, sind Sie ziemlich schnell hinter mir hergelaufen", sagte Isadora. (S. 96-99)

## Lektüretipps

*Als weiterführende Literatur seien Ihnen die im Anschluss an Kapitel 3 genannten und kurz charakterisierten Romane sowie die auf den Seiten 33ff. genannten Bücher empfohlen.*

# 3. Epik 2: Der Roman im 20. Jahrhundert

Lernziele

- Kurzer Überblick über die Entwicklung des Romans
- Verständnis für verschiedene Epochen entwickeln
- Literarische Texte im literaturgeschichtlichen Zusammenhang betrachten

3

*So braucht sie denn, die schönen Kräfte,*
*Und treibt die dichtrischen Geschäfte,*
*Wie man ein Liebesabenteuer treibt.*
*Zufällig naht man sich, man fühlt, man bleibt,*
*Und nach und nach wird man verflochten;*
*Es wächst das Glück, dann wird es angefochten,*
*Man ist entzückt, nun kommt der Schmerz heran,*
*Und eh' man sich's versieht, ist's eben ein Roman.*[1]

Seltsam, was die Lustige Person hier im *Faust* sagt. Nahen, fühlen, bleiben, verflechten, Glück, dann Unglück, Entzücken und Schmerz - fertig ist der Roman. Und das alles in einem Schauspiel, auch noch im größten deutschen Schauspiel überhaupt. Der nächste Satz der Lustigen Person heißt denn auch: „Laßt uns auch so ein Schauspiel geben!" Was denn nun? Roman oder Schauspiel? Oder ist das alles eins? Ein großes Durcheinander schon zu Goethes Zeiten. Höchste Zeit, dass wir analytisch an die Sache herangehen und mit einem Blick in verschiedene Lexika etwas Ordnung in die Sache bringen.

## 3.1 Die Entwicklung des Romans

### 3.1.1 18. und 19. Jahrhundert

Über die Anfänge des Romans haben Sie schon einiges im zweiten Kapitel erfahren. Wir wollen uns nun ansehen, wie es mit dem Roman weiterging, nachdem sich im Barock die ersten Exemplare dieser Gattung eindeutig ausfindig machen ließen. Man könnte dieses Kapitel unter die Überschrift stellen: „Ein Schmuddelkind macht Karriere". In den USA würde es heißen: „Vom Tellerwäscher zum Millionär".

[1] Johann Wolfgang von Goethe, *Faust*, in: *Goethes Werke. Hamburger Ausgabe in 14 Bänden*, Band 3, textkritisch durchgesehen und kommentiert von Erich Trunz, München: Beck Verlag, 1976, S. 13.

Zu Beginn des 18. Jahrhunderts war der Roman eine *minderwertige Literaturgattung*. Lyrik war edel, Drama konnte es sein, aber der Roman? Die Kritiker meinten, der Roman stelle das *Besondere* über das *Allgemeine*, verbreite Lügen, sei häufig frivol. Dabei gab es durchaus einige Romane im 17. und beginnenden 18. Jahrhundert, die der Beachtung wert waren. Sehen wir uns einige davon an.

- Grimmelshausens *Der Abentheuerliche Simplicissimus Teutsch* wurde bereits erwähnt. Er steht in der Tradition eines Meisterwerks der Literatur, Cervantes' *Don Quichote*. Der Schelm, der Pikaro, reist herum, erlebt Abenteuer, erkennt, wie die Welt funktioniert - oder auch nicht.

- Die *Insel Felsenburg* (1731-1743), eigentlich *Wunderliche Fata einiger See-Fahrer* von Johann Gottfried Schnabel gehört zu den bedeutendsten Romanen der Aufklärung. Das Vorbild ist in diesem Fall Daniel Defoes *Robinson Crusoe*. Schnabel verteidigt seine Unverfrorenheit, einen Roman vorlegt zu haben, bereits im Vorwort.

Die Entwicklung des Romans in Deutschland war stark abhängig von den Werken, die im *europäischen Ausland* erschienen. Besondere Bedeutung erlangten dabei Samuel Richardson mit seinen Briefromanen (*Pamela,* 1740), Henry Fielding mit seinen pikaresken Helden (*Tom Jones,* 1749), aber auch Jean-Jacques Rousseau (*Julie ou La Nouvelle Héloïse*, 1761).

Weitere wichtige Romane des 18. Jahrhunderts waren Wielands *Geschichte des Agathon*, den wir schon als Beispiel für einen Bildungsroman kennen gelernt haben, sowie Christian Fürchtegott Gellerts *Leben der schwedischen Gräfin G.* (1747/1748) und Sophie von La Roches *Geschichte des Fräulein Sternheim* (1771).

Den absoluten Höhe- und zugleich Wendepunkt im Roman des 18. Jahrhunderts bildete Goethes Briefroman *Die Leiden des jungen Werthers* (1774). Er wird Ausgangspunkt für den *bürgerlichen Roman* in Deutschland. Aber er wird auch der

Beginn für eine Literatur, die nicht mehr von Vernunft und wohltemperierten Gefühlen beherrscht ist, wie es in der Aufklärung der Fall war, sondern in der Glück und Unglück, Entzücken und Schmerz, sich ablösen, ergänzen, ineinander verschwimmen.[2]

Der Roman wurde bald zur *beliebtesten Literaturgattung*. Natürlich lasen nicht alle Menschen Goethe, natürlich gab es auch Trivialliteratur, den Unterhaltungsroman, das Buch zum Abschalten und zum Zeitvertreib. Mit *Wilhelm Meisters Lehr- und Wanderjahren* und den *Wahlverwandtschaften* schuf Goethe weitere große Romane. Die Romantiker werteten die Gattung ohnehin auf, etwa Clemens Brentanos *Godwi,* aber viele ihrer Romane werden heute kaum noch gelesen. Als größter deutscher Romanautor unter den Romantikern gilt wohl E.T.A. Hoffmann, dessen *Elixiere des Teufels* (1815/1816) und *Kater Murr* (1820-1822) noch heute spannend zu lesen sind.

Der Roman ist zu diesem Zeitpunkt, also 40 Jahre nach Erscheinen des *Werthers*, bereits eine feste Größe in der Gattungsgeschichte und im Literaturbetrieb. Nur so ist zu erklären, dass Hoffmann im *Kater Murr* die Gattungsmuster bereits wieder ironisieren kann. Ein Kater schreibt eine Autobiografie - wie es offenbar viele Menschen damals taten (und heute noch tun). Dabei reißt er aus einem Buch Seiten und legt sie als Löschblätter zwischen seine beschriebenen Seiten. Der Drucker druckt beides - und so entsteht ein fragmentarisches Werk aus den Lebensansichten des Katers Murr und dem Leben des Kapellmeisters Kreisler, bunt gemischt, durcheinander, ohne Anfang und Ende.

Solche Spiele erlaubt sich der *Realismus* nicht. Historische Themen oder gesellschaftliche Fragen stehen nun stärker im Vordergrund, auch Bildungsromane in der Tradition von Goethes *Wilhelm Meister* werden verfasst. Zu den bedeutendsten Romanautoren der zweiten Hälfte des 19. Jahrhunderts gehören Theodor Fontane, Wilhelm Raabe, Gottfried Keller, Adalbert Stifter und Eduard Mörike.

---

[2] Die Darstellung orientiert sich an dem Kapitel „Der einzelne Mensch erfährt sich im Roman", in: *Deutsche Literaturgeschichte. Von den Anfängen bis zur Gegenwart,* (Metzler), S. 144ff.

*Auch im großen europäischen realistischen R. steht neben der umfassenden Schilderung und Kritik der konkreten gesellschaftlichen Wirklichkeit die innere Geschichte und die psychologische Erfassung von Individuen, die nicht nur Produkte der Gesellschaft sind. Das Problem des Verhältnisses von Gesellschaft und Individuum und von Allgemeinem und Besonderem bleibt ein Kernproblem des gesamten realistischen R.*[3]

### 3.1.2 Der Beginn des 20. Jahrhunderts

Anfang des 20. Jahrhunderts verschärfen sich beide Tendenzen. Zum einen geht es in den Romanen wirklich um harte Politik - wie Sie weiter unten am Beispiel von Heinrich Manns *Untertan* sehen werden. Zum anderen aber wird die Psyche des Menschen entdeckt. Die Auseinandersetzung mit dem Unterbewussten oder Unbewussten wird wichtig. Die Wahrnehmung des Menschen, wie er seine Umwelt sieht, wird zu einer festen Größe, innerer Monolog und *„stream of consciousness"* (Bewusstseinsstrom) machen die Helden durchschaubar, auch angreifbar und weniger erhaben.

Ein Beispiel für den durchschnittlichen Helden ist Leopold Bloom, der Protagonist in James Joyces *Ulysses*. Die große Form des Romans gibt es nach wie vor, dennoch wagen die Autoren auch *Experimente*: die Zertrümmerung der Handlung in einzelne Segmente, die Collage, die Änderung der Perspektive innerhalb der Handlung, die Montage verschiedener Elemente, von Fiktion und Journalismus - all das hat Platz im Roman des beginnenden 20. Jahrhunderts. Franz Kafka, Alfred Döblin, Hermann Broch, Robert Musil, aber auch Heinrich und Thomas Mann sind bedeutende deutsche Autoren in den ersten Jahrzehnten des 20. Jahrhunderts.

### 3.1.3 Die geteilte Literatur

1933 ist ein historisch wichtiges Datum und hat eminente Auswirkungen auf die deutsche Literatur. Ein Großteil der bekannten deutschen Autoren geht ins *Exil*, um sich vor dem Zugriff der Nationalsozialisten zu retten. Manche verstummen, wie Kurt Tucholsky, der dann Selbstmord begeht, andere versuchen, das Grauen des Dritten Reiches oder die Leiden des Exils darzustellen, wie etwa Thomas, Heinrich oder Klaus Mann, Lion Feuchtwanger, Oskar Maria Graf oder Anna Seghers. Fast scheint es, als wäre die Zeit der Experimente vorbei. Die Helden leben, lieben und leiden, vor allem aber leiden sie unter der Zeit, in die sie geworfen sind, sie zerbrechen, sie kämpfen oder sie passen sich an.

---

3 *Literaturwissenschaftliches Lexikon. Grundbegriffe der Germanistik*, S. 295.

Die in Deutschland verbliebenen Autoren hingegen konnten sich dieser Themen nicht annehmen, selbst wenn sie es gewollt hätten. Die nationalsozialistische Kulturpolitik gab *keinen Freiraum* für künstlerisches Schaffen. Die *Bücherverbrennung* am 10. Mai 1933 war für viele Autoren das Signal, das Land zu verlassen und ihr Leben so zu retten. Die völkisch-nationale Literatur dieser Zeit spielt heute aus literarischer Sicht keine Rolle mehr. Manche Autoren flüchteten sich ins „innere Exil", so beispielsweise Ricarda Huch und Ernst Barlach. Andere nahmen ebenfalls für sich in Anspruch, ausgeharrt zu haben.

3

> *Inzwischen haben neuere Forschungen jedoch ergeben, daß es eine „Innere Emigration", d.h. eine Oppositionsliteratur, die sich nicht gleichschalten ließ und regimekritisch gemeint war, in Deutschland tatsächlich gegeben hat. Es ist aber umstritten, was darunter zu verstehen ist und welche Autoren dazu gerechnet werden können. Relativ einfach zu sagen ist, wer nicht dazugezählt werden kann. In erster Linie sind hier Gottfried Benn und Ernst Jünger zu nennen, die immer wieder zu Repräsentanten der „Inneren Emigration" erklärt worden sind und sich nach 1945 auch selbst gern so gesehen haben.*[4]

Doch auch nach 1945 gab es *keine einheitliche deutsche Literatur* mehr. Viele Exilautoren kehrten nicht zurück, die in den Westen gingen, waren im Osten verpönt und umgekehrt. Es gab die *bundesdeutsche Literatur* und die *DDR-Literatur*. In der DDR hatte die Literatur die Aufgabe, den Aufbau des sozialistischen Staates zu unterstützen.

Johannes R. Becher, Anna Seghers und Bertolt Brecht waren Autoren, die sich schon in der Weimarer Republik einen Namen gemacht hatten. Sie gingen ins Exil, um nicht ermordet zu werden. Sie kamen zurück in die Sowjetische Besatzungszone, um dort zu leben und zu arbeiten. So konnte die spätere DDR auf eine *literarische Kontinuität* verweisen zurück bis zur Weimarer Republik - und diese Kontinuität mit großen Namen verknüpfen.

Doch die *Zensur* machte vielen Autoren das Leben schwer. Ein Höhepunkt war die *Ausbürgerung* des Autors und Sängers Wolf Biermann im November 1976. Viele Autoren, vor allem solche, die gegen Biermanns Ausbürgerung protestiert hatten, mussten mit Repressalien rechnen. Ihre Texte wurden zensiert, ihre Theaterstücke durften nicht aufgeführt werden, einige wurden aus dem DDR-Schriftstellerverband ausgeschlossen.

---

[4] *Deutsche Literaturgeschichte. Von den Anfängen bis zur Gegenwart*, (Metzler), S. 394.

Große Namen aus den 50 Jahren DDR-Literatur sind Stefan Heym, Erich Loest, Christa Wolf, Volker Braun, Franz Fühmann, Uwe Johnson, Peter Hacks, Heiner Müller, Günter Kunert und Jurek Becker. Viele von ihnen blieben nicht in der DDR, Uwe Johnson beispielsweise übersiedelte 1959 nach West-Berlin.

Die Literatur in der *Bundesrepublik* beschäftigte sich mit dem Ende des Krieges, mit der Heimkehr der Soldaten, mit dem Wiederaufbau. Für die ersten Jahre stehen Namen wie Heinrich Böll, Alfred Andersch, Siegfried Lenz und Wolfdietrich Schnurre. Doch die Literatur war nicht nur rückwärts gewandt. Der Aufbau der Bundesrepublik, die Freude am schnell wachsenden Wohlstand, das Verdrängen der Nazi-Vergangenheit - das alles wurde thematisiert, die Entwicklung kritisch begleitet.

1968 war wiederum ein Jahr, das nicht nur politisch von Bedeutung wurde und einer ganzen Generation ihren Namen gab. Vielmehr ging es auch um ein Aufbegehren gegen „alte Zöpfe" in der Kultur und Kulturpolitik. Die *Arbeitswelt* wurde ein eigener Themenbereich der Literatur - prompt kam auf der anderen Seite der *Rückzug in die Innerlichkeit*, die Beschäftigung mit sich selbst. Es entstand eine eigene so genannte *Frauenliteratur*, die sich in den 70er Jahren vor allem als „Betroffenheitsliteratur" durchsetzte, in den späten 80er und den 90er Jahren hingegen mehr als heiterer Frauenroman überlebte.

Warum man aber „Frauenliteratur" von „Literatur" absetzen muss, wie dies viele Literaturgeschichten tun, ist unklar. Was macht Frauenliteratur aus? Dass Frauen sie geschrieben haben? Dass Frauen sie lesen? Dass es um Frauen geht? Tatsache aber ist, dass Frauen im literarischen Betrieb ihre Position verbesserten - zumindest im Vergleich zu anderen Künsten, wie z.B. der Malerei oder der Musik.

Es ist nicht möglich, in diesem Rahmen auch nur einen einigermaßen fundierten Überblick über die Literaturgeschichte im Allgemeinen oder die Entwicklung des Romans im Besonderen zu geben. Wer dies nachholen möchte, sei auf die bereits genannten literaturgeschichtlichen Arbeiten verwiesen oder auf das Buch *Literatur und Text* von Karl Josef Weiß u.a.[5] Im Folgenden ist vor allem wichtig, wie mit literarischen Texten generell umgegangen werden soll - völlig unabhängig von Epochen oder Gattungen. Dabei wollen wir verschiedene Ansätze kennen lernen und uns mit ihnen auseinander setzen.

---

[5] Karl Josef Weiß/Helmut Ewert/Gerd Dieter Kohse, *Literatur und Text. Ein Lehr- und Arbeitsbuch für den Literaturunterricht der Sekundarstufe II*, Bad Homburg vor der Höhe: Verlag Dr. Max Gehlen, 1994.

# 3.2 Geschichte und Romananalyse - *Der Untertan* von Heinrich Mann

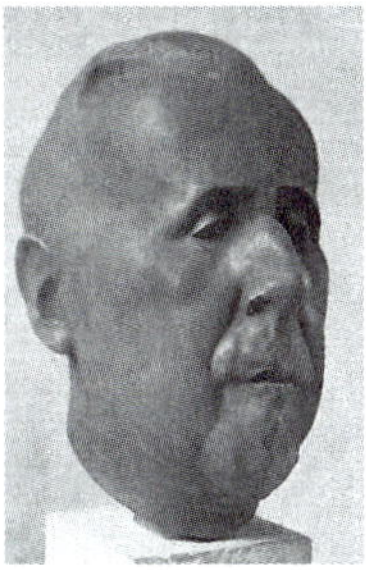

Der Roman *Der Untertan* von Heinrich Mann wurde 1916 in Buchform veröffentlicht. Natürlich müssten Sie, um den Roman wirklich zu kennen, ihn auch lesen. Hier nur eine kurze Zusammenfassung für diejenigen, die sich dazu jetzt nicht aufraffen können. Die „Inhaltsangabe" stammt von Kurt Tucholsky.

3

*Ein Stück Lebensgeschichte eines Deutschen wird aufgerollt: Diederich Heßling, Sohn eines kleinen Papierfabrikanten, wächst auf, studiert und geht zu den Korpsstudenten, dient und geht zu den Drückebergern, macht seinen Doktor, übernimmt die väterliche Fabrik, heiratet reich und zeugt Kinder. Aber das ist nicht nur Diederich Heßling oder ein Typ.*

*Das ist der Kaiser, wie er leibte und lebte. Das ist die Inkarnation des deutschen Machtgedankens, das ist einer der kleinen Könige, wie sie zu Hunderten und Tausenden in Deutschland lebten und leben, getreu dem kaiserlichen Vorbild, ganze Herrscherchen und ganze Untertanen.*

*Diese Parallele mit dem Staatsoberhaupt ist erstaunlich durchgearbeitet. Diederich Heßling gebraucht nicht nur dieselben Tropen und Ausdrücke, wenn er redet wie sein kaiserliches Vorbild - am lustigsten einmal die Antrittsrede zu den Arbeitern („Leute! Da ihr meine Untergebenen seid, will ich euch nur sagen, daß hier künftig forsch gearbeitet wird." Und: „Mein Kurs ist der richtige, ich führe euch herrlichen Tagen entgegen.") - er handelt auch im Sinne des Gewaltigen, er beugt sich nach oben, wie der seinem Gotte, so er seinem Regierungspräsidenten, und tritt nach unten.*[6]

Tucholsky gibt Ihnen im letzten Absatz - und deshalb wurde dieser mitzitiert - einen entscheidenden Hinweis zur *Interpretation*: Es lohnt sich in diesem Fall ganz besonders, die sprachlichen Mittel zu untersuchen. Denn Diederich Heßling, der „Held" dieses Romans, kopiert den Kaiser, also Wilhelm II.

Sie können, wenn Sie den *Untertan* interpretieren wollen, nach den Kategorien vorgehen, die wir im vorhergehenden Kapitel beim *Regenroman* angewandt haben. Hier die ersten Fragen:

---

[6] Kurt Tucholsky, *Gesammelte Werke in 10 Bänden*, hrsg. von Mary Gerold-Tucholsky und Fritz J. Raddatz, Band 2: 1919-1920, Reinbek bei Hamburg: Rowohlt, 1989, S. 63-67, hier: S. 64.

### *Personen*

Es gibt einen *Helden*, Diederich Heßling. Er hat ein *Vorbild*, den Kaiser, den er nachzuahmen sucht. Außerdem gibt es einen *Gegenentwurf* zu Heßling, sein Schulkamerad Wolfgang Buck. Doch in diesem Roman geht es vor allem um Heßling, von der Kindheit und Jugend über die Entwicklung des vollendeten Opportunisten bis hin zur „satirischen Apokalypse“[7], mit der Heinrich Mann seinen Roman enden lässt.

### *Zeit*

Der Roman spielt in der Wilhelminischen Ära. *Chronologisch* wird der Lebensweg von Diederich Heßling geschildert - und dieser Lebensweg ist nicht unabhängig von der Entwicklung des Deutschen Reiches zu sehen. So hat dieser Roman ein *Zeitgerüst* für die Figur Heßling, aber auch einen *zeithistorischen Hintergrund*, der unverzichtbar ist und der ein entscheidender Faktor beim Verständnis dieses Romans ist.

Bereits jetzt, nach der sehr groben Klärung der Fragen Wer? und Wann? dürfte klar sein, dass es sich hier um einen *Gesellschafts-* und *Zeitroman* handelt. Ohne Kenntnis der *historischen und literaturhistorischen Hintergründe* ist ein wichtiger Teil des Romans für den Leser nicht verständlich.

## AUFGABEN

1. Informieren Sie sich über Kaiser Wilhelm II. und die politische Situation in Deutschland in der Zeit von 1900 bis 1918.

   Schreiben Sie die Informationen auf, die Ihnen im Zusammenhang mit dem Roman wichtig erscheinen.

2. Informieren Sie sich über die Literatur dieser Zeit. Notieren Sie auch hier Stichpunkte, die für die Interpretation wichtig sein könnten.

   Hier zwei Auszüge aus *Der Untertan*, die das Kind Diederich und den erwachsenen Mann zeigen.

3. Wie wird Diederich Heßling geschildert? Inwiefern bleibt er sich treu - inwiefern hat er sich verändert?

---

[7] *Kindlers Literatur-Lexikon*, Band 11, München: Kindler Verlag, 1990, S. 47-48, hier S. 48.

**4.** Wo und in welcher Form spielt Zeitgeschichte eine Rolle?

**5.** Mit welchen sprachlichen Mitteln charakterisiert Heinrich Mann seinen Helden?

*Diederich Heßling war ein weiches Kind, das am liebsten träumte, sich vor allem fürchtete und viel an den Ohren litt. Ungern verließ er im Winter die warme Stube, im Sommer den engen Garten, der nach den Lumpen der Papierfabrik roch und über dessen Goldregen- und Fliederbäumen das hölzerne Fachwerk der alten Häuser stand. Wenn Diederich vom Märchenbuch, dem geliebten Märchenbuch, aufsah, erschrak er manchmal sehr. Neben ihm auf der Bank hatte ganz deutlich eine Kröte gesessen, halb so groß wie er selbst! Oder an der Mauer dort drüben stak bis zum Bauch in der Erde ein Gnom und schielte her!*

*Fürchterlicher als Gnom und Kröte war der Vater, und obendrein sollte man ihn lieben. Diederich liebte ihn. Wenn er genascht oder gelogen hatte, drückte er sich so lange schmatzend und scheu wedelnd am Schreibpult umher, bis Herr Heßling etwas merkte und den Stock von der Wand nahm. Jede nicht herausgekommene Untat mischte in Diederichs Ergebenheit und Vertrauen einen Zweifel. Als der Vater einmal mit seinem invaliden Bein die Treppe herunterfiel, klatschte der Sohn wie toll in die Hände – worauf er weglief.*

*Kam er nach einer Abstrafung mit gedunsenem Gesicht und unter Geheul an der Werkstätte vorbei, dann lachten die Arbeiter. Sofort aber streckte Diederich nach ihnen die Zunge aus und stampfte. Er war sich bewußt: 'Ich habe Prügel bekommen, aber von meinem Papa. Ihr wäret froh, wenn ihr auch Prügel von ihm bekommen könntet. Aber dafür seid ihr viel zuwenig.'*[8]

---

*Heuteufel zuckte die Achseln. Während man weiterging, versuchte Diederich dem Pastor Zillich, mit dem er ein Stück zurückblieb, seine Empfindungen zu erklären. „Für mich", sagte er, schnaufend vor innerer Bewegung, „hat der Vorgang etwas direkt Großartiges, sozusagen Majestätisches. Daß da einer, der frech wird, einfach abgeschossen werden kann, ohne Urteil, auf offener Straße! Bedenken Sie: mitten in unserm bürgerlichen Stumpfsinn kommt so was – Heroisches vor! Da sieht man doch, was Macht heißt!"*

[8] Heinrich Mann, *Der Untertan*, Frankfurt am Main: Fischer Taschenbuch Verlag, 1999, S. 9 (Anfang des Romans).

*„Wenn sie von Gottes Gnaden ist", ergänzte der Pastor.*

*„Natürlich. Das ist es eben. Drum hab ich geradezu eine religiöse Erhebung von der Sache. Man merkt doch manchmal, dass es höhere Dinge gibt. Gewalten, denen wir alle unterworfen sind. Denn zum Beispiel bei dem Berliner Krawall, vorigen Februar, als Seine Majestät sich mit so phänomenaler Kaltblütigkeit in den tobenden Aufruhr hinauswagten: na, ich sage nur –" Da die übrigen vor dem Ratskeller stehengeblieben waren, erhob Diederich die Stimme. „Wenn damals der Kaiser die ganzen Linden hätte vom Militär absperren und in uns alle hätte reinschießen lassen, immer feste rein, sag ich …"*

*„Sie hätten hurra geschrien", schloß Doktor Heuteufel.*

*„Sie vielleicht nicht?" fragte Diederich und versuchte zu blitzen. „Ich hoffe doch, wir empfinden alle national!" (…)*

*Doktor Heuteufel brachte etwas von Volksrechten vor, aber Diederich betonte mit abgehackter Kommandostimme, daß er keinen Schattenkaiser wünsche. Ein Volk, das die straffe Zucht verliere, sei der Verlotterung geweiht … Inzwischen war man im Keller angelangt, Lauer und seine Freunde saßen schon. „Na, setzen Sie sich nicht zu uns?" ward Diederich von Doktor Heuteufel gefragt. „Schließlich sind wir wohl alle liberale Männer." Da stellte Diederich fest: „Liberal selbstverständlich. Aber ich gehe in den großen nationalen Fragen aufs Ganze. Für mich gibt es da nur zwei Parteien, die Seine Majestät selbst gekennzeichnet haben: die für ihn und die gegen ihn. Und da scheint es mir allerdings, daß an dem Tisch der Herren für mich kein Platz ist." (…)*

*Aber Pastor Zillich schien betreten. „Der Gerechte muß viel leiden", sagte er. „Sie wissen noch nicht, wie Heuteufel intrigant ist. Morgen erzählt er Gott weiß welche Greuel über uns." Da zuckte Diederich zusammen. Doktor Heuteufel war eingeweiht in jenen immerhin dunklen Punkt seines Lebens, als er vom Militär loszukommen wünschte! Er hatte ihm, in einem höhnischen Brief, das Krankheitsattest verweigert! Er hielt ihn in der Hand, er konnte ihn vernichten! In seinem jähen Schrecken befürchtete Diederich sogar Enthüllungen aus seiner Schulzeit, als Doktor Heuteufel ihn im Hals gepinselt und ihm dabei Feigheit vorgeworfen hatte. Der Schweiß brach ihm aus. Um so lauter bestellte er Hummer und Sekt.*[9]

[9] Heinrich Mann, *Der Untertan*, S. 144f.

# 3.3 Das fremde Deutschland – *Nachdenken über Christa T.* von Christa Wolf

Die DDR-Literatur bietet aus heutiger Sicht den „Wessis" eine großartige Chance, im Nachhinein das Lebensgefühl von Menschen zu verstehen, die ganz andere Lebensbedingungen hatten. Zwar ist Literatur *keine Abbildung von Realität*, dennoch spiegeln sich *gesellschaftliche Umstände* in den Texten.

3

Christa Wolf gehörte zu den renommiertesten Autorinnen der DDR. Das heißt nicht unbedingt, dass die Führung der DDR von ihren Werken immer begeistert war. *Nachdenken über Christa T.* erschien Ende der 60er Jahre, zunächst in Auszügen, dann in Buchform. Die Beurteilung in der DDR war zunächst ambivalent. Man bezweifelte nicht die literarische Qualität des Werkes, hatte aber doch ideologische Bedenken. Christa T. sucht einen radikal individualistischen Ansatz, um sich selbst zu finden; sie sucht nach einem persönlichen Glück und sucht es nicht in erster Linie in der sozialistischen Gesellschaft der DDR. Das machte das Buch verdächtig.[10]

Doch hier zunächst einmal eine Inhaltsangabe, die es uns leichter machen soll, das Buch zu verstehen.

> *Christa T., 1927 in einem Ort im heutigen Polen geboren, schließt während der gemeinsamen Schulzeit Freundschaft mit der etwas jüngeren Erzählerin. Nach Krieg und Flucht arbeitet Christa T. als Neulehrerin auf dem Land. Als sie 1951 in Leipzig Germanistik zu studieren beginnt, trifft sie die Erzählerin wieder. 1954 schließt Christa T. ihr Studium mit einer Arbeit über den Nachmärz-Erzähler Storm ab und arbeitet als Lehrerin. Nach ihrer Heirat mit dem Tierarzt Justus gibt sie ihren Beruf auf, zieht mit ihm aufs Land und bekommt im Lauf einer siebenjährigen Ehe drei Töchter. Eine kurze Liebschaft, der Bau ihres Hauses am See und Schreibversuche sind Variationen ihrer Suche nach sich selbst. Im Frühjahr 1963 stirbt Christa T. an Leukämie. Vom Tod der Freundin mit Trauer und Betroffenheit erfüllt, beginnt die Erzählerin wenig später, das Leben der Christa T. nachzuzeichnen.*[11]

---

[10] Vgl. dazu die Darstellung in: Sonja Hilzinger, *Christa Wolf*, Stuttgart: Metzler, 1986, S. 32f.

[11] Ebenda, S. 33.

Wir wollen hier kurz auf die Möglichkeiten der *Textaufbereitung* eingehen, wie wir sie in Kapitel 2 kennen gelernt haben, und dann versuchen, einen Teil dieses Textes zu *analysieren*.

## Personen

Christa T. heißt die Heldin dieses Romans. Sie ist tot. Die Ich-Erzählerin des Romans will, wie es gleich zu Beginn heißt, über sie nachdenken, ihr nachdenken, hinter ihr herdenken. Dazu bedient sie sich verschiedener Möglichkeiten: Sie nutzt ihre Erinnerungen an die gemeinsame Zeit mit Christa T., sie befasst sich mit den hinterlassenen Schriften von Christa T., sie „erfindet" sogar Gespräche mit anderen Menschen, die sie gekannt haben, nähert sich ihr von allen möglichen Seiten.

Es gibt also eine *Ich-Erzählerin*, es handelt sich um ein Ich-Roman. Dieses Ich im Roman ist keinesfalls gleichzusetzen mit Christa Wolf, es ist eine *Zwischeninstanz* zwischen Autorin und Geschichte. Dennoch nimmt sich diese Ich-Erzählerin im Roman stark zurück, es geht ihr offenbar nicht um sich selbst, sondern um die verstorbene Schulfreundin, um Christa T., die Rätselhafte, die scheinbar Starke, die Konsequente, die Unangepasste.

Alle anderen Personen mögen wichtig sein, doch nichts und niemand reicht an die Bedeutung des erzählenden Ichs und der „Heldin" Christa T. heran. Fast alle anderen Menschen ziehen in Episoden vorbei, wenn Christa T. ihren Weg geht, auf dem sie offenbar auch niemand aufhalten kann.

## Zeitgerüst

Christa Wolf verwebt die einzelnen Zeitebenen sehr kunstvoll. Es gibt Rückblicke in verschiedene Zeiten des Lebens von Christa T., es gibt Erinnerungen, die die Ich-Erzählerin den Schriften Christa T.s entnimmt, es gibt die Gegenwart der Ich-Erzählerin, in der Christa T. bereits tot ist. Sehen wir uns einen Ausschnitt aus dem Buch an:

Christa T. und die Ich-Erzählerin sind gemeinsam zur Schule gegangen. Kriegsende und Flucht bringen sie auseinander. Sie treffen sich sieben Jahre später in Leipzig wieder, wo sie beide studieren. Sie erzählen einander, was sie erlebt haben, und die Ich-Erzählerin schildert aus ihrer Perspektive das Leben von Christa T. in dieser Phase.

> *Ein halber Satz genügt, auf einem Weg, sieben Jahre später, sich auch darüber zu verständigen.*

(1951, Studienzeit, die beiden Frauen gehen durch Leipzig und unterhalten sich)

*Damals brach sie zusammen. Die Arbeit war es nicht, obwohl sie schwer gewesen sein mag. Uniformteile zuschneiden in diesem mecklenburgischen Bauernhaus, an einem zerkratzten Holztisch, während es trotz allem wieder Sommer wurde. Der junge sowjetische Leutnant kam manchmal herein und stellte sich an den Türrahmen, sah ihr zu, sah sie an, keiner wußte, was der andere denken mochte. (...)*

(ca. 1946, kurz nach dem Krieg, Episode aus Christa T.s Leben aus der Phase nach der gemeinsamen Schulzeit)

*Sie verbrannte ihre alten Tagebücher, da gingen die Schwüre in Rauch auf und die Begeisterungen, deren man sich nun schämte, die Sprüche und Lieder. Die Lebenszeit wird nicht ausreichen, wieder davon sprechen zu können, ihre Lebenszeit nicht. Für diese Sache bis zum Schluß die halben Sätze ...*

(ca. 1946, zugleich Erinnerung an die Nazi-Zeit: „Schwüre – Lieder"; Vorgriff auf den Tod von Christa T. im Hinweis, dass ihre Lebenszeit nicht ausreichen würde)

*Da haben wir in demselben Sommer, keine fünfzig Kilometer voneinander entfernt, auf Feldern gearbeitet (...) Man legte sie auf einen Wagen, man fuhr sie vom Feld. Ihr seht doch, sie schafft es nicht. Sieht kräftig aus, aber inwendig ist sie zart oder was. Soll sie doch annehmen, was der Bürgermeister ihr vorgeschlagen hat. Ihr kann doch ein Neulehrerkurs nichts ausmachen. Sieht sie denn nicht, was mit den Kindern hier los ist?*

(Anschluss an: Damals brach sie zusammen, an die Zeit der Feldarbeit, ca. 1946 – Weiterführung des Handlungsstrangs, den Christa T. der Ich-Erzählerin offenbar 1951 in Leipzig erzählt)

*Also gut, sagt sie, warum nicht Lehrerin. – Sie sah mich von der Seite an, ob ich verstand, daß es ihr nicht geheuer gewesen war, das erste beste zu ergreifen, und dann doch dieses, das man, wie sie wußte, nicht halb tun kann. Lehrerin? sagte ich. Aber da hast du noch Glück gehabt!*

(Rückkehr in die erzählte Gegenwart, 1951, Christa T. und die Ich-Erzählerin gehen durch Leipzig)

*Aus jener Zeit habe ich ja ihr Bild.*

(Ich-Erzählerin kehrt in die Erzählzeit zurück, also in die Zeit, in welcher sie die Geschichte aufschreibt; ca. 1965)

*Ja, das mag sein, daß sie bei den Kindern Schutz gesucht hat. Ihr leichter gefährdeter Atem, ihre kleinen Hände in den eigenen. (...)*[12]

(Weiterführung der Lehrerin-Geschichte, nach 1946 und Reflexion der Erzählerin aus der Erzählzeit ca. 1965)

---

[12] Christa Wolf, *Nachdenken über Christa T.*, Darmstadt/Neuwied: Sammlung Luchterhand, 1981, S. 31-33.

Christa Wolf verwebt hier viele *Zeitebenen* sehr eng miteinander: Die beiden Frauen gehen durch Leipzig, unterhalten sich. Die Ich-Erzählerin schildert nicht, was sie in dieser Zeit erlebt hat, sie gibt wieder, was sie von Christa T. erfährt, seit die beiden kurz vor Kriegsende getrennt wurden. Unmittelbare Nachkriegszeit, die enttäuschten Hoffnungen, Arbeit auf dem Feld, die Entscheidung, Lehrerin zu werden. Immer wieder kehrt die Ich-Erzählerin in die *erzählte Gegenwart* zurück, zu dem Gespräch der beiden Studentinnen in Leipzig. Zwischendurch kommentiert die Ich-Erzählerin aber auch aus ihrer späteren *Perspektive*, aus der Perspektive derjenigen, die weiß, dass Christa T. tot ist, dass alle diese Ereignisse mit ihrem nachlassenden Lebenswillen zu tun haben können. „Aus dieser Zeit habe ich ja ihr Bild."

Die Ich-Erzählerin gibt auch nicht nur Christa T.s Worte wieder, sondern *kommentiert* sie zugleich: „Die Lebenszeit wird nicht ausreichen, wieder davon sprechen zu können, ihre Lebenszeit nicht." Christa T. wird Lehrerin, die Ich-Erzählerin vermutet, „daß sie bei den Kindern Schutz gesucht hat". Ereignisse und Erzählungen werden vom Ende her betrachtet, vom Tod Christa T.s her. Wie konnte das geschehen? Aus dieser Perspektive werden alle Ereignisse interpretationswürdig für die Ich-Erzählerin, die damit Christa T.s Leben so anordnet, dass sie die frühere Freundin verstehen kann.

### *Zeitgeschichte*

Natürlich spielt die Zeitgeschichte auch hier, wie bei Heinrich Manns *Untertan*, eine entscheidende Rolle. Doch im Unterschied zu Heßling ordnet sich Christa T. der Zeitgeschichte - dem politischen System - nicht unter. Sie will nicht in erster Linie dem sozialistischen Aufbruch dienen, sondern sich selbst finden, sich mit der eigenen Person auseinander setzen. Sie ist mehr privat als öffentlich - und das war in der DDR nicht sehr erwünscht. Sie verweigert sich der Anpassung, nicht durch lauten Protest, aber durch stumme Widerborstigkeit, durch Nachfragen, durch Skepsis, sie entzieht sich der Einordnung. Nazizeit und Krieg, Nachkriegszeit, Gründung der DDR - das sind die *historischen Punkte* in diesem Roman.

Ebenso die Entwicklung des Sozialismus, an dem Christa T. kaum Anteil nimmt. Dann gibt es noch die Ich-Erzählerin, die im gleichen zeitlichen und historischen Rahmen steckt wie Christa T. Doch sie bleibt am Leben und schreibt die Geschichte ihrer Freundin auf. Dabei wird sie manchmal selbst angesteckt von der Skepsis der Verstorbenen.

# AUFGABEN

**6.** Lesen Sie den nachfolgenden Text und suchen Sie Stichworte im Text heraus, die Ihrer Auffassung nach mit *Politik* und *gesellschaftlicher Veränderung*, mit dem *Neuanfang* nach dem Krieg, mit dem *Aufbau der DDR* zu tun haben.

**7.** Finden Sie drei Punkte im Text, an denen Sie die Skepsis der Ich-Erzählerin spüren.
Mit welchen sprachlichen Mitteln wird diese Skepsis deutlich gemacht?

*Christa T., sehr früh, wenn man es heute bedenkt, fing an, sich zu fragen, was denn das heißt: Veränderung. Die neuen Worte? Das neue Haus? Maschinen, größere Felder? Der neue Mensch, hörte sie sagen und begann, in sich hineinzublicken. Denn die Menschen waren nicht leicht zu sehen hinter den überlebensgroßen Papptafeln, die sie trugen, und an die wir uns, was sehr merkwürdig ist, schließlich sogar gewöhnten. Für die wir dann zu streiten anfingen. Wer würde heute noch an sie erinnern, wenn sie wirklich ganz und gar draußen geblieben und nicht auf vielen Wegen in uns eingedrungen wären? So daß nicht mehr sie uns mißtrauten, sie und die schrecklich strahlenden Helden der Zeitungen, Filme und Bücher, sondern wir uns selber: Wir hatten den Maßstab angenommen und – beklommen, erschrocken – begonnen, uns mit jenen zu vergleichen. Es war dafür gesorgt, daß der Vergleich zu unseren Ungunsten ausfiel. So entstand um uns herum, oder auch in uns, was dasselbe war, ein hermetischer Raum, der seine Gesetze aus sich selber zog, dessen Sterne und Sonnen scheinbar mühelos um eine Mitte kreisten, die keinen Gesetzen und keiner Veränderung und am wenigsten dem Zweifel unterworfen war. Der Mechanismus, nach dem sich das alles bewegte – aber bewegte es sich denn? –, die Zahnräder, Schnüre und Stangen waren ins Dunkel getaucht, man erfreute sich an der absoluten Perfektion und Zweckmäßigkeit des Apparats, den reibungslos in Gang zu halten kein Opfer zu groß schien – selbst nicht das: sich auslöschen. Schräubchen sein. Und erst heute kommt das rechte Erstaunen darüber bei uns an: So weit ist der Weg der Gefühle.*[13]

[13] Christa Wolf, *Nachdenken über Christa T.*, S. 56f.

## 3.4 Die literarische Erörterung

Wir haben uns im zweiten und dritten Kapitel insgesamt drei Romanbeispiele angesehen. Es ging darum, den Text (hier Textauszüge) aufmerksam zu lesen, eine *Inhaltsangabe* anzufertigen und die Texte nach bestimmten Kriterien zu *analysieren*. Im zweiten Kapitel lag der Schwerpunkt bei einer *Interpretation*, die mit bestimmten Fragen an den Text herangeht und weitgehend aus dem Text heraus argumentiert. Im dritten Kapitel haben wir *historische und literaturhistorische Fragen* miteinbezogen.

Jetzt sollten Sie auch in der Lage sein, weiterführende Fragen zu bearbeiten, Fragen, die sich aus dem Text heraus ergeben könnten, aber über ihn hinausweisen. Dieses Thema haben wir schon im Zusammenhang mit *Sachtexten* in dem Buch *Reden, Schreiben, Präsentieren* behandelt. Auch dort ergaben sich aus den journalistischen Texten weiterführende Fragen, mit denen Sie sich auseinander setzen, die Sie „erörtern" sollten.

Manchmal sind Themen der Erörterung noch an ein bestimmtes *Werk*, einen bestimmten *Autor* oder eine *Epoche* gebunden. Dazu ist einiges an *Vorwissen* erforderlich. Eine Fragestellung wie: „Zeigen Sie an einem oder mehreren Beispielen wichtige Merkmale der literarischen Romantik auf! Gehen Sie dabei vor allem auf das Romanwerk E.T.A. Hoffmanns ein!" setzt ziemlich viel voraus. Selbst wenn Ihnen ein Text oder Textauszug Hoffmanns vorgelegt wird, aus dem Sie wichtige Merkmale herauslesen sollen, ist dies nicht einfach.

Doch meist sind die Aufgaben nicht so schwer. Vielmehr wird häufig aus dem Text heraus ein allgemeines Thema entwickelt - und zu diesem sollen Sie Stellung nehmen anhand von literarischen Beispielen, die Sie selbst wählen dürfen.

Ein *Beispiel*:

> *Viele literarische Werke setzen sich mit der schwierigen Situation des Menschen in der Nachkriegszeit auseinander.*
> *Stellen Sie anhand eines oder mehrerer Werke aus der deutschen Literatur dar, wie zentrale Probleme dieser Zeit behandelt werden.*
> *Hat die angesprochene Auseinandersetzung mit den Fragen der Nachkriegszeit Ihrer Meinung nach auch noch Bedeutung für die Gegenwart?*[14]

---

[14] *FOS 2001. Abschluss-Prüfungsaufgaben mit Lösungen. Fachoberschule Deutsch Bayern 1991–2000*, Freising: Stark Verlag, 21. neu bearbeitete Auflage, 2000, D97–1.

Für diese Aufgabenstellung müssen Sie mindestens *ein literarisches Werk* der Nachkriegszeit gut kennen. Der erste Teil der Aufgabe wäre dann, aus diesemText oder aus diesen Texten die *zentralen Probleme* herauszulösen. Der zweite Teil wäre, diese Probleme in *Bezug zur Gegenwart* zu setzen. Das Vorgehen ähnelt sehr stark dem, das wir bei den Sachtexten geübt haben.



- Sie sollten die *wichtigsten Begriffe des Themas erfassen* und damit einer Themaverfehlung schon im Vorfeld vorbeugen. Aus dem Thema ergibt sich auch in diesem Fall die *Gliederung* ihrer literarischen Erörterung oder ihres literarischen Aufsatzes.
- Sollte Ihnen ein Text oder Textauszug vorliegen, so setzen Sie sich *intensiv* mit diesem auseinander. Er kann schon viele Hinweise enthalten, die für Ihre Argumentation wichtig sind.
- Sie beginnen mit der *Stoffsammlung*. Sie sammeln *Beobachtungen* und *Argumente*.
- Sie *ordnen* Ihre Argumente und *gliedern* Ihren Stoff.
- Sie sollen am Ende *Stellung beziehen*. Haben diese Fragen in unserer Gegenwart noch Bedeutung?

Egal, welches Werk Sie nun wählen - ein Frühwerk von Heinrich Böll, z.B. *Haus ohne Hüter* von 1954, würde sich besonders gut eignen - oder ob Ihnen ein Textauszug vorliegt, folgende Probleme und Fragen könnten im Text enthalten sein:

- Der Kriegsheimkehrer hat Schlimmes erlebt und/oder Schuld auf sich geladen. Das wird Einfluss auf sein weiteres Leben, seine Beziehungen, seine Familie haben.
- Der Soldat ist zu Hause nicht immer willkommen. Häufig hat sich in den Jahren die Frau von ihm entfremdet, die Kinder kennen ihn gar nicht oder erkennen ihn nicht wieder.
- Die Rückkehr ins so genannte normale Leben gelingt nicht.
- Die Daheimgebliebenen haben ebenfalls schwere Zeiten durchgemacht, Verfolgung und Unterdrückung oder Vertreibung erlebt, vielleicht auch Schuld auf sich geladen, im Bombenhagel Todesängste ausgestanden. Heimkehrer und Daheimgebliebene stehen sich oft verständnislos und sprachlos gegenüber.

- Hunger und Elend sowie Krankheit und Tod sind für beide zentrale Probleme der letzten Jahre und auch des Wiederaufbaus geworden.
- Wie setzt sich der Autor damit auseinander? Ergreift er Partei? Ist ihm die Darstellung einer Gruppe oder einer Person wichtiger als die der anderen?

Diese Punkte könnten den ersten Teil Ihres Aufsatzes ausmachen. Im zweiten werden Sie gebeten, Stellung zu beziehen.[15]

Was Ihre „Kompetenz" angeht, über ein Thema zu schreiben, so gilt auch hier, was wir schon im Zusammenhang mit den Sachtexten gesagt haben: Wenn Ihnen ein Textauszug vorliegt, so ist es leichter, mit diesem zu arbeiten und mit dieser Hilfe die eigene *Argumentationsstrategie* aufzubauen. Derzeit ist es üblich, einen Text zur Erörterung vorzulegen. Dennoch sollten Sie auch in der Lage sein, zu einem Ihnen bekannten Roman aus dem Gedächtnis ein paar Argumente zusammenzutragen.

Noch ein Ratschlag zum Schluss: Sie befassen sich mit Autoren und literarischen Werken - achten Sie auf Ihre Sprache, auf Ihre Wortwahl, auf Ihren Satzbau. Schließlich sind Sie doch auch selbst *Autor*.

---

[15] Weitere Anregungen zur literarischen Erörterung oder zum literarischen Aufsatz finden Sie in: Karl Josef Weiß/Helmut Erwert/Gerd Dieter Kohse, *Literatur und Text. Ein Lehr- und Arbeitsbuch für den Litearturunterricht der Sekundarstufe II*, S. 402ff.

3

## Lektüretipps

Johann Wolfgang von Goethe, *Die Leiden des jungen Werthers* (1774).
*Wer glaubt, dass Klassiker langweilig seien, sollte sich von Goethe selbst eines Besseren belehren lassen. Was heute Thema unzähliger Filme ist, die unerfüllte Liebe, wurde wohl literarisch nie so ergreifend umgesetzt wie hier.*

E.T.A. Hoffmann, *Die Elixiere des Teufels* (1815f.).
*Ein Vorläufer des Grusel-Romans – unheimlich und spannend.*

Theodor Fontane, *Effi Briest* (1894/95).
*Eine Frau auf der Suche nach der Liebe und dem Leben. Das muss tragisch enden – aber wird durch Fontanes feine Ironie davor bewahrt, kitschig zu sein.*

Thomas Mann, *Buddenbrooks* (1901).
*Die Geschichte einer wohlhabenden Familie, die langsam dem Untergang entgegengeht. Das Leben von vier Generationen einer Lübecker Kaufmannsfamilie. Ein wunderbares Zeit- und Gesellschaftsbild.*

Alfred Döblin, *Berlin Alexanderplatz* (1929).
*Die Geschichte des Franz Biberkopf, der aus dem Gefängnis kommt und als anständiger Mensch leben will. Zugleich schildert der Roman das Berlin der 20er Jahre. Sehr viel härter als Thomas Mann, sehr viel grausamer in der Sicht der sozialen und politischen Verhältnisse als viele andere Bücher.*

Lion Feuchwanger, *Die Geschwister Oppermann* (1933; aus dem Romanzyklus *Der Wartesaal*).
*Die Geschichte spielt 1932/1933 und schildert am Beispiel der Familie Oppermann den „Umbruch" in Deutschland, die einsetzende Gewaltherrschaft der Nationalsozialisten.*

Klaus Mann, *Mephisto* (1936).
*„Roman einer Karriere" nannte Klaus Mann dieses Buch im Untertitel. Der Held, ein Theatermann, sieht sich politisch zunächst links, ändert aber schnell unter den nationalsozialistischen Machthabern seine Anschauung. Der Roman war in Deutschland lange Zeit verboten, weil die Darstellung des Helden offenbar zu starke Züge von Gustaf Gründgens trug.*

Anna Seghers, *Das siebte Kreuz* (Teildruck 1939; Buchdruck 1942).
*Sieben Häftlinge entkommen aus dem Konzentrationslager. Sieben Kreuze werden aufgestellt – doch ein Häftling kann nicht mehr gefangen werden. Das leere Kreuz ist für die anderen Gefangenen ein Symbol der Hoffnung.*

Alfred Andersch, *Sansibar oder der letzte Grund* (1957).
*Eine jüdische Frau muss aus Deutschland fliehen, ein Pfarrer will seine Barlach-Statue retten, ein untergetauchter Kommunist muss einen Auftrag für seine Partei ausführen, ein knorriger Fischer und ein träumerischer Junge – Deutschland im Jahr 1937. Interessant ist der Roman vor allem durch die Perspektivenwechsel.*

Max Frisch, *Homo Faber* (1957).
*Der Mensch, der Kopf über Herz und Bauch stellt, dem Vernunft und Wissenschaft wichtiger sind als Gefühle - er wird von seiner Vergangenheit eingeholt, fast ohne es zu merken. Er, der nie an Schicksal glauben würde, verliebt sich in seine Tochter, beginnt ein Verhältnis mit ihr, zerstört ihr Leben, das ihrer Mutter und auch sein eigenes.*

Uwe Johnson, *Mutmaßungen über Jakob* (1959).
*Krieg, Flucht, Vertreibung - das haben Johnsons Menschen erlebt. Dann die Gründung der DDR auf der einen, der Bundesrepublik auf der anderen Seite. Jakob gerät zwischen die Fronten der Ideologien, seine Zuneigung zu Gesine macht die Situation nicht leichter. Jakob geht aus der DDR fort, in den Westen, kehrt aber bald enttäuscht zurück. Am Tag seiner Rückkehr kommt er unter rätselhaften Umständen ums Leben - Ausgangspunkt für die „Mutmaßungen", die der Erzähler über Jakobs Leben anstellt.*

Heinrich Böll, *Ansichten eines Clowns* (1963).
*Bölls Erfolgsroman setzt sich mit der spießigen Gesellschaft und der in Form von Kirche starr gewordenen Religiosität auseinander und schildert das offenbar gescheiterte Leben von Hans Schnier. Er verlor die geliebte Frau, weil er die Beziehung zu ihr nicht durch die Kirche legalisieren lassen wollte. Sie heiratet einen einflussreichen Katholiken - Schnier kann sich offenbar in dieser Gesellschaft nicht mehr zurecht finden und sitzt am Ende Gitarre spielend und singend am Bahnhof.*

Siegfried Lenz, *Deutschstunde* (1968).
*„Die Freuden der Pflicht" heißt das Thema des Aufsatzes, den Siggi Jepsen in der Jugendstrafanstalt schreiben soll. Doch wie beginnen? Siggi gibt zunächst ein leeres Heft ab. Doch wird er gezwungen, in Einzelhaft seinen Aufsatz zu schreiben. Soweit die Rahmenhandlung. Siggi erinnert sich. Seine Gedanken reichen zurück bis in die letzten Kriegsjahre, er erinnert sich an das Malverbot für den Maler Nansen (Vorbild war Emil Nolde), das Siggis Vater überwachen soll. Doch auch nach dem Krieg können sich Vater und Sohn aus ihren Rollen nicht befreien.*

Jurek Becker, *Jakob, der Lügner* (1969).
*Jakob gibt den Bewohnern des Gettos Hoffnung: Er behauptet, über ein Radio Nachrichten von Kriegsschauplätzen empfangen zu können. Der wenig bedeutende Jakob hat plötzlich viele Freunde - und er muss lügen und Nachrichten erfinden, um die Hoffnung im Getto zu erhalten.*

# 4. Epik 3: Epische Kleinformen

Lernziele

- Unterschiedliche epische Kleinformen kennen lernen und voneinander unterscheiden
- Überblick über die Entwicklung der epischen Kleinformen

*In der Kürze liegt die Würze*
*(deutsches Sprichwort)*

Das oben zitierte Sprichwort wäre vielleicht das passende Motto für eine Charakterisierung der epischen Kleinformen. Denn Fabel, Parabel, Märchen, Novelle oder Kurzgeschichte haben zunächst alle eines gemeinsam: sie sind kurz, in der Regel zumindest kürzer als ein Roman. Manchmal sind sie sehr viel kürzer, oft nur wenige Seiten lang, manchmal erreichen sie aber fast „epische" Dimensionen. Dies betrifft speziell die Novelle, die eigentlich eher eine mittelgroße Form als eine Kleinform ist. Günter Grass' *Katz und Maus* z.B. bringt es in der dtv-Ausgabe auf 176 Seiten, Gottfried Kellers *Romeo und Julia auf dem Dorfe* als Reclam-Heft auf 88, Boccaccios *Falken-Novelle*, das Vorbild der Gattung, begnügt sich dagegen mit knappen 10 Seiten.

Die „Würze" der Kürze besteht nun darin, dass sich der Autor auf einen *wesentlichen Handlungsstrang* oder eine *wesentliche Aussage* konzentrieren kann. Alles Unwesentliche in Inhalt und Sprache muss entfallen. Und da verbirgt sich auch eine gewisse Problematik der epischen Kurzformen: Sich kurz zu fassen, bedeutet auf vieles zu verzichten. Nicht alle Sachverhalte oder Themen lassen sich in „einem Satz" abhandeln. Für viele Leser (und auch Autoren) liegt der Reiz des Erzählens in Prosa ja gerade darin, dass sich eine Geschichte entwickeln kann, dass sich dort eine Vielzahl von Charakteren tummelt, dass sich nicht nur die Handlung, sondern auch die Sprache *entfalten kann*. Bei den epischen Kleinformen aber müssen sich die Autoren auf *Prägnanz* und *gebündelte Aussagekraft* beschränken.

In den folgenden Abschnitten werden wir uns nun verschiedene epische Kleinformen und ihre Entwicklung im Einzelnen ansehen.

## 4.1 Die Fabel

*Fabeltier:*
*Löwengreif, Relief aus Susa, 5. Jh. v.Chr.*

Der Begriff *Fabel* ist vom lateinischen „fabula" (Rede, Erzählung) abgeleitet. Im Deutschen kennt man das Wort seit dem 13. Jahrhundert. Allerdings hatte „Fabel" bis zum Humanismus die abschätzige Bedeutung „lügenhafte Geschichte". Wir kennen im heutigen Sprachgebrauch eine ähnliche Variante unter Verwendung einer anderen epischen Kleinform: „Erzähl' mir doch keine Märchen!"

Als Vater der Gattung gilt der phrygische Sklave Äsop, über den der antike Geschichtsschreiber Herodot im 6. Jahrhundert v. Chr. berichtete. In den Fabeln Äsops spielten *Tiere* die Hauptrollen, ein Charakteristikum, das bis heute typisch für die Fabel ist:

> *Die Fabel ist eine Lehrdichtung, meist in Prosa, in der vorwiegend Tiere in einer bestimmten Situation so handeln, daß sofort eine Kongruenz mit menschl. Verhaltensweisen deutl. wird und der dargestellte Einzelfall als sinnenhaft-anschaul. Beispiel für eine daraus ableitbare Regel der Moral oder Lebensklugheit zu verstehen ist.*[1]

Kirche und Schule erkannten schon früh den *erzieherischen Nutzen* dieser Tiergeschichten, weshalb Fabeln schon im Mittelalter zum festen Bestandteil der *Schullektüre* und auch von *Predigten* gehörten. Nach einem ersten humanistischen Höhepunkt im 16. Jahrhundert erlebte die Fabel in Deutschland ihre Blütezeit im 18. Jahrhundert. Das vernunftbetonte Bürgertum der Aufklärung sah in ihr eine hervorragend geeignete Möglichkeit zur *ethisch-moralischen Erziehung* des Menschen.

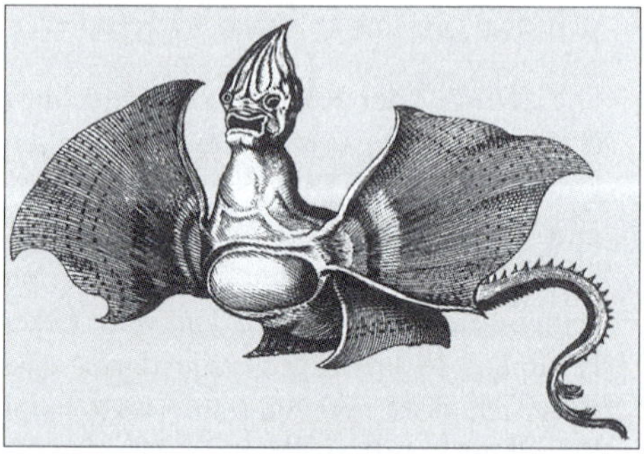

*Fabeltier:*
*Seedrachen in einer Darstellung des 17. Jh.*

[1] *Metzler Literatur Lexikon. Begriffe und Definitionen*, hrsg. von Günther u. Irmgard Schweikle, Stuttgart: Metzler, 1990, S. 147.

Prägend für das heutige Gattungsverständnis wirkte Gotthold Ephraim Lessings literaturtheoretische Auseinandersetzung mit der Fabel. In seinem 1759 erschienenen Band *Gotthold Ephraim Lessings Fabeln. Drei Bücher. Nebst Abhandlungen mit dieser Dichtungsart verwandten Inhalts* definierte Lessing die Fabel genau so, wie wir sie heute verstehen - als moralische Lehrdichtung in schmuckloser, knapper Prosa. Nach Lessing verlor die Fabel an literarischer Wirkung und zog sich als weitgehend an Kinder und Jugendliche gerichtetes pädagogisches Mittel in den Schulbuchbereich zurück.



Ein kurzes Lesebeispiel von Lessing: „Der Esel mit dem Löwen" (1753)

> *Als der Esel mit dem Löwen des Aesopus, der ihn statt seines Jägerhorns brauchte, nach dem Walde ging, begegnete ihm ein anderer Esel von seiner Bekanntschaft, und rief ihm zu: Guten Tag, mein Bruder! -*
> *Unverschämter! war die Antwort. -*
> *Und warum das? fuhr jener Esel fort. Bist du deswegen, weil du mit einem Löwen gehst, besser als ich? Mehr als ein Esel?*[2]

## Aufgabe

1. Welchen Rat will Lessing dem Leser mit dieser Fabel geben?

## 4.2 Die Parabel

Die Parabel (abgeleitet vom griechischen „paraballein" = nebeneinander stellen) gehört ebenfalls zur Kategorie der *lehrhaften Erzählungen* und findet sich schon im Inventar der *antiken Rhetorik*. Dort bezeichnete der Ausdruck eine Geschichte, die innerhalb einer Rede zur *Verstärkung der Argumentation* eingefügt wurde.

Die Parabel ist nach *heutiger Definition*

> *(...) ein zur selbständigen Erzählung erweiterter → Vergleich, der von nur **einem** Vergleichspunkt aus durch Analogie auf den gemeinten Sachverhalt zu übertragen ist, ohne direkten Verweis wie beim → Gleichnis.*[3]

---

2 Zitiert nach Annemarie u. Wolfgang van Rinsum, *Interpretationen Kurzprosa*, München: Bayerischer Schulbuch-Verlag, 1990, S. 37.

3 *Metzler Literatur Lexikon. Begriffe und Definitionen*, S. 340.

Oder kurz gesagt: Erzählt wird eines, gemeint ist etwas anderes. Als Leser muss man von der Erzählhandlung der Parabel selbst auf die sich dahinter verbergende „Wahrheit" oder „Weisheit" schließen, die „durch einen analogen Vorgang aus einem anderen Lebensbereich"[4] verdeutlicht wird. Die Grenze von Fabel und Parabel lässt sich nicht wirklich scharf ziehen, deshalb wird die Parabel zur Abgrenzung gerne auch als „vermenschlichte Tierfabel"[5] bezeichnet.

Die wohl bekannteste Parabel in der deutschen Literatur findet sich als „Geschichte innerhalb der Geschichte" in Lessings *Nathan der Weise:* die „*Ringparabel*" im 3. Aufzug. Obwohl es sich hier nicht um eine epische Form, sondern um ein Drama in Blankversen handelt, soll doch wenigstens kurz auf diese immer wieder zitierte Parabel eingegangen werden:

Der muslimische Sultan Saladin stellt dem Protagonisten Nathan, einem weisen Juden, die Frage, welche Religion denn die wahre sei. Als Antwort erzählt Nathan die Geschichte eines Mannes, der seinen drei geliebten Söhnen drei gleiche Ringe vermacht hatte. Jedoch war nur einer der Ringe echt, die beiden anderen stellten lediglich Kopien dar. Der echte Ring besaß angeblich die besondere Kraft

> *vor Gott / Und Menschen angenehm zu machen, wer / In dieser Zuversicht ihn trug*[6].

Nach dem Tod des Vaters wandten sich die drei Söhne - mittlerweile heillos über das Erbe zerstritten - an einen klugen Richter, der ihnen mitteilen sollte, welcher Ring denn nun der echte sei. Der Richter folgerte aus dem Streit der Brüder untereinander, dass wohl keiner den echten Ring besäße und forderte die drei auf:

> *Es eifre jeder seiner unbestochnen / Von Vorurteilen freien Liebe nach! / Es strebe von euch jeder um die Wette, / Die Kraft des Steins in seinem Ring' an Tag / Zu legen!*[7]

Ob dies überhaupt und wenn ja, welchem der drei Brüder es gelänge, darüber müsste in tausend Jahren ein weiserer Richter entscheiden.

---

[4] Karl Josef Weiß/Helmut Erwert/Gerd Dieter Kohse, *Literatur und Text. Ein Lehr- und Arbeitsbuch für den Literaturunterricht der Sekundarstufe II*, S. 428.

[5] Vgl. Annemarie u. Wolfgang van Rinsum, *Interpretationen Kurzprosa*, S. 49 oder *Literatur im Deutschunterricht*, Band 1: „Kleine literarische Formen", hrsg. von Hans-Waldemar Nürnberg u. Hans Sembritzki, Paderborn u.a.: Ferdinand Schöningh, 1985, S. 135.

[6] Gottfried Ephraim Lessing, *Nathan der Weise*, III. Aufzug, 7. Auftritt. Text zitiert nach http://gutenberg.aol.de/lessing/nathan/nathan37.htm, vom 16.5.2001.

[7] Zitiert nach http://gutenberg.aol.de/lessing/nathan/nathan37.htm, vom 16.5.2001.

Hier endet die Ringparabel *ohne* Saladins Frage mit der gewünschten *Direktheit* zu beantworten. Über die Analogie von Ring und Religion kam aber natürlich Lessing zu seiner Antwort:

Grundsätzlich sind Christentum, Judentum und Islam (die drei Söhne) gleich, sie alle gehen auf den einen Vater (Gott) zurück. Aber, so die implizite Botschaft, nicht der *Besitz* des Ringes spielt die entscheidende Rolle, sondern dessen *Handhabung*:

> *Nicht die überlieferte Form, sondern die in tätige Liebe, Menschlichkeit und Frömmigkeit umgewandelte Zuversicht, mit der die Form erfüllt wird, entscheidet über die Wahrheit einer jeden Religion.*[8]

4

Im 20. Jahrhundert verwendeten vor allem Bertolt Brecht und Franz Kafka wiederholt die Form der Prosa-Parabel. Brecht schrieb mit *Der gute Mensch von Sezuan* sogar ein ganzes „Parabelstück".

## 4.3 Das Märchen

„Es war einmal ..." - drei Worte und schon weiß man als Leser, um welche Gattung es hier geht. Das liegt hauptsächlich an dem phänomenalen Erfolg der „Kinder- und Hausmärchen" (1812/15) der Brüder Jakob Ludwig Karl und Wilhelm Karl Grimm. Denn viele der von den Brüdern Grimm gesammelten Geschichten um verzauberte Königssöhne oder finstere Hexen beginnen mit dieser Standardformulierung. In den *Kinder- und Hausmärchen* findet sich nahezu alles, was in der Märchenwelt Rang und Namen hat: „Aschenputtel", „Brüderchen und Schwesterchen", „Das tapfere Schneiderlein", „Der Froschkönig", „Der Wolf und die sieben Geißlein", „Dornröschen", „Hänsel und Gretel", „Rotkäppchen", „Rumpelstilzchen" oder auch „Schneewittchen".

---

8 Wilhelm Eggerer u. Elmar W. Eggerer, *Interpretationen. Methoden. Balladen, Lyrik, Erzählprosa, Dramen*, München: Manz Verlag, 1995, S. 38.

In der Romantik, die das Ideal der dichtenden Volksseele vertrat, lag es nahe, sich mit der Erzähltradition der „einfachen“ Leute, dem Märchen, zu beschäftigen. Die sprachliche und stilistische „Einfachheit“ der ursprünglich 156 Märchen in zwei Bänden ist aber nicht wirklich ganz authentisch.

Die Brüder Grimm halfen ein wenig nach und entfernten ungebräuchliche Wendungen und Fremdwörter aus den mündlichen oder schriftlichen Vorlagen. Der durchschlagende Erfolg der Grimmschen Sammlung basierte auch letztlich zu einem großen Teil auf dieser *inhaltlichen* wie *formalen Einfachheit*, denn die spärlichen Märchensammlungen des 17. und 18. Jahrhunderts waren stilistisch und inhaltlich weitaus komplizierter.

Erste schriftliche Fassungen von Aschenputtel, Rapunzel, Schneewittchen und Rotkäppchen fanden sich bereits 1634 in der italienischen Märchensammlung *Lo cunto de li cunti* von Giambattista Basile, und Basile wiederum inspirierte den großen französischen Märchensammler und -dichter Charles Perrault, der 1697 die *Contes de ma mère l'Oye* veröffentlichte. Das große Verdienst der Brüder Grimm liegt darin, dass sie all diese primär aus der *mündlichen Tradition* bekannten Märchen in *einfacher Sprache* in *Buchform* herausgaben.

*Aufbau, Inhalt* und *Struktur* des Volksmärchens Grimmscher Prägung folgen ganz klaren Linien:

- Märchen spielen weder an einem *genau erkennbaren Ort* noch zu einer *bestimmten Zeit*. Die *Schauplätze* sind *Stereotypen* wie Wald, Schloss, Höhle, Quelle etc. und die *zeitliche Zuordnung* ist die der *vagen Vergangenheit* des „Es war einmal ...“.
- Die *Gesetze der physikalischen Welt* gelten im Märchen nicht. Dort können Tiere sprechen, Menschen fliegen und Hexen zaubern, Fabelwesen wie Riesen, Zwerge oder Drachen mischen sich ungeniert unters Volk.
- Die Handlung des Märchens ist ebenfalls weitgehend genormt und konzentriert sich auf den *zentralen Handlungsstrang* des *Helden*. Der männliche oder weibliche Held wird missachtet und vertrieben, anschließend *bewährt* er sich, indem er *Rätsel* löst oder *schwierige Aufgaben* bewältigt. Am Schluss siegt immer die *ausgleichende Gerechtigkeit*. Der Held kehrt zurück, das Gute wird belohnt, und das Böse wird bestraft.

Die Welt des Märchens ist eine Entweder-Oder-Welt, die unterteilt in Schwarz und Weiß, in Gut und Böse, in Richtig oder Falsch. *Zwischentöne* existieren nicht. Deshalb gelten Märchen auch als idealer Lesestoff für Kinder, denn sie sind einfach zu verstehen und geben aus einer konservativen christlich-bürgerlichen Weltsicht heraus ethisch und moralisch einwandfreie Handlungsvorgaben.

Man könnte aber auch - was Sozialpsychologen und Feministinnen getan haben - weniger euphemistisch formulieren, dass Märchen ein erzkonservatives und noch dazu höchst unzeitgemäßes, frauenfeindliches Weltbild vermitteln.

In der Romantik blühte auch eine zweite Form des Märchens, das *Kunstmärchen*. Der Name besagt es eigentlich schon, diese Märchen entstammten nicht der anonymen mündlichen Überlieferung,[9] sondern sie wurden in Anlehnung an Motive und Strukturen des Volksmärchens als literarische Kunstformen verfasst.

Die Vorbilder stammten aus dem französischen Rokoko, in dem das Kunstmärchen zur geistreichen Unterhaltung der aufgeklärten Gesellschaft diente. Die thematische und stilistische Bandbreite der deutschen Kunstmärchen war relativ weit gefasst. Ludwig Tiecks „Der blonde Eckbert“ (1797) z.B. thematisiert im Märchengewand die „schuldbeladene Ehe und den Untergang eines Geschwisterpaars“.[10] Friedrich de la Motte Fouqués „Undine“ (1811) beschäftigt sich am Beispiel der Verbindung der Nixe Undine mit dem Ritter Huldbrand mit der philosophischen Frage nach der Einheit von Natur und Geist.

Die romantischen Nachklänge im Biedermeier brachten mit den Märchen von Wilhelm Hauff noch einmal eine bekannte Sammlung von Kunstmärchen hervor. Dazu gehören z.B. „Kalif Storch“, „Zwerg Nase“ und „Das kalte Herz“.

Kaum wegzudenken aus der Märchenbuchabteilung des hauseigenen Bücherschranks sind die noch bekannteren Werke des dänischen Autors Hans Christian Andersen: „Das hässliche junge Entlein“, „Das kleine Mädchen mit den Schwefelhölzern“, „Der fliegende Koffer“, „Des Kaisers neue Kleider“ oder „Der standhafte Zinnsoldat“ kennt auch heute noch fast jedes Kind.

Für das 20. Jahrhundert konstatiert *Metzlers Literatur Lexikon* nur noch

> *eine travestierende, die Leseerwartung düpierende Verarbeitung von Märchenelementen mit satir.-grotesker (meist gesellschaftskrit.) Intention.*[11]

Als Beispiel werden u.a. Oskar Maria Grafs „Das Märchen vom König“ (1927), Alfred Döblins „Märchen von der Technik“ (1935) und Wolf Wondratscheks „Und der Prinz führte die Prinzessin ...“ (1972) genannt.

---

[9] Obwohl man landläufig von „den Märchen der Brüder Grimm“ spricht, handelt es sich bei den beiden nicht um die Autoren, sondern „nur“ um die *Herausgeber* dieser Sammlung.

[10] Herbert A. u. Elisabeth Frenzel, *Daten deutscher Dichtung. Chronologischer Abriß der deutschen Literaturgeschichte*, Band 1: „Von den Anfängen bis zum Jungen Deutschland“, München: dtv, 1998, S. 307.

[11] *Metzler Literatur Lexikon. Begriffe und Definitionen*, S. 257.

# Aufgaben

Lesen Sie sich das Märchen „Die Sterntaler“ aus den Kinder- und Hausmärchen der Brüder Grimm durch.

2. Woran erkennen Sie, dass es sich bei dem Text um ein Märchen handelt?

3. Welche moralische und pädagogische Botschaft vermittelt „Die Sterntaler“?

**Die Sterntaler**

*Es war einmal ein kleines Mädchen, dem war Vater und Mutter gestorben, und es war so arm, daß es kein Kämmerchen mehr hatte, darin zu wohnen, und kein Bettchen mehr hatte, darin zu schlafen, und endlich gar nichts mehr als die Kleider auf dem Leib und ein Stückchen Brot in der Hand, das ihm ein mitleidiges Herz geschenkt hatte. Es war aber gut und fromm. Und weil es so von aller Welt verlassen war, ging es im Vertrauen auf den lieben Gott hinaus ins Feld. Da begegnete ihm ein armer Mann, der sprach: „Ach, gib mir etwas zu essen, ich bin so hungerig." Es reichte ihm das ganze Stückchen Brot und sagte: „Gott segne dir's", und ging weiter. Da kam ein Kind, das jammerte und sprach: „Es friert mich so an meinem Kopfe, schenk mir etwas, womit ich ihn bedecken kann." Da tat es seine Mütze ab und gab sie ihm. Und als es noch eine Weile gegangen war, kam wieder ein Kind und hatte kein Leibchen an und fror: da gab es ihm seins; und noch weiter, da bat eins um ein Röcklein, das gab es auch von sich hin. Endlich gelangte es in einen Wald, und es war schon dunkel geworden, da kam noch eins und bat um ein Hemdlein, und das fromme Mädchen dachte: „Es ist dunkle Nacht, da sieht dich niemand, du kannst wohl dein Hemd weggeben", und zog das Hemd ab und gab es auch noch hin. Und wie es so stand und gar nichts mehr hatte, fielen auf einmal die Sterne vom Himmel, und waren lauter blanke Taler; und ob es gleich sein Hemdlein weggegeben, so hatte es ein neues an, und das war vom allerfeinsten Linnen. Da sammelte es sich die Taler hinein und war reich für sein Lebtag.*[12]

[12] Text zitiert nach http://gutenberg.aol.de/grimm/maerchen/sterntal.htm, vom 16.5.2001.

## 4.4 Die Novelle

Giovanni Boccaccio



„Novelle" leitet sich von lat. „novellus" (neu, jung) ab und wurde ursprünglich im 6. Jahrhundert n. Chr. als Fachterminus für Nachträge zu bereits bestehenden Gesetzen innerhalb der Rechtswissenschaft eingeführt. Im Italien des 14. Jahrhunderts fand dann die Übertragung des Begriffes in den literarischen Bereich statt. Die „Novella" bezeichnete eine meist *in Prosa* verfasste *Erzählung*, die über etwas „Neues" berichtete.

Als Vater der Novelle gilt der italienische Dichter Giovanni Boccaccio (1313–1375) mit seinem *Decamerone*. In der Rahmenhandlung dieses Novellenzyklus' fliehen sieben Frauen und drei Männer vor der Pest aus Florenz auf ein Landgut. Dort erzählen sie sich an zehn Tagen jeweils zehn Geschichten.

Die neunte Geschichte des fünften Tages ging als Ur-Modell der Novelle in die Literaturgeschichte ein und wird als *Falken-Novelle* bezeichnet:

Der junge Florentiner Adlige Federigo verliebt sich unsterblich in die verheiratete Giovanna. Um ihr zu gefallen, investiert er sein ganzes Vermögen in Geschenke, Turnierveranstaltungen etc. Allerdings vergebens, denn die junge Dame ist ebenso tugendhaft wie schön.

Dem völlig Verarmten bleibt außer einem kärglichen Landgut an Besitztümern schließlich nur noch ein edler Falke. Als Giovannas Ehemann stirbt, lernt ihr Sohn den verarmten Federigo kennen und „verliebt" sich unsterblich in dessen edlen Falken. Da er sieht, wie sehr Federigo an dem Tier hängt, wagt er es nicht, ihn um den Falken zu bitten.

Schließlich erkrankt der junge Mann und bittet seine Mutter, ihm den Falken des Federigo zu beschaffen. Dann würde er sich sicher rasch wieder erholen, so seine Argumentation. Giovanna besucht daraufhin ihren ehemaligen Verehrer. Der verarmte Federigo findet nun nichts im Hause, um die Besucherin angemessen zu bewirten. Kurzerhand tötet er seinen geliebten Falken und bereitet diesen als Braten zu. Durch diese großmütige Handlungsweise gewinnt er schließlich am Ende doch noch Herz und Hand der Geliebten.

Die zyklische Struktur des *Decamerone* mit *Rahmen-* und eingeflochtener *Binnenhandlung* wurde vorbildhaft für die Novelle. Unter anderem verfassten Christoph Martin Wieland mit dem *Hexameron von Rosenhain* (1805) und Johann Wolfgang von Goethe mit den *Unterhaltungen deutscher Ausgewanderten* (1795) jeweils Novellenzyklen in dieser Form.

Innerhalb der deutschen Literatur taucht die Novelle als eigene Gattung gegen Ende des 18. Jahrhunderts auf. Der erste *Definitionsversuch* stammt von dem gerade erwähnten Christoph Martin Wieland, der 1772 schrieb:

> *Novellen werden vorzüglich eine Art von Erzählungen genannt, welche sich von den großen Romanen durch die Simplicität des Plans und den kleinen Umfang der Fabel unterscheiden (...)*[13]

Die „Simplicität", die *Einfachheit* oder *Schlichtheit* der Novellenhandlung, und der *begrenzte Umfang* stellten auch für die weiteren literaturtheoretischen Betrachtungen wesentliche Eckpunkte dar.

Friedrich Schlegel schließlich forderte, dass die äußere Handlung der Novelle wichtiger sein müsse als die Beschreibung des Innenlebens der Figuren. Die wohl bekannteste Definition stammt jedoch - nicht unerwartet - von Goethe:

> *(...) denn was ist eine Novelle anders als eine sich ereignete, unerhörte Begebenheit.*[14]

Zwei Jahre nach Goethes Aussage brachte Ludwig Tieck 1829 den „Wendepunkt" in die Novellentheorie ein, als er forderte, die Novelle solle sich

> *(...) dadurch aus allen andern Aufgaben hervorheben, daß sie einen großen oder kleinern Vorfall in's hellste Licht stelle, der, so leicht er sich ereignen kann, doch wunderbar, vielleicht einzig ist. Diese Wendung der Geschichte, dieser Punkt, von welchem aus sie sich unerwartet völlig umkehrt, und doch natürlich, dem Charakter und den Umständen angemessen, die Folge entwickelt, wird sich der Phantasie des Lesers um so fester einprägen, als die Sache, selbst im Wunderbaren, unter andern Umständen wieder alltäglich sein könnte.*[15]

Das „wunderbar" von Tieck darf man nicht im Sinne von „willkürlich" oder „unglaubwürdig" verstehen, sondern als „überraschend". Denn Tieck, wie auch schon Goethe und Schlegel, betonte gerade den *„realistischen" Charakter* der Novelle. Die überraschende Wendung der Novelle musste *nachvollziehbar motiviert* und auch *tatsächlich möglich* sein.

Wenn Sie sich jetzt noch einmal die Zusammenfassung der *Falken-Novelle* von Boccaccio ansehen, können Sie inzwischen sicher verstehen, warum gerade diese Geschichte als Modell der Gattung gilt. Alles, was von Wieland bis Goethe gefordert wurde, war dort schon enthalten.

---

13 Zitiert nach Ulrich Karthaus, *Novelle*, Bamberg: C.C. Buchners Verlag, 1990, S. 8.

14 Ebenda, S. 14.

15 Ebenda, S. 22.

Im Verlauf des 19. Jahrhunderts entwickelte sich die Novelle in Deutschland zu einer immer eigenständigeren Form, die sich vom zyklischen Vorbild Boccaccios entfernte. Bald gab es Novellen auch als *Einzeltexte*, wie z.B. E.T.A. Hoffmanns *Nachtstücke* (1814-17), die nur noch lose miteinander verbunden waren, Adalbert Stifters *Bunte Steine* (1843-53) oder Gottfried Kellers *Die Leute von Seldwyla* (1856-74).

Im *Realismus* erreichte die Novelle nach allgemeiner Auffassung ihren *Höhepunkt*. Nicht überraschend, wenn man sich noch einmal die Definitionen von Wieland bis Tieck durchliest. Zu den bekanntesten Novellen-Autoren jener Zeit gehörten Gottfried Keller, Theodor Storm und Conrad Ferdinand Meyer.



Im 20. Jahrhundert blieb die Novelle trotz der Konkurrenz der Kurzgeschichte zunächst weiter lebendig, zumindest bis zum Zweiten Weltkrieg. Thomas Mann veröffentlichte 1903 die Novelle *Tristan*, Franz Kafka 1915 *Die Verwandlung*, Stefan Zweig schließlich 1941 *Die Schachnovelle*.

Nach dem Zweiten Weltkrieg sah es zunächst so aus, als würde die Kurzgeschichte das Ende der Novelle herbeiführen, bis dann 1961 Christa Wolf *Die Moskauer Novelle* und Günter Grass *Katz und Maus* veröffentlichten. Bis zum Erscheinen der nächsten bedeutenden Novelle, Martin Walsers *Ein fliehendes Pferd* (1978), vergingen dann allerdings erneut fast 20 Jahre. 1987 folgte eine weitere Novelle von Walser *Dorle und Wolf*. 1988 erschien die *Heidelberger Novelle* von Eva Zeller und 1993 veröffentlichte Uwe Timm *Die Entdeckung der Currywurst*. Insgesamt scheint sich aber die Form der Novelle in der zweiten Hälfte des 20. Jahrhunderts allmählich erschöpft zu haben.

## Lektüre *Katz und Maus* von Günter Grass

*Katz und Maus*, eine „Novelle", wie der Untertitel deklariert, wurde 1961 veröffentlicht und bildet das Mittelstück von Grass' Danziger Trilogie, zu der man daneben noch die beiden Romane *Die Blechtrommel* und *Hundejahre* rechnet. Beim Erscheinen von *Katz und Maus* waren Autor und Verlag bereits Kummer gewohnt. Schon der *Blechtrommel* (1959) war aufs Heftigste ihr angeblich „pornografischer" Inhalt vorgeworfen worden, und den zweiten Band der Danziger Trilogie traf dasselbe Urteil.

Das Hessische Ministerium für Arbeit, Volkswohlfahrt und Gesundheit stellte 1962 den Antrag, *Katz und Maus* in die Liste der jugendgefährdenden Schriften aufzunehmen. Die Begründung führte an, dass das Werk „zahlreiche Schilderungen von Obszönitäten"[16] enthielte und, ganz abgesehen davon, verdiene das Werk „weder vom Stil noch vom Stoff her ein besonderes literarisches Interesse"[17], wenn „auch vielleicht dem Autor eine gewisse Fähigkeit und eine eigene Art des Schreibens nicht abzusprechen ist"[18]. Nach drei Monaten zog das Ministerium den Antrag schließlich zurück.

Was für eine unerhörte Begebenheit hatte nun diesen Wirbel ausgelöst? Sehen wir uns zunächst den Inhalt der Novelle an:

Aus der Rückschau des Jahres 1959 berichtet der Ich-Erzähler Pilenz über die Ereignisse um seinen ehemaligen Mitschüler Joachim Mahlke aus den Jahren 1940–1944. Dieser Joachim Mahlke, katholischer Gymnasiast in Danzig, besitzt einen übergroßen Adamsapfel. Um diese Abnormität zu kompensieren, beweist sich Mahlke in herausragenden sportlichen Leistungen, speziell im Schwimmen und Tauchen. Mit einer Reihe wechselnder Gegenstände versucht er im Laufe der Erzählhandlung seinen übergroßen Adamsapfel zu bedecken.

Schließlich meint Mahlke, in dem deutschen Ritterkreuz den idealen Gegenstand zur Kaschierung seines Makels gefunden zu haben. Mahlke stiehlt das Ritterkreuz eines ehemaligen Mitschülers, der als zurückgekehrter Kriegsheld eine Rede an seinem „alten" Gymnasium hält, und wird daraufhin auf eine andere Schule verwiesen.

Als Panzerkommandant erwirbt Mahlke später das ersehnte Ritterkreuz selbst. Sein höchstes Ziel, als Ritterkreuzträger ebenfalls in seinem ehemaligen Gymnasium eine Ansprache halten zu dürfen, wird ihm aber wegen des früheren Diebstahls verweigert. Mahlke will daraufhin nicht mehr zur Truppe zurück, fährt mit Pilenz zum Wrack eines Minensuchbootes, dem zentralen Ort seiner pubertären Großtaten, taucht hinunter und kehrt nicht mehr zurück. Pilenz verlässt schließlich den Ort, wird am nächsten Tag einberufen und wartet seither voller Gewissensbisse auf ein Lebenszeichen Mahlkes.

Der „Pornografie"-Vorwurf entzündete sich an Grass' für die Adenauer-Zeit recht deutlichen Sprache, was die Erwähnung von Geschlechtsorganen und Sexualität überhaupt betraf:

> *Es sah komisch aus, weil er sonst nichts anhatte. Kauerte nackt, knochig, mit ewigem Sonnenbrand im Schatten. Nur die Knie grell. Sein langer halbwacher Schwanz und die Klöten platt auf dem Rost.*[19]

---

[16] Zitiert nach Annemarie u. Wolfgang van Rinsum, *Interpretationen Romane, Erzählungen*, München: Bayerischer Schulbuch-Verlag, 1996, S. 183.

[17] Ebenda, S. 183.

[18] Ebenda, S. 183.

[19] Günter Grass, *Katz und Maus. Eine Novelle*, München: dtv, 1999, S. 104.

Besonders störten sich die Sittenwächter an den ausführlich geschilderten Masturbationsspielen der Jugendlichen im dritten Kapitel. Diese Tabubrechung war schon ein wichtiges erzählerisches Mittel in der *Blechtrommel*. Grass setzte sich über die kleinbürgerlichen Konventionen (vergegenwärtigen Sie sich das Erscheinungsjahr - 1961!) hinweg und entfernte die sonst üblichen Filtermechanismen, die in der bürgerlichen Literatur alles unterhalb der Gürtellinie zur *terra incognita* erklärten.

„Schonungslos", so kann man Grass' Danziger Trilogie insgesamt charakterisieren. Ähnlich wie in der *Blechtrommel* zeigt Grass auch in *Katz und Maus* Hitlerstaat und Zweiten Weltkrieg aus der engen *Kleinbürgerperspektive* und zerschlägt dadurch auch im zweiten Band der Danziger Trilogie den Mythos vom Nationalsozialismus als geschichtlichem, überzeitlichen Verhängnis. Der einzelgängerische Halbwaise Mahlke kompensiert seine Orientierungslosigkeit und sein Identifikationsbedürfnis, indem er sich der Marienverehrung und der Schule zuwendet. Beides klassische Felder des Kleinbürgertums, beides Bereiche, die sich der Nationalsozialismus schleichend aneignete, deren traditionelle Werte er mit der eigenen Ideologie besetzte - was so schwer nicht war, wie Grass impliziert:

> *Grass führt in seiner Novelle glaubhaft vor, wie die Frömmigkeit im Kleinbürgertum und der unreflektierte Gebrauch kirchlicher Formeln von den Nationalsozialisten ohne große Schwierigkeiten in ihre Lehre transponiert werden konnten.*[20]

Grass hat *Katz und Maus* im Untertitel *Eine Novelle* genannt. Ob diese Gattungsbezeichnung korrekt sei oder nicht, darüber stritt sich die literarische Welt gleich nach der Veröffentlichung. Ist der Untertitel vielleicht ironisch zu verstehen? Das wäre nachvollziehbar, da die Novelle eine explizit *bürgerliche Form* darstellte. Die Verstrickung des Bürgertums in den Nationalsozialismus als Massenerscheinung stellte somit eigentlich gar keine „unerhörte Begebenheit" dar, war also gar kein Einzelfall.

Andererseits, wenn man die Novellendefinitionen betrachtet, steht dort auch, dass die „unerhörte Begebenheit" nachvollziehbar und erklärlich sein soll und dadurch einen gewissen *Beispielcharakter* gewinnt. Was ja gleichfalls für Mahlkes Fall zutreffen würde. Formal gesehen erfüllt Grass mit dem Schema von Rahmen- und Binnenhandlung jedenfalls die Vorgaben der klassischen Novelle.

---

20 Dieter Mayer, „Katz und Maus", in: *Deutsche Novellen von Goethe bis Walser. Interpretationen für den Deutschunterricht*, hrsg. von Jakob Lehmann, Band 2: „Von Fontane bis Walser", Königstein/Ts.: Scriptor, 1980, S. 269.

Sein *Erzählstil*, ein Schwanken zwischen Ich-Erzähler und auktorialem Erzählgestus, ist jedoch modern und keineswegs „klassisch". Der Handlungsverlauf konzentriert sich auf die zentrale Figur des Protagonisten, „unnützes Beiwerk" entfällt - typisch Novelle.

Die überraschende Wendung ist ebenfalls vorhanden (endlich am Ziel seiner Wünsche und mit dem Ritterkreuz dekoriert, verschwindet Mahlke), zusammen mit einer starken Motivik. Die formale Diskussion ist zwar nicht endgültig geklärt, doch die „korrekte" formale Novellenstruktur ist nicht anzuzweifeln.

Im Rahmen dieses Kapitels kann die Komplexität der Novelle nur angedeutet, nicht aber bis ins Detail analysiert werden. Es sei Ihnen empfohlen, das Werk zu lesen und sich selbst ein Urteil zu bilden. Und halten Sie sich auch immer eines vor Augen, Interpretationen sind *subjektive Annäherungen* an etwas Erzähltes und keine unumstößlichen Wahrheiten.

## AUFGABE

Nachfolgend sehen Sie einen Textausschnitt aus *Katz und Maus*.

Ein ehemaliger Abiturient[21] hält in der Aula des Conradinums, Mahlkes Gymnasium, eine Rede über seine Kriegserlebnisse. Der junge Leutnant wurde als Flieger an der Front mit dem Eisernen Kreuz ausgezeichnet.

Dies ist die Ausgangsposition für die folgende Textstelle. Lesen sie sich nun die Rede des Fliegerhelden durch.

**4.** Wie stellt sich der Krieg aus Sicht des Leutnants dar? Achten Sie auch auf die sprachliche Umsetzung.

*(...) Und der da seinen Mund anfangs etwas zu leise aufmachte, ein Leutnant der Luftwaffe, sprach stockend, auf die sympathisch unbeholfene Art und errötete mehrmals, ohne daß seine Rede den Anlaß gegeben haben konnte: ‚... nun müßt ihr nicht denken, das läuft wie ne Karnickeljagd, mit drauf und los und hastenichjesehn. Oft wochenlang nichts. Aber als wir an den Kanal – dacht ich, wenn hier nicht, dann nirgends. Und es klappte. Gleich beim ersten Einsatz kam uns ein Verband mit Jagdschutz vor die*

[21] Es handelt sich hier übrigens *nicht* um den in der Inhaltsangabe erwähnten Ritterkreuzträger, der von Mahlke bestohlen wird.

*Nase, und das Karussell, sag ich, mal über mal unter den Wolken, war perfekt: Kurvenflug. Ich versuche mich höherzuschrauben, unter mir kreiseln drei Spitfire, schirmen sich ab, denke, wär doch gelacht, wenn nicht, stoße steil von oben, hab ihn drinnen, und da zeigt er schon Spuren, kann noch gerade meine Mühle auf die linke Tragflächenspitze, als ich auch schon eine zweite im Gegenkurs kommende Spitfire im Visierkreis, halte auf Propellernarbe, er oder ich; na, wie ihr seht, er mußte in den Bach, und ich dachte mir, wenn du schon zwei hast, versuch es doch mal mit dem dritten und so weiter, wenn nur der Sprit reicht. Und da wollen sie auch schon unter mir, sieben im aufgelösten Verband abschwirren, ich, immer die liebe Sonne hübsch im Rücken, picke mir einen raus, der bekommt seinen Segen, wiederhole die Nummer, klappt auch, zieh den Knüppel nach hinten bis zum Anschlag, als mir der Dritte vor die Spritze: schert nach unten aus, muß ihn erwischt haben, instinktiv hinterdrein, bin ihn los, Wolken, hab ihn wieder, drück noch mal auf die Tube, da rotiert er im Bach, aber auch ich bin kurz vorm Badengehen; weiß wirklich nicht mehr, wie ich die Mühle hochbekommen habe. Jedenfalls als ich bei uns zu Hause angewackelt komme – wie ihr sicher wißt oder in der Wochenschau gesehen habt, wackeln wir mit den Tragflächen, wenn wir was runtergeholt haben –, bekomm ich das Fahrwerk nich raus, klemmte. Und so mußte ich meine erste Bauchlandung. Später, in der Kantine: ich hätte einwandfrei sechs, hatte natürlich während nicht mitgezählt, war natürlich viel zu aufgeregt gewesen, natürlich war die Freude groß, aber gegen vier mußten wir nochmal hoch, kurz und gut: das verlief beinahe wie früher, wenn wir hier auf unserem guten alten Pausenhof - denn den Sportplatz gab es noch nicht – Handball spielten. Vielleicht wird sich Studienrat Mallenbrandt erinnern: entweder warf ich kein Tor oder gleich neun Tore; und so war es auch an dem Nachmittag: zu den sechs vom Vormittag kamen noch drei weitere; das war mein neunter bis siebzehnter; aber erst ein gutes halbes Jahr später, als ich Vierzig voll hatte, wurde ich von unserem Chef, und als ich dann ins Führerhauptquartier, hatte ich schon vierundvierzig auf der Latte; denn wir am Kanal kamen kaum raus aus den Mühlen, blieben gleich, während das Bodenpersonal, nicht jeder hat das durchhalten können; will nun aber mal zur Abwechslung was Lustiges: auf jedem Fliegerhorst gibt es einen Staffelhund. Und als wir eines Tages unserem Staffelhund Alex, weil gerade allerschönstes Wetter war (...)*[22]

22 Günter Grass, *Katz und Maus. Eine Novelle*, S. 61f.

## 4.5 Die Kurzgeschichte

Ausgehend vom Vorbild der anglo-amerikanischen „short story“ des 19. und 20. Jahrhunderts entwickelte sich in Deutschland eine eigene Gattung „Kurzgeschichte“ erst nach 1945. Dann kam es aber gleich zu einem regelrechten Boom der neuen epischen Kleinform. Ausschlaggebend dafür war sicher das *„Nullpunktbewusstsein“*[23] nach Hitler-Diktatur und Zweitem Weltkrieg. Skepsis und Misstrauen, Werteverlust und existentielle Ängste sowie das Gefühl der Verbrauchtheit der alten literarischen Formen prägten viele Autoren. Die Kurzgeschichte nach dem Vorbild Hemingways, der darin nach der Erfahrung des Ersten Weltkriegs einen ähnlichen Lebens-Skeptizismus zu Papier gebracht hatte, schien jetzt die geeignete Ausdrucksmöglichkeit für das *pessimistische, zerrissene Lebensgefühl* im *Nachkriegsdeutschland* zu sein. Was das Vorbild der „short story“ in diesem Sinne interessant machte, war deren *offene* und *skizzenhafte Struktur*.

*Wolfgang Borchert*

Wichtige Autoren von Kurzgeschichten der Nachkriegszeit sind u.a. Wolfgang Borchert „Die Küchenuhr“ (1947), Wolfdietrich Schnurre „Auf der Flucht“ (1945) und „Das Begräbnis“ (1947), Heinrich Böll „Die Botschaft“ (1947) und „Wanderer kommst du nach Spa ...“ (1950), Marieluise Fleißer „Die Stunde der Magd“ (1949), Luise Rinser „Die rote Katze“ (1949).

Die anglo-amerikanische *short story* hatte zudem den großen Vorteil, dass sie keine „nationalsozialistische“ Vergangenheit besaß. Vielen Autoren erschienen nach Kriegsende die bekannten (einheimischen) Gattungen wie z.B. Roman oder Novelle durch die NS-Diktatur beschmutzt, verbraucht und entwertet. Ein *Traditionsbruch* war durchaus erwünscht.

Was denn nun genau das Spezielle an einer Kurzgeschichte sei, darüber wurde in Fachkreisen lange diskutiert.[24] So ganz ist diese Diskussion wohl auch heute noch nicht abgeschlossen, denn ein zentrales Kennzeichen der Kurzgeschichte ist, dass sie sich nicht in ein festes Regelkonzept pressen lässt. Dennoch kann man für diese *widerborstige Gattung* doch zumindest einige *Erkennungsmerkmale* definieren:

---

[23] Vgl. Kapitel 9, S. 171, 179.

[24] *Arbeitstexte für den Unterricht. Theorie der Kurzgeschichte*, hrsg. von Hans-Christoph Graf von Nayhauss, Stuttgart: Reclam Verlag, 1977. (Sammlung von theoretischen Texten wie Walter Höllerer „Die kurze Form der Prosa“) Vgl. auch: Leonie Marx, *Die deutsche Kurzgeschichte*, Stuttgart/Weimar: Metzler, 1997, S. 1–93.

- Sie versteht sich in den Anfängen nach dem Zweiten Weltkrieg speziell als *Gegenstück zur deutschen Novelle*, die charakterisiert war durch den allwissenden Erzähler, die kunstvolle Handlungsgestaltung, die genormte, geschlossene Struktur und die anspruchsvolle Sprache.
- Sie thematisiert keine „unerhörte Begebenheit", sondern sie nimmt ihre Stoffe aus dem *Alltag*.
- Auch die *Sprache* ist alltagsnah.
- Sie verzichtet auf elaborierte Erzählstrukturen, wie z.B. das Rahmen- und Binnenhandlungsmodell der Novelle. Kurzgeschichten sind also *formal schlicht* gestaltet.
- Sie beschreibt nicht das Weltgeschehen in epischer Breite, sondern einen *entscheidenden Moment* im Leben eines Menschen. Ihre Handlung setzt irgendwo ein und hört irgendwo auf, sie ist wie ein Scheinwerfer, der plötzlich einen kurzen Ausschnitt der Wirklichkeit in helles Licht taucht und dann einfach wieder verlöscht, ohne sich um das Davor oder das Danach zu kümmern.
- Das wichtigste und typischste Kennzeichen: Die Kurzgeschichte ist prinzipiell *offen* - in ihren Themen, in ihrer Erzählperspektive, in ihrem Umfang, in der Wahl ihrer Figuren usw. Eigentlich ist in der Kurzgeschichte alles erlaubt, nur einigermaßen kurz muss sie sein.

4

Mitte der 60er Jahre endete der Höhenflug der Kurzgeschichte: „Autoren wie Aichinger, Bender, Kaschnitz, Walser wandten sich allmählich von der Gattung ab, Lenz und Böll legten eine längere Pause ein. Von Andersch erschienen nur noch vereinzelt Kurzgeschichten."[25] Die Kurzgeschichte zeigte sich zwar in den folgenden Jahrzehnten durchaus wandelbar und thematisch offen, verlor aber gegenüber dem Roman oder experimentelleren Kurz-Prosaformen immer weiter an Gewicht.

---

25 Leonie Marx, *Die deutsche Kurzgeschichte*, S. 162.

# Aufgabe

Die Kurzgeschichte „Das Brot" stammt aus dem Jahr 1946. Wolfgang Borchert thematisiert hier die Hungersnot der unmittelbaren Nachkriegszeit.

5. Lesen Sie die Kurzgeschichte durch und beantworten Sie die folgenden Fragen: Was geschieht hier? Wie stehen die Eheleute zueinander und welche Auswirkungen haben die Lebensumstände der Nachkriegszeit auf ihre Beziehung?

**Das Brot**
*von Wolfgang Borchert*

*Plötzlich wachte sie auf. Es war halb drei. Sie überlegte, warum sie aufgewacht war. Ach so! In der Küche hatte jemand gegen einen Stuhl gestoßen. Sie horchte nach der Küche. Es war still. Es war zu still, und als sie mit der Hand über das Bett neben sich fuhr, fand sie es leer. Das war es, was es so besonders still gemacht hatte; sein Atem fehlte. Sie stand auf und tappte durch die dunkle Wohnung zur Küche. In der Küche trafen sie sich. Die Uhr war halb drei. Sie sah etwas Weißes am Küchenschrank stehen. Sie machte Licht. Sie standen sich im Hemd gegenüber. Nachts. Um halb drei. In der Küche.*
*Auf dem Küchentisch stand der Brotteller. Sie sah, daß er sich Brot abgeschnitten hatte. Das Messer lag noch neben dem Teller, und auf der Decke lagen Brotkrümel. Wenn sie abends zu Bett gingen, machte sie immer das Tischtuch sauber. Jeden Abend. Aber nun lagen Krümel auf dem Tuch. Und das Messer lag da. Sie fühlte, wie die Kälte der Fliesen langsam an ihr hoch kroch. Und sie sah von dem Teller weg.*
*„Ich dachte, hier wäre was", sagte er und sah in der Küche umher.*
*„Ich habe auch was gehört", antwortete sie, und dabei fand sie, daß er nachts im Hemd doch schon recht alt aussah. So alt wie er war. Dreiundsechzig. Tagsüber sah er manchmal jünger aus. Sie sieht doch schon alt aus, dachte er, im Hemd sieht sie doch ziemlich alt aus. Aber das liegt vielleicht an den Haaren. Bei den Frauen liegt das nachts immer an den Haaren. Die machen dann auf einmal so alt.*
*„Du hättest Schuhe anziehen sollen. So barfuß auf den kalten Fliesen. Du erkältest dich noch." Sie sah ihn nicht an, weil sie nicht ertragen konnte, daß er log. Daß er log, nachdem sie neununddreißig Jahre verheiratet waren.*
*„Ich dachte, hier wäre was", sagte er noch einmal und sah wieder so sinnlos von einer Ecke in die andere, „ich hörte hier was. Da dachte ich, hier wäre was."*
*„Ich hab auch was gehört. Aber es war wohl nichts." Sie stellte den Teller vom Tisch und schnippte die Krümel von der Decke.*

*„Nein, es war wohl nichts", echote er unsicher.*
*Sie kam ihm zu Hilfe: „Komm man. Das war wohl draußen. Komm man zu Bett. Du erkältest dich noch. Auf den kalten Fliesen."*
*Er sah zum Fenster hin. „Ja, das muß wohl draußen gewesen sein. Ich dachte, es wäre hier."*
*Sie hob die Hand zum Lichtschalter. Ich muß das Licht jetzt ausmachen, sonst muß ich nach dem Teller sehen, dachte sie. Ich darf doch nicht nach dem Teller sehen. „Komm man", sagte sie und machte das Licht aus, „das war wohl draußen. Die Dachrinne schlägt immer bei Wind gegen die Wand. Es war sicher die Dachrinne. Bei Wind klappert sie immer."*
*Sie tappten sich beide über den dunklen Korridor zum Schlafzimmer. Ihre nackten Füße platschten auf den Fußboden.*
*„Wind ist ja", meinte er. „Wind war schon die ganze Nacht."*
*Als sie im Bett lagen, sagte sie: „Ja, Wind war schon die ganze Nacht. Es war wohl die Dachrinne."*
*„Ja, ich dachte, es wäre in der Küche. Es war wohl die Dachrinne." Er sagte das, als ob er schon halb im Schlaf wäre.*
*Aber sie merkte, wie unecht seine Stimme klang, wenn er log.*
*„Es ist kalt", sagte sie und gähnte leise, „ich krieche unter die Decke. Gute Nacht."*
*„Nacht", antwortete er noch: „ja, kalt ist es schon ganz schön."*
*Dann war es still. Nach vielen Minuten hörte sie, daß er leise und vorsichtig kaute. Sie atmete absichtlich tief und gleichmäßig, damit er nicht merken sollte, daß sie noch wach war. Aber sein Kauen war so regelmäßig, daß sie davon langsam einschlief.*
*Als er am nächsten Abend nach Hause kam, schob sie ihm vier Scheiben Brot hin. Sonst hatte er immer nur drei essen können.*
*„Du kannst ruhig vier essen", sagte sie und ging von der Lampe weg. „Ich kann dieses Brot nicht so recht vertragen. Iß du man eine mehr. Ich vertrag es nicht so gut."*
*Sie sah, wie er sich tief über den Teller beugte. Er sah nicht auf. In diesem Augenblick tat er ihr leid.*
*„Du kannst doch nicht nur zwei Scheiben essen", sagte er auf seinem Teller.*
*„Doch, abends vertrag ich das Brot nicht gut. Iß man. Iß man."*
*Erst nach einer Weile setzte sie sich unter die Lampe an den Tisch.*[26]

[26] Text zitiert nach: *Die deutsche Literatur. Ein Abriß in Text und Darstellung*, hrsg. von Gerhard R. Kaiser, Band 16: „Gegenwart", Stuttgart: Reclam Verlag, 1983, S. 85–88.

## Lektüretipps

Beispiele für die „ganz kleinen" unter den epischen Kleinformen finden Sie im Kapitel-Text. Für das etwas „ausführlichere" Lesevergnügen noch einige Vorschläge zur Novellen-Lektüre:

Heinrich von Kleist, *Michael Kohlhaas* (1810/11).
*Die Geschichte des Roßhändlers Michael Kohlhaas, der aus verletztem Rechtsgefühl zum Räuber und Mörder wird.*

Adelbert von Chamisso, *Peter Schlemihls wundersame Geschichte* (1814).
*Der Titelheld verkauft dem „grauen Herrn" seinen Schatten für ein Säckchen, das endlos Goldstücke spendet. Doch dieser Handel bringt ihm nicht das erhoffte Glück.*

Joseph Freiherr von Eichendorff, *Aus dem Leben eines Taugenichts* (1826).
*Eine idyllische, typisch romantische Novelle über einen jungen Mann, der auszieht, sein Glück zu machen. Der „Taugenichts" - einen anderen Namen erfährt man nie - verliebt sich in eine mysteriöse Fremde und reist ihr nach Italien nach. Zum Schluss, nach einigen rasanten Verwechslungen, kommt es aber doch noch zum Happy End.*

Gottfried Keller, *Romeo und Julia auf dem Dorfe* (1856).
*Shakespeares tragische Liebesgeschichte im bürgerlichen Milieu des Schweizerischen Seldwyla. Die Bauern Manz und Marti zerstreiten sich über den Besitz eines Ackers, doch ihre Kinder Vrenchen und Sali verlieben sich ineinander.*

Gerhart Hauptmann, *Bahnwärter Thiel* (1888).
*Man könnte auch sagen „Mord und Totschlag im Märkischen." Thiels zweite Ehefrau Lene hasst Tobias, dessen Sohn aus erster Ehe. Durch ihre Nachlässigkeit wird das Kind von einem Zug überfahren. Der Bahnwärter wird daraufhin zum Mörder.*

Thomas Mann, *Der Tod in Venedig* (1913).
*Der Schriftsteller Gustav von Aschenbach scheint den ideellen Spagat zwischen Bürgerlichkeit und Künstlertum geschafft zu haben. Bis er nach Venedig reist und den polnischen Jungen Tadzio kennen lernt.*

Christoph Hein, *Der fremde Freund* (1982, in der Bundesrepublik 1983 unter dem Titel „Drachenblut" erschienen).
*Über einen Zeitraum von ca. 10 Jahren beschreibt der Autor das Leben der geschiedenen Ärztin Claudia und ihre Beziehung zu ihrem Freund und Liebhaber Henry.*

Uwe Timm, *Die Entdeckung der Currywurst* (1993).
*Der Erzähler kehrt zurück nach Hamburg. Er ist auf der Suche nach Lena Brücker, die früher eine Imbissbude am Großneumarkt betrieb. Der Grund: Es geht um die Beantwortung der Frage „Wer hat die Currywurst erfunden?" Und die Antwort verbirgt sich in einer Geschichte, die am 29. April 1945 ihren Anfang nahm.*

# 5. Ausgewählte Stationen des Dramas 1: Die Klassik

**Lernziele**

- Den Begriff „Drama“ definieren und von „Lyrik“ und „Epik“ abgrenzen
- Verschiedene Gattungen des Dramas kennen lernen
- Die Entwicklung des Dramas im Laufe der Jahrhunderte nachvollziehen
- Erste Schritte zur Interpretation des Dramas

*Nun mach da mal kein Drama draus.*

Für dieses Zitat - dem allgemeinen Sprachgebrauch und nicht der großen Literatur entnommen - gibt es auch keine Fußnote. Wo es steht? Wahrscheinlich nirgends. Vielleicht in einem Roman. Vielleicht fällt dieser Satz auch in einem Fernsehspiel, einem Krimi, der Folge einer Serie. Wahrscheinlich haben Sie diesen Satz schon oft gehört und auch selbst gebraucht. Gesagt wird damit: Spiel die Sache nicht hoch, mach sie nicht größer, als sie ist.

*Drama* ist also etwas *Großes*. Mögen Roman und Kurzgeschichte auch beliebter sein, so hat doch keine literarische Gattung unsere Sprache so sehr bereichert wie das Drama. Wir greifen gern auf die *Theatersprache* zurück, um unsere Erfahrungen und Eindrücke zu schildern.

Die Zeitung berichtet über eine *Familientragödie* oder eine *menschliche Tragödie* (ob es wohl auch andere gibt?), da hält einer einen *Monolog* oder es entwickelt sich ein interessanter *Dialog*, da benimmt sich jemand *dramatisch* oder gar *theatralisch*.

Sogar das Fernsehen bedient sich der Fachsprache, um die neuen „Sendeformate“ zu bezeichnen: *Comedy* ist in Mode, die Komödie also, allerdings nicht im großen, fünfaktigen Stil, wie wir sie aus dem Theater kennen, sondern kleine Ein- bis Zweiminüter - ein Lacher, zwei Lacher, aus.

Was aber ist das Drama wirklich - oder was ist es einmal gewesen?

# 5.1 Definition des Begriffes Drama

## 5.1.1 Drama als Handlung

*D. von griech. „drama", d.h. „Handlung" ist als Schauspiel eine der drei großen literarischen → Gattungen. Das D. als Kunstform hat magisch-kultische und rituelle Wurzeln; Sprache, Gesang und Tanz sind an seiner Entstehung beteiligt. Ursprünge des europäischen D. liegen in der griech. Antike; Aristoteles' Poetik stützt sich grundlegend auf diese Kunstform und sucht sie erstmals systematisch zu beschreiben.*[1]

Drama ist eine der drei *literarischen Gattungen*, die wir schon im ersten Kapitel dieses Buches kennen gelernt haben. Drama ist zunächst *Handlung*. Das bedeutet, ein Drama wird erst durch die Handlung - also seine *Aufführung* - zum Drama. Zuvor ist es mit der Partitur in der Musik vergleichbar. Der bloße Text - ob Notentext oder Dramentext - zeigt das Werk „eindimensional". Erst die Beteiligten, also beispielsweise Regisseur und Schauspieler bzw. Dirigent und Musiker machen das Werk zu einem Erlebnis für Auge und Ohr.

## 5.1.2 Drama als Lektüre

Das bedeutet also: Ein Drama kann man zwar sehr wohl lesen - aber es fehlt doch ein wesentliches Element, nämlich die *Umsetzung* auf der Bühne. Auf der Bühne ist der Text nur noch ein Element von vielen anderen wie z.B. Schauspieler, Inszenierung, Bühnenbild, Musik usw., die erst mit dem Text zusammen die Aufführung ausmachen.

Wir lesen heute selbstverständlich Dramen - zumindest die der Klassiker. Wir lesen aber keineswegs so selbstverständlich Drehbücher, obwohl der Spielfilm mit dem Drama sehr viel gemeinsam hat. Oft wird gesagt, Drehbücher zu lesen setze sehr viel Fantasie und Erfahrung voraus, damit der Film auch vor dem geistigen Auge abläuft - ähnlich eben wie bei der Musik. Niemand sagt das über das Drama - und doch gilt es genauso.

Wenn wir Dramen lesen, so haben wir zwei verschiedene Formen von Text: die *Dialoge* und *Monologe* einerseits, die *Regieanweisungen* andererseits.

*Unterscheidet man im D. zwischen „Haupttext" und „Nebentext", so umfaßt der Haupttext alle gesprochenen Darstellungsmittel, jene Sätze also, die auf der Bühne „wirklich" ausgesprochen werden; der Nebentext hingegen liegt zwar ebenfalls vom Autor vor, realisiert sich aber nonverbal in den Reproduktions-*

[1] *Literaturwissenschaftliches Lexikon. Grundbegriffe der Germanistik*, S. 71.

*bedingungen der Aufführung: in Gestik, Bewegung, Gegenständen, Beleuchtung usw. In Lessings* ***Miss Sara Sampson*** *unterbrechen etwa 150 Bühnenanweisungen den Text, mehr als 600 Gedankenstriche zeigen Redepausen an, die durch Mimik und Gebärden auszufüllen sind.*[2]

## 5.1.3 Drama als Abbild von Lebenspraxis

Wir können im Rahmen dieses Buches Dramen nur lesen. Das kann eine spannende Sache sein, aber die Aufführung ist natürlich viel spannender. Da kann man noch erleben, wie Texte zum *Leben* erweckt werden - oder, wie manche meinen, auch zerstört werden.

*Handlung im D., verstanden als „Geschehen" („plot"), umfaßt alles, was passiert: das konkret erfahrbare Bühnengeschehen. Dazu gehören neben der Handlung im engeren Sinne („action") auch Momente der Inaktivität der Figuren, ihre Gedanken, Gefühle, Träume, ebenso Geschehnisse, die nicht an das Tun der Figuren gebunden sind wie Unwetter oder Krankheit. Handlung im D., als scheinbares, ritualisiert geordnetes Abbild von Lebens-Praxis, birgt stets ein Moment von Kampf in sich.*[3]

5

Vermutlich ist es das, was das Drama am stärksten von Lyrik und Epik unterscheidet: Drama ist ein *Abbild der Lebenspraxis*. Man sieht Menschen, die miteinander sprechen, sich unterbrechen oder auch aneinander vorbeireden, Menschen, die Intrigen spinnen oder anderen helfen, die sich verstecken oder präsentieren, die sich verlieben oder andere zurückweisen. Drama wie auch *Film* lehnen sich an die Lebenspraxis an - auch wenn uns die Geschichten häufig so vorkommen, als wären sie sehr weit davon entfernt. Doch im Drama gehen Menschen miteinander um - selbst wenn sie dabei in Versen sprechen oder sich einer altmodischen Sprache bedienen.

## 5.1.4 Verschiedene Untergattungen des Dramas

Meistens wird nach *Inhalten* unterschieden: Was wird erzählt? Ist es lustig oder traurig? Von Tragödie und Komödie war bereits die Rede. Jeder Mensch weiß, was damit gemeint ist. Die Tragödie hat ein böses Ende, die Komödie ein gutes. Es gibt *Mischformen* wie die Tragikomödie, bei der man nicht mehr weiß, ob man nun lachen oder weinen soll. Bei Shakespeare unterscheidet man *Tragödien* und *Komödien* sowie *Historien*. In letzteren geht es um historische Persön-

---

2 *Literaturwissenschaftliches Lexikon. Grundbegriffe der Germanistik*, S. 73.

3 Ebenda, S. 72.

lichkeiten Englands, wie z.B. Richard III. oder Heinrich IV.[4] Ihr Leben wird dabei nicht ganz den *historischen Tatsachen* entsprechend dargestellt, sondern umgestaltet zu einem *dramatischen Stoff*.

Die Grenzen zwischen Tragödie und Komödie sind heute fließender geworden. Zudem hat der Autor die Möglichkeit, das Stück bereits mit dem Untertitel einer bestimmten Gattung zuzuordnen. Einige *Beispiele*: Ödön von Horváth nennt sein Drama *Geschichten aus dem Wiener Wald* ein „Volksstück", Bertolt Brecht schreibt bei *Mutter Courage und ihre Kinder* im Untertitel „Eine Chronik aus dem Dreißigjährigen Krieg", *Der gute Mensch von Sezuan* ist ein „Parabelstück". Botho Strauß - um sich nun der Gegenwart zu nähern - nimmt bei *Kalldewey Farce* die Untergattung gleich mit in den Titel, die *Trilogie des Wiedersehens* nennt er ganz einfach „Theaterstück" und *Groß und klein* „Szenen".

Jeder Autor hat also die Möglichkeit, das Rezeptionsverhalten der Leser bzw. derer, die das Stück auf der Bühne umsetzen wollen, durch diese „Untertitel" zu beeinflussen. Er sagt einfach selbst, wie er sein Stück gesehen haben möchte. Natürlich gibt es dann auch noch die einfacheren Bezeichnungen wie „Einakter" oder „Drama in zwei Akten", bei denen ein Hinweis auf den Inhalt völlig fehlt und stattdessen die *Struktur* des Textes in den Vordergrund gerückt wird.

Wenn von Untergattungen des Dramas die Rede ist, so lohnt sich auch ein Blick in andere Bereiche. Jeder *Oper*, jeder *Operette*, jedem *Musical* liegt ein dramenähnlicher Text zu Grunde - große Schriftsteller wie Hugo von Hofmannsthal haben *Opernlibretti* geschrieben. Jedes *Drehbuch* für Film oder Fernsehen hat eine dem Drama ähnliche äußere Form, häufig sind sogar *Fachterminologie* und *dramaturgische Vorstellungen* sehr ähnlich. Doch dazu später.

## 5.2 Die Geschichte des Dramas und seiner Theorie

### 5.2.1 Aristoteles

Grundlage aller Beschäftigung mit dem Drama ist *Aristoteles*. Nun mag es auf Anhieb nicht einleuchten, warum ausgerechnet ein griechischer, vorchristlicher Schriftsteller, Naturforscher und Philosoph die Dramentheorie und damit die Entwicklung des Dramas bis heute beeinflusst hat, doch die Geschichte des Dramas ist ohne den Rückgriff auf Aristoteles nicht darstellbar. Aristoteles unterschied zwischen *Tragödie* und *Komödie* - und schätzte die Tragödie erheblich höher ein. Zudem gilt er als der „Erfinder" eines wichtigen Kriteriums: *der Einheit von Zeit, Ort und Handlung*.

---

[4] Wer Genaueres wissen möchte: *Shakespeare-Handbuch. Die Zeit. Der Mensch. Das Werk. Die Nachwelt.*

*(...) die Tragödie versucht so weit als möglich sich in einem einzigen Sonnenumlauf oder doch nur wenig darüber hinaus abzuwickeln. (...)*

*Die Tragödie ist die Nachahmung einer edlen und abgeschlossenen Handlung von einer bestimmten Größe in gewählter Rede, derart, daß jede Form solcher Rede in gesonderten Teilen erscheint und daß gehandelt und nicht berichtet wird und daß mit Hilfe von Mitleid und Furcht eine Reinigung von eben derartigen Affekten bewerkstelligt wird. (...)*

*Vorausgesetzt ist, daß die Tragödie die Nachahmung einer vollständigen und ganzen Handlung ist, und zwar von einer bestimmten Länge; es gibt ja auch ein Ganzes, das keine Länge hat. Ganz ist, was Anfang, Mitte und Ende besitzt. Anfang ist, was selbst nicht notwendig auf ein anderes folgt, aus dem aber ein anderes natürlicherweise wird oder entsteht. Ende umgekehrt ist, was selbst natürlicherweise aus anderem wird oder entsteht, aus Notwendigkeit oder in der Regel, ohne daß aus ihm etwas weiteres mehr entsteht. Mitte endlich, was nach anderem und vor anderem ist.*[5]

5

Sehr viele der Stichworte werden später noch eine entscheidende Rolle spielen. Daher wollen wir die wichtigsten herauspicken:

- ***Die Nachahmung einer edlen und abgeschlossenen Handlung (Einheit der Handlung)*** Es werden also nicht verschiedene Handlungsstränge verfolgt, sondern es geht um eine in sich abgeschlossene Handlung.
- ***... in einem einzigen Sonnenumlauf (...) abzuwickeln (Einheit der Zeit)*** Idealerweise beginnt also die Handlung mit Sonnenaufgang und endet mit Sonnenuntergang. Undenkbar ist es, dass sie sich über Tage, Wochen oder gar Monate zieht.
- ***Die Einheit des Ortes*** taucht in diesem Abschnitt nicht auf, ist aber ebenso wichtig. Der Schauplatz sollte also nicht allzu oft wechseln, am besten sollte sich das Drama an nur einem Ort abspielen.
- ***Die Handlung soll Furcht und Mitleid erregen*** Dies sind Stichworte, die bis heute zitiert werden. Durch Furcht und Mitleid soll der Mensch von seinen Affekten gereinigt werden (Katharsis).
- ***Die Handlung sollte Anfang und Ende haben.*** Das klingt banal, ist es aber nicht. Anfang heißt, dass nicht zu viel vorausgesetzt wird, Ende bedeutet einen „runden“ Abschluss.

---

[5] *Theorie des Dramas für die Sekundarstufe. Arbeitstexte für den Unterricht*, hrsg. von Ulrich Staehle, Stuttgart: Reclam Verlag, 1973, S. 8–13 (Auszüge).

### 5.2.2 Das Drama bis zu Beginn des 18. Jahrhunderts

Das *Mittelalter* und auch das *Barock* kannten viele Formen des Dramas, die wir heute nur noch in Restbeständen kennen. Dazu gehört das *geistliche Drama*, die *Oster-* und *Weihnachtsspiele* oder auch die *Passionsspiele*. Die Dramen wurden vermutlich vor allem vom *Klerus* geleitet und inszeniert. Sicher sprengte die Darstellung einer biblischen Geschichte manchmal den Kirchenraum, fand auf Marktplätzen und in Straßen statt und forderte ein großes Aufgebot von Darstellern. Gut möglich, dass es dabei nicht immer so ernst zuging, wie es sich die Initiatoren dieser religiösen Dramen gewünscht hätten.[6] Erhalten geblieben ist in einigen Formen auch das *Fastnachtsspiel*, das bunte Treiben mit Masken vor dem Beginn der Fastenzeit.

> *Das gesellige Beisammensein von Männern und Frauen ist grundlegend für die Situation, auf die das Fastnachtsspiel trifft. Es will diese Situation nicht etwas durchbrechen, sondern durch Witz, Parodie oder Rätsel zur Steigerung der ausgelassenen Stimmung beitragen. Der Einzelvortrag der Maske, meist in der Absicht der komischen Selbstdarstellung, dominiert.*[7]

Schon hier ist deutlich, dass es eine Teilung in Tragödie bzw. ernste Stoffe einerseits und andererseits die Komödie mit ihren Unterformen gab. *Religionsdrama* und *Schwank*, das waren auch die beiden Pole, die das Theater zur Zeit der *Reformation* und darüber hinaus bestimmten. Dabei ist es schwierig, sich die Schwänke heute vorzustellen. Anzunehmen ist, dass Wanderbühnen von Ort zu Ort zogen. Schauspieler waren keine angesehenen Leute. Schwänke konnten sehr derb sein, albern, grob, mit Raufereien, antiklerikal, auch gegen die weltliche Obrigkeit gerichtet. Alles war möglich - oder zumindest fast alles.

Die Barockdichter prägten zudem die Formel von der *Welt als Theater*, ein Bild, das bis heute gerne benutzt wird.

> *Der Gedanke, daß die Welt ein Theater sei, ist in der Literatur des 17. Jahrhunderts allgegenwärtig. Die Schauspielmetapher ist freilich nicht neu – die Antike kennt sie schon –, doch kein Zeitalter hat sie derart beansprucht wie das Barock: „Die Welt / ist eine Spielbüne / da immer ein Traur– und Freudgemischtes Schauspiel vorgestellet wird: nur daß / von zeit zu zeit / andere Personen auftretten", schreibt 1669 Sigmund von Birken. Die Welt ist ein Theater, der Mensch ein Schauspieler, der die ihm zugewiesene Rolle spielt. Es ist eine Vorstellung, die alle europäischen Literaturen durchdringt. Calderón weitet sie im* ***Großen Welttheater*** *(1675) zu einer umfassenden Allegorie des menschlichen Lebens aus, (...)*[8]

---

[6] Vgl. *Deutsche Literaturgeschichte. Von den Anfängen bis zur Gegenwart* (Metzler), S. 43.

[7] Ebenda, S. 46.

[8] Ebenda, S. 107f. Wer sich für Drama im Barock interessiert, sei auf die Darstellung auf den Seiten 107ff. verwiesen.

## 5.2.3 Die neuen Dramentheorien der Aufklärung

Johann Christoph Gottsched unternahm 1730 in seiner *Critischen Dichtkunst vor die Deutschen* den Versuch, eine neue Poetik zu entwerfen und gab dabei wesentliche Impulse für die Entwicklung des Dramas. Zwar wurde Gottsched später von vielen Schriftstellern scharf kritisiert, weil sein Regelwerk zu starr war und zu wenig Freiräume bot, doch zunächst einmal begründete Gottsched die Poetik der Aufklärung. Er forderte die Einhaltung der drei *Einheiten des Aristoteles* (Einheit von Zeit, Ort und Handlung), er forderte, dass eine Handlung wahrscheinlich, also *glaubwürdig* sei und die *Natur nachahmen* sollte. Zudem sollte Literatur die Ideen der *Aufklärung* vermitteln und zwar so, dass das Publikum daraus *Nutzen* ziehen konnte und zugleich *unterhalten* wurde.

5

> *Auch den dichterischen Schaffensprozeß wollte Gottsched nach den Regeln der Vernunft organisieren: „Zu allererst wähle man sich einen lehrreichen moralischen Satz, der in dem ganzen Gedichte zum Grunde liegen soll, nach Beschaffenheit der Absichten, die man sich zu erlangen vorgenommen. Hierzu ersinne man sich eine allgemeine Begebenheit, worin eine Handlung vorkömmt, daran dieser erwählte Lehrsatz sehr augenscheinlich in die Sinne fällt".*[9]

Das klingt schon fast wie ein Küchenrezept: „Man nehme ..." - und wenn alle Zutaten gut vermengt sind, wird der Kuchen schon gelingen. Dem widersprach einer von Gottscheds Zeitgenossen, der heute noch zu den großen deutschen Schriftstellern gezählt wird: Gotthold Ephraim Lessing.

> *Niemand, sagen die Verfasser der Bibliothek [eine Zeitschrift, Anm. der Autorin], wird leugnen, daß die deutsche Schaubühne einen großen Teil ihrer ersten Verbesserung dem Herrn Professor* ***Gottsched*** *zu danken habe.*
>
> *Ich bin dieser Niemand; ich leugne es geradezu. Es wäre zu wünschen, daß sich Herr* ***Gottsched*** *niemals mit dem Theater vermengt hätte. Seine vermeintlichen Verbesserungen betreffen entweder entbehrliche Kleinigkeiten, oder sind wahre Verschlimmerungen.*[10]

---

9 *Deutsche Literaturgeschichte. Von den Anfängen bis zur Gegenwart* (Metzler), S. 129.

10 Zitiert nach: *Theorie des Dramas für die Sekundarstufe. Arbeitstexte für den Unterricht*, S. 26. Hier ein kleiner literarischer Querverweis auf die *Odyssee* Homers. Während seiner Irrfahrten kommt Odysseus auch zu den Kyklopen. Dem Riesen Polyphem sagt er, sein Name sei „Niemand". Als Odysseus Polyphem blendet und dieser um Hilfe rufen möchte, bleibt sein Schrei: „Niemand, Niemand bringt mich um." von den Freunden unverstanden.
Es sieht so aus, als ob sich Lessing auf diese Episode beruft. Eine Parallele, die nur finden kann, wer auch gelesen hat. Sie werden sehen: Je mehr Literatur Sie lesen, desto mehr werden auch Ihnen Querverweise auffallen - und sie zu finden macht Spaß!

1. Lektüre

## *Nathan der Weise* von Gotthold Ephraim Lessing

Lessing bricht also bereits die neuen *Regeln* wieder auf. Seine Dramen funktionieren nicht nach Rezept, schon gar nicht nach den Rezepten Gottscheds. „Ein Dramatisches Gedicht in fünf Aufzügen" nennt er sein Stück *Nathan der Weise*, das 1779 erschienen ist. Das Werk ist in *Blankversen* geschrieben. Der Blankvers wird in den Anmerkungen der Reclam-Ausgabe so definiert.

> *Dieser aus dem Englischen entlehnte Begriff (blank 'ungereimt') bezeichnet reimlose Verszeilen mit alternierendem jambischen (xx́) Metrum von zehn Silben bei männlichem (der Vers schließt mit einer Hebung) oder elf bei weiblichem (der Vers schließt mit Hebung und Senkung) Ausgang. Der von gestrengen Metrikern kaum anerkannte Vers beruht auf dem fünfhebigen Jambus, einem Versmaß, das eine europäische Erfindung des frühen Mittelalters ist. (...)*
>
> *Doch erst Lessings* **Nathan der Weise** *begründet die Stellung des Blankverses im deutschen Versdrama. Sein Vers ist charakterisiert durch häufige Enjambements und die damit verbundene auffällige Versetzung von Satz- und Versrhythmus (...)*[11]

Hierzu eine kurze Zusammenfassung der wichtigsten Begriffe:

- ***Reimlos:*** Die Zeilen reimen sich eben nicht am Ende.
- ***Jambus:*** Die rhythmische Betonung liegt auf der zweiten Silbe.
- ***Männlicher und weiblicher Vers*** sind erklärt, meist endet der männliche Vers mit einem einsilbigen Wort, der weibliche mit einem zweisilbigen.
- ***Enjambement:*** Der Text geht über das Zeilenende hinaus weiter. Am Zeilenende findet also keine Zäsur bzw. keine Atempause statt.

Dazu ein kleiner Auszug aus dem *Nathan*:

> **Nathan**. *Vor grauen Jahren lebt' ein Mann in Osten,*
> *Der einen Ring von unschätzbarem Wert'*
> *Aus lieber Hand besaß. Der Stein war ein*
> *Opal, der hundert schöne Farben spielte,*
> *Und hatte die geheime Kraft, vor Gott*
> *Und Menschen angenehm zu machen, wer*
> *In dieser Zuversicht ihn trug. (...)*[12]

---

[11] Gotthold Ephraim Lessing, *Nathan der Weise*, *Ein dramatisches Gedicht in fünf Aufzügen*, Anmerkungen von Peter von Düffel, Stuttgart: Reclam Verlag, 2000, S. 153f.

[12] Ebenda, S. 78.

Sehen wir uns die erste Zeile an:

*Vor grauen Jahren lebt' ein Mann in Osten,*

- *Jambus*: erst die unbetonte Silbe, dann die betonte. *Blankvers*: fünf Betonungen und kein Reim, wie sich beim weiteren Lesen erweist. *Weibliche Endung*: nach der letzten betonten Silbe folgt noch eine unbetonte. Insgesamt *elf Silben*.

Nun zur zweiten Zeile:

*Der ei - nen Ring von un - schätz - ba - rem Wert'*

- *Jambus, Blankvers, männliche Endung*, weil der Vers mit einem einsilbigen, betonten Wort endet. Insgesamt *zehn Silben*, danach keine sprachliche Zäsur, es geht weiter im Text ohne Punkt und Komma, also *Enjambement* (= Zeilensprung).



Soweit zur sprachlichen Gestaltung des dramatischen Gedichts. Was dies bringt? Das kann man nur ermessen, wenn man den Text selbst einmal laut liest oder, noch besser, wenn man ihn im Theater umgesetzt sieht in Handlung und gesprochene Sprache. Die Rhythmisierung verleiht dem Drama sicherlich ein *erhabeneren Ton*, wichtig sind nicht allein Inhalt und „Story", sondern auch die Umsetzung in Worte, der Klang, die Laute - eben der *Zauber* der Sprache.

Lessings Drama gilt als große *Aufforderung zur Toleranz*, in diesem Fall zur Toleranz gegenüber anderen Religionen. Der Mohammedaner, der Jude und der Christ - warum befehden sie sich, was trennt sie, wie werden sie durch die Wirrungen und das Schicksal einander feind und wie überwinden sie die alten Vorurteile? Auch mehr als zweihundert Jahre nachdem Lessing das Werk geschrieben hat, muss man es immer noch als aktuell bezeichnen.

## 5.2.4 Sturm und Drang

Den Blankvers, den wir bei Lessing kennen gelernt haben, hat übrigens bereits Shakespeare verwendet. Nehmen wir als Beispiel einen der bekanntesten Sätze:

*To be or not to be, that is the question*[13]

Fünfhebiger Jambus, haben Sie sicher gleich erkannt.

Der Einfluss Shakespeares auf das deutsche Drama, auf das europäische Drama und darüber hinaus, kann nicht überschätzt werden - er ist einfach zu groß. Gottsched mag sich vor Grauen gewendet haben angesichts dieses bunten Werks mit Hexen und Elfen, in dem unzählige Personen, Schauplätze, Handlungsstränge auftauchen und dessen Botschaft an den Menschen nicht ausschließlich die der Vernunft ist. Doch spätestens seit dem Sturm und Drang wusste man Shakespeare wie-

---

[13] Zitiert nach: Georg Büchmann, *Geflügelte Worte und Zitatenschatz*, Reutlingen: Bertelsmann-Lesering, 1955, S. 165.

der zu schätzen. Einer seiner größten Verehrer war Johann Wolfgang von Goethe. „Zum Schäkespears Tag" nannte der junge Goethe seine Ansprache zum 14. Oktober 1771 - und was Lessing begonnen, wurde hier erbarmungslos fortgesetzt:

> *Ich zweifelte keinen Augenblick dem regelmäsigen Theater zu entsagen. Es schien mir die Einheit des Orts so kerckermäsig ängstlich, die Einheiten der Handlung und der Zeit lästige Fesseln unsrer Einbildungskrafft. Ich sprang in die freye Lufft, und fühlte erst dass ich Hände und Füsse hatte. Und ietzo da ich sahe, wieviel Unrecht mir die Herrn der Regeln in ihrem Loch angethan haben, wie viel freye Seelen noch drinne sich krümmen, so wäre mir mein Herz geborsten wenn ich ihnen nicht Fehde angekündigt hätte, und nicht täglich suchte ihre Türne zusammen zu schlagen. (...)*
>
> *Schäckespears Theater ist ein schöner Raritäten Kasten, in dem die Geschichte der Welt vor unsern Augen an dem unsichtbaaren Faden der Zeit vorbeywallt.*[14]

Die Lektüre Shakespeares wird Ihnen also von höchsten Gnaden ans Herz gelegt - folgen Sie dieser Empfehlung bei Gelegenheit. Besser noch: Gehen Sie ins Theater, da macht Shakespeare noch viel mehr Spaß.

## 2. Lektüre *Götz von Berlichingen* von Johann Wolfgang von Goethe

Doch zurück zum jungen Goethe, der diese Bewunderung für Shakespeare nicht nur in einer Rede umsetzte, sondern auch in einem dramatischen Werk: *Götz von Berlichingen*. Sie haben bereits im zweiten Kapitel des Buches *Reden, Schreiben, Präsentieren* viel über den *Götz* erfahren. Es lohnt sich, jetzt noch einmal einen Blick darauf zu werfen. Ende 1771 schrieb Goethe das Drama nieder. Tatsächlich gab es einen historischen Götz von Berlichingen, doch Goethe erlaubte sich große *dichterische Freiheiten*. Wenn Sie das Werk aufschlagen, sehen Sie, dass unglaublich viele Personen in dem Stück auftreten. Beim Durchblättern werden Sie feststellen, dass von einer Einheit des Ortes oder der Zeit keine Rede sein kann. Und wenn Sie zu lesen beginnen, werden Sie sich wundern, eine kraftvolle, nicht durch Vers oder Reim gestaltete Sprache vorzufinden, eine *derbe Sprache*, von der im Volksmund ja ein bekanntes Zitat geblieben ist. Es gibt Rauferei, Streit, Versöhnung und Liebe. Die Mächtigen werden kritisiert, und auch die Kirchenfürsten kriegen ihr Fett ab. Man gewinnt den Eindruck, hier habe einer gar keine Angst mehr, und es fällt einem der Satz aus der Shakespeare-Rede wieder ein: „Ich sprang in die freye Lufft, und fühlte erst dass ich Hände und Füsse hatte".

---

[14] Johann Wolfgang von Goethe, *Zum Schäkespears Tag*, in: *Sämtliche Werke in 18 Bänden*, Band 4: „Der junge Goethe", München: dtv, 1977, S. 122-126, hier: S. 123f.

Sehen wir uns den Beginn des Dramas an:

**Schwarzenberg in Franken**
**Herberge**

*Metzler, Sievers am Tische. Zwei Reitersknechte beim Feuer. Wirt.*

**Sievers**. Hänsel, noch ein Glas Branntwein, und meß christlich.
**Wirt.** Du bist der Nimmersatt.
**Metzler** *(leise zu Sievers)*. Erzähl das noch einmal vom Berlichingen! Die Bamberger dort ärgern sich, sie möchten schwarz werden.
**Sievers.** Bamberger? Was tun die hier?
**Metzler.** Der Weislingen ist oben auf'm Schloß beim Herrn Grafen schon zwei Tage; dem haben sie das Gleit geben. Ich weiß nicht, wo er herkommt; sie warten auf ihn; er geht zurück nach Bamberg.
**Sievers.** Wer ist der Weislingen?
**Metzler.** Des Bischofs rechte Hand, ein gewaltiger Herr, der dem Götz auch auf'n Dienst lauert.
**Sievers.** Er mag sich in acht nehmen.
**Metzler** *(leise)*. Nur immer zu! *(Laut.)* Seit wann hat denn der Götz wieder Händel mit dem Bischof von Bamberg? Es hieß ja, alles wäre vertragen und geschlichtet.
***Sievers.*** Ja, vertrag du mit den Pfaffen! Wie der Bischof sah, er richt nichts aus und zieht immer den kürzern, kroch er zum Kreuz und war geschäftig, daß der Vergleich zustand käm. Und der getreuherzige Berlichingen gab unerhört nach, wie er immer tut, wenn er im Vorteil ist.
**Metzler.** Gott erhalt ihn! Ein rechtschaffener Herr![15]

In diesem kurzen Ausschnitt ist schon sehr viel zu erfahren. Zwei Männer unterhalten sich beim Branntwein - offenbar nicht die vornehmsten Typen. Es geht um Berlichingen, der als rechtschaffen geschildert wird, es geht um den Bischof von Bamberg und dessen Helfer, es geht um Streit - und wir hören einen deutlichen Seitenhieb gegen den Klerus („Pfaffen"). Die Männer, die sprechen, sind nicht die Helden des Dramas, das Personenverzeichnis weist sie als Anführer der rebellischen Bauern aus. Aber durch ihre Rede lernen wir den Helden schon einmal kennen und erfahren, dass er Ärger hatte - und vielleicht auch bald wieder haben wird.

Man nennt den Beginn eines Dramas *Exposition*. Wir erfahren etwas zur *Vorgeschichte*, wir hören etwas über die *Figuren*. In diesem Fall kennen wir den *Held* noch nicht, aber wenn er zum ersten Mal auftritt, wissen wir schon, wie andere Menschen ihn sehen.

---

[15] Johann Wolfgang von Goethe, *Götz von Berlichingen*, Stuttgart: Reclam Verlag, 1993, S. 5.

Auch von Schiller kennen wir Dramen aus den jungen „wilden“ Jahren, die nicht den strengen Regeln folgen wollen. So z.B. *Die Räuber* (1782), ein Drama um Bruderzwist, einen unglücklichen Vater, eine standhafte Braut, um Raufen und Saufen, um eine Räuberbande zwischen edlen und bösen Motiven und um die Intrigen der nur vordergründig ehrbaren Menschen.

### 5.2.5 Klassik

Goethe und Schiller hatten also ihre „wilden“ Zeiten, ihre *Sturm- und Drang-Phase*, die heute mit einer *literarischen Epoche* gleichgesetzt wird. Beide sind aber auch die *Hauptrepräsentanten* der deutschen *Klassik*.

In der *Musik* bezeichnet man mit Klassik häufig die „ernste“ Musik von vor Bach bis fast in die Gegenwart. Je nach Geschmack gehört für die einen Schönberg noch dazu, für die anderen endet die „klassische Musik“ mit Wagner. Übertragen auf die Literatur bedeutet dies: Klassik ist alles, was vor der *Moderne* kam, also auch die Schriftsteller vor Schiller und Goethe und viele nach ihnen. Spricht man vom *klassischen Literaturkanon*, so meint man die Werke, die „man“ gelesen haben sollte.

Die Klassik im engeren Sinne bezeichnet die Zeit um 1800. Zwar gab es zu diesem Zeitpunkt auch andere *literarische Strömungen* wie beispielsweise die *Frühromantik*, doch ist es vor allem die Blütezeit dessen, was wir heute unter Klassik verstehen.

> *Die Vorstellung, die sich mit der Bezeichnung „Klassik“ verbindet, ist von Goethe und Schiller und durch den Ort Weimar, der im Bewußtsein der Zeitgenossen und der Nachwelt stets mit dem literarischen Schaffen von Goethe und Schiller assoziiert wurde, geprägt. „Weimarer Klassik“ meint eine von den Personen, dem Ort und der Zeit her klar eingrenzbare literarische Strömung, die insbesondere in der Rezeption des 19. und 20. Jahrhunderts zum Wertmaßstab literarischen Lebens geworden ist.*[16]

Schiller wandte sich mit *Maria Stuart*, der *Jungfrau von Orleans* oder *Wallenstein* stärker historischen Themen zu, Goethe ging mit *Iphigenie auf Tauris* bis in die griechische Mythologie zurück. Gerade *Iphigenie* kommt dem Gedanken von der Einheit von Ort, Zeit und Handlung wieder sehr nahe. Auch der Vers kommt wieder zu Ehren. In *Reden, Schreiben, Präsentieren* haben Sie ein Gedächtnisprotokoll geschrieben zu einer Szene aus Schillers *Maria Stuart*, erinnern Sie sich? Wenn Sie diese Szene jetzt noch einmal lesen, würden Sie sofort feststellen: Aha, Blankvers. Hatten wir doch schon.

---

[16] *Deutsche Literaturgeschichte. Von den Anfängen bis zur Gegenwart* (Metzler), S. 161.

## 3. Lektüre *Kabale und Liebe* von Friedrich Schiller

Die Klassik ist bei weitem nicht so langweilig, wie sie heute oft dargestellt wird. Die Themen vieler Dramen sind faszinierend. Bei *Maria Stuart* hatten wir z.B. die Szene, in der die Königin einen Untergebenen zwingt, für sie eine Entscheidung zu treffen - für die sie ihn schließlich zur Rechenschaft zieht, weil er angeblich gegen ihren Willen gehandelt hat. Denken Sie daran, wenn das nächste Mal ein Staatssekretär seinen Hut nehmen muss. Literatur und Politik haben eben doch miteinander zu tun.

Wir lernen hier ein weiteres Beispiel von *„Ränke"* kennen, wie sie bei Schiller die Großen manchmal gegen die Kleinen schmieden.

5

In diesem Falle lieben sich Ferdinand, Major und Sohn des Präsidenten von Walter, und Luise Miller, die Tochter eines Stadtmusikanten - eine unerwünschte Beziehung. Der alte Miller ahnt zu Recht, dass ihm diese nicht standesgemäße Liebe eine Menge Ärger eintragen wird. Präsident von Walter unternimmt nämlich alles, um seinen Sohn Ferdinand von dieser Verbindung abzuhalten. Unterstützt wird er dabei von seinem Haussekretär, der nicht zufällig Wurm heißt. Der Präsident und Wurm schmieden also eine *Intrige* gegen die junge Liebe.

> **Wurm.** Sie *(Luise, Anm. der Autorin)* liebt ihren Vater - bis zur Leidenschaft, möcht' ich sagen. Die Gefahr seines Lebens - seiner Freiheit zum mindesten - Die Vorwürfe ihres Gewissens, den Anlaß dazu gegeben zu haben - Die Unmöglichkeit, den Major *(Ferdinand, Anm. der Autorin)* zu besitzen - endlich die Betäubung ihres Kopfs, die ich auf *mich* nehme - Es kann nicht fehlen - Sie *muß* in die Falle gehen.
> ***Präsident.*** Aber mein Sohn? Wird der nicht auf der Stelle Wind davon haben? Wird er nicht wütender werden?
> **Wurm.** Das lassen Sie *meine* Sorge sein, gnädiger Herr - Vater und Mutter werden nicht eher freigelassen, bis die ganze Familie einen körperlichen Eid darauf abgelegt, den ganzen Vorgang geheimzuhalten und den Betrug zu bestätigen.
> **Präsident.** Einen Eid? Was wird ein Eid fruchten, Dummkopf?
> **Wurm.** Nichts bei *uns*, gnädiger Herr. Bei *dieser* Menschenart alles - Und sehen Sie nun, wie schön wir beide auf diese Manier zum Ziel kommen werden - Das Mädchen verliert die Liebe des Majors und den Ruf ihrer Tugend. Vater und Mutter ziehen gelindere Saiten auf, und durch und durch weichgemacht von Schicksalen dieser Art, erkennen sie's noch zuletzt für Erbarmung, wenn ich der Tochter durch meine Hand ihre Reputation wiedergebe.[17]

[17] Friedrich Schiller, *Kabale und Liebe. Ein bürgerliches Trauerspiel*, Stuttgart: Reclam Verlag, 1972, S. 52.

Denken Sie an diese Stelle, wenn wieder eine wichtige Persönlichkeit in der Öffentlichkeit schwört oder ihr Ehrenwort gibt.

Doch zurück zum Text. Selbst wenn Sie nur diesen Ausschnitt kennen, so merken Sie doch, dass sich hier eine entscheidende *Wendung* in dem Drama anbahnt. Die Intrige wird, wenn sie erfolgreich ist, zwei junge Menschen unglücklich machen - und die Eltern von Luise Miller noch dazu. Man kann daher in dieser Szene einen *Wendepunkt* in dem Drama sehen. Hier wird der Grundstein für das Zerwürfnis zwischen Luise und Ferdinand gelegt, letztlich führt diese Intrige zum Tod der beiden.

Damit kommen wir zu einem „Bausatz“ für das „klassische“ Drama in fünf Akten.

- Die ***Exposition*** leitet das Drama ein: Die *Vorgeschichte* wird deutlich gemacht, die handelnden *Personen* werden vorgestellt, der *Konflikt* wird entwickelt. Am Anfang von *Kabale und Liebe* z.B. sagt der Vater von Luise:

  *Ein für allemal. Der Handel wird ernsthaft. Meine Tochter kommt mit einem Baron ins Geschrei. Mein Haus wird verrufen. (...)*[18]

  Kennt man den Ausgang des Stückes, so weiß man: Der Musikus Miller hatte Recht.

- Von der Exposition aus wird die *Handlung* entwickelt, sie bekommt *Fahrt*. Häufig spricht man auch vom ***„erregenden“ Moment***. Die Handlung nähert sich dem Punkt, an dem etwas *Neues, Entscheidendes* geschieht, dem *Wendepunkt*.

- Spätestens jetzt spürt der Zuschauer einer Tragödie: Das kann kein gutes Ende nehmen. Von diesem ***Wendepunkt*** an, wenn der *Konflikt* brisant wird, wenn die *Intrige* eingefädelt ist, strebt alles der *Lösung*, bei der Tragödie der *Katastrophe* entgegen.

- Häufig gibt es noch einen Punkt vor der Katastrophe, an dem der Zuschauer denken kann, das Unglück sei noch aufzuhalten. Das ***retardierende Moment*** - die Verzögerung - bewirkt eine *Aufladung der Spannung*, weil die *Hoffnung* auf ein „Happy-End“ um so grausamer enttäuscht wird.

- Die ***Katastrophe*** ist das Ende des Trauerspiels. Meistens bedeutet dies einen tödlichen Ausgang für die Helden und Elend und Leid für alle, die übrig bleiben.

---

[18] Friedrich Schiller, *Kabale und Liebe. Ein bürgerliches Trauerspiel*, S. 5.

### 5.2.6 Die Hinwendung zum Bürgerlichen

Aristoteles vertrat die Auffassung, die Tragödie sei die *Nachahmung* einer *edlen Handlung* in *gewählter Rede*. Dementsprechend forderte er, dass auch die *Charaktere* der Tragödie und ihre *Gedanken* eine bestimmte *Qualität* haben sollten.[19] Bei Gottsched führte dies zur so genannten *Ständeklausel*: Die Personen der Tragödie waren von *Adel* oder zumindest von *hoher Geburt*, die der Komödie entstammten dem *Bürgertum* oder den *niederen Ständen*. Diese Klausel hielt sich sehr lange. Wer die Volksoper „Die Zauberflöte" kennt, weiß, dass selbst in heiteren Stücken eine Art Ständeklausel herrschen kann: Tamino und Pamina finden nach Mühen und Abenteuern zueinander, Papageno und Papagena liefern auf „niedererer" Ebene ein komisches Abbild dieser Suche.



Auch Lessing wandte dieses Konzept in *Minna von Barnhelm* an. Nicht nur Minna und ihr Major haben Schwierigkeiten zueinander zu kommen, auch das Personal plagt sich mit der Liebe. Nur geht es beim Personal weitaus komischer bzw. lächerlicher zu. Die Liebesmüh der niederen Schicht wirkt somit als *verzerrtes Spiegelbild* der höheren Gesellschaftsschicht. Dabei ist bei Lessing der Ständeklausel schon nicht mehr ganz zu trauen. Denn Minna und ihr Major sind zwar von niederem Adel, doch ist das Drama ein *Lustspiel* - damit sind die Helden auf der Bühne der *Lächerlichkeit*, vielmehr dem *Lachen* der Menschen preisgegeben.

Schiller brachte die Erkenntnis, dass nicht nur Adelige, sondern auch *Bürgerliche tragisch empfinden* können, zur Vollendung. *Kabale und Liebe* nannte er ein „bürgerliches Trauerspiel" - und dieser Untertitel wurde eine Art Gattungsbezeichnung. In dem Maße, wie das Bürgertum gegenüber dem Adel an *Wert*, aber auch an *Selbstbewusstsein* gewann, stieg auch das *tragische Potential*. Bei Schiller liebt der Sohn des Präsidenten die Tochter des Musikus - eine Beziehung, die an der Borniertheit des Adels scheitert.

Es dauerte nicht lange, und die Tragödie erschloss sich weitere Gesellschaftsschichten bis hin zum *Volksstück*. Häufig finden sich dabei Motive, die bereits in Goethes *Faust* auftauchen: das ledige Kind, die Schande, der Tod der schwangeren Frau. Im sechsten Kapitel werden wir dazu noch einige Beispiele kennen lernen.

---

[19] Vgl. *Theorie des Dramas für die Sekundarstufe. Arbeitstexte für den Unterricht*, S. 9.

### 5.2.7 Der Niedergang in der Romantik

Kennen Sie Theaterstücke von Clemens Brentano, Ludwig Tieck, August und Wilhelm Schlegel, Novalis, Achim von Arnim, Joseph von Eichendorff? Vermutlich nicht, obwohl es von den meisten der Genannten durchaus Theaterstücke gibt. August und Wilhelm Schlegel beispielsweise übersetzten Shakespeares Dramen ins Deutsche - eine Musterübersetzung, die bis heute noch häufig nachgedruckt und gespielt wird. Clemens Brentano schrieb Bühnenwerke, ebenso Ludwig Tieck. Warum wir sie nicht kennen? Weil sie nie aufgeführt werden. Die Stücke der Romantik erwiesen sich häufig als unspielbar, als kompliziert, als zu beziehungsreich - in manchen Fällen vielleicht auch als zu langweilig, aber solche Beispiele gibt es in jeder Epoche.

Das *Dramatische* scheint jedenfalls nicht die Domäne der *Romantiker* gewesen zu sein, anders als die *Lyrik* - fast jeder kennt ein romantisches Gedicht, sei es von Brentano, von Eichendorff oder von Heine.

Trotzdem ein kleines Beispiel aus Tiecks *Der gestiefelte Kater*. Die Grundgeschichte ist durch das Märchen bekannt. Doch gibt es nicht nur den Kater (der natürlich von einem Menschen dargestellt wird), es gibt auch einen Dichter, der das Publikum anredet, und es gibt Zuschauer auf der Bühne, die das Geschehen kommentieren. So gerät alles durcheinander: Es gibt das Bühnenspiel selbst, dann die Kommentierung dieses Spiels, und manchmal werden alle Ebenen miteinander vermischt, so dass die Verwirrung perfekt wird.

**Wiesener.** Gehört denn das zum Stück?
**Nachbar.** Natürlich, - das motiviert ja die nachherigen Verwandlungen.
**Fischer.** Den heutigen Abend sollte man doch wirklich im Theaterkalender beschreiben.
**König** *(hinter der Szene)*. Nein, ich geh' nicht vor, durchaus nicht, ich kann es nicht vertragen, wenn ich ausgelacht werde.
**Dichter.** Aber Sie, teuerster Freund - es ist doch einmal nicht zu ändern.
***Hanswurst.*** Nun, ich will mein Glück versuchen. *(Er tritt hervor und verbeugt sich possierlich gegen das Publikum.)*
**Müller.** Wie kömmt denn der Hanswurst nun in die Bauernstube?
**Schlosser.** Er wird gewiß einen abgeschmackten Monolog halten wollen.
**Hanswurst.** Verzeihen Sie, wenn ich mich erkühne, ein paar Worte vorzutragen, die eigentlich nicht zum Stücke gehören.
**Fischer.** O Sie sollten nur ganz stille schweigen, Sie sind uns schon im Stück zuwider, vielmehr nun gar so -
**Schlosser.** Ein Hanswurst untersteht sich mit uns zu reden?[20]

---

20 Ludwig Tieck, *Der gestiefelte Kater*, zitiert nach: *Die deutsche Literatur in Text und Darstellung. Romantik II*, Stuttgart: Reclam Verlag, 1978, S. 254.

# 5.3 Lesen - verstehen - interpretieren: Annäherung an das Drama

Wir haben bereits bei der Epik verschiedene Möglichkeiten kennen gelernt, sich einem Text zu nähern.

- Wir haben die ***Struktur*** untersucht, also *Personen*, *Ort* und *Zeit* genauer unter die Lupe genommen.
- Wir haben den ***historischen Kontext*** berücksichtigt, uns also uns über *Zeitgeschichte* informiert und uns die *Darstellung* der Zeitgeschichte im Werk angesehen.
- Wir haben uns mit ***sprachlichen Mitteln*** beschäftigt.
- Schließlich haben wir ein ***Grundthema des Textes*** gesucht und uns dazu in Form einer *Erörterung* Gedanken gemacht.

5

Zwei weitere Möglichkeiten sollen hier genannt und im Rahmen der Aufgaben auch vertieft werden.

## 5.3.1 Der Textvergleich

In Aufgaben wird manchmal von Ihnen gefordert, Texte miteinander zu vergleichen. Das hat Vorteile. Denn im Vergleich fällt vieles stärker auf, was einem bei der Lektüre eines einzigen Textes nicht sofort ins Auge springt. So z.B. die Darstellung der Figuren, die Zeitstruktur, die Aufarbeitung der Geschichte, die Bedeutung der verwendeten sprachlichen Mittel usw.

Gerne wird ein Vergleich auch in der Lyrik gefordert. Die Texte sind kürzer; man kann sie also gut abdrucken und einigermaßen schnell lesen. Darum eignen sie sich gut für eine Prüfung. Auch Dramen lassen sich natürlich vergleichen.

Gemäß Müller u.a. bieten sich folgende Textarten für einen Vergleich an:

- Themenverwandte Prosatexte
- Inhaltsverwandte Dramenszenen
- Motivverwandte Gedichte
- Texte aus verschiedenen Epochen
- Texte unterschiedlicher Qualität
- Fiktionaler Text und Sachtext[21]

---

21 Monika Müller/Walter Eschenbacher/Siegfried Kaulfersch, *Deutsch für die berufliche Oberstufe. Ein Lehr-, Text- und Arbeitsbuch*, Köln: Stam Verlag 1997, S. 276ff.

Sehen wir uns ein *Beispiel* aus dem *dramatischen Bereich* an. Franz Xaver Kroetz schrieb ein Drama mit dem Titel *Maria Magdalena*. Das erinnert Sie vielleicht an das gleichnamige Stück von Friedrich Hebbel, und tatsächlich hat Kroetz das Stück bearbeitet und in die 70er Jahre des 20. Jahrhunderts übertragen.

„Komödie in drei Akten, frei nach Friedrich Hebbel" lautet der Untertitel. Aus dem bürgerlichen *Trauerspiel* ist also eine *Komödie* geworden. Besorgen Sie sich beide Texte und vergleichen Sie die jeweils erste Szene der beiden Dramen miteinander. Klara ist im Gespräch mit ihrer Mutter. Thema ist zunächst das Hochzeitskleid der Mutter, dann aber geht es um Leben und Sterben, um die ernsten Dinge des Lebens.

Mit folgenden Fragestellungen könnten Sie an die Szenen herangehen:

- Geht es in beiden Szenen wirklich um dasselbe Thema?
- Welche Gemeinsamkeiten und welche Unterschiede gibt es bei dem Thema? Unterschiedliche Schwerpunkte? Unterschiedliche Aussagen?
- Agieren dieselben Figuren? Oder sind neue in dieser Szene hinzugekommen?
- Verhalten sich die Figuren bei Kroetz anders als bei Hebbel?
- Was ist anders, „moderner" bei Kroetz als bei Hebbel:
  - Die Standpunkte der Figuren?
  - Die Bearbeitung des Themas?
  - Sprache und Sprachfluss?
  - Das Verhalten der Figuren?
  - Die Requisiten?

Zum letzten Punkt nicht nur Fragen, sondern auch einige Antworten:

Wenn Marie - denn so heißt Hebbels Klara bei Kroetz - am Ende der ersten Szene sagt, sie glaube nicht an Gott, so wäre dieser Satz bei Hebbels Klara vermutlich undenkbar. Maries Standpunkt ist also *moderner*, radikaler. Ihre Sprache wie auch die ihrer Mutter ist mit Elementen aus dem bayerischen Dialekt durchsetzt, der Dialog ist länger als bei Hebbel, dafür aber wechseln sich die beiden Figuren beim Sprechen häufiger ab. Der Sprachfluss wird dadurch lebhafter, zeitgemäßer, lange Monologe gibt es nicht mehr. Dennoch ist Kroetz seinem Vorbild inhaltlich treu geblieben - Auslöser für ihr Gespräch ist die Begutachtung des Hochzeitskleides.

Trotz der Bedeutung der *Unterschiede*, sind bei einem Vergleich auch die *Gemeinsamkeiten* wichtig. Vergessen Sie nicht, auch die diese hervorzuheben!

Für gewöhnlich wird Ihnen in der Aufgabenstellung zum Textvergleich bereits vorgegeben, worauf Sie besonders achten sollen. So beispielsweise bei einer Aufgabe aus dem Jahr 1998. Vorgegeben waren zwei Gedichte, eines von Ludwig Tieck, eines von Bertolt Brecht: „Vergleichen Sie die beiden Gedichte nach Inhalt, Sprache und Form“[22]. Damit haben Sie Ihre Arbeitsgliederung bereits vorgegeben:

- ***Inhalt:*** Was ist das *Thema* des jeweiligen Gedichtes - sofern man ein „Thema“ finden kann. Welches sind die wesentlichen *Stichwörter*? Gibt es *Gemeinsamkeiten*? Gibt es *Unterschiede*?
- ***Sprache:*** Sehen Sie sich die Gedichte genauer an - den *Titel*, die *Wortwahl*, die *Wortkombinationen*, die *Satzkonstruktionen*.
- ***Form:*** Wie ist es mit dem *Reim*? Wie mit der *Strophenzahl*? Und was hat die *Form* mit dem *Inhalt* zu tun? Was hat es zu bedeuten, wenn wir bei Brecht den Satz finden:

  *In meinem Lied ein Reim*
  *Käme mir fast vor wie Übermut.*

  Sehen Sie sich einmal die stichwortartige Lösung an, die in dem zitierten Buch geboten wird.

Das Buch *Literatur und Text* von Weiß u.a. bietet ebenfalls interessante Anregungen - auch was die Formulierung der Aufgabenstellung angeht.[23]

Und spätestens jetzt sehen Sie, dass wir wieder bei unseren Lieblingskategorien sind: Was und Wer? (Fehlen nur noch Wo und Wann - aber vielleicht sind diese im Rahmen der hier zitierten Aufgabe nicht so wichtig.) Und dann noch die Frage nach der Sprache. Aber die gehört einfach zur Beschäftigung mit Texten und Literatur.

---

22 *FOS 2001. Abschluss-Prüfungsaufgaben mit Lösungen. Fachoberschule Deutsch Bayern. 1991–2000*, 98-10.

23 Karl Josef Weiß/Helmut Erwert/Gerd Dieter Kohse, *Literatur und Text. Ein Lehr- und Arbeitsbuch für den Literaturunterricht der Sekundarstufe II*, S. 396.

### 5.3.2 Die Charakteristik

Eine andere häufig gestellte Aufgabe ist die *Charakteristik* einer Figur - meistens die des Helden. Folgende Fragen können Ihnen dazu wichtige Hilfestellungen bieten:

- Wer sind die *Gegenspieler* der Figur, wer sind ihre *Feinde*?
- Wer steht auf der Seite des Helden?
- Welche *Eigenschaften* werden der Figur von anderen Figuren/in den Regieanweisungen/durch die Handlung zugeschrieben?
- Wo steht die Figur am *Anfang*, wie *entwickelt* sie sich - und wie *endet* sie?
- Verhält sie sich *verantwortungsbewusst*?
- Kann sie ihrem „*Schicksal*" entkommen?
- Wo ist für sie der *Wendepunkt* in der Geschichte?
- Was macht die Person zum Helden?

Nicht alle Fragen müssen Sie unbedingt beantworten, aber Sie sollten sich diese Fragen stellen, bevor sie eine Charakteristik schreiben.

Weiß, Erwert und Kohse geben in ihrem Deutschbuch Hinweise auf den *Aufbau* einer Charakteristik. Sie werden sehen, dass der grundsätzliche Aufbau (Einleitung/Hinführung zum Thema, Hauptteil, Schluss/Zusammenfassung) sehr an die *Erörterung* erinnert, die wir in *Reden, Schreiben, Präsentieren* kennen gelernt haben. Auch hier lohnt es sich, noch einmal diesen Band zurate zu ziehen.

#### Zur Einleitung

- Weisen Sie den Leser auf die Gestalt hin, die charakterisiert werden soll, und machen Sie ihn mit dem *zeitlichen Hintergrund* vertraut.
- Zeigen Sie auf, welche *Rolle* die Gestalt innerhalb des *ganzen Werkes* spielt.

#### Zum Hauptteil

- Achten Sie darauf, daß Sie die Charakterzeichnung streng dem jeweiligen *Thema* unterordnen.
- Verfallen Sie nicht in den Fehler, das *Geschehen* in den Vordergrund zu stellen, statt die *Wesenszüge* einer Gestalt herauszuarbeiten.

- *Belegen* Sie die wichtigsten Aussagen über den Charakter einer literarischen Figur mit *kennzeichnenden Textstellen*.

## Zum Schluss

- Fassen Sie die Ergebnisse der Charakterzeichnung zu einem *Gesamturteil* zusammen.
- Weisen Sie auf die *Zeitlosigkeit* oder *Zeitgebundenheit* der dichterischen Gestalt oder des Werks, dem sie entnommen ist, hin.[24]

So viel zur Theorie. Kommen wir zur Praxis. Die nachfolgenden Aufgaben geben Ihnen Gelegenheit, sich mit einem Text unmittelbar auseinander zu setzen und das eben Gelernte am „lebenden Werk" auch gleich auszuprobieren. Voraussetzung ist natürlich die *Lektüre* der besprochenen Dramen. Auch ein Blick in eine weiterführende Literaturgeschichte kann nicht schaden sowie ein Blick in das eine oder andere Drama der jeweiligen Epoche.

Wählen Sie eine der folgenden drei Aufgaben aus und knien Sie sich rein. Sie werden sehen, Sie bekommen einen viel schärferen Blick für Literatur!

In der Prüfung wird meist keine umfassende Textanalyse von Ihnen erwartet. In der Regel sollten Sie sich mit einem *Textteil* oder mit einer *Detailfrage* auseinander setzen. Dennoch ist es von Vorteil, wenn Sie das Werk im Ganzen einmal gelesen haben.

## Aufgaben

1. Schreiben Sie eine literarische Inhaltsangabe zu Lessings *Nathan der Weise*.
2. Charakterisieren Sie die Figur des „Götz von Berlichingen" als politischen und privaten Menschen.
3. *Kabale und Liebe* ist ein Theaterstück voller Gegensätze, wie bereits im Titel (Kabale = Intrige, Streit) angedeutet.

   Arbeiten Sie die Gegensätze in der Figurenkonstellation und in den Einstellungen der einzelnen Personen heraus (Luise, Ferdinand, Luises Eltern, der Präsident und Wurm).

---

24 Karl Josef Weiß/Helmut Erwert/Gerd Dieter Kohse, *Literatur und Text. Ein Lehr- und Arbeitsbuch für den Literaturunterricht der Sekundarstufe II*, S. 407.

## Lektüretipps

Für einen Überblick über die Gattung Drama (bis Anfang 19. Jahrhundert) empfehlen wir Ihnen die folgenden Werke der Weltliteratur:

Sophokles, *König Ödipus*, Tragödie, 425 v. Chr.
*Die Geschichte des Ödipus und der nach ihm benannte Komplex sind Ihnen sicherlich bekannt. Sophokles' Drama aber hatte einen sehr großen Einfluss auf das Theater des Abendlandes, nicht zuletzt wegen seiner dramatischen Entwicklung des Stoffes sowie der Zeichnung der Charaktere.*

William Shakespeare, *Ein Sommernachtstraum*, Komödie, um 1595.
*Warum ausgerechnet den* Sommernachtstraum *und nicht eine der großen Tragödien? Bei Shakespeare dürfen Sie letztendlich selbst wählen. Wenn Sie lieber* Hamlet *oder* Macbeth *lesen, wenn Sie bei den Komödien* Der Widerspenstigen Zähmung *vorziehen, wenn sie lieber zu* Romeo und Julia *greifen - bitte tun Sie das. Die Entscheidung für den* Sommernachtstraum *fiel aus rein persönlichen Motiven: so viel Poesie und Fantasie - Herr Gottsched würde sich die Haare raufen!*

Molière, *Tartuffe*, Komödie, 1664.
*Anders als Corneille oder Racine, die anderen großen Dramatiker (Tragödiendichter) Frankreichs im 17. Jahrhundert, achtet Molière nicht auf edle Charaktere und gepflegte Verse - dafür sind seine Stücke deutlich witziger.*

Friedrich Schiller, *Die Räuber*, Schauspiel, 1782.
*Der Bruderzwist, die Intrige, der edle Mensch, der zum Verbrecher wird, der Verbrecher, der den Edlen spielt - Sie werden bemerken, dass auch dieses Stück Schillers immer noch ganz aktuell ist. Sie dürfen allerdings auch gerne* Don Carlos, Maria Stuart *oder* Wilhelm Tell *lesen.*

Johann Wolfgang von Goethe, *Faust, Der Tragödie erster Teil*, 1829.
*Zumindest am ersten Teil kommen Sie auf keinen Fall vorbei. Falls Sie ihn noch nie gelesen haben, so glauben Sie es: Es ist sehr spannend, trotz der Tragik finden Sie auch viel Witz. Es werden große Themen und Fragen angesprochen. Und übrigens: Viele unserer „geflügelten Worte" sind aus eben diesem Werk entnommen.*

# 6. Ausgewählte Stationen des Dramas 2: Das epische Theater

**Lernziele**

- Einen Überblick über die Dramengeschichte von 1850 bis 1930 gewinnen
- Unterschiede zwischen traditionellem und epischem Theater aufzeigen
- Bertolt Brechts Theatertheorie kennen lernen
- Ausgewählte Werke Bertolt Brechts genauer betrachten

*Glotzt nicht so romantisch.*[1]



Der Spruch entstammt einer Bühnenanweisung von Bertolt Brecht für die Aufführung von *Trommeln in der Nacht*. Es heißt dort: „Es empfiehlt sich, im Zuschauerraum einige Plakate mit Sprüchen wie 'Glotzt nicht so romantisch' aufzuhängen".

Das Publikum wird also aufgefordert, seine ganzen *Illusionen* und *Vorstellungen* vom Theater zu lassen, sich nicht auf ein erhabenes oder „romantisches" Schauspiel einzustellen, sondern auf etwas anderes. Aber auf was? Auf eine andere Anforderung? Ist es gar eine *Aufforderung zum Mitdenken*? Auf jeden Fall aber wird die verbreitete Illusion angegriffen bzw. zerstört, dass einem nun ein angenehmes Kulturereignis bevorstünde, über das man nicht weiter nachdenken müsse.

„Romantisch" ist ein schwieriges Wort. Denn eigentlich haben die Romantiker mit ihren häufig unaufführbaren Bühnenwerken ja nicht gerade dafür gesorgt, dass ihre Stücke heute noch oft gezeigt werden. „Romantisch" meint hier wohl vielmehr das, was heute im Allgemeinen darunter verstanden wird: gefühlvoll, idealisierend, zum Weinen schön. Darum nennt man bei Filmen ja auch inzwischen eine ganze Gattung „*romantic comedy*". Als Zuschauer kann man sich ziemlich sicher sein, dass sich die beiden am Ende „kriegen" - man hat also allen Anlass, romantisch zu glotzen.

---

[1] Bertolt Brecht, *Gesammelte Werke in 20 Bänden*, Band 1, Stücke 1, Frankfurt am Main: Suhrkamp Verlag, 1967, S. 70.

## 6.1 Das Drama von der Romantik bis ins 20. Jahrhundert

Dabei hatte das Publikum schon lange vor Brecht immer weniger Gelegenheit, bei der Aufführung von Theaterstücken romantisch zu glotzen. Gerade gegen Ende des 19. Jahrhunderts, bei den naturalistischen Stücken, war das Bemühen groß, die Welt darzustellen, wie sie ist - sie durch die Aufführung vielleicht sogar etwas zu verändern. Dennoch - das Grundproblem, zumindest aus Brechts Sicht, blieb: Der Zuschauer sieht die Tragödie, er erkennt das Schicksal, er seufzt tief über die Schlechtigkeit der Welt und das Unglück einzelner Menschen, geht dann gut essen oder nach Hause - und das soll *Kultur* sein?

Um nicht falsch verstanden zu werden: Ziel einer Theateraufführung ist nicht, jeden einzelnen Zuschauer umgehend zum Weltverbesserer zu machen. Dennoch haben die meisten Autoren den Anspruch, dass ihre Stücke nicht nur der Zerstreuung dienen sollen, sondern zum *Nachdenken* anregen und die Menschen dazu aufrufen sollen, die Dinge auch einmal aus einer *anderen Perspektive* zu sehen.

Fast sieht es so aus, als sei die Romantik in der Theatergeschichte übersprungen worden. Denn Mitte des 19. Jahrhunderts knüpften die Autoren nicht bei den Romantikern an, sondern vor allem bei Friedrich Schiller. Seine Gattung des „bürgerlichen Trauerspiels" prägte die kommenden Jahrzehnte.

Friedrich Hebbel

Friedrich Hebbel nennt sein Drama *Maria Magdalena* ein „bürgerliches Trauerspiel". Hebbel selbst sagte, er wolle das bürgerliche Trauerspiel regenerieren und zeigen, dass auch im „eingeschränktesten Kreise eine zerschmetternde Tragik möglich ist (...)".[2] Das Umfeld, das Hebbel für seine Tragödie wählt, ist die Familie des Tischlers Meister Anton. Das bürgerliche Trauerspiel wendet sich also vollkommen vom Adel ab, der bei Schiller noch eine entscheidende Rolle spielte, und kann nun bei den *einfachen Leuten* angesiedelt werden. Die Menschen scheitern an ihren überkommenen Vorstellungen von Anstand und Ehre (was beispielsweise Klaras Unschuld angeht), sie haben fast mehr Angst vor dem Gerede der Leute als vor dem eigenen Unglück. Obwohl die tragische Heldin „Klara" heißt, nennt Hebbel sein Drama *Maria Magdalena*, wohl in Anlehnung an die Sünderin im Neuen Testament.

---

2 *Reclams Schauspielführer*, hrsg. von Siegfried Kienzle u. Otto C.A. zur Nedden, Stuttgart: Reclam Verlag 1996, S. 299.

Zwischen den Jahrhunderten steht hingegen Georg Büchners *Woyzeck*. Geschrieben um die Mitte des 19. Jahrhunderts, wurde das Fragment erst 1913 erstmals aufgeführt. Auch hier steht, härter noch als bei Hebbel, der *gequälte Mensch* im Vordergrund, die geschundene Kreatur erfüllt ihre *Pflicht*, ist zugleich *Opfer* medizinischer Versuche, wird von der Mutter seines Kindes betrogen - und tötet sie, rasend vor Eifersucht.

Bei Hebbel wie bei Büchner wird deutlich, dass der einfache Mensch mehr in den Mittelpunkt des Dramas rückt. Er ist auch längst nicht mehr der komische Hanswurst, über den sich das Publikum amüsieren darf, sondern er ist eine *tragische Figur*, in der sich viele Menschen widerspiegeln.

Heinrich von Kleist

Im Drama des 19. Jahrhunderts wird den Bürgern und einfachen Leuten also zugestanden, dass sie möglicherweise ein *schweres Schicksal* zu tragen haben. Gleichzeitig wird die Obrigkeit häufig komisch bzw. lächerlich dargestellt.

Heinrich von Kleist macht z.B. in seinem Lustspiel *Der zerbrochene Krug* den Dorfrichter zum Dorfdeppen, der zwar die einfachen Menschen verurteilen und von seiner eigenen Schuld ablenken möchte, damit aber nicht durchkommt. Eine völlig neue Sicht der Dinge, denn hier wird ein Mann des Gesetzes der Lächerlichkeit preisgegeben.

Was Hebbel im 19. Jahrhundert mit dem Einzug des Realismus auf der Bühne begonnen hatte, setzte Gerhart Hauptmann zu Beginn des 20. Jahrhunderts ganz konsequent fort. Er schrieb *Gesellschaftsstudien*, die dem Naturalismus verpflichtet waren.

Gerhart Hauptmann

Der *Naturalismus* holt noch stärker als der Realismus das Unglück der Welt auf die Bühne und führt es dem Publikum vor Augen. Zwar greift das Schauspiel *Die Weber* ein historisches Ereignis aus der Mitte des 19. Jahrhunderts auf (den Weberaufstand), doch *wie* der Kampf der Unterprivilegierten auf die Bühne gebracht wird, ist völlig neu. Bei Hauptmann gibt es nicht nur Fabrikanten und Hauslehrer, sondern auch Tischler, Schmiede und sogar Lumpensammler.

Hauptmann ist einer der bedeutendsten deutschen Dramatiker überhaupt. Mit ihm erreicht das „naturalistische" Schauspiel seinen Höhepunkt. Die *Welt* soll mithilfe der Theaters *abgebildet* werden. Vom Schauspieler wird ein Höchstmaß an Darstellungskunst verlangt, die *Verschmelzung* mit der Figur, die völlige *Identifikation*. Das Publikum soll von den gespielten Ereignissen erschüttert sein, hingerissen, fasziniert, entsetzt. *Furcht* und *Mitleid* hießen die Schlagworte im 18. Jahrhundert - und blieben es bis Anfang des 20. Jahrhunderts.

## 6.2 Das epische Theater Bertolt Brechts

Bertolt Brecht
(Gemälde v. Rudolf Schlichter)

Bertolt Brecht schrieb von 1919 bis 1921 Theaterkritiken in Augsburg für den *Volkswillen*, die Tageszeitung der Unabhängigen Sozialdemokratischen Partei. Dass seine Beiträge über das Theater etwas Besonderes waren und sich von denen anderer Kritiker abhoben, zeigt sich schon in diesem Einstieg zu einem Beitrag über die Aufführung von *Kabale und Liebe*:

*Ein unvergleichliches Stück. Zwischen Erzengeln und Teufeln eine wilde Balgerei, bis über dem Liebestod mit Limonade die bezwungenen Teufel den zerfleischten Engeln Beifall klatschen (und in die Binsen gehen ...).*[3]

Schon hier wird deutlich, dass Brecht nicht zu denen gehörte, die das Geschehen auf der Bühne romantisch glotzend verfolgten.

Was ist „episches Theater“? Die kürzeste Definition des Begriffes findet sich in einem Fachbuch, das kurz und knapp einige Grundbegriffe der Literaturwissenschaft abhandelt.

> ***Episches Theater*** *(...): Bezeichnung für Brechts anti-illusionistische Dramatik, die Verfremdungseffekte ('erzählende' Partien, bewußt künstliche Theatralik etc.) einsetzt, um eine kritische Distanz des kühl beobachtenden Zuschauers zum Bühnengeschehen zu ermöglichen. Vgl. Brecht: „Kleines Organon für das Theater“.*[4]

---

[3] Bertolt Brecht, *Gesammelte Werke in 20 Bänden*, Band 15, Schriften zum Theater 1, S. 17.

[4] Otto Lorenz, *Kleines Lexikon literarischer Grundbegriffe*, München: Wilhelm Fink Verlag, 1992, S. 35.

Sehr viel ausführlicher sind die Darstellungen in anderen literaturwissenschaftlichen Standardwerken. Dem Lexikon von Brunner und Moritz entnehmen wir, dass Bertolt Brecht diesen Begriff für seine Dramentheorie und -praxis etwa Mitte der 20er Jahre prägte.

Mit seinem epischen Theater entwickelte Brecht *Techniken des Widerspruchs* gegenüber den herkömmlichen Spielarten. Ähnliche Bestrebungen zeigte er auch in anderen Gattungen, so z.B. mit seinem Text „Über reimlose Lyrik mit unregelmäßigen Rhythmen".[5]

Vermutlich hat die Theorie aber niemand so gut erklärt wie Brecht selbst. Hier ein zugegeben etwas anspruchsvoller Ausschnitt aus seinen Texten, mit dem wir uns anschließend befassen wollen.

> *Das Wort „episches Theater" schien vielen als in sich widerspruchsvoll, da man nach dem Beispiel des Aristoteles die epische und die dramatische Form des Vortrags einer Fabel für grundverschieden voneinander hielt. Der Unterschied zwischen den beiden Formen wurde keinesfalls nur darin erblickt, daß die eine von lebenden Menschen vorgeführt wurde und die andere sich des Buches bediente – Werke der Epik wie diejenigen Homers und der mittelalterlichen Sänger waren ebenfalls theatralische Veranstaltungen, und Dramen wie der Goethesche „Faust" oder wie „Manfred" von Byron erreichten ihre höchste Wirkung zugestandenermaßen als Bücher -, der Unterschied zwischen der dramatischen und der epischen Form wurde schon nach Aristoteles in der verschiedenen Bauart erblickt (...)*[6]

Wir entnehmen diesem kurzen Text:

- Aristoteles ist immer noch das Maß der Dinge, wenn es um das Drama geht. Auch wenn Brecht ihm widerspricht, so ist das *aristotelische Theater* der Ausgangspunkt seiner Überlegungen.
- *Epik* und *Dramatik* sind nicht so stark getrennt, wie dies die Theorie immer glaubhaft machen möchte.
- Epische Werke können sehr dramatisch sein, dramatische Texte wie der *Faust* entfalten ihre Wirkung auch, wenn man sie „episch", also in Buchform, rezipiert.

---

[5] Vgl. *Literaturwissenschaftliches Lexikon. Grundbegriffe der Germanistik*, S. 81ff.

[6] Bertolt Brecht, „Über eine nichtaristotelische Dramatik", in: *Gesammelte Werke in 20 Bänden*, Band 15, Schriften zum Theater 1, S. 263.

6

Auf den folgenden Seiten erläutert Brecht, wie sehr epische Werke des 20. Jahrhunderts - als Beispiel nennt er Döblins Romane - dramatisch sind, wie sehr zugleich die Bühne anfing zu erzählen. Die Gattungen *näherten* sich also *an*, eine *Vermischung* fand immer öfter statt, noch weniger als je zuvor konnte man epische und dramatische Erzählweise voneinander unterscheiden.

Dennoch strebt das epische Theater eine *Änderung* an, und zwar eine Veränderung, die über die Bühne hinausgeht. Die *Darstellung* soll den Zuschauer beeinflussen - und damit auch eine Veränderung im gesellschaftlichen und politischen Bereich möglich machen.

> **Der Zuschauer des dramatischen Theaters sagt:** *Ja, das habe ich auch schon gefühlt. - So bin ich. - Das ist nur natürlich. - Das wird immer so sein. - Das Leid dieses Menschen erschüttert mich, weil es keinen Ausweg für ihn gibt. - Das ist große Kunst: da ist alles selbstverständlich. - Ich weine mit den Weinenden, ich lache mit den Lachenden.*
>
> **Der Zuschauer des epischen Theaters sagt:** *Das hätte ich nicht gedacht. - So darf man es nicht machen. - Das ist höchst auffällig, fast nicht zu glauben. - Das muß aufhören. - Das Leid dieses Menschen erschüttert mich, weil es doch einen Ausweg für ihn gäbe. - Das ist große Kunst: da ist nichts selbstverständlich. - Ich lache über den Weinenden, ich weine über den Lachenden.*[7]

Bertolt Brecht selbst hat eine *Gegenüberstellung* von dramatischer und epischer Form des Theaters verfasst. In einer Fußnote dazu heißt es: „Dieses Schema zeigt nicht absolute Gegensätze, sondern lediglich Akzentverschiebungen." Vor diesem Hintergrund ist es einfacher, das epische Theater als eine *Erweiterung der dramatischen Möglichkeiten* zu verstehen:

| **Dramatische Form des Theaters** | **Epische Form des Theaters** |
|---|---|
| ▶ Die Bühne „verkörpert" einen Vorgang | ▶ sie erzählt ihn |
| ▶ verwickelt den Zuschauer in eine Aktion und | ▶ macht ihn zum Betrachter, aber |
| ▶ verbraucht seine Aktivität | ▶ weckt seine Aktivität |
| ▶ ermöglicht ihm Gefühle | ▶ erzwingt von ihm Entscheidungen |
| ▶ vermittelt ihm Erlebnisse | ▶ vermittelt ihm Kenntnisse |

7 Bertolt Brecht, „Über eine nichtaristotelische Dramatik", in: *Gesammelte Werke in 20 Bänden*, Band 15, Schriften zum Theater 1, S. 265.

| | |
|---|---|
| ▶ der Zuschauer wird in eine Handlung hineinversetzt | ▶ er wird ihr gegenübergesetzt |
| ▶ es wird mit Suggestion gearbeitet | ▶ es wird mit Argumenten gearbeitet |
| ▶ die Empfindungen werden konserviert | ▶ bis zu Erkenntnissen getrieben |
| ▶ der Mensch wird als bekannt vorausgesetzt | ▶ der Mensch ist Gegenstand der Untersuchung |
| ▶ der unveränderliche Mensch | ▶ der veränderliche und verändernde Mensch |
| ▶ Spannung auf den Ausgang | ▶ Spannung auf den Gang |
| ▶ eine Szene für die andere | ▶ jede Szene für sich |
| ▶ die Geschehnisse verlaufen linear | ▶ in Kurven |
| ▶ natura non facit saltus | ▶ facit saltus |
| ▶ die Welt, wie sie ist | ▶ die Welt, wie sie wird |
| ▶ was der Mensch soll | ▶ was der Mensch sein muß |
| ▶ seine Triebe | ▶ seine Beweggründe |
| ▶ das Denken bestimmt das Sein | ▶ das gesellschaftliche Sein bestimmt das Denken.[8] |

6

## Aufgabe

Mit dem folgenden Epilog endet Bertolt Brechts Drama (er nennt es „Parabelstück“) *Der gute Mensch von Sezuan*. Auch wenn Sie das Drama nicht kennen, so können Sie doch diese Aufgabe bearbeiten.

**1.** Was erscheint Ihnen an diesem Epilog „typisch“ für das epische Theater?

Legen Sie dabei die Kriterien Brechts, also die oben zitierte Gegenüberstellung von epischem und dramatischem Theater, zu Grunde.

Inwiefern stellt Brecht die neue Form des Theaters den Erwartungen der Zuschauer gegenüber?

---

[8] Bertolt Brecht, „Anmerkungen zu Stücken und Aufführungen 1918-1956“, in: *Gesammelte Werke in 20 Bänden*, Band 17, Schriften zum Theater 3, S. 1009ff.

**Epilog**

*Vor den Vorhang tritt ein Spieler und wendet sich entschuldigend an das Publikum mit einem Epilog.*

Verehrtes Publikum, jetzt kein Verdruß:
Wir wissen wohl, das ist kein rechter Schluß.
Vorschwebte uns: die goldene Legende.
Unter der Hand nahm sie ein bitteres Ende.
Wir stehen selbst enttäuscht und sehn betroffen
Den Vorhang zu und alle Fragen offen.
Dabei sind wir doch auf Sie angewiesen
Daß Sie bei uns zu Haus sind und genießen.
Wir können es uns leider nicht verhehlen:
Wir sind bankrott, wenn Sie uns nicht empfehlen!
Vielleicht fiel uns aus lauter Furcht nichts ein.
Das kam schon vor. Was könnt die Lösung sein?
Wir konnten keine finden, nicht einmal für Geld.
Soll es ein andrer Mensch sein? Oder eine andre Welt?
Vielleicht nur andere Götter? Oder keine?
Wir sind zerschmettert und nicht nur zum Scheine!
Der einzige Ausweg wär aus diesem Ungemach:
Sie selber dächten auf der Stelle nach
Auf welche Weis' dem guten Menschen man
Zu einem guten Ende helfen kann.
Verehrtes Publikum, los, such dir selbst den Schluß!
Es muß ein guter da sein, muß, muß, muß![9]

Bislang war nur von Brechts *Theatertheorie*, nicht aber von seinen *Stücken* die Rede. Einige der bekannteren sollen nun kurz - sehr kurz - vorgestellt werden. Eine intensive Auseinandersetzung ist in diesem Rahmen leider nicht möglich.

Doch soll Ihnen zumindest ein Eindruck vermittelt werden - vielleicht weckt dies ja Ihr Interesse und animiert Sie zur „freiwilligen“ (und übrigens wirklich lohnenden) Lektüre.

---

[9] Bertolt Brecht, *Der gute Mensch von Sezuan*, in: *Gesammelte Werke in 20 Bänden*, Band 4, Stücke 4, S. 1607.

## 1. Lektüre *Der gute Mensch von Sezuan*

*Der gute Mensch von Sezuan* wurde 1943 in Zürich uraufgeführt. Den Epilog haben wir uns ja schon näher angesehen. Brecht nennt das Stück „Parabelstück in zehn Bildern". Der Beginn ist nahezu märchenhaft: Die Götter kommen auf die Erde herunter und schenken dem Mädchen, das sie aufnimmt, tausend Silberdollar. Im herkömmlichen Märchen würde sich nun zeigen, dass Geld allein nicht glücklich macht und dass man zu anderen Menschen gut sein muss. In diesem Fall aber wird die Gutmütigkeit und Menschenfreundlichkeit des Mädchens von Verwandten und Nachbarn schamlos ausgebeutet. Bevor Shen Te nun ganz dem Ruin anheimfällt, erfindet sie ihren Vetter Shui Ta. Als Shui Ta verkleidet setzt sie brutal und rücksichtslos ihre Interessen gegen die anderen Menschen durch - und verwandelt sich dann wieder zurück in die nette Shen Te.

Doch eine *Lösung* bietet das Stück nicht. Shen Te muss erkennen, dass der Mensch, der zu anderen gut ist, dem Untergang geweiht ist. Die Götter helfen ihr nicht aus ihrer verfahrenen Situation. Zum Schluss wird der Zuschauer aufgefordert, eine Lösung zu suchen und zu finden. Und zwar nicht für das Stück, sondern für die *Realität*. Er soll *über das Theater hinaus* denken.



„Parabelstück" ist ein Begriff, der einer Erläuterung bedarf. Wir haben bei den epischen Kleinformen die *Parabel* kennen gelernt. Auch bei Lessings Ringparabel ist uns dieser Begriff begegnet als eine Erzählform, die eine Analogie „narrativ entfaltet und den gemeinten oder noch gesuchten Sinn bloß nahelegt, nicht explizit macht."[10]

*Der gute Mensch von Sezuan* erzählt also auch eine Geschichte, mit der noch etwas anderes gemeint wird oder gesagt werden soll. Das Stück ist *kein Selbstzweck*, nicht in sich abgeschlossen, sondern weist über sich hinaus in die Realität des Zuschauers. Kein Wunder, dass Brecht im „Epilog" den Zuschauern noch eine „Hausaufgabe" mitgibt. Da kann einem - um es mal salopp zu sagen - das romantische Glotzen schon vergehen!

## 2. Lektüre *Mutter Courage und ihre Kinder*

*Mutter Courage und ihre Kinder* wurde 1941 in Zürich uraufgeführt. Brecht nennt dieses Stück „Eine Chronik aus dem Dreißigjährigen Krieg in 12 Bildern". Anders als in *Der gute Mensch von Sezuan* hat die Marketenderin Courage kein Problem, sich in der bösen Welt durchzusetzen. Sie wechselt die Fronten, sooft es

---

[10] Otto Lorenz, *Kleines Lexikon literarischer Grundbegriffe*, S. 83.

für sie, ihre Kinder und das Geschäft gut ist, sie kämpft eben ums Überleben und da ist es besser, wenn man nicht so gut ist - das zeigte ja schon das Parabelstück vom „guten Menschen". Dennoch: Der Krieg fordert seinen Preis auch von Mutter Courage.

> *Als Marketenderin Courage zieht Anna Fierling durch den Dreißigjährigen Krieg, immer hinter den Heeren und Schlachten her. Sie verdient am Krieg und hofft, ihre drei Kinder Eilif, Schweizerkas und die stumme Kattrin gut durch die schlimme Zeit zu bringen. Dieser Krieg aber, den sie für sich und ihre Geschäfte auszunutzen glaubt, richtet Courage zugrunde, nimmt ihr alle Kinder, wenngleich sie unbelehrbar bleibt: „Ich laß mir den Krieg von euch nicht madig machen. Es heißt, er vertilgt die Schwachen, aber die sind auch hin im Frieden. Nur, der Krieg nährt seine Leute besser."*[11]

Die *Einheit von Ort, Zeit und Handlung* ist hier sicherlich nicht mehr gewahrt. Die Episoden erstrecken sich über mehr als ein Jahrzehnt, es gibt *verschiedene Schauplätze*, die Szenen sind eher *lose miteinander verbunden*, sie geben keine zusammenhängende Geschichte, sondern erzählen - hintereinander betrachtet - von Menschen und Kriegen. Das zeigt sich auch in den kurzen Texten, die den einzelnen Bildern vorangestellt werden:

> *Zwei Jahre sind vergangen. Der Krieg überzieht immer weitere Gebiete. Auf rastlosen Fahrten durchquert der kleine Wagen der Courage Polen, Mähren, Bayern, Italien und wieder Bayern. 1631. Tillys Sieg bei Magdeburg kostet Mutter Courage vier Offiziershemden.*[12]

Kann dies noch gespielt werden, in ein Bild des herkömmlichen Illusionstheaters umgesetzt werden? Liest es jemand vor? Wird es eingeblendet? Trägt jemand eine Tafel mit dem Text über die Bühne? Wird ganz darauf verzichtet?

In Kapitel 5 war davon die Rede, dass der *Text allein* noch nicht das Stück ist, denn die *Umsetzung* fehlt völlig. Hier haben Sie die Gelegenheit - wie auch bei anderen Stücken, die Sie lesen - sich Ihre eigene Inszenierung in Ihrer Fantasie zurechtzulegen.

In *Mutter Courage* können Sie sicherlich viele Elemente des epischen Theaters finden - aber auch „Songs". In Kapitel 1 dieses Bandes haben wir uns noch redlich bemüht, die Gattungen voneinander zu unterscheiden. Doch hier schreitet die *Verschmelzung von Lyrik, Epik und Dramatik* immer weiter voran.

---

[11] *Reclams Schauspielführer*, S. 628.

[12] Bertolt Brecht, *Mutter Courage und ihre Kinder*, in: *Gesammelte Werke in 20 Bänden*, Band 4, Stücke 4, S. 1396.

*Das Schießgewehr schießt, und das Spießmesser spießt*
*Und das Wasser frisst auf, die drin waten.*
*Was könnt ihr gegen Eis? Bleibt weg, 's ist nicht weis!*
*Sagte das Weib zum Soldaten.*
*Doch der Soldat mit der Kugel im Lauf*
*Hörte die Trommel und lachte darauf:*
*Marschieren kann nimmermehr schaden!*
*Hinab nach dem Süden, nach Norden hinauf*
*Und das Messer fängt er mit Händen auf!*
*Sagten zum Weib die Soldaten.*

*Ach, bitter bereut, wer des Weisen Rat scheut*
*Und vom Alter sich nicht läßt beraten.*
*Ach, zu hoch nicht hinaus! Es geht übel aus!*
*Sagte das Weib zum Soldaten.*
*Doch der Soldat mit dem Messer im Gurt*
*Lacht' ihr kalt ins Gesicht und ging über die Furt*
*Was konnte das Wasser ihm schaden?*
*Wenn weiß der Mond überm Schindeldach steht*
*Kommen wir wieder, nimms auf ins Gebet!*
*Sagten zum Weib die Soldaten.*[13]



## 3. Lektüre *Leben des Galilei*

Galileo Galilei

*Leben des Galilei* ist ein Stück in 15 Bildern. Brecht selbst nennt es „Schauspiel". Die Uraufführung fand 1943 in Zürich statt - also in einem Theater, das den von den Nationalsozialisten vertriebenen Autoren und Schauspielern noch Möglichkeiten bot, vor ein Publikum zu treten. Im Stück wird das Leben Galileis in ausgewählten Stationen nachgezeichnet: seine Forschungen, seine bahnbrechenden Erkenntnisse, seine Auseinandersetzung mit der Kirche, sein Widerruf.

Im Sinne des aristotelischen Theaters ist die Einheit von Ort, Zeit und Handlung auf keinen Fall gewahrt. Das Stück spielt in Oberitalien und Rom, die Zeit dehnt sich von 1610 bis 1637, es gibt keine einheitliche Handlung, sondern nur Versatzstücke, Episoden, die sich aber zu einem Bild fügen.

---

13 Bertolt Brecht, *Mutter Courage und ihre Kinder*, in: *Gesammelte Werke in 20 Bänden*, Band 4, Stücke 4, S. 1366.

Neben Dialogen finden sich lange Monologe oder Vorträge wie der folgende, den Galileo dem jungen Andrea hält. Der Zuschauer kann sich ein Bild machen, sich selbst eine Meinung bilden - nicht über ein Gefühl, sondern über eine *Argumentation*.

> GALILEI: (...)
>
> *Durch zweitausend Jahre glaubte die Menschheit, daß die Sonne und alle Gestirne des Himmels sich um sie drehten. Der Papst, die Kardinäle, die Fürsten, die Gelehrten, Kapitäne, Kaufleute, Fischweiber und Schulkinder glaubten, unbeweglich in dieser kristallenen Kugel zu sitzen. Aber jetzt fahren wir heraus, Andrea, in großer Fahrt. Denn die alte Zeit ist herum, und es ist eine neue Zeit. Seit hundert Jahren ist es, als erwartete die Menschheit etwas.*
>
> *Die Städte sind eng, und so sind die Köpfe. Aberglauben und Pest. Aber jetzt heißt es: da es so ist bleibt es nicht so. Denn alles bewegt sich, mein Freund.*
>
> *Ich denke gerne, daß es mit den Schiffen anfing. Seit Menschengedenken waren sie nur an den Küsten entlang gekrochen, aber plötzlich verließen sie die Küsten und liefen aus über alle Meere.*
>
> *Auf unserem alten Kontinent ist ein Gerücht entstanden: es gibt neue Kontinente. Und seit unsere Schiffe zu ihnen fahren, spricht es sich auf den lachenden Kontinenten herum: das große gefürchtete Meer ist ein kleines Wasser. Und es ist eine große Lust aufgekommen, die Ursachen aller Dinge zu erforschen: warum der Stein fällt, den man loslässt, und wie er steigt, wenn man ihn hochwirft. Jeden Tag wird etwas gefunden. Selbst die Hundertjährigen lassen sich noch von den Jungen ins Ohr schreien, was Neues entdeckt wurde. (...)*[14]

## AUFGABEN

2. Lesen Sie Brechts *Leben des Galilei*. Beschreiben Sie die verschiedenen Positionen, die Galilei im Laufe des Dramas einnimmt.
3. Lesen Sie *Mutter Courage und ihre Kinder*. Schreiben Sie eine Zusammenfassung des Stücks.
4. Worin sehen Sie bei *Mutter Courage* „typische“ Elemente des epischen Theaters?

---

[14] Bertolt Brecht, *Leben des Galilei*, in: *Gesammelte Werke in 20 Bänden*, Band 3, Stücke 3, S. 1232f.

## 6.3 Lesen – verstehen – interpretieren: Die W-Fragen und das Drama

Die Interpretation eines Dramas ist komplizierter als die eines Romans. Denn man kann sich ja nur mit dem *Text*, aber nicht mit seiner *Umsetzung* auf der Bühne beschäftigen. Wir stellen also *ein* Element, nämlich den Text, in den Vordergrund und blenden alle anderen Elemente aus.

*Wie interpretiert man ein Drama?* lautet der Titel eines Reclam-Bändchens, das Ihnen bei der Bearbeitung dieses Themas wohl weiterhelfen kann.[15] Dort werden beispielsweise folgende Elemente des Dramas genannt: Figur, Geschehen, Schauplatz, Requisiten.

Das erinnert Sie vielleicht an das zweite Kapitel dieses Bandes, in dem wir mit ähnlichen Kategorien versucht haben, uns einem Roman zu nähern: Wer? Wo? Was? Wann? Also die Fragen nach der *Personenkonstellation*, nach *Ort*, *Zeit* und *Handlungsablauf*. Das wiederum erinnert uns an das „klassische“ Drama, an die *Einheit* von *Ort*, *Zeit* und *Handlung*.



Wenn Sie also an ein Drama herangehen, so gibt es *verschiedene Möglichkeiten*:

- Sie versuchen eine Einordnung nach der *Untergattung*: Komödie, Tragödie, Satirische Komödie, Tragikomödie, Historisches Schauspiel.
- Wenn Sie es mit einem *Historienstück* zu tun haben, so denken Sie an das, was wir im dritten Kapitel gelernt haben. Welche *historischen Ereignisse* oder *Epochen* sind wichtig? Wie hat sie der Autor in seinem Werk verarbeitet?
- Sie können auch eine *literaturgeschichtliche Einordnung* versuchen. Doch ähnlich wie bei der Beschäftigung mit dem historischen Material, das dem Drama zu Grunde liegt, sollten Sie sehr sattelfest sein, wenn es um Epochen und typische Merkmale von Epochen geht.
- Der zunächst einfachste Zugang zu einem Drama ist tatsächlich der, sich nur mit dem *Text* zu befassen, historische und literaturhistorische Bezüge zunächst einmal außer Acht zu lassen und die *wesentlichen Fragen* zu beantworten:

---

[15] Hans-Dieter Gelfert, *Wie interpretiert man ein Drama? Für die Sekundarstufe*, Stuttgart, Reclam Verlag 1992.

***Die Wer-Frage:***

- Wer ist der Held/die Heldin?
- Wer ist ihm/ihr gewogen?
- Wer oder was sind die Gegenspieler?
- Wie stehen die einzelnen Figuren oder Figurengruppen zueinander?

***Die Wo-Frage:***

- Wo spielt das Drama?
- Gibt es nur einen Schauplatz oder mehrere?
- Welche Bedeutung hat es, ob eine Szene hier oder dort spielt? Beispiel: Verhält sich die Heldin anders, wenn sie zu Hof gebeten wird als wenn sie zu Hause auftritt?

***Die Was-Frage:***

- Fassen Sie die Handlung zusammen - mit eigenen Worten.
- Ist Ihnen der Ablauf der Geschichte klar?
- Was passiert auf der Bühne - und was für Folgen hat es?

***Die Wann-Frage:***

- In welcher Zeit spielt das Drama?
- In welcher Zeit wurde es geschrieben?
- Gibt es einen zeitlichen Rahmen innerhalb des Dramas? Ein Tag oder eine Woche?

Angesprochen wurde auch schon das Thema *Requisite*. Tatsächlich gibt es Dramen, die ohne Requisite nicht auskommen können, z.B. Kleists *Der zerbrochene Krug* (der Krug) oder Shakespeares *Othello* (das Taschentuch). *Der Hauptmann von Köpenick* von Carl Zuckmayer kann nur deshalb überzeugen, weil der Schuster Wilhelm Voigt eben die Uniform eines Hauptmanns anzieht.

Überhaupt hat sich die Verwechslungs- und Verkleidungskomödie ja gut über die Jahrhunderte gehalten, denken Sie nur an Klassiker wie *Charleys Tante* oder den Hollywood-Film *Tootsie*.

Wer mit diesen Fragen an ein Drama herangeht, kann schon einmal nicht völlig daneben liegen. Die geforderten Arbeiten vom Textvergleich über die Charakteristik und die Auseinandersetzung mit den sprachlichen Mitteln bis hin zur Erörterung beruhen auf einer soliden interpretatorischen Vorarbeit - die Sie mit diesen Fragen beginnen können.

## AUFGABEN

Vergleichen Sie Brechts *Leben des Galilei* mit dem dokumentarischen Schauspiel *In der Sache J. Robert Oppenheimer* von Heinar Kipphardt, das sich ebenfalls mit der Verantwortung des Wissenschaftlers auseinander setzt.

5. Beantworten Sie diese W-Fragen:
   - Wer sind die Helden?
   - Wo spielt das Stück?
   - Wann spielt das Stück?
   - Was wird erzählt - und in welcher Form?
   - Welche sprachlichen Mittel fallen Ihnen auf und welche Funktion haben sie?
   - Welche Requisiten sind Ihrer Auffassung nach von Bedeutung?

6. Die Diskussion um die ethische Verantwortung des Wissenschaftlers hat in den letzten Jahren durch die Gentechnik erneut an Schärfe und Brisanz gewonnen. Darf der Wissenschaftler Ihrer Auffassung nach völlig zweckfrei forschen - ohne auf die Auswirkungen seiner Forschung zu achten? Schreiben Sie eine kurze Stellungnahme von etwa einer DIN-A4-Seite.

6

### Lektüretipps

Heinrich von Kleist, *Der zerbrochene Krug. Lustspiel in einem Akt* (Erste Aufführung 1808)
*Das Stück lebt vom Wortwitz und von der diebischen Freude des Zuschauers, der schon sehr früh ahnt, dass Dorfrichter Adam selbst der Bösewicht ist, nach dem er angeblich so intensiv fahndet.*

Friedrich Hebbel, *Maria Magdalena. Bürgerliches Trauerspiel in drei Akten* (Erste Aufführung 1846)
*Der „Klassiker" des realistischen bürgerlichen Trauerspiels, das dann seine Weiterentwicklung im Naturalismus durch Gerhart Hauptmann erfährt.*

Wer sich mit dem *Wiener Theater* des 19. Jahrhunderts, mit Komödie, Singspiel, Posse, Satire und Bauernschwank befassen möchte, der sei auf die Werke von Ferdinand Raimund *Das Mädchen aus der Feenwelt oder der Bauer als Millionär* (1826), von Johann Nestroy *Lumpazivagabundus* (1833) oder Ludwig Anzengruber *Der Meineidbauer* (1872) verwiesen.

Entscheidende Impulse für die Weiterentwicklung des *deutschsprachigen Theaters* gingen unter anderem von Anton Tschechow *Die Möwe* (1896), *Der Kirschgarten* (1904), Henrik Ibsen *Nora* (1879), *Der Volksfeind* (1882) und August Strindberg *Fräulein Julie* (1888), *Totentanz* (1901) aus.

Gero von Wilpert bezeichnet Gerhart Hauptmann als den bedeutendsten deutschen Dramatiker der letzten hundert Jahre.[16] Unbestritten ist sein wesentlicher Einfluss auf die Entwicklung des deutschen Dramas im 20. Jahrhundert. Empfohlen seien vor allem: *Die Webe* (1893)*r, Der Biberpelz* (1893), *Fuhrmann Henschel* (1898) und *Rose Bernd* (1903).

Wer auch hier mehr der österreichischen Fraktion zugewandt ist, dem seien die Theaterstücke von Arthur Schnitzler *Liebelei* (1896), *Reigen* (1900), *Professor Bernhardi* (1912) oder von Hugo von Hofmannsthal *Jedermann* (1911), *Der Schwierige* (1921) genannt.

Das junge 20. Jahrhundert liebte die Groteske, die Satire und den Skandal. Heute kaum noch verständlich, löste Frank Wedekinds *Frühlings Erwachen* (1891) einen Skandal aus, weil sich der Autor in seiner Kindertragödie sehr kritisch und offen mit den sexuellen Tabus und der Verlogenheit seiner Zeit auseinander setzte.

Heiterkeit gibt es oft nur gemischt mit etwas Bitterkeit oder in stark überzogener Form: Bei Carl Sternheim *Die Hose* (1911), *Die Kassette* (1912), *Der Snob* (1914), bei Carl Zuckmayer *Der Hauptmann von Köpenick* (1931).

*Eigentliches Thema dieses Kapitels aber war das Drama Bertolt Brechts. Hier einige Empfehlungen, die über die bereits genannten Bühnenstücke hinausweisen.*

- *Die Dreigroschenoper.* Vorspiel und drei Akte, Musik von Kurt Weill, Uraufführung 1928.
- *Herr Puntila und sein Knecht Matti,* Volksstück, 1948.
- *Der aufhaltsame Aufstieg des Arturo Ui,* Drama, 1958.

[16] Vgl. Gero von Wilpert, *Deutsches Dichterlexikon*, Stuttgart: Kröner Verlag, 1976, S. 282.

# 7. Das zeitgenössische Theater

**Lernziele**

- Themen und Tendenzen des Dramas in der zweiten Hälfte des 20. Jahrhunderts erkennen
- Gattungen und Formen des Dramas kennen lernen
- Die Rolle des Films als Fortsetzung des Dramas diskutieren
- Autoren und Fragestellungen des zeitgenössischen Theaters kennen lernen

*In den meisten Bühnenstücken fußt der Dialog auf der falschen Annahme, daß die Menschen einander ausreden lassen. Wo gibt es das im Leben?*

*Alfred Polgar*[1]

Alfred Polgar (1873-1955), der österreichische Autor und Kritiker, ist ein großer Spötter. Und doch hat er Recht. Im Theater, vor allem aber auch im Film, darf meist jeder ausreden. Und die Menschen antworten einander sogar. Gleichzeitig hat Polgar aber auch Unrecht. Denn in der zweiten Hälfte des 20. Jahrhunderts wurden auf den Theaterbühnen ganz andere Saiten aufgezogen. In vielen Stücken stehen Sprachlosigkeit, Schweigen, Stammeln, Schreien, Aneinander-Vorbeireden, Durcheinanderreden etc. im Vordergrund. Die Autoren glauben nicht mehr an die Macht des Wortes. Ihre Figuren auf der Bühne können sich häufig mit Sprache nicht mehr artikulieren. Ist das Theater deshalb lebensnaher geworden? Sicherlich nicht.



## 7.1 Das Theater nach 1945

Nach 1945 gab es große Veränderungen auf deutschen Theaterbühnen. Die Weimarer Theatertradition hatte spätestens mit den ersten Jahren der Nazi-Herrschaft ein Ende gefunden, und viele Autoren waren aus Deutschland geflohen, manche auch getötet worden. So waren zwischen 1933 und 1945 nur noch Stücke zu sehen, die nicht infrage stellten, was die Machthaber propagieren wollten. Wenn Sie sich für das Thema interessieren, seien Ihnen Klaus Manns *Mephisto* und die Verfilmung dieses Romans empfohlen.

---

[1] Zitiert nach www.zitate.de, Stichwort „Dialog“, vom 26. April 2001.

Wenn es eine Konstante im deutschen Theater vor 1933 und nach 1945 gegeben hat, so war dies wohl Bertolt Brecht. Er arbeitete schon an Theaterstücken bevor die Nationalsozialisten die Macht ergriffen, und er tat dies auch im Exil, währenddessen die Zürcher Bühne einige seiner Werke zeigte. Nach dem Krieg kehrte er nach Deutschland - nach Ost-Berlin - zurück und setzte seine literarische und politische Arbeit fort.

Nach 1945 bestimmten Fragen des *Überlebens* den Alltag. Es gab aber auch Fragen, die schon auf eine *Auseinandersetzung* mit dem Grauen des *Dritten Reiches* hindeuteten. Wer waren die „guten" Deutschen? Die, die ins Exil gegangen waren? Die, die in Deutschland geblieben waren und ausgeharrt hatten?[2] Die, die sich in den Zonen der Alliierten niederließen oder die, die in die Sowjetische Besatzungszone gingen? Was war mit denen, die - wie Thomas Mann - gar nicht mehr in Deutschland leben wollten? Was war mit der Schuld? Gab es die *Kollektivschuld*? An diesen Fragen schieden sich die Geister - von einer *Einheit der deutschen Literatur* konnte also wieder mal keine Rede sein.

Noch ein anderes Problem lähmte das Theater nach 1945: Viele Bühnen waren zerstört. Wo sollte also gespielt werden - und vor allem was? Ja, die Klassiker, gut. Aber traf das den Nerv der Zeit? Zwei Dramen seien beispielhaft genannt, weil sie schon unmittelbar nach dem Krieg das Thema *Krieg* und *Heimkehr* thematisierten. Da ist zum einen Wolfgang Borcherts *Draußen vor der Tür*, das 1947 in Hamburg uraufgeführt wurde. Borcherts Held kehrt aus dem Krieg zurück und findet sich nicht mehr zurecht. Seine Erfahrungen aus dem Krieg sind unerwünscht, er steht vor verschlossenen Türen, er ist nicht willkommen. Auch *Des Teufels General* von Carl Zuckmayer (1946 in Zürich uraufgeführt) befasst sich mit dem Krieg.

> *Zuckmayer hat Fakten aus dem Leben des Fliegerhelden Ernst Udet, mit dem er befreundet war, auch dessen Tod bei einem ungeklärten Absturz, benutzt, um in kontrastsicheren Typen eine Gesellschaftsbeschreibung aus dem 'Dritten Reich' zu entwerfen - Scharfmacher, Mitläufer, sogenannte Unpolitische und Widerstandskämpfer. Diese charakterisierende Leistung wurde mit Recht bewundert, da der Autor die Verhältnisse nur gleichsam intuitiv aus Amerika nachvollziehen konnte.*[3]

---

[2] Vgl. dazu *Deutsche Literaturgeschichte. Von den Anfängen bis zur Gegenwart*, (Metzler), „Kontroverse zwischen Exil und Innerer Emigration", S. 431.

[3] *Reclams Schauspielführer*, S. 609. Wer sich ausführlicher mit dem Drama der Nachkriegszeit beschäftigen möchte, sei auf die hier genannte *Deutsche Literaturgeschichte* und *Reclams Schauspielführer* als erste Quellen verwiesen: das Kapitel „Das Drama der deutschen Nachkriegsbühnen" in der Literaturgeschichte, S. 450ff, und „Zur Geschichte des Schauspiels seit 1945" im Schauspielführer, S. 845ff.

Vielleicht war es die Suche nach *Wahrheit*, nach *verbürgbaren Ereignissen*, weshalb sich viele Autoren der Nachkriegszeit dem *dokumentarischen Theater* zuwandten. Sie suchten sich Ereignisse, die historisch belegbar waren, und bearbeiteten sie für die Bühne. So z.B. Heinar Kipphardt mit seinem Werk *In der Sache J. Robert Oppenheimer.* Rolf Hochhuth sorgte mit seinem Drama *Der Stellvertreter* für einen Skandal: Das Versagen von Papst Pius XII. angesichts des Mordens der Nationalsozialisten wollte Anfang der 60er Jahre offenbar niemand thematisiert sehen.

Einige Dramatiker, vor allem auch in der DDR, wandten sich der *Bearbeitung alter Stoffe* zu. Peter Hacks schrieb unter anderem *Stücke nach Stücken*[4], und bearbeitete ein Goethe-Werk[5]. Heiner Müller befasste sich mit antiker Mythologie, nahm das Leben der Helden modellhaft für die neue Realität (*Philoktet, Herakles 5*).

Der Einfluss Brechts auf die DDR-Autoren, gerade auf Müller, war spürbar. Die Fabel, der aktuelle Bezug der mythischen Stoffe, war oft präsent. Doch auch andere Autoren versuchten, alte Stoffe wieder lebendig zu machen. Es gibt Shakespeare-Bearbeitungen von Hartmut Lange, der 1965 die DDR verließ, wie auch von Friedrich Dürrenmatt, dem Schweizer Autor. Peter Weiss griff auf ein *historisches Ereignis* zurück, als er das Drama mit dem unendlich langen Titel *Die Verfolgung und Ermordung Jean Paul Marats, dargestellt durch die Schauspielgruppe des Hospizes zu Charenton unter Anleitung des Herrn de Sade* schrieb.



Häufig werden sie in einem Atemzug genannt, wenn es um das Drama nach 1945 geht: Max Frisch und Friedrich Dürrenmatt, beide Schweizer. Auch wenn Dürrenmatt die Themen seiner Dramen häufig bis an den Rand des Absurden auskostete - es gab doch Gemeinsamkeiten. In *Andorra* von Frisch und auch in *Der Besuch der alten Dame* geht es darum, was eine Menschengruppe Mörderisches bewirken kann, wenn sie nur noch im Pulk auftritt und sich der Einzelne der Verantwortung entziehen kann.

Vor allem im bayerischen Raum erlebte das *Volksstück* eine Renaissance. Das Leiden der einfachen Leute, ihre Sorgen, aber auch die Absurdität des Alltags, das waren Themen, mit denen sich Franz Xaver Kroetz, Martin Sperr und Herbert Achternbusch befassten.

---

[4] Peter Hacks, *Stücke nach Stücken*, Berlin/Weimar: Aufbau Verlag, 1980.

[5] Peter Hacks, *Das Jahrmarktsfest zu Plundersweilen/Rosie träumt*, zwei Bearbeitungen nach J. W. von Goethe und Hrosvith von Gandersheim, München: dtv, 1981.

Peter Handke

Botho Strauß

Zwei große Namen seien noch genannt: Peter Handke und Botho Strauß. Peter Handke machte 1966 mit seinem Sprechstück *Publikumsbeschimpfung* Furore, doch zunehmend wurde für ihn die *Provokation* weniger wichtig. *Über die Dörfer*, ein „dramatisches Gedicht", das 1982 uraufgeführt wurde, zeigt den stilleren Handke:

> *Eine Absage an die Gegenwart, an Technik und Zivilisation – ein sehnsüchtig rückgewandtes Bekenntnis zur Geborgenheit in einer kosmischen Ordnung, erinnernd an Handkes Lieblingsautor Adalbert Stifter, aber auch an Hermann Hesse und Ernst Wiechert. Handkes Rückkehr zum Theater geschieht sehr privat und sehr nostalgisch.*[6]

Botho Strauß wurde schon zu Beginn des ersten Bandes *Lesen, Zappen, Surfen* zitiert. Seine Dialoge zeigen manchmal die Sinnlosigkeit und die Absurdität menschlichen Tuns. Die *Verflechtung von Realität und Fiktion* ist ein wesentliches Element seiner Theaterarbeit. 1972 wurde das erste Stück von Botho Strauß, *Der Hypochonder*, uraufgeführt. Bekannt wurden vor allem die *Trilogie des Wiedersehens* und *Kalldewey, Farce*. Botho Strauß ist einer der meistgespielten Autoren auf deutschen Bühnen.

> *Stets sind die Figuren bei Strauß auf sich selbst fixiert, sie erfahren alles in persönlicher Verletzlichkeit. Nicht die Wirklichkeit, sondern das Bewußtsein von Wirklichkeit, die Reflexe, die subjektiven Verzerrungen, die „Innenwelt der Außenwelt" sind das, was in diesen Stücken erlebt und erfahren wird. Nicht zufällig spielt* **Trilogie des Wiedersehens** *in einer Kunstausstellung, werden andere Stücke vom Motiv des Doppelgängers beherrscht: Bilder, Abbilder, Nachbilder sind für Strauß wichtige Requisiten, um den Verlust an Selbsterfahrung zu verdeutlichen. Diese Abbilder sind wesentlicher, realer als das, was eigentlich abgebildet wurde.*[7]

---

6 *Reclams Schauspielführer*, S. 961.

7 Ebenda, S. 968.

### 7.1.1 Das Drama und die Frauen

Vielleicht ist es Ihnen nicht aufgefallen, aber in keinem der drei Kapitel über das Drama wurde eine Autor*in* genannt. Ist Theater reine Männersache? Gibt es keine Dramatikerinnen? Tatsächlich gibt es nicht so viele. In den Gattungen *Lyrik* und *Epik* haben sich die Frauen im Laufe der Jahrhunderte einen festen Platz erobert - aber wie ist es mit dem *Drama*?

Als Dramatikerin des 18. Jahrhunderts lässt sich zumindest Luise Adelgunde Victorie Gottsched finden, die Frau des Literaturprofessors Gottsched. Sie verfasste beispielsweise die Komödie *Die Pietisterey im Fischbein-Rocke*, in der sie die dramaturgischen Regeln, die ihr Mann aufgestellt hatte, genau befolgte.

Im 19. Jahrhundert sieht es schlecht aus. Wenn Sie fündig werden, lassen Sie uns an Ihrem Wissen Teil haben.

Marieluise Fleißer ist eine der bekannteren Autoren zu Beginn des 20. Jahrhunderts (z.B. *Fegefeuer in Ingolstadt*), zumindest im süddeutschen Raum. Aber gehörte sie nicht zum Umfeld Bertolt Brechts, war es nicht seine Popularität, an der sie Anteil hatte? Frauen haben nämlich durchaus als Mitarbeiterinnen an Brechts Stücken mitgeschrieben, und manchmal wurden sie auch genannt. Eigene Stücke haben sie jedoch nicht verfasst. Warum nur? Das Gegenwartstheater wirkt etwas frauenfreundlicher: Elfriede Jelinek, Friederike Roth und Theresia Walser haben sich als Bühnenautorinnen einen Namen gemacht, und ihre Stücke werden auch gezeigt.

7

Dieses „werden gezeigt“ ist vielleicht auch der Knackpunkt, warum sich Frauen so lange schwer taten, als Autorinnen in den Theaterbetrieb hineinzukommen. Denn für ein Theaterstück braucht man mehr als Papier und Tinte oder eine Schreibmaschine oder einen Laptop. Man braucht auch jemanden, der bereit ist, das Stück zu *zeigen*. Man braucht Raum und Personen, Material und viel, viel Zeit. Die Produktionskosten sind sehr hoch, viel höher als bei einem Roman oder bei einer kleinen Lyriksammlung. Ist das der Grund, warum selbst im 20. Jahrhundert sich so wenige Frauen als Bühnenautorinnen einen Namen machen konnten? Dramen zu schreiben bedeutet, sein Werk aus der Hand zu geben, es von anderen Menschen auf einer Bühne lebendig werden zu lassen. Fehlten die Möglichkeiten zur Umsetzung oder fehlte den Frauen der Mut, die eigenen Werke anzubieten? Dies sind nur Fragen, keine Antworten. Doch wer sich das Buch *Frauen schreiben* von Jürgen Serke ansieht[8], der muss feststellen, dass sich Frauen immer noch stärker der Lyrik und Epik zuwenden als dem Drama, bzw. dass sie in diesen beiden Gattungen stärker beachtet werden.

---

[8] Jürgen Serke, *Frauen schreiben. Ein neues Kapitel deutschsprachiger Literatur*, Hamburg: Gruner + Jahr, 1979.

## 7.2 Die neue Zeit und die Gattungen

Wir haben im fünften und sechsten Kapitel viel über Gattungen gesprochen, über die Einheit von Zeit, Ort und Handlung, über dramaturgischen Aufbau von der Einleitung zum Höhepunkt und über ein retardierendes Moment zur Katastrophe - zumindest in der Tragödie. Dramen haben drei oder fünf Akte, in der Komödie „kriegen" sie sich am Schluss, in der Tragödie ist mindestens einer tot. Dies ist kurz, knapp und grob das System, nach dem ein „klassisches" Drama funktioniert. Doch funktioniert das System nicht nur auf Theaterbühnen, sondern besonders auch im *Film*. Denken Sie nur an die *Hollywood-Filmproduktionen*.

Das „moderne" Theater hingegen hat sich weiterentwickelt, fast alles ist möglich. Patrick Süskind schrieb einen *Monolog* mit dem Titel *Der Kontrabaß*. Kann dieses Stück eine *Handlung* haben? Über eine Figurenkonstellation braucht man ja kaum nachzudenken, höchstens dann, wenn der Musiker, der hier spricht, andere Menschen erwähnt. Max Frisch nennt seinen „Klassiker" *Biedermann und die Brandstifter* „ein Lehrstück ohne Lehre". Zu welcher Gattung gehört es? Komödie oder Tragödie?

Es gibt zahlreiche Theaterstücke ohne Handlung - nach *Warten auf Godot* von Samuel Beckett ist das Warten und Nichtstun auf der Bühne geradezu Mode geworden. Es gibt Theaterstücke, deren Handlung zunächst einmal kaum einen Sinn ergibt, in denen sich einzelne Szenen vielleicht wie ein Mosaik zusammensetzen - oder auch nicht. Es gibt Stücke, in denen nur einer spricht, in denen viele durcheinander sprechen oder alle aneinander vorbeireden.

„
*DER MANN* — *Was hat er gesagt, was hat er gesagt?*
*K* — *'Was hat er gesagt, was hat er gesagt!'*
*Nichts hat er gesagt*

*DER MANN* — *Aber irgendwas muß er doch gesagt haben*
*K* — *Was soll er denn groß sagen?*

*DER MANN* — *Hast du's ihm gesagt?*
*K* — *Klar hab ich's gesagt*

*DER MANN* — *Und? Was hat er gesagt?*
*K* — *Nichts hat er gesagt*

*DER MANN* — *Aber irgendwas muß er doch gesagt haben*
*K* — *Was soll der schon sagen*
"

Vielleicht erinnern Sie sich an diesen Auszug aus dem Theaterstück *Kalldewey, Farce* von Botho Strauß. Es wurde im ersten Buch *Lesen, Zappen, Surfen* gleich im ersten Kapitel zitiert, als es um *Sprachskepsis* ging. Haben Sie den Eindruck, dass hier eine Handlung voran getrieben wird?

Ein Autor hat die *Freiheit*, die *vorgegebenen Formen* zu *nutzen* oder zu *sprengen*. Er kann z.B. die Gattungen vermischen, eine tragische Komödie oder eine komische Tragödie schreiben. Er kann auf Handlung im üblichen Sinn verzichten und eine Person oder sehr viele, beispielsweise einen Chor, sprechen lassen. Er kann das Publikum beleidigen oder es miteinbeziehen. Er könnte auch die Bühne leer lassen. Unendlich viele Möglichkeiten stehen ihm zur Verfügung. Ein Trost: Irgendeine Art von Handlung gibt es immer, sonst könnte man das Stück im Schauspielführer nicht beschreiben. Irgendwelche Personen tauchen immer auf. Es gibt einen Ort, es gibt eine Zeit. Selbst wenn Ort und Zeit nicht festgelegt sind, gibt es sie, z.B. Hier und Jetzt.

## 7.3 Das wirklich zeitgenössische Theater

Bei der Epik haben wir eine sehr strikte Einteilung getroffen, was noch als *zeitgenössisch* zu gelten hat und was bereits zur *Literaturgeschichte* gehört. Nicht jeder Literaturwissenschaftler wird sich mit dieser Einteilung einverstanden zeigen. Aber man ist sich doch einig, die Literatur nach dem Zweiten Weltkrieg, also die Heimkehrer- und Aufbauliteratur, nicht mehr als *Gegenwartsliteratur* zu bezeichnen. Fast alle großen Autoren der Nachkriegszeit sind bereits verstorben, viele von ihnen sind schon zu „Klassikern“ avanciert. Ihre Themen, ihre Art zu erzählen ist nicht mehr das, was heute gedacht, geschrieben und ausformuliert wird.



Beim Drama taucht dieses Problem wieder auf, und zwar in einer sehr viel komplizierteren Form. Das Thema des Kapitels heißt „Zeitgenössisches Theater“, und die ersten Namen, die unter diesem Stichwort oft genannt werden, sind Max Frisch, Friedrich Dürrenmatt, Peter Weiss, Franz Xaver Kroetz, Peter Handke, Botho Strauß, Thomas Bernhard, Tankred Dorst.

Etwa die Hälfte dieser Autoren ist schon tot, viele der anderen schrieben ihre wichtigsten Werke in den 60er und 70er Jahren des 20. Jahrhunderts. Sie galten bis Ende der 80er Jahre als zeitgenössische Autoren, als modern und gegenwärtig. Doch wie lange ist Gegenwart Gegenwart?

Wir haben uns dennoch mit Themen und Tendenzen der Dramen nach 1945 auseinander gesetzt. Wohl deshalb, weil das Drama nach 1989 ohne diesen literaturgeschichtlichen Hintergrund nicht verständlich ist. Aber auch, weil das Drama nach 1989 so *schwer zu fassen* ist.

Wir kommen dabei auf ein Thema zurück, das uns schon im fünften Kapitel beschäftigt hat. Drama ist mehr als gedruckter Text. Drama ist Darstellung, Inszenierung, Umsetzung auf der Bühne mit Schauspielern, Requisiten, Musik, Bühnenbild und vielem mehr. Oft spielen sogar die Zuschauer mit. Viele Theatertexte werden gar nicht gedruckt oder erst sehr viel später verlegt - wie kann man sich als Theaterinteressierter da einen Überblick verschaffen? Alle zeitgenössischen Aufführungen in verschiedenen Städten Deutschlands ansehen? Wie stark beschäftigen sich eigentlich die einzelnen Theater mit Stücken von zeitgenössischen Autoren? Ist ein Stück von Werner Schwab, dem jung verstorbenen österreichischen Autor, schon „Vergangenheit", obwohl es immer noch hoch modern und provozierend ist? Die *Wahrnehmung* des zeitgenössischen Theaters ist also sehr schwierig.

Eine gute Möglichkeit, sich über die aktuelle Produktion von Autoren für das Theater zu informieren, sind die Bände *Spectaculum*, in denen der Suhrkamp Verlag moderne Theaterstücke veröffentlicht. Im Band Nr. 64 waren es beispielsweise vier Stücke von Werner Fritsch, Peter Handke, Botho Strauß und Urs Widmer.[9] Das gibt dem Theaterfreund zumindest ansatzweise die Möglichkeit, neuere Stücke zu lesen. Doch bleibt festzuhalten: Vier Stücke - das kann nicht alles sein, was in Deutschland an Neuem für die Bühne geschaffen wird. Zumal Handke, Strauß und Widmer keineswegs zu den Newcomern gehören. Werner Fritsch hingegen, 1960 geboren, gehört zur jüngeren Garde der Theaterautoren. Der *Spectaculum*-Band enthält neben den Stücken im Anhang auch Informationen zu den Schriftstellern und ihren sonstigen Werken.[10] Eine andere gute Möglichkeit, sich über das zeitgenössische Theater und verschiedene Aufführungen zu informieren, ist die Lektüre der Zeitschrift *Theater heute*.

Doch wer nimmt ein Stück wahr, das hier nicht gedruckt wird, das nur an einer oder zwei Bühnen in Deutschland zu sehen war und dann wieder verschwand?

Ein kleines *Beispiel* aus der tatsächlich zeitgenössischen Theaterszene. Am 27. Oktober 2000 hatte in Heilbronn das Theaterstück *Ich lebe* von Dagmar Knöpfel Uraufführung.

Dagmar Knöpfel, aus Heilbronn stammend und in München lebend, war bis zu diesem Zeitpunkt als Autorin von Drehbüchern, als Regisseurin und Produzentin in Erscheinung getreten, so unter anderem mit den beiden Kinofilmen „Brigitta" (Verfilmung der gleichnamigen Novelle von Adalbert Stifter) und „Requiem für eine romantische Frau" (nach einem Buch von Hans Magnus Enzensberger). Auch *Ich lebe* hatte ein literarisches Thema. Im Mittelpunkt des Theaterstückes, das im Untertitel „filmische Studie fürs Theater" genannt wird, steht die tschechische Autorin Bozena Nemcova.

Das Stück wurde in Heilbronn gespielt, weitere Aufführungen in anderen Städten gab es bislang nach Auskunft der Autorin nicht (Stand: Ende April 2001). Das

---

9 *Spectaculum 64. Vier moderne Theaterstücke*, Frankfurt am Main: Suhrkamp Verlag, 1997.

10 Ebenda, S. 261.

Stück liegt auch nicht gedruckt vor. Wer es im Oktober 2000 also nicht in Heilbronn gesehen hat, wird es auch nicht kennen. Nachlesen kann man es nicht und ob es weitere Aufführungen geben wird, steht noch nicht fest.

Das Beispiel zeigt, dass es sicherlich viele interessante neue Theaterstücke gibt, die allerdings der Aufmerksamkeit der meisten Theaterfreunde entgehen.

Vielleicht nehmen wir deshalb das Theater der 60er bis 90er Jahre noch als Gegenwartsdrama wahr, weil wir als Rezipienten *warten* müssen: Bis das Stück *gedruckt* wird, bis das Stück auch in unserer Umgebung *gespielt* wird, bis es in das *Bewusstsein* einer literarisch interessierten Öffentlichkeit, der Lehrer, Dozenten, Schüler und Studenten gerückt ist. Die Beobachtung der ganz aktuellen Theater- und damit auch Dramenszene scheint etwas für ausgemachte Spezialisten zu sein. Kein „Literarisches Quartett", keine Buchtipp-Sendung informiert darüber.

Hier einige Autoren, die in den letzten Jahren als Dramatiker bekannt geworden sind:

- ***Gerlind Reinshagen.*** Ihr Stück *Die grüne Tür oder Medea bleibt* ist in *Spectaculum 66* von 1998 abgedruckt.

  Sie wurde 1926 in Königsberg geboren und arbeitet seit 1956 als Schriftstellerin. Sie schreibt Romane, Hörspiele und Theaterstücke, z.B. *Die Feuerblume* (Uraufführung 1988), *Tanz, Marie!* (1989), *Die Fremde Tochter* (1993).

- ***Tankred Dorst*** ist einer der bekanntesten und renommiertesten Theaterautoren der Gegenwart. Sein Stück *Harrys Kopf* ist in *Spectaculum 66* abgedruckt.

  Geboren wurde er 1925 in Sonneberg/Thüringen. Er schreibt Theaterstücke, Drehbücher, Hörspiele, Libretti und macht Übersetzungen aus dem Französischen und Englischen. In den letzten Jahren wurden u.a. folgende Stücke uraufgeführt: *Die Geschichte der Pfeile* (1996), *Was sollen wir tun* (1997), *Die Legende vom armen Heinrich* (1997), *Wegen Reichtum geschlossen* (1998).

- ***Elfriede Jelinek*** ist nicht nur als Theaterautorin sehr bekannt. Von Jelinek war in *Spectaculum 63* (1997) das Stück *Stecken, Stab, Stangl* zu lesen.

  Sie wurde 1946 in Mürzzuschlag geboren und wuchs in Wien auf. Sie schreibt Romane, Hörspiele, Drehbücher und Übersetzungen. Gezeigt wurden u.a. folgende Stücke: *Präsident Abendwind* (1992); *Raststätte oder Sie machens alle* (1994); *Die Ausgesperrten* (1995), *Ein Sportstück* (1997).

- Von ***Werner Schwab*** erschien in *Spectaculum 54* (1992) das Stück *Volksvernichtung oder Meine Leber ist sinnlos* - der Beginn seiner Karriere als Theaterautor.

  Schwab wurde 1958 in Graz geboren, er starb 1994. Er schrieb unter anderem folgende Werke: *Präsidentinnen* (1990), *Übergewicht, unwichtig: Unform* (1991), *Mein Hundemund* (1992).

## 7.4 Theater und Kino

Wer einmal ein Drehbuch und ein gedrucktes Drama nebeneinander gelegt hat, wird feststellen, dass die Unterschiede so groß nicht sind. Es gibt die gesprochenen Texte und die Regieanweisungen. Räume oder Situationen werden beschrieben, Menschen handeln, kommen und gehen, reden oder reden aneinander vorbei. Der Film hat mehr Möglichkeiten des Inszenierens, weil er mit *Tricks* arbeiten kann, die bei den *Live-Veranstaltungen* im Theater nicht möglich sind. Letztlich aber wird im Film ein Text lebendig gemacht - ebenso wie im Theater.

Wir haben schon öfter darüber gesprochen, dass der *gedruckte Text* noch lange nicht das *Drama* ist. Deutlicher wird dies, wenn man das Beispiel *Film* nimmt. Das Drehbuch ist nicht der Film, Drehbücher werden auch kaum gelesen - ebenso wie moderne Dramen sind sie oft nicht zugänglich. Sehen wir uns eine Szene aus einem neueren deutschen Film an, dessen Drehbuch als Taschenbuch erhältlich ist.

In der folgenden Szene wird ein neuer Moderator, Hannes, für eine so genannte Late Show - so auch der Titel des Films, ausprobiert. Die Late Show soll die Rettung des Senders sein. Hannes Engel, der bislang Radiomoderator war, wurde in dem Film gespielt von Thomas Gottschalk, Scheffer von Harald Schmidt. Im Studio findet eine Probe der Show statt.

**Scheffer:** Hannes, wir machen ja hier keine Mick-Meyer-Show für ein paar hunderttausend Zuschauer. Wir brauchen ein paar Millionen, sonst brauchen wir gar nicht anzufangen!

**Hannes:** Die kriegen wir ja nicht in den ersten zehn Sekunden!

**Scheffer:** Doch! Wenn wir sie nicht gleich vorne kriegen, kriegen wir sie hinten auch nicht mehr!

**Heiner** *(von hinten)*: Er soll den Gag machen, den ich geschrieben hab'.

**Hannes** *(unsicher)*: Wie war der noch mal?

**Heiner:** Du kommst raus und sagst: „Hey Leute! Wißt ihr eigentlich, warum Michael Jackson täglich zwei Pfund Sauerkraut mit scharfem Senf frißt?" Dann kannste 'ne halbe Sekunde bis Sekunde Pause machen und dann sagste: weil ...

*Hannes schüttelt verständnislos den Kopf.*

**Hannes:** „Hey Leute"? Wieso „Hey Leute"?

**Heiner:** Wieso nicht?

**Hannes:** Ich sag' nicht „Hey Leute".

**Scheffer:** Bitte sag's ... nur zur Probe! Sag's einfach mal! Nicht sagen ... können wir's ja später immer noch.

*Hannes schüttelt nur stumm den Kopf. Scheffer spürt, wie die Wut in ihm hochsteigt, beherrscht sich aber.*

**Scheffer** *(süß-sauer zu Heiner)*: Er sagt's nicht.

*Oben auf der Bühne setzt sich Hannes genervt und ermüdet auf seinen Stuhl.*

**Scheffer** *(leise zu Wollner)*: Irgendwie sieht der schlecht aus, müde und ausgelaugt. Alt, alt sieht er aus.

**Wollner:** Tja, wie Mitte dreißig sieht er jedenfalls nicht aus.

**Scheffer:** Kann das sein, daß das Licht irgendwie nicht so günstig ...?

**Bildregisseur:** Am Licht liegt's nicht. Licht ist super!

*Nah: Hannes. Er sieht, wie die vier Männer aufstehen und ganz nach hinten in den Zuschauerraum gehen und in einer dunklen Ecke miteinander zu flüstern beginnen.*[11]

## AUFGABEN

1. Schreiben Sie eine kurze Inhaltsangabe zu der oben zitierten Szene.
2. Was ist Ihrer Auffassung nach an dieser Szene „typisch" für die deutsche Fernsehlandschaft?
3. Könnte diese Szene auch in einem Theaterstück vorkommen? Begründen Sie Ihre Auffassung in wenigen Sätzen!
4. Wo sehen Sie die gravierendsten Unterschiede zwischen Theaterdarbietungen und Kinofilmen? (Anmerkung: Es geht um die Realisierung, also Bühne vs. Kino, nicht um die Lektüre des Dramas bzw. Drehbuchs.)

Noch eine abschließende Bemerkung zum Thema Film. Grundsätzlich ist der Film konservativer als das Theater. Film ist sehr teuer, damit es sich lohnt, muss er von möglichst vielen Leuten gesehen werden. Er wird also oft *konventionelle Anforderungen* erfüllen: interessante Helden und eine spannende Handlung - das ist das Mindeste. Das Publikum will *unterhalten* werden, das ist verständlich. In dieser Hinsicht hat das Kino einen Teil der früheren Funktion des Theaters übernommen. Erinnern sie sich noch an die *Komplementarität der Medien*, die in *Lesen, Zappen, Surfen* angesprochen wurde? Taucht ein neues Medium auf, sucht sich das alte eine Nische, um zu überleben. Theater ist vielfach experimentierfreudig und mutig. Das Kino hat wohl mehr den Part der Wanderbühnen aus der

---

[11] Helmut Dietl u. Christoph Mueller, *Late Show*, ein Drehbuch mit vielen Fotos, einem Vorwort von Harald Schmidt und einem Interview mit Helmut Dietl, München/Zürich: Piper Verlag, 1999, S. 122f.

Barockzeit übernommen: Man kann gaffen, staunen, lachen, sich gruseln; man bekommt ein bisschen Show, ein bisschen Unterhaltung, eine gute Mischung - einen netten Abend. Natürlich gibt es auch Filme, die mehr Tiefgang haben, die den Zuschauer noch Tage oder Wochen beschäftigen können, die etwas in ihm auslösen. Das ist unbestritten. Dennoch sagt man dem Theater nach, es sei „anspruchsvoller", was oft auch heißt anstrengender, fordernder, provozierend manchmal bis hin zur *Zumutung*.

## 7.5 Annäherung an ein Stück des ausgehenden 20. Jahrhunderts

Nachdem hier so viel über den Mangel an Aufmerksamkeit für das zeitgenössische Theater geklagt wurde, ist es da nicht ein Rückfall, wenn wir uns jetzt mit einem typischen „modernen Klassiker" befassen? Ein kleiner Trost für alle, die nun ein sehr modernes Stück erwartet haben: Wir werden uns im elften Kapitel noch einmal mit der Interpretation eines Dramas auseinander setzen. Dies wird dann sehr modern sein - und von einer Frau geschrieben.

Friedrich Dürrenmatt gehört zu den ganz großen Autoren der Nachkriegszeit. Seine Kunst, Tragik und Komik zu vermischen, ist einzigartig. Bitterböse, grotesk und zugleich konsequent bis zum Schluss, so sind *Die Physiker*, und so ist auch *Der Besuch der alten Dame*, der den Untertitel „Tragische Komödie" trägt.

Interessant ist an diesem Stück zunächst einmal die *Entstehungsgeschichte* - zumindest die Entstehungsgeschichte der Fassung, die hier zitiert wird. „Neufassung 1980" heißt es nach dem Titel und Dürrenmatt selbst erklärt dies in einem Vorwort.

**Allgemeine Anmerkung zu der Endfassung 1980 meiner Komödien**

*Es ging mir, im Gegensatz zu den verschiedenen Fassungen, die vorher einzeln im Arche-Verlag erschienen sind, bei den Fassungen für die Werkausgabe nicht darum, die theatergerechten, das heißt die gestrichenen Fassungen herauszugeben, sondern die literarisch gültigen. Literatur und Theater sind zwei verschiedene Welten: Außer den Komödien, die ich n u r für die Theater schrieb,* ***Play Strindberg*** *und* ***Porträt eines Planeten****, die Übungsstücke für Schauspieler darstellen und die ich als Regisseur schrieb, gebe ich im Folgenden - die ersten Stücke tastete ich nicht an - die dichterische Fassung wieder, eine Zusammenfassung verschiedener Versionen.*

*F.D.*[12]

---

[12] Friedrich Dürrenmatt, *Der Besuch der alten Dame. Eine tragische Komödie*, Neufassung 1980, Werkausgabe in 30 Bänden, Band 5, hrsg. in Zusammenarbeit mit dem Autor, Zürich: Diogenes Verlag, 1985, S. 8.

Die Uraufführung des Stückes fand übrigens bereits 1956 in Zürich statt.

Wir lernen aus Dürrenmatts Worten:

- *Literatur* und *Theater* sind verschiedene Welten.
- Es gibt Fassungen eines Theaterstückes für das *Theater* und *literarisch gültige*.
- Theaterfassungen sind oft *gekürzt*, vermutlich auch *bearbeitet*, auf alle Fälle den Gegebenheiten des Theaters, wohl auch den Vorstellungen des Regisseurs angepasst.
- Wir befassen uns hier mit der literarisch gültigen Fassung.

Wir sind damit wieder einmal bei einem Thema, das uns von Anfang an beschäftigte: Der Dramentext ist nicht das Drama, das gedruckte Stück ist nur eine *Vorlage* für die *Umsetzung*.

Doch nun zum Stück selbst:

### *Die Handlung*

Claire Zachanassian, die einst in Schande den Ort Güllen verließ, kehrt als Multimilliardärin dorthin zurück. Güllen ist inzwischen ein in Armut versunkener Ort. Alle Betriebe sind stillgelegt, die Menschen mehr oder minder lethargisch. Doch sie erhoffen sich viel vom Besuch der „alten Dame“. Gilt sie nicht andernorts als Wohltäterin?

Ill soll sie „herumkriegen“, ein paar Millionen in ihren Heimatort Güllen zu investieren. Ill ist, so sagt es der Bürgermeister, der beliebteste Mann im Ort. Er soll nach dem Ende seiner Amtszeit selbst Bürgermeister werden. Ill ist aber vor allem Claires Jugendliebe.

Claire will tatsächlich in Güllen investieren: Eine Milliarde für den Ort, unter der Bedingung, dass Alfred Ill stirbt. Genauer gesagt: eine halbe Milliarde für den Ort und die andere Hälfte für die einzelnen Bürger. Natürlich lehnen die Bürger empört ab.

Claire fällt vor allem durch ihr extravagantes Auftreten, ihren großen Begleitzug und ihre Ehemänner auf. Ill hatte Claire damals geschwängert, aber zurückgestoßen und eine andere, wohlhabendere Frau geheiratet. Vor Gericht führte er zwei falsche Zeugen an, die aussagten, ebenfalls ein Verhältnis mit Claire gehabt zu haben. Sie verließ den Ort, das Kind starb, sie wurde Hure, heiratete dann einen Milliardär.

Dass Claires Angebot kein Scherz ist, erfahren die Bürger bald: Die beiden falschen Zeugen von damals bekamen Claires Rache bereits zu spüren. Geblendet und kastriert sind sie Teil ihres bunten Anhangs. Auch der finanzielle und wirtschaftliche Ruin der Stadt ist das Werk von Claire. Sie hat die Firmen aufgekauft und stillgelegt. Nun soll also Ill sterben. Claire begründet ihre Forderung mit dem Wunsch nach Gerechtigkeit.

Schleichend macht sich die Erkenntnis breit, dass Ills Tod eine Erlösung für den Ort wäre. Und ist er nicht wirklich ein schlechter Mensch? Hat er Claire nicht Übles angetan? Die Menschen leben auf Pump, denn bald kommt ja Geld herein. Man braucht nur noch denjenigen zu finden, der Ill tötet.

## Aufgabe

5. Schreiben Sie die Inhaltsangabe weiter!

6. Schildern Sie den Meinungswandel in Güllen.

### *Die Personen*

Im Personenverzeichnis fällt zunächst ein kleiner Fehler auf. Bei Claire Zachanassian wird „Multimillionärin" angegeben. Das ist vielleicht ein Relikt aus einer Fassung aus den fünfziger Jahren, als ein Millionär noch ein sehr, sehr reicher Mensch war. Inzwischen haben sich die Vorstellungen von Reichtum etwas gewandelt. Im Dramentext selbst wird Claire als Multimilliardärin bezeichnet und immerhin bietet sie ja auch eine Milliarde für den Tod des ehemals Geliebten.

> *Die Menschlichkeit, meine Herren, ist für die Börse der Millionäre geschaffen, mit meiner Finanzkraft leistet man sich eine Weltordnung. Die Welt machte mich zu einer Hure, nun mache ich sie zu einem Bordell.*[13]

Das sagt Claire, als die Honoratioren der Stadt an ihre Menschlichkeit appellieren. Doch zurück zur Personenkonstellation. Das Personenverzeichnis kennt vier Kategorien: *Die Besucher, die Besuchten, die Sonstigen, die Lästigen.*

- *Die Lästigen*, das sind die Leute von der Presse und vom Fernsehen. Sie tauchen auf, wenn sie eine Sensation wittern, dann sind sie wieder weg.
- *Die Sonstigen*, das sind die Leute, die am Bahnhof arbeiten, und der Pfändungsbeamte. Sie tauchen kurz in ihrer Funktion auf, dann verschwinden sie wieder.

---

[13] Friedrich Dürrenmatt, *Der Besuch der alten Dame. Eine tragische Komödie,* S. 91.

- *Die Besucher*, das sind Claire Zachanassian und ihr Anhang: (nacheinander) drei Gatten, der Butler, die beiden Kriminellen, die die Sänfte tragen, und die beiden Eunuchen. Der Butler, so zeigt sich später, war der Richter, der damals auf Grund falscher Zeugenaussagen über Claire ein Urteil sprach. Sie hat ihn für ihren Plan gekauft. Wichtig für Güllen und für die Handlung ist Claire. Sie setzt das Geschehen in Gang, sie hat die Fäden in der Hand.
- *Die Besuchten*, das sind die Bürger von Güllen. Ill und seine Familie (Frau, Tochter, Sohn); die Honoratioren (Bürgermeister, Pfarrer, Lehrer, Arzt, Polizist); einige Bürger, die nur durchnummeriert werden (Erster, Zweiter etc.); der Maler, zwei Frauen, Fräulein Luise.

Die Besuchten sind die interessanteste Gruppe. Denn Claires Anhang bleibt geschlossen, Claire selbst ändert sich nicht, sie hat einen Plan, den sie durchzieht. Die Besuchten hingegen wandeln sich von einer homogenen Gruppe, die Claires Ansinnen entsetzt und empört ablehnt, über verschiedene Stadien wieder in eine homogene Gruppe, die den Mord gemeinschaftlich ausführt. Ills Familie ist bei der Durchführung des Mordes zwar nicht dabei, aber sie weiß, was mit Ill geschieht und akzeptiert dies - wenn sie es nicht gar befürwortet.

Die Besuchten versichern einem Menschen ihre Solidarität und beginnen sofort, diese Solidarität zu hintertreiben. Sie beschwichtigen ihn, weil sie glauben, noch eine andere Lösung zu finden. Aber sie geben bereits das Geld aus, das sie sich erst mit dem Mord an ihm verdienen müssen.

Ill steht sehr bald allein. Die Gruppe der Besuchten wird von Claire verändert: Alle gegen Ill. Und er soll das auch noch verstehen. Unrecht ist plötzlich nicht mehr, was Claire Zachanassian fordert, sondern nur noch, was Ill getan hat.



## Aufgaben

Vergleichen Sie die beiden folgenden Reden des Lehrers. Die eine hält er betrunken, als er das Leben Ills in Gefahr sieht. Die zweite hält er, als er sich selbst der Gruppe angeschlossen hat, die seinen Tod für die beste Lösung hält.

7. Wie verdreht der Lehrer die Argumentation? Wie begründet er den Gesinnungswandel?
8. Welche rhetorischen Mittel setzt er ein?
9. Nennen Sie ein Beispiel, an dem deutlich wird, wie eine kriminelle Handlung oder eine Tat von zweifelhaftem Ruf umgedeutet wird, z.B. durch eine Bezeichnung oder durch die Art der Argumentation.

Begründen Sie Ihre Wahl und erläutern Sie das sprachliche Vorgehen! (Ein Tipp: Im Buch *Lesen, Zappen, Surfen* haben wir im sechsten Kapitel unter anderem das *Lexikon der Unwörter* vorgestellt, eine ausgezeichnete Fundgrube!)

**DER LEHRER** Güllener. Ich bin euer alter Lehrer. Ich habe still meinen Steinhäger getrunken und zu alledem geschwiegen. Doch nun will ich eine Rede halten, vom Besuch der alten Dame in Güllen. (...)

(...)

**DER LEHRER** Güllener! Ich will die Wahrheit verkünden, auch wenn unsere Armut ewig währen sollte!

**FRAU ILL** Sie sind betrunken, Herr Lehrer. Sie sollten sich schämen!

**DER LEHRER** Schämen? Du solltest dich schämen, Weib, denn du schickst dich an, deinen Gatten zu verraten!

(...)

**DER LEHRER** Das Verhängnis ist bedenklich gediehen! Wie beim Ödipus: angeschwollen wie eine Kröte!

(...)

**DER LEHRER** Ich protestiere! Angesichts der Weltöffentlichkeit! Ungeheuerliche Dinge bereiten sich vor in Güllen!

(...)

**DER LEHRER** Die Wahrheit, Ill. Ich erzähle den Herren von der Presse die Wahrheit. Wie ein Erzengel erzähle ich, mit tönender Stimme. *Er schwankt.* Denn ich bin ein Humanist, ein Freund der alten Griechen, ein Bewunderer Platons.

**ILL** Schweigen Sie.

**DER LEHRER** Aber die Menschlichkeit –

**ILL** Setzen Sie sich.

*Schweigen.*

**DER LEHRER** *ernüchtert* Setzen. Die Menschlichkeit soll sich setzen. Bitte – wenn auch Sie die Wahrheit verraten. *Er setzt sich taumelnd auf das Faß.*[15]

---

15 Friedrich Dürrenmatt, *Der Besuch der alten Dame. Eine tragische Komödie*, S. 98ff.

**DER LEHRER** Güllener.
Wir müssen uns klar sein, daß Frau Zachanassian mit dieser Schenkung etwas Bestimmtes will. Was ist dieses Bestimmte? Will sie uns mit Geld beglücken, mit Gold überhäufen, die Wagnerwerke sanieren, die Platz-an-der-Sonne-Hütte, Bockmann? Ihr wißt, daß dies nicht so ist. Frau Claire Zachanassian plant Wichtigeres. Sie will für ihre Milliarde Gerechtigkeit, die Gerechtigkeit. Sie will, daß sich unser Gemeinwesen in ein gerechtes verwandle. Diese Forderung läßt uns stutzen. Waren wir denn nicht ein gerechtes Gemeinwesen?

(...)

**DER LEHRER** Gemeinde von Güllen! Dies der bittere Tatbestand: Wir duldeten die Ungerechtigkeit. Ich erkenne nun durchaus die materielle Möglichkeit, die uns die Milliarde bietet; ich übersehe keineswegs, daß die Armut die Ursache von so viel Schlimmem, Bitterem ist, und dennoch: Es geht nicht um Geld, - *Riesenbeifall* – es geht nicht um Wohlstand und Wohlleben, nicht um Luxus, es geht darum, ob wir Gerechtigkeit verwirklichen wollen, und nicht nur sie, sondern auch all die Ideale, für die unsere Altvorderen gelebt und gestritten hatten und für die sie gestorben sind, die den Wert unseres Abendlandes ausmachen! *Riesenbeifall.* Die Freiheit steht auf dem Spiel, wenn die Nächstenliebe verletzt, das Gebot, die Schwachen zu schützen, mißachtet, die Ehe beleidigt, ein Gericht getäuscht, eine junge Mutter ins Elend gestoßen wird. *Pfuirufe.* Mit unseren Idealen müssen wir nun eben in Gottes Namen Ernst machen, blutigen Ernst. *Riesenbeifall.* Reichtum hat nur dann Sinn, wenn aus ihm Reichtum an Gnade entsteht: Begnadet aber wird nur, wer nach der Gnade hungert. Habt ihr diesen Hunger, Güllener, diesen Hunger des Geistes, und nicht nur den anderen, profanen, den Hunger des Leibes? Das ist die Frage, wie ich als Rektor des Gymnasiums ausrufen möchte. Nur wenn ihr das Böse nicht aushaltet, nur wenn ihr unter keinen Umständen in einer Welt der Ungerechtigkeit mehr leben könnt, dürft ihr die Milliarde der Frau Zachanassian annehmen und die Bedingung erfüllen, die mit dieser Stiftung verbunden ist. Dies, Güllener, bitte ich zu bedenken.[16]

7

---

[16] Friedrich Dürrenmatt, *Der Besuch der alten Dame. Eine tragische Komödie*, S. 120ff.

## Lektüretipps

Das Kapitel gibt bereits viele Anregungen zur Lektüre von Dramen, die nach 1945 im deutschsprachigen Raum entstanden sind. Hier noch einige weitere Empfehlungen:

Thomas Bernhard, *Vor dem Ruhestand* (1979); *Über allen Gipfeln ist Ruh* (1982)
Wolfgang Borchert, *Draußen vor der Tür* (1947)
Tankred Dorst, *Toller* (1968); *Merlin oder Das wüste Land* (1980)
Friedrich Dürrenmatt, *Die Physiker* (1962)
Max Frisch, *Andorra* (1961); *Biedermann und die Brandstifter* (1958)
Peter Handke, *Publikumsbeschimpfung* (1966)
Rolf Hochhuth, *Der Stellvertreter* (1963)
Heinar Kipphardt, *In der Sache J. Robert Oppenheimer* (1964)
Franz Xaver Kroetz, *Mensch Meier* (1979); *Nicht Fisch nicht Fleisch* (1981)
Heiner Müller, *Die Hamletmaschine* (1979); *Quartett* (1982)
Gerlind Reinshagen, *Sonntagskinder* (1976)
Werner Schwab, *Die Präsidentinnen* (1991)
Botho Strauß, *Trilogie des Wiedersehens* (1976)
Peter Weiss, *Die Verfolgung und Ermordung Jean Paul Marats, dargestellt durch die Schauspielgruppe des Hospizes zu Charenton unter Anleitung des Herrn de Sade* (1964)
Carl Zuckmayer, *Des Teufels General* (1946, Neufassung 1966)

Um die Einflüsse aus anderen Ländern zu verstehen, lohnt sich auch ein Blick auf die Theatertexte beispielsweise Englands und Frankreichs. Hier einige Klassiker:

Samuel Beckett, *Warten auf Godot* (1952)
*Ein Stück ohne Handlung und ohne Entwicklung. Zwei Männer warten auf Godot, der nicht kommt. Sie unternehmen nichts, sie warten. Ähnlich frustrierend für alle, die auf Handlung bauen, sind auch Becketts Dramen* Endspiel *oder* Glückliche Tage. *Menschen in Abhängigkeit, Menschen, die auf den Tod warten.*

Eugène Ionesco, *Die kahle Sängerin* (1950)
*Ionesco gilt als der Meister des Absurden, der sich gegen Handlung und Spannung wendet. Der Titel des Stückes hat übrigens nichts mit dem Inhalt zu tun, das aus leerem Kaffeeklatsch-Geplauder besteht – absurd eben.*

John Osborne, *Blick zurück im Zorn* (1956)
*Osborne leitete damit Ende der 50er Jahre die Phase der zornigen jungen Männer ein, die sich gegen die Vorherrschaft der Väter zur Wehr setzten.*

Edward Albee, *Wer hat Angst vor Virginia Woolf?* (1962)
*Ehekrieg und Verletzung des anderen Menschen (oder auch von sich selbst) bis zum Letzten.*

Im Internet findet man unter der Adresse www.theaterparadies-deutschland.de die Programme zahlreicher deutscher Bühnen mit genauen Erläuterungen zu den Stücken. Die Seite bietet aber auch Links zu Verlagen, Infos über Theater-Zeitschriften sowie Kritiken und weist auf Institutionen hin, die mit Theater zu tun haben. Auch findet man Informationen zu Theatergeschichte, Theatersoftware und Filmen.

# 8. Lyrik 1: Einführung in die Lyrikanalyse

**Lernziele**

- Geschichte und Definition des Lyrikbegriffes erfahren
- Grundformen der Metrik kennen lernen
- Unterschiedliche Reimarten erkennen
- Verschiedene Strophen- und Gedichtformen unterscheiden
- Liebesgedichte aus unterschiedlichen literarischen Epochen untersuchen

*Es gibt nur drei echte Naturformen der Poesie: die klar erzählende, die enthusiastisch aufgeregte und die persönlich handelnde: Epos, Lyrik und Drama.*[1]

Die heutige allgemein anerkannte Dreiteilung von Literatur und Dichtkunst in die Trias von *Epik*, *Dramatik* und *Lyrik* ist noch gar nicht so alt. Als eigener Gattungsbegriff etablierte sich die Lyrik erst im Verlauf des 18. Jahrhunderts, nachdem man seit der Antike mit ihr hauptsächlich zwei charakteristische Auffassungen verbunden hatte:

> *(1) daß Lyrik **nicht unmittelbarer** Ausdruck des Gefühls selbst, sondern meist vielmehr primär **gedanklich** bestimmt war; es galt, Betrachtungen, Erfahrungen Gefühle zu übermitteln (ein Partner ist also immer mit im Spiele, entweder als Gemeinschaft oder als einzelner: Anrede-Lyrik), wobei Persönliches und Privates sich im allg. hinter mythologischem oder christlichem oder höfischen Bildungsgut verbarg;*
>
> *(2) daß Lyrik **nicht gesprochen**, sondern (meistens zur Musikbegleitung) **gesungen** wurde.*[2]

Heute sehen wir Dichtung nicht mehr in Verbindung mit Musik, und wir betrachten gerade das Gedicht als unmittelbarste Form der dichterischen Äußerung. Diese geläufige Vorstellung von Dichtung als *Ausdruck des innersten Seelenlebens*

---

[1] Johann Wolfgang von Goethe, „Noten und Abhandlungen zu besserem Verständnis des West-östlichen Divans“, 1819, in: *Lyriktheorie. Texte vom Barock bis zur Gegenwart*, hrsg. von Ludwig Völker, Stuttgart: Reclam Verlag, 1990, S. 165.

[2] Ivo Braak, *Gattungsgeschichte deutschsprachiger Dichtung in Stichworten*, Teil IIa: „Lyrik. Von der Antike bis 1600“, Kiel: Ferdinand Hirt, 1978, S. 13.

etablierte sich im Laufe des literaturtheoretischen Prozesses, der die Lyrik im 18. Jahrhundert als eigene Gattung „adelte".

Wichtige Impulse dafür lieferte der französische Ästhetiker Charles Batteux (1713-1780) mit seinem Werk *Einschränkungen der schönen Künste auf einen einzigen Grundsatz* (1746):

> *Die Stellung der Lyrik in diesem System ergab sich zum einen daraus, daß die Lyrik wie Epik und Dramatik die Wirklichkeit nicht unmittelbar, sondern als nachgeahmte, künstlich reproduzierte wiedergibt, zum anderen daraus, daß die Lyrik im Unterschied zu Epik und Dramatik keine Handlungen ('actions'), sondern Empfindungen ('sentiments') zum Gegenstand ihrer Darstellung macht.*[3]

Batteux hatte damit sozusagen das Schlüsselwort von den „Empfindungen" in die literarische Diskussion eingebracht. Ob Lyrik bloß „kunstvolle Nachahmung" oder „tatsächlicher Ausdruck von echtem Empfinden" sei, darüber wurde in der Folgezeit noch gestritten.

Schließlich prägte Johann Gottfried Herder[4] (1744-1803) das neue Verständnis von Lyrik als *eigener Gattung* mit dem zentralen Anliegen des *unmittelbaren Gefühlsausdrucks* entscheidend weiter aus. Einige der *Grundvorstellungen*, die wir auch heute noch mit Lyrik verbinden, gehen auf seine Schriften zurück:

- *die Auffassung der Lyrik als der ursprünglichen und ersten dichterischen Gattung;*
- *die Auffassung der Lyrik als einer unmittelbar aus der Empfindung hervorgehenden und durch sie bestimmten Ausdrucksgestalt;*
- *die Auffassung der Lyrik als einer natürlichen Lebensäußerung, an der gemeinsame Elemente von Sprache, Tanz und Musik Anteil haben (...).*[5]

Den Namen „Lyrik" hat sich die deutsche Sprache erst im 19. Jahrhundert über französische (*poésie lyrique*) und lateinische (*lyricus*) Umwege vom griechischen *lyra* (Leier), einem beliebten Saiteninstrument der Antike, entlehnt. Neben dem Namen verdankt die deutsche Lyrik dem antiken Griechenland auch ihre *Form*. Die wesentlichen Elemente der altgriechischen *Metrik*, wie *Versfuß*, *Versmaß* und *Strophenform* sowie deren Bezeichnungen, gelten noch heute unverändert.

---

[3] *Lyriktheorie, Texte vom Barock bis zur Gegenwart*, S. 46.

[4] Von Herder gibt es keine abgeschlossene Lyriktheorie in einem Einzelwerk, sondern, verteilt über gut 30 Jahre, eine ganze Reihe von Abhandlungen wie z.B. „Versuch einer Geschichte der lyrischen Dichtkunst" (1765), „Auszug aus einem Briefwechsel über Ossian und die Lieder alter Völker" (1773) und „Die Lyra. Von der Natur und Wirkung der lyrischen Dichtkunst" (1795).

[5] *Lyriktheorie, Texte vom Barock bis zur Gegenwart*, S. 17.

## 8.1 Die Metrik

Metrik (dt. „Verslehre“), so sagt der Blick ins Lexikon, ist die

> *systemat. und histor. Erfassung der ästhet. relevanten u. strukturbildenden Gesetzmäßigkeiten der Verssprache wie Lautwiederholungen (→ Alliteration, → Reim u.ä.) und v.a. die quantitativ und evtl. qualitativ geordneten Silbenabfolgen (...).*[6]

Die *Grundeinheit der Metrik* stellt der *Vers* (von lat. *versus* - die Furche) dar. Ein Vers lässt sich optisch leicht erkennen, denn er entspricht einer *Gedichtzeile*. Die *Struktur* eines Verses wird mithilfe des *Metrums* (Versmaß) bestimmt. Das *Versmaß* benennt die Abfolge von betonten (Hebung) und unbetonten (Senkung) Silben.

Die kleinste zusammenhängende Struktur eines Verses wird als *Versfuß* oder als *Takt* bezeichnet. Die dafür verwendeten Begriffe, wie z.B. *Jambus* oder *Trochäus*, sind aus der altgriechischen Metrik übernommen und blicken somit auf eine mehr als 2500-jährige Tradition zurück.

Um die Hebungen und Senkungen zu kennzeichnen, gibt es unterschiedliche Methoden der metrischen Notation: —— ∪ , xX, v -, - ´- oder xx́

Zur besseren Anschaulichkeit findet sich in vielen interpretierenden Werken noch die Variante, Betonungen im Gedichttext durch einfache Unterstreichung anstelle der Akzentuierung hervorzuheben.



Die wohl gängigste Version für die metrische Notation deutschsprachiger Lyrik stellt die xx́ -Form Wolfgang Kaysers dar: Das „x“ steht dabei für die jeweilige Silbe, der Akzent „´“ zeigt die Betonung an. x ist folglich eine unbetonte Silbe, x́ eine betonte. Im Rahmen der Lyrik-Kapitel 8 und 9 dieses Buches wird diese Notation verwendet.

---

[6] *Metzler Literatur Lexikon, Begriffe und Definitionen*, S. 303.

[7] Vgl. hierzu Ivo Braak, *Poetik in Stichworten. Literaturwissenschaftliche Grundbegriffe. Eine Einführung*, Kiel: Ferdinand Hirt, 1980; Horst J. Frank, *Wie interpretiere ich ein Gedicht? Eine methodische Anleitung*, Tübingen/Basel: Francke, 1993; Otto Knörrich, *Lexikon lyrischer Formen*, Stuttgart: Kröner, 1992; Eberhard Hermes, *Abiturwissen Lyrik*, Stuttgart u.a.: Klett, 1999; Hans Lobentanzer, *Deutschhilfen. Gedichtinterpretation. Grundlagen-Beispiele-Übungen. Sekundarstufe II. Abitur*, München: Ehrenwirth, 1982. Es gibt übrigens noch einige weitere metrische Notationsmuster. Näheres dazu bei Dieter Breuer, *Deutsche Metrik und Versgeschichte*, München: Fink, 1991, S. 25-28.

In der deutschen Metrik finden sich überwiegend die folgenden Versfüße[8]:

**Jambus:**
xx́, die Aufeinanderfolge einer unbetonten und einer betonten Silbe, z.B. „genug".

**Trochäus:**
x́x, die Aufeinanderfolge einer betonten und einer unbetonten Silbe, z.B. „Freude".

**Anapäst:**
xxx́, unbetont-unbetont-betont, z.B. „Paradies"

**Daktylus:**
x́xx, betont-unbetont-unbetont, z.B. „selige"

Die Art und Verteilung der Versfüße bestimmt das jeweilige Versmaß. Unter den jambischen und trochäischen Versmaßen unterteilt man jeweils in Zwei-, Drei, Vier-, Fünf- und Sechsheber. Daktylen und Anapäste kommen in der deutschsprachigen Lyrik eher selten vor. Zumindest vom Namen her erfreut sich aber wenigstens ein daktylisches Versmaß eines gewissen Bekanntheitsgrads: der Hexameter, ein sechshebiger Vers aus fünf Daktylen und einem abschließenden Trochäus[9] ( x́xx / x́xx / x́xx / x́xx / x́xx / x́x ).

Woran erkennt man nun Hebungen und Senkungen in einem Gedicht? Das ist eigentlich gar nicht so schwierig, denn die Betonung der Silben wird nicht willkürlich vom jeweiligen Dichter festgelegt. Sie folgt den Vorgaben der „normalen" gesprochenen Hochsprache:

> *Im Deutschen dagegen hat eine und dieselbe Silbe den stärksten Ton; das ist beim einfachen Wort die Stammsilbe, mag die Anzahl der nachfolgenden Silben auch noch so groß sein (vgl. éin – éinig – Éinigkeit – Éinigkeitsbestrebungen). Bei zusammengesetzten Wörtern wird entsprechend der logischen Bedeutung betont: wenn das erste Glied (Bestimmungswort) das zweite Glied (Grundwort) bestimmt, trägt das erste Glied den Akzent (z.B. Móndschein, Grúnspecht), im übrigen behält meist das Grundwort den Akzent. [...] Prosodisch wichtig ist aber vor allem die Verteilung von betonten und unbetonten Stellen in* ***Wortfolgen****. Hier zeigt sich nun, daß einige Wortklassen, z.B. Pro-*

[8] Die antike Metrik kannte 28 unterschiedliche zwei-, drei- und viersilbige Versfüße. Vgl. Dieter Breuer, *Deutsche Metrik und Versgeschichte*, München: Fink, 1991, S. 34-35.

[9] Dieses Muster entspricht der (seltenen) Verwendung in deutschsprachiger Lyrik.

*nomen, Präpositionen, Konjunktionen, nicht in jedem Falle betont werden, vgl. z.B. die Wendungen: dréi gegen éinen; Háß oder Líebe.*[10]

Ein bisschen dichterische Freiheit muss aber sein, und deshalb dürfen einsilbige Wörter innerhalb eines Metrums sowohl Hebungen als auch Senkungen darstellen. Ein weiterer dichterischer Notnagel: Hat ein Wort zwei Nachsilben kann die letzte Silbe bei Bedarf zur Hebung deklariert werden, z.B. „schwärmerísch". Und noch ein allgemeiner Tipp: Die meisten deutschsprachigen Verse verwenden jambische Metren.

Zum Ende dieses Abschnitts über das Metrum sollen Sie noch einen weiteren lyrischen Fachbegriff in Kürze kennen lernen - die *Kadenz*. Kadenz lässt sich mit „Versschluss" oder „Endung" übersetzen. Ist die letzte Silbe im Vers *betont*, spricht man von einer *männlichen Kadenz*. Ist die letzte Silbe *unbetont*, wird der Versschluss als *weibliche Kadenz* bezeichnet. Alternativ finden sich in der Fachliteratur auch die Bezeichnungen „stumpf" und „klingend" an Stelle von „männlich" und „weiblich".

## Aufgaben

Bestimmen Sie bei beiden Beispielen die Anzahl der Hebungen und die Art des Versfußes.

1. *Kennst du das Land, wo die Zitronen blühn,*
   *Im dunklen Laub die Goldorangen glühn, (...)*

   (Johann Wolfgang von Goethe, *Wilhelm Meisters Lehrjahre*)

2. *Aufgestanden ist er, welcher lange schlief,*
   *Aufgestanden unten aus Gewölben tief (...)*

   (Georg Heym, „Der Krieg")



[10] Dieter Breuer, *Deutsche Metrik und Versgeschichte*, S. 32. Breuer verweist für eine eingehendere Beschäftigung mit Betonungsregeln auf Theodor Siebs, *Deutsche Aussprache. Reine und gemäßigte Hochlautung mit Aussprachewörterbuch*, hrsg. von Helmut de Boor/Hugo Moser/Christian Winkler, Berlin: de Gruyter, 1969. „Prosodie" oder „Prosodik" ist die Lehre von der „richtigen" Silbenbetonung innerhalb von Versdichtungen. Ebenfalls empfehlenswert: *Duden-Grammatik der deutschen Gegenwartssprache*, Mannheim u.a.: Dudenverlag, 1998, S. 43-53.

## 8.2 Der Reim

Was sich reimt, ist ein *Gedicht*. Mit dieser Kurz-Definition liegt man gar nicht so falsch, auch wenn vor allem die moderne Lyrik gerne auf traditionelle Muster wie den Reim verzichtet. Unter *Reim* versteht man den „Gleichklang von Wörtern vom letzten betonten Vokal ab“[11], z.B. singen-klingen, Nase-Blase oder Haus-Maus. In der antiken griechischen Lyrik spielte dieser dichterische Kunstgriff noch keine Rolle. Zwar reimten Vergil und Ovid zumindest schon gelegentlich, aber richtig populär wurde der Reim in der europäischen Dichtung erst im 12. Jahrhundert.

Davor wurde hauptsächlich mittels der *Assonanz*, dem Gleichklang der Vokale am Versende (meist von der letzten betonten Silbe an) ein *Teilreim* erzeugt. Aus heutiger Sicht erscheint dieser *Vokalgleichklang* gewöhnungsbedürftig. Man hat sich inzwischen so sehr an den Endreim gewöhnt, dass man (hätte man's vorher nicht irgendwo gelesen) Kombinationen wie Festgeläute-Gotteshäuser, weichen-ausgebreitet oder Sonne-vergoldet kaum als Reime anerkennen würde. Ab dem Spätmittelalter wurde die *Assonanz* dann als Reimersatz verpönt. Romantiker wie Tieck oder Brentano griffen im 19. Jahrhundert allerdings wieder bewusst auf die Assonanz zurück, ebenso wie später Stefan George und Paul Celan.

Reim ist nun nicht unbedingt gleich Reim, denn wenn wir heute von „Reim“ sprechen, meinen wir eigentlich den „Endreim“ - die klangliche Übereinstimmung von zwei Versenden, die man auch häufig in volkstümlichen Sinnsprüchen findet, wie z.B. „Was du heute kannst besorgen, verschiebe nicht auf morgen“. Ob sich zwei Wörter reimen oder nicht, hängt aber nicht von der Schreibweise ab, sondern vom *Klang* bzw. der *Aussprache*: „Madame“ reimt sich z.B. *rein* mit „Hologramm“. Wie die Unterscheidung „rein“ schon andeutet, gibt es offenbar ***unterschiedliche Arten*** von Reimen:

- ***Reine Reime:*** genaue klangliche Übereinstimmung vom letzten betonten Vokal an, z.B. „Rat-Tat“, „Schiff-pfiff“, „Leute-heute“, „Tower-Bauer“, „Fax-Dachs“.

- ***Identische Reime:*** dasselbe Reimwort wird wiederholt:

  *Mitten im Schimmer der spiegelnden Wellen*
  *Gleitet wie Schwäne der schwankende Kahn;*
  *Ach, auf der Freude sanftschimmernden Wellen*
  *Gleitet die Seele dahin wie ein Kahn.*
  (Friedrich Leopold Stolberg, „Lied, auf dem Wasser zu singen“)[12]

---

[11] *Metzler Literatur Lexikon. Begriffe und Definitionen*, S. 381-382.

[12] Dieter Breuer, *Deutsche Metrik und Versgeschichte*, S. 47.

***Unreine Reime:*** nur ein lautlich ähnlicher, aber nicht identischer Gleichklang, z.B. im „Abendlied" von Matthias Claudius (1740-1815):

*Wie ist die Welt so stille*
*Und in der Dämmrung Hülle (...)*[13]

Bis jetzt haben wir die Reime nach ihrem Gleichklang unterschieden. Es gibt aber noch eine weitere Unterscheidungsmöglichkeit, und zwar ist hier die *Position* des Reimes im Vers ausschlaggebend:

***Anfangsreim:*** die beiden ersten Wörter zweier Verse reimen:

*Das Leben ist*
*Ein **Laub** / das grunt und falbt geschwind.*
*Ein **Staub** / den leicht vertreibt der Wind.*
*Ein **Schnee** / der in dem Nu vergehet.*
*Ein **See** / der niemals stille stehet. (...)*[14]

***Reime im Versinnern***, z.B. der *Binnenreim*. Hier reimen sich Wörter innerhalb eines Verses:

*Sie **blüht** und **glüht** und leuchtet.*
(Heinrich Heine, „Die Lotosblume")[15]

***Endreim:*** die *populärste Reimart* in der deutschsprachigen Lyrik. Die Versenden stimmen klanglich überein. Endreime werden nach der Anordnung der gleichklingenden Versenden unterschieden. Zur Bezeichnung der Endreime in einer Notation dienen klein geschriebene lateinische Buchstaben. Gleiche Reime tragen dabei den gleichen Buchstaben:

- ***Paarreim: aabb***

Ein Beispiel aus Christian Morgensterns (1871-1914) „Der Aromat":

*Angeregt durch Korfs Geruchs-Sonaten,*
*gründen Freunde einen 'Aromaten'.*
*Einen Raum, in welchem, kurz gesprochen,*
*nicht geschluckt wird, sondern nur gerochen.*[16]

8

---

[13] Annemarie u. Wolfgang van Rinsum, *Interpretationen Lyrik*, München: Bayerischer Schulbuch-Verlag, 1991, S. 37.

[14] Ein Barock-Gedicht von Georg Philipp Harsdörffer (1607-1658), zitiert nach Otto Knörrich, *Lexikon lyrischer Formen, Stuttgart*: Kröner, 1992, S. 12.

[15] *Metzler Literatur Lexikon. Begriffe und Definitionen*, S. 55.

[16] Dieter Lamping, *Das lyrische Gedicht. Definitionen zu Theorie und Geschichte der Gattung*, Göttingen: Vandenhoeck u. Ruprecht, 1989, S. 105.

- ***Kreuzreim: abab***

  Ein Beispiel aus J. W. von Goethes (1749-1832) „Selige Sehnsucht":

  *Und so lang' du das nicht hast,*
  *Dieses: Stirb und werde!*
  *Bist du nur ein trüber Gast*
  *auf der dunklen Erde.*[17]

- ***Umarmender Reim: abba***

  Ein Beispiel aus dem Sonett „Das Mädchen spricht" von Goethe:

  *Du siehst so ernst, Geliebter! Deinem Bilde*
  *Von Marmor hier möchte' ich dich wohl vergleichen;*
  *Wie dieses gibst du mir kein Lebenszeichen;*
  *Mit dir verglichen zeigt der Stein sich milde.*[18]

- ***Schweifreim: aabccb***

  Noch einmal als Beispiel eine Strophe aus dem wohl bekanntesten deutschen Gedicht - dem „Abendlied" von Matthias Claudius:

  *So legt euch denn, ihr Brüder,*
  *In Gottes Namen nieder;*
  *Kalt ist der Abendhauch.*
  *Verschon uns, Gott, mit Strafen*
  *Und laß uns ruhig schlafen,*
  *Und unsern kranken Nachbarn auch!*[19]

- Weitere Formen von Endreimen sind u.a. der ***Zwischenreim (aabaab)*** und der ***Ketten-*** oder ***Terzinenreim (aba bcb cdc ...)***.

Die nächsthöhere Ordnungsart von Versen ist die *Strophe*:

*Strophen sind Versgruppen, die in Verszahl, Silbenzahl und vor allem in der Anordnung der Reime (Reimschema) übereinstimmen (sich wiederholen) und so einen längeren Verstext gliedern.*[20]

---

[17] Annemarie u. Wolfgang van Rinsum, *Interpretationen Lyrik*, S. 43.

[18] Zitiert nach Gerhard Kaiser, *Geschichte der deutschen Lyrik von Goethe bis Heine. Ein Grundriß in Interpretationen*, 3. Teil: „Die Gedichte", Frankfurt am Main: Suhrkamp, 1988, S. 65.

[19] Annemarie u. Wolfgang van Rinsum, *Interpretationen Lyrik*, S. 38.

[20] Dieter Breuer, *Deutsche Metrik und Versgeschichte*, S. 53.

Die am häufigsten vorkommende Strophenform in der deutschen Lyrik ist die *Liedstrophe*, eine Versgruppe, die sich aus vier Zeilen zusammensetzt. Dieser populäre Vierzeiler verwendet entweder Jamben oder Trochäen (das sind eben die populärsten Versfüße im Deutschen) sowie zumeist Paar- oder Kreuzreim.

Zur Würze des vielleicht gelegentlich etwas trockenen Reimstoffes, hier ein Beispiel für den humoristischen Umgang mit der Volksliedstrophe - und dem Reim an und für sich: eine Ballade von Kurt Schwitters (1887-1948).

**Die Nixe (1942)**

*Es war einmal ein Mann, der gung*
*In eines Flusses Niederung.*
*Der Tanz der grünlich krausen Wellen*
*Tat seines Geistes Licht erhellen.*

*Am Ufer gluckste es so hohl,*
*Wohl einmol, zwomol, hundertmol;*
*Und auf des Flusses Busen brannte*
*Ein Glanz, den jener Mann nicht kannte.*

*Da dachte jener klug und schlicht:*
*'Ich weiß nicht, doch da stimmt was nicht!'*
*Und guckte ohne auszusetzen*
*Auf die verwunschnen Wellenfetzen.*

*Auf einmal gab es einen Ton,*
*Und aus dem Wasser hob sich schon*
*Mit infernalischem Geflimmer*
*Ein blondes, nacktes Frauenzimmer (...)*[21]

Daneben gibt es ein große Zahl weiterer Strophenformen, wie Distichon, Schillerton, Terzine, Sestine, Dezime, Sonett, Madrigal, Stanze etc., auf deren detaillierte Beschreibung hier aus Platzgründen verzichtet wird.[22]

8

---

21 Text zitiert nach *Gedichte und Interpretationen*, Band 5: „Vom Naturalismus bis zur Jahrhundertmitte", hrsg. von Harald Hartung, Stuttgart: Reclam Verlag, 1983, S. 405.

22 Nähere Informationen über diese und weitere Strophenformen finden Sie z.B. bei Dieter Breuer, *Deutsche Metrik und Versgeschichte*, S. 52-65 oder bei Ivo Braak, *Poetik in Stichworten. Literaturwissenschaftliche Grundbegriffe. Eine Einführung*, S. 108-128.

## 8.3 Lyrisches Ich und Ebenen der Wortbedeutung

Ein Roman hat einen *Erzähler*, die *Personen* eines Dramas sprechen für sich selbst, und ein Gedicht wird durch ein *lyrisches Ich* wiedergeben. Aus den vorangegangenen Kapiteln zur Epik und zum Drama kennen Sie bereits die Unterscheidung von Autor und Erzähler. Was der Erzähler für den Roman ist, stellt das lyrische Ich für das Gedicht dar. Es ist der *Mittler* zwischen Autor und Leser.

Ein Gedicht versucht, mit wenigen Worten viel zu sagen. In einem vierhebigen jambischen Vierzeiler stehen z.B. rein mathematisch acht Silben pro Verszeile und damit 32 Silben insgesamt zur Verfügung, um eine wie auch immer geartete lyrische „Aussage" zu machen.

Für die Lyrik hat deshalb eine allgemeine Erscheinung der *Semantik*[23] eine besonders wichtige Funktion: das Vorhandensein verschiedener Wort-Bedeutungsebenen. Ein Wort besitzt zunächst einen *begrifflichen Kern*, daneben aber ebenfalls eine oder mehrere *Nebenvorstellungen* sowie ein *Begleitgefühl*. Der begriffliche Kern wird als *„Denotation"* bezeichnet und die zusätzlichen Bedeutungsschichten werden unter dem Begriff *„Konnotation"* zusammengefasst:

> *Wenn wir das Wort* **Hund** *hören, so haben wir außer der begrifflichen Vorstellung, 'kleines bis mittelgroßes Haustier, das einen gut ausgebildeten Gehörs- und Geruchssinn besitzt'* [= Denotation, Anm. des Autors], *vielleicht auch noch die Vorstellung eines treuen Gefährten, eines guten Spielkameraden usw. Diese Nebenvorstellungen können jedoch von Mensch zu Mensch verschieden sein und davon abhängen, welche Erlebnisse man mit einem Hund gehabt hat. So sind für viele Menschen Hunde sicher lästige Kläffer, die ihren Dreck an jeder Straßenecke hinterlassen usw.*[24]

Die Nebenvorstellungen werden schließlich noch um *emotionale Komponenten* ergänzt, die *Begleitgefühle*. Der Gedanke an den „lästigen Kläffer" erzeugt vermutlich Wut und wer schon einmal von einem Hund gebissen wurde, empfindet bei Nennung des Begriffes „Hund" wahrscheinlich Angst. Wenn Sie das Wort „Hund" allerdings als Schimpfwort einsetzen, dann handelt es sich schon um ein anderes semantisches Phänomen, die *Polysemie* - ein Wort kann mehr als eine einzige Bedeutung haben.

Konnotationen können also sehr subjektiv ausfallen. Haben Sie z.B. Ihren Lebenspartner in der Warteschlange im Supermarkt kennen gelernt, dann verbinden Sie

---

23 „Semantik" ist der sprachwissenschaftliche Fachbegriff für die Lehre von der Bedeutung sprachlicher Zeichen und Zeichenfolgen.

24 Rosemarie Lühr, *Neuhochdeutsch. Eine Einführung in die Sprachwissenschaft*, München: Wilhelm Fink Verlag, 1986, S. 254.

mit dem Begriff der „Warteschlange" vermutlich angenehmere Assoziationen als die meisten anderen Menschen. Dennoch sind die „gängigsten" Konnotationen allen Teilnehmern einer Sprachgemeinschaft bekannt. Selbst wenn jemand Spinnen liebt, wird dieser Person bewusst sein, dass das Wort „Spinne" bei anderen mit dem Begleitgefühl von Angst oder Ekel verbunden sein kann.

## AUFGABE

**3.** Überlegen Sie sich zu den Wörtern „Meer" und „Schlange" die jeweiligen Denotationen und Konnotationen.

Wenn möglich, machen Sie diese Übung zu zweit und vergleichen Sie anschließend die Ergebnisse miteinander. Mitunter ist es wirklich erstaunlich, wie unterschiedlich die Nebenvorstellungen und Begleitgefühle zu bestimmten Begriffen bei verschiedenen Personen ausfallen können.

## 8.4 Methodische Tipps für eine Gedichtinterpretation

Der erste und wichtigste Ratschlag lautet: Nur keine Angst vor Lyrik - alles halb so schlimm! Falls Sie ein Gedicht nach dem ersten Lesen nicht unbedingt sofort „verstehen", ist das eigentlich ganz normal. Schließlich hat sich der Autor des Gedichtes viel Mühe gegeben, seine Gedanken oder seine Aussage in dieser *komprimierten Form* auszudrücken. Da wäre es ja fast ein Wunder, wenn man als Leser das Ergebnis dieser mühevollen Arbeit schon auf einen Blick durchschauen könnte. Deshalb sollten Sie ein Gedicht immer *mehrmals* und am besten einige Male auch laut lesen.

Mit Gedichten verhält es sich ähnlich wie mit Dramen - man muss sie beide *hören*. Besonders deutlich wird dies z.B. an den Sprech- und Lautgedichten Ernst Jandls. Was die aneinandergereihten Konsonanten „schtzngrmm" in dem gleichnamigen Gedicht aus Band *laut und luise* von 1966 bedeuten sollen, erschließt sich sofort, wenn man sie laut vor sich hin spricht: „schtzngrmm" = „Schützengraben".

Nach dem mehrmaligen Lesen des Gedichtes haben sich vielleicht bereits einige *Verständnisprobleme* gelöst. Nun kann man den Versuch einer *Interpretation* angehen. „Versuch" deshalb, dies sei auch in diesem Kapitel noch einmal erwähnt, weil es in der Literaturwissenschaft *keine absoluten Wahrheiten* gibt. Interpretieren heißt „sich annähern", sich annähern an ein *mögliches* und *wahrscheinliches* Verständnis dessen, was der Autor mit seinem Gedicht ausdrücken wollte.

Mit den *richtigen Fragen* an den Text wird das aber kein so gewagter Drahtseilakt. Aus den Kapiteln über die Epik und das Drama kennen sie bereits das Modell der W-Fragen.

Für die Lyrik bietet sich ein ähnliches Modell an mit zunächst zwei grundlegenden Fragen nach der ***Form*** und nach dem ***Verhältnis von Form und Inhalt***. Oder nach dem ***Wie?*** und nach dem ***Was? und Warum?***

Zuerst erfolgt die Analyse der *formalen Eigenschaften* und daran schließt sich in einem zweiten Schritt die eigentliche Interpretation an - man versucht als Leser, zu erkennen, wie die formalen Elemente und die Aussage des Gedichtes ineinander greifen und in welcher Beziehung sie zueinander stehen.

Ganz hilfreich ist es, den beiden zentralen Fragen nach ***Form*** und ***Verhältnis von Form und Inhalt*** mit einer Reihe von weiteren Einzelfragen wie z.B. diesen zu Leibe zu rücken:

***Form - Wie?***

- Um welche *Gedichtform* handelt es sich?
  (Sonett, Ode, Hymne, Ballade ...)
- Was für eine *Strophenform* liegt vor?
  (Zweizeiler, Dreizeiler, Quartett ...)
- Welche *Versfüße* lassen sich erkennen?
  (Jambus, Trochäus, Daktylus, Anapäst ...)
- Wie sieht das *Versmaß* aus?
  (dreihebiger Jambus, vierhebiger Trochäus ...)
- Welches *Reimschema* wird verfolgt?
  (aabb-Paarreim, abab-Kreuzreim, kein Reim ...)
- Wie sieht der *Satzbau* aus?
  (Enjambements, Untergliederung mit Satzzeichen vorhanden oder nicht? Fragezeichen, Ausrufzeichen, elliptische Sätze ...)
- Welche *Wortwahl* trifft der Autor?
  (Fachbegriffe, Umgangssprache, rhetorische Stilmittel, z.B. Metaphern ...)
- *Wer spricht* das Gedicht?
  (lyrisches Ich erkennbar?, direkte Ansprache eines „Du“ oder nicht ...)

***Verhältnis von Form und Inhalt – Was und Warum?***

- Was ist das *Thema* des Gedichtes?
  Ist es ein Naturgedicht, ein Liebesgedicht, thematisiert es das Leben in der Großstadt ...?
- Passt die *Wortwahl* zum *Thema*?
  Eine unpassende Wortwahl kann z.B. Kritik ausdrücken oder Anzeichen für eine satirische oder parodistische Behandlung des Themas darstellen.
- Durchbricht der Dichter *Formen* oder hält er sie ein?
  Unter dieser Fragestellung können Sie z.B. Reimschemata, Strophen, Versmaße, Satzbau und auch Grammatik betrachten. Stellen Sie sich z.B. vor, Sie müssten selbst ein Gedicht schreiben, das „Orientierungslosigkeit" ausdrücken soll. Mit großer Wahrscheinlichkeit würden Sie in so einem Gedicht auf ordnende Satzzeichen wie Punkte und Kommata, auf ein durchgängiges Versmaß und ein einheitliches Reimschema verzichten.
- Wie sieht der *Epochen-Hintergrund* aus?
  Bestimmte literarische Epochen hatten bestimmte Vorlieben für bestimmte Themen, z.B. der Barock und das Bewusstsein um die Vergänglichkeit alles Irdischen, der Sturm und Drang und die Schöpfungskraft des Dichter-Genies o.Ä. Aber Achtung, nicht alle Gedichte sind typisch für den vorherrschenden Zeitgeist!
- Was weiß ich über den *Autor* des Gedichts?
  Möglicherweise thematisiert ein Dichter autobiografische Erlebnisse oder er hat eine spezielle Vorliebe für eine bestimmte Gedichtform oder für bestimmte Themen etc.

8

Sie werden schnell fest stellen, dass bei der Lyrik Form und Inhalt sehr stark miteinander verknüpft sind und eine strikte Trennung innerhalb einer Interpretation nicht immer möglich und/oder sinnvoll ist. Betrachten Sie diese Zweiteilung in „Form" und „Verhältnis von Form und Inhalt" mehr als *Orientierungsmuster*.

An ein Gedicht lassen sich viele Fragen stellen, bis hin zur Analyse der Verteilung der Konsonanten oder dem Auffinden von Parallelen der Wortstellung in geraden und ungeraden Zeilen. Ob alle Fragen immer Sinn machen, lässt sich pauschal nicht beurteilen. Das wird man am *Einzelbeispiel* immer wieder neu bestimmen müssen. Auch die oben angeführten Fragen eignen sich vielleicht nicht für alle Gedichte oder man muss gar nicht alle dieser Fragen stellen, um ein Gedicht zu „verstehen". Aber mithilfe dieses Fragenkatalogs sollten Sie bei einer Interpretation ganz gute Chancen haben. So viel zur Theorie, in den folgenden Abschnitten werden wir uns einige Beispiele von Liebesgedichten ansehen und interpretieren.

## 8.5 Liebeslyrik aus vier Epochen

*Bild aus der „Manessischen Handschrift", einer Sammlung des Minnegesangs aus dem 13. Jahrhundert*

Die Anfänge der deutschen *Liebeslyrik* - jedenfalls die, die schriftlich erhalten sind - finden sich im *Minnesang* des 12. und 13. Jahrhunderts. Der Minnesang thematisierte aber keine „realistische" individuelle Liebeserfahrung, sondern er stellte eine *reine Kunstform* dar, die die Frau idealisierte und die höfischen Tugenden pries. Zudem richtete sich der Minnesang in der Regel an die *verheiratete Frau*, die der Minnesänger in unerfüllter Liebe „anhimmelte".

Typisch für das Barock (1600-1720) war das starke Bewusstsein um die *Vergänglichkeit* des Menschen. Eine nicht unwesentliche Rolle an dieser pessimistischen Weltsicht spielten sicherlich die Erfahrungen von Tod und Elend des *Dreißigjährigen Krieges* (1618-1648).

Das Bewusstsein um die Vergänglichkeit der irdischen Existenz (z.B. auch die Vergänglichkeit von Schönheit) führte im Barock nun aber nicht dazu, dass man allen weltlichen Genüssen abschwor. Eher das Gegenteil war der Fall: Das Wissen um die Vergänglichkeit führte zu einem Hunger auf Leben, der sich in der barocken Liebeslyrik durchaus in ziemlich unverhüllten sexuellen Anspielungen äußerte.

Hochkonjunktur hatte die Liebeslyrik in der *Romantik*. Nicht unerwartet für eine Epoche, die sich als *Gegenmodell* zur *vernunftbetonten Aufklärung* verstand und sich intensiv mit dem *Bewussten* und dem *Unbewussten*, mit den Höhen und Tiefen der menschlichen Seele beschäftigte. Der Liebesbegriff der Romantik ging aber über die individuelle positive Emotion zwischen zwei Menschen hinaus und verstand „Liebe" auch als eine *universelle Kraft*.

Ein Fazit über das Liebesverständnis in der Lyrik des 20. Jahrhunderts zu ziehen, ist schwer möglich. Verallgemeinernd könnte man aber behaupten, dass die Liebe in der Lyrik des 20. Jahrhunderts weder religiös noch metaphysisch verbrämt daherkommt. „Liebe" meint primär die emotionale Beziehung zwischen zwei Menschen, die von

> *den emanzipatorischen Auseinandersetzungen, von Geschlechterkampf und Besitzdenken ebenso gezeichnet [ist] wie von der Sehnsucht nach beglückender Partnerschaft, deren Möglichkeit sich aber kaum erkennen läßt.*[25]

Liebe wird, wenn man so will, aus individueller Perspektive eher „realistisch" gesehen.

### 1. Lektüre „*Herzeliebes frouwelîn*" von Walther von der Vogelweide

| | |
|---|---|
| *Herzeliebes frouwelîn,<br>got gebe dir hiute und iemer guot!<br>Kund ich baz gedenken dîn,<br>des hete ich willeclîchen muot.<br>Was mac ich dir sagen mê<br>wan daz dir nieman holder ist?<br>owê, dâ von ist mir vil wê.* | *Meine geliebte kleine Herrin,<br>Gott behüte dich heute und immer!<br>Könnte ich schöner meine Wünsche ausdrücken – ich tät es wahrlich gern.<br>Was aber kann ich dir mehr sagen<br>als daß dich niemand lieber haben kann?<br>Ach das macht mir manchen Kummer.* |
| *Sie verwîzent mir daz ich<br>ze nidere wende mînen sanc.<br>Daz sie niht versinnent sich<br>was liebe sî, des haben undanc!<br>Sie getraf diu liebe nie,<br>die nâch dem guote und nâch der schoene minnent, wê wie minnent die?* | *Sie werfen mir vor, daß ich<br>an niedrig Geborne richte meinen Sang.<br>Daß sie nicht begreifen was wirkliche Liebe ist – dafür sollen sie verwünscht sein!<br>Nie hat wahre Liebe sie getroffen,<br>die nach dem Grad von Reichtum und Schönheit entflammt werden, – ach was für eine Liebe ist das?* |
| *Bî der schoene ist dicke haz;<br>zer schoene niemen sî ze gach.* | *Hinter äußerer Schönheit verbirgt sich oft ein böses Herz solcher Schönheit laufe niemand eilig nach.* |
| *Liebe tuot dem herzen baz:<br>der liebe gêt diu schoene nâch.<br>Liebe machet schoene wîp:<br>des mac diu schoene niht getuon,<br>si machet niemer lieben lîp.* | *Ein liebes Herz steht viel höher,<br>und hinter ihm geht die Schönheit.<br>Ein liebes und liebendes Herz macht die Frau schön; dergleichen kann die Schönheit nicht vollbringen: sie macht das Herz nicht gut.* |
| *Ich vertrage als ich vertruoc<br>und als ich iemer will vertragen.* | *Ich trage ihren Vorwurf wie ich ihn immer getragen habe und ihn immer tragen werde.* |
| *Dû bist schoene und hâst genuoc:<br>was mugen si mir dâ von sagen?* | *Du bist schön, und du bist reich – aber<br>was können sie mir davon schon sagen?* |

25 Kurt Binneberg, *Lektürehilfen Liebeslyrik. Epochen- und gattungsspezifische Aspekte*, S. 9.

| | |
|---|---|
| *Swaz si sagen, ich bin dir holt,<br>und nim dîn glesîn vingerlîn für einer<br>küneginne golt.* | *Was immer sie sagen mögen – ich hab<br>dich lieb, und dein Ring mit dem Glasstein<br>ist mir mehr als der Goldring der Königin.* |
| *Hâst dû triuwe und staetekeit,<br>sô bin ich des ân angest gar<br>Daz mir iemer herzeleit<br>mit dînem willen widervar.* | *Wenn du Beständigkeit und Treue hast,<br>so hab ich keine Sorge davor,<br>daß meinem Herzen je ein Leid<br>von deinem Herzen widerfahre.* |
| *Hâst aber dû der zweier niht,<br>so müezesz dû mîn niemer werden.<br>owê danne, ob daz geschiht!* | *Hast aber du sie nicht,<br>dann könntest du mir nie gehören.<br>Ach, wenn es je so kommt!*[26] |

## Form

Versuchen wir eine Interpretation nach dem vorgestellten Muster. Was fällt formal als Erstes an dem Gedicht auf? - Dass wir es eigentlich nicht verstehen, zumindest nicht im Mittelhochdeutsch des Originals. Folglich lassen sich für den durchschnittlichen Leser des 21. Jahrhunderts *formale Kriterien* wie das *Versmaß* oder die Zahl der *Hebungen* nicht aus dem eigenen Sprachempfinden heraus bestimmen. Auch Wortspiele oder andere kreative Sprachvariationen werden mit großer Sicherheit nicht mehr erkannt. Damit wir überhaupt etwas mit dem Gedicht anfangen können, benötigen wir die neuhochdeutsche *Übersetzung*.

Wie Sie oben sehen können, geht dabei - so viel kann man auch als Laie erkennen - z.B. der Endreim des Originals verloren (zweimal Kreuzreim und ein abschließender Paarreim nach dem Muster ababcc). Sie müssen sich außerdem auch vergegenwärtigen, dass Minnesang nicht bloß vorgetragen, sondern zur Musik *gesungen* wurde. Ohne die dazugehörige Melodie fehlt natürlich ein wesentliches Element.

Erkennbar auch für den heutigen Leser bleibt zumindest die Strophenform: Walther von der Vogelweide (um 1168 - ca. 1230) hat das Gedicht vom „Herzelieben frouwelîn" in der populären Form der *Kanzonenstrophe* verfasst. Typisch ist der dreiteilige Aufbau: zwei gleichgebaute Versgruppen (auch „Stollen" genannt), die durch *Kreuzreim* verbunden sind, bilden den *Aufgesang*. Der dritte Teil, der *Abgesang*, fällt etwas kürzer aus und verwendet einen anderen Endreim:

---

[26] Kurt Binneberg, *Lektürehilfen Liebeslyrik. Epochen- und gattungsspezifische Aspekte*, S. 141-143. Auf Grund der besseren Übersichtlichkeit wurden das mittelhochdeutsche Original und die neudeutsche Übersetzung, abweichend von Binneberg, nebeneinander gestellt.

| | | |
|---|---|---|
| *Herzeliebes frouwelîn,* | | |
| *got gebe dir hiute und iemer guot!* | *1. Stollen* | |
| *Kund ich baz gedenken dîn,* | | |
| *des hete ich willeclîchen muot.* | *2. Stollen* | *Aufgesang* |
| *Was mac ich dir sagen mê* | | |
| *wan daz dir nieman holder ist? owê, dâ von ist mir vil wê.* | | *Abgesang* |

Der größte, leicht hörbare Unterschied innerhalb der Kanzonenstrophe lag darin, dass der Aufgesang von einer anderen Melodie begleitet wurde als der Abgesang.

### *Verhältnis von Form und Inhalt*

So viel zum Wie? Beschäftigen wir uns jetzt näher mit dem Was? und Warum? Dieses Gedicht von Walther von der Vogelweides ist ein Beispiel für die *niedere Minne*. Im Gegensatz zur *hohen Minne*, die sich nur an die adelige Frau von Hofe wendete, ist das Objekt der Zuneigung hier ein *einfaches Mädchen* („niedrig Geborne“, Z. 9):

> *Infolge dieser Verschiebung wird nicht nur die soziale Ranghöhe eingeebnet, sondern zugleich die abstrakte Idealisierung der Frau aufgehoben. Das Verhältnis zwischen den Liebenden bekommt einen natürlich-realistischen Zug, den die 'hohe Minne' (...) nicht kennt.*[27]

Die Kanzonenstrophen 1 und 5 stehen in einem engen Bezug zueinander, da sie sich beide direkt mit der Zuneigung des lyrischen Ichs zur „geliebten Herrin“ beschäftigen.[28] Beide enden auch jeweils mit einem Klageruf („Ach das macht mir manchen Kummer“, Z. 7 - „Ach, wenn es je so kommt“, Z. 35).

Strophe 2 thematisiert die Problematik der hohen und niederen Minne. Das lyrische Ich führt hier stellvertreterhaft einen literaturtheoretischen Streit mit Walthers Kritikern, vermutlich anderen Minnesängern, die ausschließlich die höfischen Ideale der hohen Minne gelten lassen wollen. Die vierte Strophe greift den Kritikervorwurf aus Strophe 2 auf und beantwortet ihn verächtlich „Was können sie mir davon schon sagen“, Z. 25. Auch das Motiv von Reichtum und Schönheit wird erneut aufgegriffen. Damit ergibt sich von der *Struktur* des Gedichtes her so etwas wie das Gebilde eines konzentrischen „Kreises“.

Strophe 1 und 5 weisen Parallelen auf, ebenso Strophe 2 und 4. Den *Mittelpunkt* bildet offenbar die dritte Strophe. Sie unterscheidet sich von den anderen Stro-

---

27 Kurt Binneberg, *Lektürehilfen Liebeslyrik. Epochen- und gattungsspezifische Aspekte*, S. 140.

28 Im Weiteren folgt die Interpretation nun in wesentlichen Teilen Kurt Binneberg, *Lektürehilfen Liebeslyrik. Epochen- und gattungsspezifische Aspekte*, S. 143-146.

phen dadurch, dass das lyrische Ich hier auf die konkrete Ansprache anderer Gedichtfiguren verzichtet.

Strophe 3 reflektiert über das Verhältnis von Schönheit und Liebe oder über innere und äußere Schönheit. Für den (hohen) Minnesang ist dies eine ungewohnte Idee, denn dort ging eine prächtige äußere Erscheinung mit einer gleichfalls vorhandenen „inneren" Schönheit einher. Die zentrale Stellung der dritten Strophe macht diese Reflektion zum *Schlüsselthema* des Gedichts.

*Typisch* für die hohe und die niedere Minne bleibt aber das Element der *Klage*. Das lyrische Ich stellt sich die bange Frage: Wird sie mir auch treu sein? Das Bewusstsein um die Unzulänglichkeiten und Gefahren der Liebe zwischen zwei Menschen ist auch in diesem Gedicht der niederen Minne sehr präsent.

## 2. Lektüre *„Vergänglichkeit der Schönheit"* von Christian Hofmann von Hofmannswaldau

Auf die Bedeutung der Vergänglichkeit für die Barockliteratur wurde schon hingewiesen. Die starke Präsenz des *Todesgedankens* darf man, wie wir ja bereits gelernt haben, nicht als Ausdruck einer „völligen inneren Ausrichtung auf das Jenseits, einer aufrichtigen Askese und Verachtung des Diesseits"[29] verstehen, sondern dieses Bewusstsein war „aus dem Lebenshunger geboren; die Grauen des Krieges riefen die Vergänglichkeit des Irdischen ins Bewußtsein".[30] Das Barock wird gerne auch als *Epoche von Gegensätzen* bezeichnet, denn der Aufforderung zu *Lebensgenuss und Sinnesfreuden* stand eine stark *religiöse, sittenstrenge Ausrichtung* gegenüber.

Ein Beispiel für die „sinnenfreudige" Variante der Barocklyrik stellt das Gedicht „Vergänglichkeit der Schönheit" von Christian Hofmann von Hofmannswaldau (1617-1679) dar.

*Es wird der bleiche Tod mit seiner kalten Hand*
*Dir endlich mit der Zeit um deine Brüste streichen,*
*Der liebliche Korall der Lippen wird verbleichen,*
*Der Schultern warmer Schnee wird werden kalter Sand;*

*Der Augen süßer Blitz, die Kräfte deiner Hand,*
*Für welchen solches fällt, die werden zeitlich weichen.*

---

[29] Herbert A. u. Elisabeth Frenzel, *Daten deutscher Dichtung. Chronologischer Abriß der deutschen Literaturgeschichte*, Band 1, S. 118.

[30] Ebenda, S. 118.

*Das Haar, das itzund kann des Goldes Glanz erreichen,*
*Tilgt endlich Tag und Jahr als ein gemeines Band.*

*Der wohlgesetzte Fuß, die lieblichen Gebärden,*
*Die werden teils zu Staub, teils nichts und nichtig werden,*
*Denn opfert keiner mehr der Gottheit deiner Pracht.*

*Dies und noch mehr als dies muß endlich untergehen.*
*Dein Herze kann allein zu aller Zeit bestehen,*
*Dieweil es die Natur aus Diamant gemacht.*[31]

### *Form*

Das Barock legte großen Wert auf einen möglichst *kunstvollen Umgang* mit Worten und Bildern in der Lyrik. (Etwas weniger charmant formuliert: Das Barock wird auch gelegentlich als Epoche des „Schwulstes" bezeichnet). Eine sehr beliebte, weil besonders strenge, Gedichtform war das *Sonett*.

Auch Hofmannswaldaus „Vergänglichkeit der Schönheit" ist ein Sonett - ein Vierzehnzeiler, der sich aus zwei vierzeiligen (Quartette) und zwei dreizeiligen (Terzette) Strophen zusammensetzt. Die Quartette müssen dabei einen umarmenden (End-)Reim verwenden (abba), in den Terzetten kann der Reim variieren. Ein Sonett, wie dieses, nach dem Reimschema abba-abba-ccd-ccd wird auch *Ronsard-Sonett* genannt. Das *Metrum* setzt sich aus 6-hebigen Jamben zusammen. In diesem Fall handelt es sich bei den Versen um so genannte *Alexandriner*, 12-silbige Verse mit männlicher oder 13-silbige Verse mit weiblicher Kadenz, die nach der sechsten Silbe eine feste Zäsur enthalten.

*Es wírd der bléiche Tód / mit séiner kálten Hánd*
*Dir éndlich mít der Zéit / um déine Brǘste stréichen,*
*Der líeblichе Korálll / der Líppen wírd verbléichen,*
*Der Schúltern wármer Schnée / wird wérden kálter Sánd; (...)*

### *Verhältnis von Form und Inhalt*

Der Alexandriner eignet sich durch die feste Zäsur für einen *antithetischen* oder *parallelistischen Versaufbau*. Die beiden Vershälften bilden dann jeweils so etwas wie *Sinneinheiten*. Damit spiegelt sich der Gegensatz von Leben und Tod auch in der Versform wider, und die Versform unterstützt das Thema von der „Vergänglichkeit der Schönheit".

---

[31] Zitiert nach Annemarie u. Wolfgang van Rinsum, *Interpretationen Lyrik*, S. 98.

8

Das Thema des Gedichtes lässt sich relativ leicht erkennen. Ein lyrisches Ich wendet sich in Hofmannwaldaus Sonett in einer Ansprache an eine junge Frau und macht dieser die Vergänglichkeit ihrer Schönheit bewusst. Wenn Sie nun nicht schon wüssten, dass es sich hier um eine Gedicht aus dem Barock handelt, dann könnten Sie das auch an den typisch kunstvollen Metaphern wie z.B. „der liebliche Korall der Lippen“ (Z. 3) oder „Der Schultern warmer Schnee“ (Z. 4) erkennen.

In den beiden Quartetten und dem ersten Terzett kündigt Hofmannswaldau der jungen Frau den unabwendbaren Verfall ihrer körperlichen Schönheit an. Welchen *Zweck* verfolgt das lyrische Ich damit?, fragt man sich. Die Antwort ist simpel - dieses Gedicht ist eine *Werbung*:

> *Nur darum soll sich die Schöne der Hinfälligkeit ihrer Reize vergewissern, um daraus die Lehre zu ziehen, daß ihr nichts als der Genuß der Jugend bleibt. Laß statt des Knochenmanns, so lautet die sinnreich verkleidete Botschaft, lieber mich um deine Brüste streichen.*[32]

Heutzutage würde man mit einer solchen Argumentation jedoch sehr wahrscheinlich auf verlorenen Freiersfüßen stehen.

Das *stärkste Argument* für seine Werbung bewahrt sich der poetische Freier bis zum letzten Terzett auf: deine Schönheit wird verblühen, alles wird zu Staub und nur dein Herz aus Diamant bleibt übrig:

> *Zunächst ist der Vergleich von Herz und Diamant schmeichelhaft: der wertvollste Edelstein verbunden mit dem Sitz von Gefühl und Zuneigung. Aber der Diamant ist nicht nur der kostbarste, sondern auch der härteste aller Steine. Alles löst sich auf, Fleisch und Gebein, nur das harte Herz überdauert Leben und Tod, Werbung und Begehren.*[33]

Beim ersten Lesen des Gedichts enttäuscht das Schluss-Terzett zunächst. Die „Lösung“ für das „Problem“ erscheint doch sehr schwach: Was soll's, Hauptsache das Herz ist rein. Doch wenn man die Konnotationen von „Diamant“ aufschlüsselt, kommt man als Leser langsam ins Schmunzeln. Der letzte Vers klingt nur vordergründig schmeichelhaft, in Wahrheit ist er voll bitterböser Ironie.

---

[32] Annemarie u. Wolfgang van Rinsum, *Interpretationen Lyrik*, S. 100.

[33] Ebenda, S. 101.

## 3. Lektüre *„Der Schiffer“* von Joseph Freiherr von Eichendorff

Eichendorff (1788-1857) war einer der bedeutendsten Autoren der deutschen Romantik. Den meisten dürfte er durch „Des Knaben Wunderhorn“ (1806) bekannt sein, der ersten umfassenden *Sammlung* deutscher lyrischer Volksdichtung, die er zusammen mit Achim von Arnim herausgab.

**Der Schiffer (1808)**

*Du schönste Wunderblume süßer Frauen!*
*Ein Meer bist du, wo Flut und Himmel laden,*
*Fröhlich zu binden von des Grüns Gestaden*
*Der Wünsche blühnde Segel voll Vertrauen.*

*So schiffend nun auf stillerblühten Auen,*
*In Lockennacht, wo Blicke zaubrisch laden,*
*Des Munds Koralln in weißem Glanze baden,*
*Wen füllt' mit süßem Schauer nicht solch Schauen!*

*Viel hab ich von Sirenen sagen hören,*
*Stimmen, die aus dem Abgrund lockend schallen*
*Und Schiff und Schiffer ziehn zum kühlen Tode.*

*Ich muß dem Zauber ewge Treue schwören,*
*Und Ruder, Segel laß ich gerne fallen,*
*Denn schönres Leben blüht aus solchem Tode.*[34]



Die **Form** des Gedichtes dürfte Ihnen inzwischen bekannt vorkommen - zwei Quartette und zwei Terzette, das ist typisch für das *Sonett.* Im Gegensatz zum Barock orientierte sich das Sonett in der Romantik am italienischen und nicht mehr am französischen Vorbild. Statt des Alexandriners findet sich nun ein fünfhebiger jambischer Vers mit weiblicher Kadenz, der auch als *Endecasillabo* (Elfsilbler) bezeichnet wird. Das Reimschema ist abba-abba-cde-cde.

**Inhaltlich** beschreiben die beiden Quartette offenbar die zwiespältigen und nicht ganz sorgenfreien *Liebeserfahrungen eines lyrischen Ichs* im Umgang mit einer rätselhaften Frau.[35] Im ersten Terzett reflektiert das Ich über diese Erfahrungen und im zweiten zieht es seine Schlussfolgerungen aus dem bisher Geschilderten:

---

[34] Zitiert nach Kurt Binneberg, *Lektürehilfen Liebeslyrik. Epochen- und gattungsspezifische Aspekte,* S. 82.

[35] Die Interpretation folgt im Wesentlichen Kurt Binneberg, *Lektürehilfen Liebeslyrik. Epochen- und gattungsspezifische Aspekte,* S. 82-88.

> *Der Gesamtverlauf, der sich im Bild der Schiffsreise zwischen Ausfahrt und Untergang vollzieht, erfährt eine Steigerung, die bis zur Schlußzeile anhält.*[36]

Eichendorff beschreibt in den beiden Quartetten die verführerischen Attribute und Qualitäten dieser nicht näher bestimmten Frau. Die Art der Beschreibung weist der Angebeteten allerdings *übernatürliche Züge* zu. Sie ist eine „Wunderblume“ (Z. 2) und ihre Blicke werden als „zaubrisch“ (Z. 7) beschrieben.

Ein bildlicher Ausdruck in dem Gedicht dürfte Ihnen aus dem Sonett Hofmannswaldaus bekannt vorkommen: „Des Munds Koralln“ (Z. 8) - Eine barocke *Metapher* für die sinnlichen Lippen einer Frau. Dieser Verweis auf das Barock und dessen erotische Liebeslyrik vertieft den Eindruck, dass sich das lyrische Ich im Bann einer starken *sexuellen Anziehungskraft* gefangen sieht.

Diese Anziehungskraft gewinnt endgültig *dämonische Qualitäten* durch den Vergleich mit den „Sirenen“ (Z. 10) aus Homers *Odyssee* - Wasserwesen, deren betörendender Zaubergesang Odysseus' Mannen in den Tod lockte. Gleiches widerfährt dem lyrischen Ich in Eichendorffs Sonett. Es erliegt im Schluss-Terzett dem unheilvollen Sirenengesang: „Ich muß dem Zauber ewge Treue schwören“. Nachdem Eichendorff fast das gesamte Sonett über vor der dämonischen Anziehungskraft der lyrisch angesprochenen Frau gewarnt hat, klingt der Schlussvers beim ersten Lesen überraschend versöhnlich: „Denn schönres Leben blüht aus solchem Tode“:

> *Der Text scheint nun auch den Leser zum Irrglauben an die Macht des Eros verführen zu wollen. Doch aus der Kenntnis von Novalis' und Eichendorffs Liebeslyrik wissen wir, daß die romantische Einheit von Liebe und Tod nur dann positiven Sinn erhält, wenn der Tod zur Gemeinschaft der gläubigen Seelen mit Christus führt. (...) Der symbolische Ort dieses schöneren Lebens ist für den Romantiker der Himmel als die wahre Heimat der Seele, niemals aber der 'Abgrund'.*
>
> *Mit diesem Schlüsselbegriff spricht Eichendorff das Urteil über die Liebes- und Lebensreise des Schiffers. Zahllose Textstellen in seinem Werk belegen die negative Bedeutung von 'Abgrund' (...) als Ort der unerlösten Verlorenheit. Nur das verführte und völlig verblendete lyrische Ich kann der Illusion anheimfallen, hier ein 'schöneres Leben' zu gewinnen.*[37]

Dieses Gedicht ist ohne eine gewisse Kenntnis über die Grundzüge der literarischen Epoche, der Romantik, und über die Lebensgeschichte von Eichendorff nicht ganz einfach zu interpretieren. Allgemein verbindet man mit der Romantik ja meist zuerst die Vorstellung des „Wunderbaren“ und interpretiert die Roman-

---

[36] Kurt Binneberg, *Lektürehilfen Liebeslyrik. Epochen- und gattungsspezifische Aspekte*, S. 82.

[37] Ebenda, S. 85-86.

tik (gerechtfertigerweise) als Gegenentwurf zur Rationalität der Aufklärung - eine Bewegung, die das Unbewusste, den Traum, das Irrationale und das universell poetisierte Leben propagierte.

Nicht so präsent ist dagegen ein anderer Wesenszug der Romantik - ihre starke *religiöse Prägung*:

> *Für die Romantiker sind Wissen und Glauben, Philosophie und Religion nicht voneinander getrennt. Für die Frühromantik war Religion Nährboden aller wahren Kunst (...) Religion sei das Gefühl des Zusammenhangs des einzelnen mit dem Ewigen und Unendlichen, eine Forderung des Gemütes, Sinn für das Übersinnliche, das Unendliche, 'Anschauung des Universums'.*[38]

Wenn man zudem noch weiß, dass Romantiker wie Friedrich Schlegel, Zacharias Werner, Brentano, Novalis und eben auch Eichendorff einen starken Bezug zum Katholizismus hatten, dann kann man den letzten Vers des Sonetts kaum für „bare Münze" nehmen. Ein Loblied auf die sinnliche Liebe und der Katholizismus passen nicht zusammen.

## 4. Lektüre *„Der Himmel schuppt sich"* von Sarah Kirsch



Die Schriftstellerin und Lyrikerin Sarah Kirsch (geb. 1935) verließ als Reaktion auf die Ausbürgerung Wolf Biermanns 1977 die DDR und siedelte in die Bundesrepublik um. Heute lebt sie zurückgezogen in Schleswig-Holstein. Für ihr umfangreiches lyrisches Werk mit Gedichtbänden wie *Katzenleben, Zaubersprüche, Allerlei-Rauh* oder *Bodenlos* erhielt die studierte Biologin unter anderem den Heinrich-Heine-, den Petrarca-, den Hölderlin- und 1996 schließlich auch den Georg-Büchner-Preis.[39]

**Der Himmel schuppt sich**

*Ach Schnee, sag ich, hier siehst du Eine vor dir*
*die kalte Füße hat und es satt, hilf Winter-Uhr*
*Gleichmacher, weißer Fliegentanz, kommst*
*auf Gerechte und Ungerechte Jahr für Jahr*

*Schnei ihn ein, Schnee, fall aus allen Wolken*
*bring Nacht, Mauern aus Eis, teil*
*deine Flocken ohn Unterlaß, roll ihn in Hochlandlawinen*
*Er hat was nicht schlägt als Herz in der Brust*

---

[38] Herbert A. u. Elisabeth Frenzel, *Daten deutscher Dichtung*, Band 1, S. 298.

[39] Mehr über den renommiertesten deutschen Literatur-Preis können Sie unter der Internetadresse www. deutscheakademie.de erfahren.

*Hat schöne gläserne Augen, mit denen sieht er nicht*
*Hat zwei Ohren, mit denen hört er nicht*
*Hat einen Mund den kenn ich nicht*

*Du Schnee, sag ich, weiße Federtiere, Reimwort auf Weh*
*du bist Lava, kochender Stahl verglichen mit ihm*
*Tau ihn auf. Er magert mich ab.*[40]

## *Form*

Das Gedicht stammt ursprünglich aus dem Band *Landaufenthalt* (1977). Seit Eichendorffs „Schiffer" sind rund 170 Jahre vergangen und dennoch sehen wir schon wieder ein *Sonett* vor uns. Allerdings nicht mehr in der strengen Formelhaftigkeit früherer literarischer Epochen. Die beiden *Quartette* und *Terzette* lassen sich noch unterscheiden, aber *Reimfolge* und *Versmaß* folgen keinem festen Schema mehr.

## *Verhältnis von Form und Inhalt*

Die Wahl dieser „antiquierten" Gedichtform hat natürlich Gründe, denn das Sonett

> *ist von seinem Ursprung her vor allem Liebesdichtung, oft direkt an die geliebte Person gerichtet, aus Schwermut, Verwirrung, Bitterkeit nach Befreiung, Lösung, Trost strebend.*[41]

Eine direkte Ansprache des geliebten Gegenübers wie bei Eichendorff und Hofmannswaldau findet bei Kirsch aber nicht mehr statt. Das persönliche „Du" ist dem dem eher unpersönlichen „ihn" gewichen. Das Gedicht strahlt insgesamt eine *verzweifelte Distanz* zwischen den Gedichtpersonen aus. Es ist ein trauriges Liebesgedicht.

Schon der *Titel* „Der Himmel schuppt sich", eine *Metapher* für den Vorgang des Schneiens, trägt „Assoziationen von Verfall und Trauer"[42]. Im ersten Quartett reduziert die Sprecherin ihre Person auf „Eine" nur, „die kalte Füße hat." (Z. 2f.) Sie sagt nicht „Ich habe kalte Füße", sondern sie macht sich ganz klein und minderwertig, sie fühlt sich als „eine nur". Dabei wäre man für den Partner sicher lie-

---

[40] Zitiert nach Birgit H. Lermen u. Matthias Loewen, *Lyrik aus der DDR. Exemplarische Analysen*, Paderborn u.a.: Ferdinand Schöningh, 1987, S. 329. Die Interpretation des Gedichtes folgt im Weiteren dem Text von Lermen u. Loewen.

[41] Ebenda, S. 330.

[42] Ebenda, S. 331.

ber „die Eine", die „Eine und die Einzige". Hier spürt man schon an einer Formulierung die große Bitternis, die das Gedicht im weiteren Verlauf wesentlich bestimmt. Dazu passt auch der Hilferuf an den Winter, den Gleichmacher: „hilf Winter-Uhr". Die Metapher dürfte in Analogie zu „Sonnenuhr" zu interpretieren sein. Und beim Thema „Sonnenuhr" fällt vermutlich den meisten früher oder später der bekannte Sinnspruch von den „heiteren Stunden" ein, die die Sonnenuhr „zählen" soll. In Kirschs Gedicht spielt die Metapher der „Winter-Uhr" auf diese gängigen Glücksassoziationen in Verbindung mit der Sonnenuhr an. Mit der „Winter-Uhr" funktioniert das aber nicht, denn mit dem Winter assoziiert man Kälte, Lieblosigkeit oder Dunkelheit. Da gibt es keine „heiteren Stunden" zu zählen und natürlich weiß das auch das lyrische Ich. Doch ein Quentchen Hoffnung schwingt in dem Hilferuf noch mit.

Im zweiten Quartett schlägt die *Resignation* dann allerdings in *Aggressivität* um: „Schnei ihn ein, Schnee, fall aus allen Wolken ..." (Z. 6). Hier taucht in der unpersönlichen 3. Person maskulin Akkusativ des Personalpronomens der *Adressat* des Sonettes auf: „ihn". Jetzt kann man als Leser sicher sein, dass in dem Gedicht also eine Frau („Eine") zu bzw. über einen Mann („ihn") spricht, der ihre Liebe enttäuscht hat oder immer noch enttäuscht, denn er besitzt „was nicht schlägt als Herz in seiner Brust" (Z. 9).

Nach dem zweiten Quartett erfolgt erneut ein *abrupter Stimmungswechsel*. Was mit dem nichtschlagenden Herzen begonnen wurde, führt Kirsch hier mit den „gläsernen Augen", den „Ohren" mit denen er nicht „hört" und dem „Mund", den das lyrische Ich nicht mehr „kennt" (Z. 10ff.) fort – *die Charakterisierung eines „lieblosen" Gegenübers*:

8

> *Die Vorwürfe gewinnen ihre Bitterkeit offenbar aus der leidvollen Erfahrung einer Liebenden, die sich eingestehen muß, daß sie den Geliebten trotz aller Nähe des Miteinanders niemals wirklich erreicht hat (...).*[43]

Im Schlussterzett wird aus Zorn wieder Resignation. Die Gefühlskälte des Gegenübers ist so groß, dass der eisige Schnee im Vergleich dazu wie „Lava" oder „kochender Stahl" (Z. 14) erscheint:

> *Der Zorn hat sich Luft gemacht, nun tritt Beruhigung ein, mit ihr kehrt aber auch die Situation des Anfangs zurück. Es hat sich kaum etwas geändert, ein Trost ist nicht erreicht, eine Befreiung nicht gelungen. Das „Tau ihn auf" hält zwar alles offen. Aber ist es mehr als eine verzweifelte Bitte? Die Liebe ist geblieben, mit ihr aber – vorerst – auch das verzehrende Verlangen: 'Er magert mich ab'.*[44]

---

43 Birgit H. Lermen u. Matthias Loewen, *Lyrik aus der DDR. Exemplarische Analysen*, S. 333f.

44 Ebenda, S. 334.

## Weiterführende Literatur

Dieter Burdorf, *Einführung in die Gedichtanalyse*, Stuttgart: Metzler, 1995.
*Burdorf gibt in sechs Kapiteln eine ausführlichen Überblick über formale und inhaltliche Strukturen von Lyrik. Er erklärt Metrik, Rhythmus und Syntax ebenso wie Wort- und Bildgebrauch. Interessant auch das letzte Kapitel, das sich mit Fragen der Textedition von Gedichten befasst.*

Horst Jürgen Frank, *Wie interpretiere ich ein Gedicht?*, Tübingen/Basel: Francke, 1993.
*Burdorf bietet einen Überblick über allgemeine Merkmale von Lyrik, der „Frank" dagegen stellt mehr ein Arbeitsbuch dar. In 12 Kapiteln oder besser „Arbeitsschritten" bietet der Autor Analysekriterien für eine Gedichtinterpretation an. Die Überschriften der Unterkapitel sind hilfreich als Fragen oder Aufforderungssätze formuliert: „Wer wird in dem Gedicht angesprochen", „Wie schließen die Verse?" oder auch „Achten Sie auf den Gebrauch der Artikel".*

*Gedichte und Interpretationen,* hrsg. von Walter Hinck, 7 Bände (1982-84), Stuttgart: Reclam Verlag, 1997).
*Eine Reihe der bekannten gelben Reclam-Hefte, allerdings von der „dickeren" Sorte. In dieser Reihe finden sich Hunderte von Gedichten und die dazugehörigen Interpretationen von „Renaissance und Barock" (Band 1) bis zur „Gegenwart II"(Band 7). Die einzelnen Bände mit wechselnden Herausgebern sind jeweils ca. 400 Seiten stark.*

*Der Poesiegenerator* von Günter Gehl im Internet unter http://www.in-chemnitz.de/guenter.gehl/posteu.html.
*Die „Poetron 4.1." genannte Software dichtet auf Befehl. Man kann bis zu vier Worte vorgeben und innerhalb weniger Sekunden erstellt der virtuelle Poet ein kurzes Gedicht. Aus der Vorgabe „Telekolleg Deutsch", „dichten", Lyrik" und „klar" zauberte der Poetron 4.1 z.B. diesen faszinierenden Achtzeiler:*

*Lyrik in zeitloser Zahl*

*In zeitloser Zahl ist klar der Vater!*
*Welch faszinierendes Erbeben!*
*Telekolleg Deutsch*
*Und niemals traue dem Glueck!*
*In zeitloser Zahl!*
*Ja Lyrik, dichten und rasieren*
*Ist scharf,*
*So verzeihlich und klar!*

*Poetron 4.1*

# 9. Lyrik 2: Lyrik heute

Lernziele

- Einen Überblick über die deutschsprachige Lyrikentwicklung nach dem Zweiten Weltkrieg gewinnen
- Gedichte und Interpretationen der Gegenwartslyrik kennen lernen

*Wir haben fast alles verloren: Staat, Wirtschaft, die gesicherten Bedingungen unseres physischen Daseins, und schlimmer noch als das: die gültigen, uns alle verbindenden Normen, die moralische Würde, das einigende Selbstbewusstsein als Volk.*[1]

## 9.1 Überblick über die westdeutsche Lyrik nach 1949

Diese Sätze des Philosophen Karl Jaspers aus dem Vorwort der Zeitschrift *Die Wandlung* von 1945 formulieren das damals weit verbreitete Bewusstsein innerhalb der Bevölkerung, sich nach Kriegsende an einem *historischen Nullpunkt* zu befinden. Viele bedeutende deutsche Schriftsteller hatten Deutschland während der Nazi-Herrschaft verlassen und kehrten gar nicht (Bertold Brecht ging in die DDR) oder erst Jahre später (Thomas Mann) in die Bundesrepublik zurück.

9

Zudem hatte der Expressionismus vor 1933 an den bis dahin gültigen *literarischen Normen* gewaltig gerüttelt, so dass sich nach dem Kriegsende auch die Frage stellte: Wie geht es weiter mit der Literatur?

Gottfried Benn

Die 50er

Für die Lyrik setzte bis Ende der 50er Jahre im Wesentlichen Gottfried Benn (1886-1956)[2] die neuen Richtlinien. Benn zählte bereits vor dem Krieg zu den bekannten deutschen Schriftstellern, allerdings war er wegen „seines anfänglichen Eintretens für den NS-Staat"[3] nicht unumstritten.

---

[1] Karl Jaspers zitiert nach: *Geschichte der deutschen Literatur*, hrsg. von Joachim Bark/Dietrich Steinbach/Hildegard Wittenberg, Band 6: „Von 1945 bis zur Gegenwart", von Hans-Peter Franke/Ulrich Staehle/Gisela Ullrich/Dietmar Wenzelburger, Stuttgart: Klett, 1988, S. 18.

[2] Benns Vortrag „Probleme der Lyrik" von 1951 wirkte stilbildend.

[3] *Geschichte der deutschen Literatur*, Band 6, S. 54.

Nach Benns Vorstellungen („Ein Gedicht entsteht überhaupt sehr selten - ein Gedicht wird gemacht“[4]) präsentierte sich Lyrik als *reine Kunstform* und zog sich aus der *(realen) Wirklichkeit* zurück. Dichtung sollte nicht Wirklichkeit wiedergeben, sondern *eigene Wirklichkeiten* erschaffen. Denn die geschichtliche Realität gab höchstens Grund zur Sprachlosigkeit, nicht aber Stoff für die Lyrik:

> *Theodor W. Adorno prägt 1949 die vielzitierte Formel, daß es nach Auschwitz unmöglich ward, Gedichte zu schreiben. Er zieht diese radikale Konsequenz aus der Tatsache, dass sich auch die literarische Sprache direkt in den Dienst der Barbarei gestellt oder sich mit dem Aufbau einer reinen Gegenwelt begnügt hatte, deren Lügenhaftigkeit angesichts der geschichtlichen Ereignisse offensichtlich war.*[5]

*Paul Celan*

Vertreter der *hermetischen* („verschlossenen“) *Lyrik* wie Paul Celan und Nelly Sachs setzten dieses Bewusstsein - verbunden mit der Erkenntnis von der Verbrauchtheit lyrischer Bilder und Konventionen - in eine undurchdringliche, verschlossene Gedichtwelt um, die sich dem „normalen“ Leser kaum mehr erschloss.

*Nelly Sachs*

Der Lyriker Jürgen Theobaldy kritisierte gut 20 Jahre später aus der Perspektive der *Alltagslyriker* der 70er Jahre diese *„Weltferne“*:

> *Das hermetische Gedicht der Nachkriegsjahre (...) war an niemanden mehr gerichtet. Mit Gottfried Benn verstanden sich die Lyriker als einsame, gesellschaftlich uninteressante Existenzen, die ihre Gedichte einem imaginären Bereich von Kunst überantworteten, der in Wahrheit doch gesellschaftlich produziert war und ist. Die Betonung der Form bei dem gleichzeitigen Versuch, Inhalte als außerkünstlerisch zu tilgen, ja zu denunzieren, hatte ein fortschrittliches Moment. Es bedeutete das endgültige Ende einer lyrischen Tradition, die sich über die Zeit des Nationalsozialismus hinweg als Bewahrer christlich-abendländischen Geistesgutes begriffen hatte und in der unmittelbaren Nachkriegszeit als Trostspender sofort wieder präsent gewesen war.*[6]

---

[4] Herbert A. u. Elisabeth Frenzel, *Daten deutscher Dichtung. Chronologischer Abriß der deutschen Literaturgeschichte*, Band 2: „Vom Realismus bis zur Gegenwart“, München: dtv, 1999, S. 648.

[5] *Geschichte der deutschen Literatur*, Band 6, S. 58.

[6] Ebenda, S. 173.

Günter Grass

Die 60er

In den 50er Jahren betrat auch die Generation der nach 1920 geborenen Schriftsteller wie Peter Rühmkorf oder Günter Grass die literarische Bühne, deren *„realistisches" Lyrikverständnis* dann die 60er Jahre prägen sollte:

> *In den Gedichten der Grass, Enzensberger und Rühmkorf zeigte sich die Wiederentdeckung der Wirklichkeit schon an dem ganz 'unlyrischen' Vokabular; plötzlich gab es im Gedicht Worte wie Miete, Rente, Kinnhaken, Gasometer, Kaffeewärmer, Malzbonbon (Grass), Fahrpläne, Todesstrafe, Abschußrampe, Sozialpartner, Armeebischöfe, Amortisation, Maschinenpistole (Enzensberger), Klassenfeind, Musicbox, Teenager, Müllabfuhr, Morgen-Ei, kernwaffenfrei Zone, Perlonstrümpfe (Rühmkorf).*[7]

Zu dieser neuen Riege gehörte auch Hans Magnus Enzensberger, der wesentlich dazu beitrug, dass sich die Lyrik von der reinen Sprachdichtung weg- und wieder der *Wirklichkeit* zuwandte.

In den 60er Jahren bestimmte schließlich auch die Brecht-Rezeption allmählich die westdeutsche Lyrik und führte zu einer wachsenden *systemkritischen Politisierung* der Gedichte. Lyriker wie der in London lebende Erich Fried reagierten auf die politische Wirklichkeit von Vietnam-Krieg und großer Koalition mit gleichfalls deutlich politisch ausgerichteten Gedichten („und Vietnam und", 1966).

Ebenfalls in den 60er Jahren machte vor allem Eugen Gomringer die *„Konkrete Poesie"* populär, ein Versuch,

> *(...) mit dem konkreten Material der Sprache (Wörter, Silben, Buchstaben) unmittelbar – und losgelöst von syntakt. Zusammenhängen und oft auch auf das Wort als Bedeutungsträger verzichtend – eine Aussage zu gestalten.*[8]

Zu den bekanntesten Vertretern gehörte neben Gomringer („33 Konstellationen", 1960, „Das Stundenbuch", 1965) Ernst Jandl mit seinen Sprechgedichten („laut und luise", 1966, „Sprechblasen", 1968).



---

[7] Peter Hamm „Die Wiederentdeckung der Wirklichkeit" (1966), in: Klaus Schuhmann, *Lyrik des 20. Jahrhunderts. Materialien zu einer Poetik*, Reinbek bei Hamburg: Rowohlt, 1995, S. 313.

[8] *Deutsche Literaturgeschichte. Von den Anfängen bis zur Gegenwart*, S. 249.

Die 70er

Die Lyrik der 70er Jahre wird zumeist unter den Schlagworten von *„Alltagslyrik“* und *„Neuer Subjektivität“* zusammengefasst:

> *Ganz allgemein gesagt, überwiegt in der Lyrik der siebziger Jahre die Wahrnehmung und Mitteilung von konkreten Erfahrungen der Lebenspraxis im Kontext von politischen Gegebenheiten und Veränderungen.*[9]

Autoren wie Rolf Dieter Brinkmann („Westwärts 1 & 2“, 1975), F. C. Delius („Ein Bankier auf der Flucht“, 1976), Rainer Malkowski („Einladung ins Freie“, 1977) oder auch Wolf Wondratschek („Chuck's Zimmer“, 1975) veröffentlichten erfolgreiche Gedichtbände.

Die Gedichte der 70er gaben sich so *betont kunstlos*, dass manche Literaturwissenschaftler rückblickend von „einer allzu bescheidenen Alltagslyrik“[10] oder von einer „Ökolyrik der siebziger Jahre“, einem „Verschnitt aus Politik und Idyllik“ und einem „Ruf nach der Rettung der 'grünen' Natur vor der industrialisierten Fortschrittszivilisation“[11] sprechen.

Die 80er

In den 80er Jahren machte sich unter den Lyrikern der „Sinnlosigkeitsverdacht oder die Sinnentäuschung gegenüber der Geschichte“[12] breit, eine *zivilisationskritische Sichtweise*, die sich in den 90er Jahren fortsetzte:

> *Was die achtziger und die neunziger Jahre verbindet, ist – in Abgrenzung zum Vorgang der staatlichen Wiedervereinigung – der Verzicht auf künstlerische Einheits-Gebote, das Einverständnis mit einer Pluralität der Formen und Perspektiven.*[13]

Die 90er

Seit den 90er Jahren erhielten mit Wolf Biermann (1991), Peter Rühmkorf (1993), Durs Grünbein (1995), Sarah Kirsch (1996), H.C. Artmann (1997), Volker Braun (2000) und Friederike Mayröcker (2001) eine ganze Reihe von Lyrikern den renommierten *Georg-Büchner-Preis*. Ein deutliches Anzeichen dafür, dass Lyrik, trotz der Beliebtheit von Romanen, nach wie vor von großer Bedeutung ist.

Theo Elm sieht darin die Anzeichen für eine „neue Aktualität der Lyrik“, gefördert durch den „lustvollen Rationalitäts- und Sinnzweifel“[14] der Jahrtausendwen-

---

[9] *Geschichte der deutschen Literatur*, Band 6, S. 174.

[10] In der Einleitung zu *Gedichte und Interpretationen*, Band 7: „Gegenwart II“, hrsg. von Walter Hinck, Stuttgart: Reclam Verlag, 1997, S. 17.

[11] *Lyrik der neunziger Jahre*, hrsg. von Theo Elm, Stuttgart: Reclam Verlag, 2000, S. 28.

[12] Ebenda, S. 29.

[13] *Gedichte und Interpretationen*, Band 7, S. 18.

[14] *Lyrik der neunziger Jahre*, S. 15.

de, der sich offenbar eher in der nicht so leicht zugänglichen Gedichtform als in der klaren, logischen Struktur z.B. eines Romans ausdrücken lässt.

Nach Elm lässt sich in den 90er Jahren des 20. Jahrhunderts eine Zweiteilung der deutschen Lyrik-Szene erkennen, die man an den Personen von Ulla Hahn und Durs Grünbein festmachen kann. Ulla Hahn steht dabei für eine Fraktion der „*Erlebnisdichtung*", bei der es

> *vor allem um die bekannten 'Existentialien' und deren heutige Sinnfragen geht, um Leben und Liebe, um Kindheit und Alter, um Glück, Trauer und Tod, aber auch um die gegenwärtigen Zweifel an Natur und (Zeit-)Geschichte.*[15]

Zu dieser Gruppe von Lyrikern rechnet Elm u.a. Sarah Kirsch, Joachim Sartorius, Günter Herburger und Wulf Kirsten.

Für die zweite Gruppe der deutschen Gegenwartslyrik hat Elm den Begriff „Transit-Poesie"[16] geprägt. Dazu zählt er vornehmlich junge Lyriker wie Durs Grünbein (geb. 1962), Brigitte Oleschinski (geb. 1955), den Österreicher Raoul Schrott (geb. 1964), Ulrike Draesner (geb. 1962) oder Thomas Kling (geb. 1957). Sie alle bezweifeln die Fähigkeit des Menschen, mithilfe seiner Vernunft die heutige Welt noch sinnvoll ordnen und durchschauen zu können. Der Mensch des 21. Jahrhunderts wird von *Sinnesreizen* überflutet, die er nicht mehr strukturieren und begreifen kann und vielleicht auch gar nicht mehr begreifen will.

## 9.2 Überblick über die ostdeutsche Lyrik seit 1949

Aus dem Selbstverständnis der DDR heraus musste sich auch die Literatur in den *Dienst des Staates* stellen. Lyrik, Prosa und Drama sollten sich an den Vorgaben des sowjetischen „*Sozialistischen Realismus*" orientieren:

> *Der sozialistische Realismus ... fordert vom Künstler wahrheitsgetreue, historisch konkrete Darstellung der Wirklichkeit in ihrer revolutionären Entwicklung. Wahrheitstreue und historische Konkretheit der künstlerischen Darstellung muß mit den Aufgaben der ideologischen Umgestaltung und Erziehung der Werktätigen im Geiste des Sozialismus verbunden werden.*[17]

[15] *Lyrik der neunziger Jahre*, hrsg. von Theo Elm, Stuttgart: Reclam Verlag, 2000, S. 16.

[16] Ebenda, S. 19.

[17] Der stalinistische Kulturfunktionär Andrej Shdanow auf dem 1. Allunionskongreß der Sowjetschrifsteller 1934. Zitiert nach Birgit H. Lermen u. Matthias Loewen, *Lyrik aus der DDR. Exemplarische Analysen*, S. 43-44. Der II. Schriftstellerkongreß der DDR 1950 erkannte den sozialistischen Realismus als *verbindliche Grundlage* an.

Außerdem orientierte man sich am Kulturerbe Deutschlands. Gemeint war damit vor allem die Klassik (Lessing, Goethe, Schiller) und der Realismus. Die Klassik sah sich als richtungsweisend in Sachen *Wahrheit* und *Schönheit* an, der klassische Künstler propagierte *Selbstbestimmung* und *-vollendung*, verstand sich als *Humanist* und *Philosoph* und erhob sich über die Dogmen der Religion. Ein Selbstverständnis, das dem des Marxismus-Leninismus' und des Sozialismus' durchaus nahe kam (ganz abgesehen vom wichtigen PR-Effekt, Goethe im geteilten Deutschland auf der eigenen, der sozialistischen Seite zu vereinnahmen).

**Die 50er**

Die DDR-Lyrik der 50er Jahre half programmgemäß mit, den sozialistischen Staat aufzubauen. Der *Arbeiter- und Bauernstaat* wurde gelobt, die *Helden der Arbeit* verherrlicht und die *Völkerfreundschaft* thematisiert. Ende der 50er Jahre setzte eine Entwicklung weg von der allzu schematischen *Schönfärberei* hin zu einer *konkreteren Beschreibung* des sozialistischen Alltags ein.

**Die 60er**

Anfang der 60er Jahre kam es zu einer regelrechten *Lyrikwelle* in der DDR. Vor allem junge Leser begeisterten sich für eine neue Art von Gedichten, die nun auch *Spannungen* und *Widersprüche* in der sozialistischen Gesellschaft behandelten:

> *In der Lyrik sehen die jungen Autoren eine Möglichkeit, das Individuum von der permanenten Unterordnung unter gesellschaftliche Erfordernisse zu entlasten und seinem Wunsch, zu sich selbst zu kommen, zu entsprechen. Während die Prosa in der gleichen Zeit noch von den vorgegebenen Programmen und Gegenständen bestimmt ist, können die Lyriker in ihren Gedichten Fragen stellen und weniger eindeutig, weniger plakativ nach Antworten suchen.*[18]

**Die 70er**

Zu dieser neuen Lyrikergeneration gehörten u.a. Wolf Biermann, Volker Braun, Georg Maurer, Wulf Kirsten, Rainer Kirsch, Sarah Kirsch und Karl Mickel. Anfang der 70er Jahre setzte mit dem Ende der Ära Ulbricht unter Erich Honecker eine kurzzeitige *Liberalisierung der DDR-Literatur* ein.

In der Folgezeit beschäftigten sich die Schriftsteller auch *zunehmend kritisch* mit dem real existierenden Sozialismus und stellten sich die Frage, ob *kommunistische Idee* und *sozialistische Praxis* noch übereinstimmten.

---

[18] *Geschichte der deutschen Literatur*, Band 6, S. 213.

Mit der Ausbürgerung Wolf Biermanns 1976 beendete die Honecker-Regierung die Hoffnungen auf größere Freiheiten innerhalb des sozialistischen Kulturschaffens jedoch abrupt.

Sarah Kirsch

Biermann, der 1953 aus dem Westen in die DDR übergesiedelt war, wurde nach einer Konzertreise in die Bundesrepublik die Wiedereinreise verweigert und die DDR-Staatsbürgerschaft aberkannt.

Stefan Heym

In einem „Offenen Brief" protestierte eine Reihe bekannter DDR-Schriftsteller umgehend gegen Biermanns Ausbürgerung:

Erich Arendt, Jurek Becker, Volker Braun, Franz Fühmann, Stephan Hermlin, Stefan Heym, Karl-Heinz Jakobs, Sarah Kirsch, Günter Kunert, Heiner Müller, Rolf Schneider, Christa und Gerhard Wolf.

Die SED reagierte auf diese Solidaritätsaktion, der sich viele weitere Intellektuelle anschlossen, mit *Repressalien* wie Aufführungs- und Publikationseinschränkungen oder Ausschluss aus dem Schriftstellerverband.

Eine ganze Reihe namhafter Schriftsteller verließen daraufhin die DDR, darunter Jurek Becker, Sarah Kirsch und Günter Kunert.



Die 80er

Die Lyrik der 80er Jahre, des letzten Jahrzehnts der DDR-Geschichte, war gekennzeichnet von *Ungewissheit* und dem Bewusstsein um eine gewisse *Perspektivlosigkeit* des Sozialismus:

> *Rückblickend lässt sich für die Lyrik aus der DDR feststellen: Während die Autoren noch in den sechziger Jahren der Überzeugung waren, in einem 'besseren' Land zu leben, sind die Gedichte der siebziger Jahre schon fragender und zweifelnder. Zu Beginn der achtziger Jahre ist das 'Prinzip Hoffnung' ausgeträumt.*[19]

[19] Birgit H. Lermen u. Matthias Loewen, *Lyrik aus der DDR. Exemplarische Analysen*, S. 58.

# 9.3 Gedichte und Interpretationen

## 1. Lektüre *„Chausseen“* von Peter Huchel

Peter Huchel (1903-1981), der als Soldat am Zweiten Weltkrieg teilgenommen hatte, leitete von 1949 an die Redaktion der bekannten DDR-Literaturzeitschrift *Sinn und Form*, bis er 1962 zum Rücktritt gezwungen wurde. Das Politbüro warf ihm vor „keine Stellung für den sozialistisch-realistischen Weg unserer Literatur und Kunst“[20] bezogen zu haben. Huchel wurde mit Ausreise- und Besuchsverbot belegt und lebte bis 1971 weitgehend isoliert. Nachdem ihm 1971 die Ausreise gestattet wurde, übersiedelte er 1972 in die Bundesrepublik.

**Chausseen (1963)**

*Erwürgte Abendröte*
*Stürzender Zeit!*
*Chausseen. Chausseen.*
*Kreuzwege der Flucht.*
*Wagenspuren über den Acker,*
*Der mit den Augen*
*Erschlagener Pferde*
*Den brennenden Himmel sah.*

*Nächte mit Lungen voll Rauch,*
*Mit hartem Atem der Fliehenden,*
*Wenn Schüsse*
*Auf die Dämmerung schlugen.*
*Aus zerbrochenem Tor*
*Trat lautlos Asche und Wind,*
*Ein Feuer,*
*Das mürrisch das Dunkel kaute.*

*Tote,*
*Über die Gleise geschleudert,*
*Den erstickten Schrei*
*Wie einen Stein am Gaumen.*
*Ein schwarzes*
*Summendes Tuch aus Fliegen*
*Schloß ihre Wunden.*[21]

### *Form*

Das Gedicht besteht aus zwei Strophen zu je acht Zeilen und der Schlussstrophe mit sieben Zeilen. Es folgt keinem durchgängigen metrischen Muster und verzichtet auf Reim. Huchel will das grauenvolle Geschehen nicht durch kunstvollen Vers- und Strophenbau „beschönigen“, die freie Versstruktur wirkt viel unmittelbarer und eindrücklicher.

---

[20] Vgl. Birgit H. Lermen u. Matthias Loewen, *Lyrik aus der DDR. Exemplarische Analysen*, S. 128.

[21] Gedichtstext zitiert nach Annemarie u. Wolfgang van Rinsum, *Interpretationen Lyrik*, S. 249. „Chausseen“ stammt aus dem Gedichtband *Chausseen Chaussen. Gedichte*, der 1963 in Frankfurt am Main erschien.

### *Verhältnis von Form und Inhalt*

Das Gedicht beschreibt die grauenvollen Erlebnisse von Menschen, die vor dem Krieg fliehen. Der Titel „Chausseen", ein hauptsächlich im nordöstlichen Deutschland verwendeter Begriff für eine ausgebaute Landstraße, legt die Vermutung nahe, dass Huchel, selbst Soldat im Krieg, hier konkret Bezug auf die Flucht der Bevölkerung vor der heranrückenden Roten Armee 1945 nimmt.

Das Gedicht setzt mit einem Ausruf ein: „Erwürgte Abendröte stürzender Zeit" (Z. 2f.) - einem Bild des Weltuntergangs. Typisch für das „Nullpunktbewusstsein" nach dem Zweiten Weltkrieg. Allerdings liegt die Schuld für diese Katastrophe beim Menschen. Er hat die Natur, die „Abendröte", mit eigenen Händen „erwürgt". Die Fluchtwege der Bevölkerung werden zu „Kreuzwegen" (Z. 5), eine *biblische Assoziation* zum Leiden Christi, welche das schwerwiegende Elend der Fliehenden verdeutlichen soll. Die Personifizierung des Ackers, der „mit den Augen erschlagener Pferde" (Z. 7f.) sieht, erzeugt eine ähnliche Wirkung: Die Grauenhaftigkeit des Geschehens ist so groß, dass selbst die Natur davon durchdrungen wird.

Diese *personifizierte Bildhaftigkeit* setzt sich auch im zweiten Abschnitt mit den „Nächten", die „Lungen" (Z. 10) besitzen und der „Dämmerung", auf die „Schüsse schlugen" (Z. 12f.), fort. Selbst die ansonsten als gnadenlos und unerbittlich charakterisierte Naturgewalt Feuer fühlt die Sinnlosigkeit der Zerstörung und übt ihre zerstörerische Wirkung nur unwillig aus, es „kaut mürrisch" (Z. 17).

Im dritten Abschnitt des Gedichts sehen wir das *Resultat von Flucht, Zerstörung und Vertreibung*: „Tote" (Z. 18). Wie eine anklagende Überschrift steht dieses Wort herausgehoben allein in der ersten Verszeile. Diesem Tod haftet nichts Würdevolles oder Erlösendes an, dieses Sterben ist ein jämmerliches „Verrecken": Die Leichen der Flüchtlinge sind „über die Gleise geschleudert" (Z. 19), ihre Hilfeschreie hängen wie ein „Stein am Gaumen" (Z. 21) der weit aufgerissenen Münder. Selbst das Leichentuch, welches sonst den Toten mit einer gewissen Würde bedeckt, wird bei Huchel in brutaler Offenheit zum Fliegenschwarm, der sich in den Wunden der Leichen festgesetzt hat.

Wenn man einen Blick auf den *Satzbau* des Gedichtes wirft, fällt auf, dass Huchel seine Sätze unvollständig lässt. Die Substantive dominieren und sehr oft fehlt das Verb. Fachsprachlich würden Sie dazu vermutlich einen Begriff wie „elliptischen Nominalstil" finden. Genau wie der *Verzicht auf durchgängiges Metrum und Reim* bewirkt dies eine größere *Unmittelbarkeit* der Schilderung. Wer im MG-Hagel um sein Leben rennt, wird eher „Hilfe" rufen, als „Wäre bitte jemand so freundlich, mir mal kurz beizustehen?".

## 2. Lektüre *„bibliothek“* von Ernst Jandl

Der gebürtige Wiener Ernst Jandl (1925-2000) gehört zu den bekanntesten Vertretern der *Konkreten Poesie*. Typisch für sein Werk sind *Sprachverfremdung*, aber auch *Sprachwitz*. Jandl zerlegt oder vertauscht mit Vorliebe Worte und Silben, ordnet Wörter zu grafischen Objekten an oder lässt mit seinen Sprechgedichten wie „schtzngrmm“ die Laute selbst zu Wort kommen.

Jandl ist wohl einer der experimentierfreudigsten unter den deutschsprachigen Dichtern. Die meisten von uns zitieren vermutlich schon hin und wieder eines von Jandls Gedichten, ohne sich dessen unbedingt bewusst zu sein - „lichtung“ aus dem Band *laut und luise* von 1966, und zwar dessen Zeile 2 und 3:

***lichtung***

*manche meinen*
*lechts und rinks*
*kann man nicht velwechsern.*
*werch ein illtum!*

***bibliothek (1977)***

*die vielen Buchstaben*
*die nicht aus ihren wörtern können*

*die vielen wörter*
*die nicht aus ihren sätzen können*

*die vielen Sätze*
*die nicht aus ihren texten können*

*die vielen texte*
*die nicht aus ihren büchern können*

*die vielen bücher*
*mit dem vielen staub darauf*

*die gute putzfrau*
*mit dem staubwedel*[22]

---

[20] Gedichtstext zitiert nach *Gedichte und Interpretationen*, Band 6: „Gegenwart“, hrsg. von Walter Hinck, Stuttgart: Reclam Verlag, 1997, S. 188.

### *Form*

Das Gedicht stammt aus dem Band *die bearbeitung der mütze. gedichte* von 1978. Es wäre sehr untypisch für einen Sprachbefreier und „Wortloslasser" wie Ernst Jandl, wenn er seine Wörter in ein festes Metrum oder eine traditionelle Gedichtform (Ode, Sonett, etc.) pressen und seinen Zeilen einen Reim aufsetzen würde. Deshalb findet sich auch nichts dergleichen in „bibliothek". Dennoch ist das Gedicht kunstvoll gebaut. Die sechs zweizeiligen „Strophen" sind fast identisch parallel konstruiert. Die jeweils erste Zeile bildet über die Kombination von einleitendem Artikel „die", Adjektiv[23] und Substantiv (Subjekt) einen elliptischen Aussagesatz, der mithilfe des Nebensatzes in der zweiten Zeile näher erläutert wird. In den ersten vier „Strophen" ist die Parallelität so groß, dass sich die Zeilen nur durch ein einzelnes „neues" Wort unterscheiden, das so „neu" nun gar nicht ist. Denn jeweils die erste Zeile einer neuen „Strophe" greift das Objekt des vorangehenden Nebensatzes als Subjekt auf. Die elfte Zeile („mit dem vielen staub darauf") bringt eine überraschende Wendung innerhalb der bisherigen dynamischen Parallelkonstruktion, die sich bis zu diesem Punkt permanent gesteigert hat. Man hätte in der zwölften Zeile eigentlich eine Formulierung wie „die nicht aus ihren Regalen können" o.Ä. erwartet. Statt des gewohnten Nebensatzes folgt (jeweils in den zweiten Zeilen von „Strophe" fünf und sechs) nun eine Präpositionalkonstruktion („mit ...").

Typisch für Jandl ist die *durchgängige Kleinschreibung sowie der Verzicht auf Satzzeichen*.

### *Verhältnis von Form und Inhalt*

Die parallele Konstruktion ist natürlich nicht zufällig gewählt, sie setzt die Aussage optisch und grammatikalisch um. Denn die „bibliothek" wird hier als Gefängnis beschrieben und zwar nicht bloß als einfacher, sondern als Summen-Ort des Eingesperrtseins. Vergleichbar der Struktur einer russischen Babuschka-Puppe beinhaltet jedes Gefängnis schon ein anderes, kleineres Gefängnis: Die Buchstaben sind in den Wörtern gefangen, die Wörter in den Sätzen, die Sätze in den Texten und die Texte in den Büchern. Obendrauf liegt noch eine dicke Staubschicht, und fertig ist das Bild eines Mausoleums, das von einer „Putzfrau" zwar oberflächlich gepflegt wird, im Grunde aber ein Ort der Statik und der Leblosigkeit ist. Auf den ersten Blick wirkt das Gedicht also „witziger", als es in Wirklichkeit ist. Denn hinter der simpel und verspielt anmutenden Bauweise des Gedichts verbirgt sich eine nicht ganz unerhebliche *Sprach- und Kulturkritik*.

9

---

23 „Viel" gehört grammatikalisch wie „einzeln", „übrig" oder „verschieden" zu den unbestimmten oder indefiniten Zahladjektiven.

Jandl verweist mit der Wahl der „Bibliothek" exemplarisch auf einen Bereich,

> *in dem Gefängnis, Gefangen-, Befangen- und Verhaftetsein besonders schwerwiegend und lähmend sind: den der Literatur, der Künste, den Bereich des 'Geistes' (...).*[24]

Die Dynamik der ersten acht Zeilen ist eine Täuschung, denn letzten Endes passiert hier nicht wirklich etwas. Es wechseln sich lediglich die kleineren mit immer größeren Gefängnissen ab. Man hat das Gefühl, das Gedicht könnte immer und immer so weiter gehen im vertrauten Schema der ersten acht Zeilen. Und deshalb kann Jandl nach der zehnten Zeile („die vielen bücher") einen Bruch setzen - weil man als Leser mittlerweile diese sinnlose Systematik des „Eingesperrtseins" begriffen hat. Und gleichzeitig zeigt der Autor damit an, dass er nicht gewillt ist, dieses Spiel mitzuspielen. Die folgende elfte Zeile („mit dem vielen Staub darauf") erweitert Jandls Kritk zusätzlich um eine gewisse historische Dimension: Die Sprache, so lässt er uns wissen, ist schon lange in sich selbst und ihren Regeln gefangen. Und weder „putzfrau" noch „staubwedel" ändern etwas an dieser grundsätzlichen Erstarrung - deren Treiben ist lediglich Oberflächenkosmetik.

Jandl ist also offenbar der Meinung, die künstlerische Sprache sei verbraucht und erstarrt und bedürfe einer Generalüberholung. Die Forderung in „bibliothek" könnte man so umschreiben:

> *(...) die Buchstaben, Wörter, Sätze und Texte sind zu befreien und loszulassen aus der Diktatur der angeblich einzigen Möglichkeit, die das System Sprache uns suggeriert.*[25]

Eine Ausprägung dieser Sprachdiktatur ignoriert Jandl z.B. mit seiner generellen Kleinschreibung und dem Verzicht auf Satzzeichen.

Der gebürtige Wiener hat ja gerade durch seine Sprachexperimente immer wieder versucht, aufzuzeigen, dass sich mit dem Material „Sprache" mehr anfangen lässt, als im *Duden* steht:

> *Bibliotheken und das in ihnen dokumentierte System der Sprachen und Bedeutungen sind dazu da, geöffnet zu werden, um die Myriaden von unterdrückten anderen Möglichkeiten herauszulassen und freizusetzen. Dies zu tun ist Jandls poetische Praxis - und Theorie.*[26]

---

24 Klaus Jeziorkowski „Zu Ernst Jandls Gedicht *bibliothek*", in: *Gedichte und Interpretationen*, Band 6, S. 189. Im Weiteren folgt die Interpretation der Deutung Jeziorkowskis.

25 Ebenda, S. 192.

26 Ebenda, S. 192f.

## 3. Lektüre *„Ars poetica“* von Ulla Hahn

Ulla Hahn (geb. 1946) lebt in Hamburg und ist seit 1979 als Kulturredakteurin bei Radio Bremen tätig. Sie studierte Germanistik, Soziologie und Geschichte. Nach ihrer Promotion arbeitete sie als Universitätsdozentin und veröffentlichte 1981 ihren erfolgreichen Erstlings-Gedichtband *Herz über Kopf*. Weitere Gedichtbände sind u.a. *Spielende* (1983), *Epikurs Garten* (1995), *Galileo und zwei Frauen. Neue Gedichte* (1997).

***Ars poetica (1981)***

*Danke ich brauch keine neuen*
*Formen ich stehe auf*
*festen Versesfüßen und alten*
*Normen Reimen zu Hauf*

*zu Papier und zu euren*
*Ohren bring ich was klingen soll*
*klingt mir das Lied aus den*
*Poren rinnen die Zeilen voll*

*und über und drüber und drunter*
*und drauf und dran und wohlan*
*und das hat mit ihrem Singen*
*die Loreley getan.*[27]

### *Form*

Das Gedicht findet sich in Hahns Gedichtband *Herz über Kopf*. Auf den *ersten* Blick wirkt es mit seinen drei vierzeiligen Volksliedstrophen und dem abwechselndem Kreuzreim (abab) sehr traditionell. Beim genaueren Hinsehen beschleicht einen allerdings der Verdacht, dass die Autorin den Verweis auf die „alten Normen“ nicht so ganz ernst meint:

> *Nicht einmal auf 'festen Versesfüßen' steht es, obwohl das Gegenteil behauptet wird. Da geht es freirhythmisch 'drüber und drunter': Beginnen die Verse der ersten Strophe alle mit einer betonten, so die der letzten mit einer unbetonten Silbe. Der erste Vers der zweiten Strophe setzt mit zwei Senkungen ein, der zweite (wie auch der dritte und vierte) mit einer Hebung. Die Zahl der unbetonten Silben zwischen den betonten wechselt, die der betonten in einem Vers ebenfalls (zwischen zwei und vier).*[28]

---

[27] Zitiert nach *Gedichte und Interpretationen*, Band 7, S. 195.

[28] Thomas Anz, „Literatur als Spiel. Ulla Hahns postmoderne *Ars poetica*“, in: *Gedichte und Interpretationen*, Band 7, hrsg. von Walter Hinck, Stuttgart: Reclam Verlag, 1997, S. 197.

### *Verhältnis von Form und Inhalt*

Bei diesem Gedicht lässt schon gleich der Titel aufhorchen: „Ars poetica". Ganz offen spielt Ulla Hahn damit auf das bekannte gleichnamige *Regelwerk der antiken Poetik* von Horaz an. Die Autorin gibt uns damit schon einen kräftigen Wink mit dem interpretativen Zaunpfahl: Dies ist ein Gedicht übers Dichten! Nach Thomas Anz[29] hat Ulla Hahn mit diesen sechzehn Zeilen sogar eine *einflussreiche postmoderne Dichtungstheorie* für die 80er Jahre verfasst. Um das nachvollziehen zu können, muss man vielleicht einige Erklärungen vorwegschicken:

Ganz ureigentlich verbarg sich hinter der literarischen Postmoderne[30], die sich schon in den 60er Jahren in den USA entwickelte, die Vorstellung, dass es so etwas wie eine *einzige verbindliche Realität* für alle *nicht gäbe*. Und deshalb, so die Folgerung, war es auch unsinnig mit und über Literatur Erklärungs- und Verständnismuster für etwas zu ersinnen, was nicht existierte. Konsequent weiter gedacht bedeutete dies, dass es nun keinen Sinn mehr machte, „über" etwas zu schreiben. Das *Thema* oder die *Aussage* eines literarischen Werkes wurden *bedeutungslos*. Wichtig war stattdessen das *Schreiben über das Schreiben* - der Weg war gleichzeitig auch das Ziel. Man machte dem Leser klar, dass Schreiben etwas *Künstliches*, etwas *Erdachtes* war.

Die Postmoderne brach zudem mit einem lieb gewonnenen Klischee des Literaturbetriebs, nämlich dass alles, was neu ist, gleichzeitig auch kreativ und avantgardistisch sein müsse und dass es am besten gleich eine verbindliche neue Methode darstellen solle. Dieser Vorstellung setzte die Postmoderne ein großes „Ätsch" entgegen: Es ist schon lange alles gesagt und alles geschrieben.

In *Deutschland* setzte die Diskussion um die Postmoderne mit ordentlicher Verspätung erst in den 80er Jahren ein. Ulla Hahns „Ars poetica" war Teil dieser Diskussion. Ihr Gedicht verleiht gleich in den ersten zwei Zeilen der in den 80er Jahren verbreiteten (postmodernen) *Programmmüdigkeit* Ausdruck, die sich gegen einen *Methodenzwang* in der Literatur aussprach: „Danke ich brauch keine neuen Formen" (Z. 2f.). Die implizite logische Gegenfrage beantwortet Hahn gleich mit: „ich stehe auf festen Versesfüßen und alten Normen" (Z. 3ff.).

Wie sie oben unter der Rubrik „Form" schon sehen konnten, meint Hahn das aber nicht ernst. Sie will nicht wirklich zurück zur antiken Norm der Horazschen „Ars poetica". Sie macht sich stattdessen über den Formenzwang innerhalb des

---

29 Thomas Anz, „Literatur als Spiel. Ulla Hahns postmoderne *Ars poetica*", in: *Gedichte und Interpretationen*, Band 7, S. 195-203.

30 Näheres zur Theorie der Postmoderne kann man nachlesen in *Wege aus der Moderne. Schlüsseltexte der Postmoderne-Diskussion*, hrsg. von Wolfgang Welsch, Weinheim: VCH Verlagsgesellschaft, 1988. Die von Welsch gesammelten Texte - u.a von Umberto Eco, Jürgen Habermas oder Peter Sloterdijk - sind allerdings nicht besonders leicht verständlich.

des Literaturbetriebs lustig. Wie Sie das im Einzelnen macht, sollen Sie im Rahmen der anschließenden Aufgabe selbst herausfinden.

## Aufgabe

1. Sehen Sie sich das Gedicht von Ulla Hahn noch einmal genau an. Welche parodistischen Elemente erkennen Sie, abgesehen von dem schon erwähnten nicht durchgängigen Betonungsschema, noch?

## 4. Lektüre *„Zustandsbeschreibung. Zwischenbericht"* von Kurt Drawert

Kurt Drawert wurde 1956 in Henningsdorf/Brandenburg geboren, studierte Literatur in Leipzig und lebte dort bis zu seinem Umzug nach Bremen 1993 als freier Schriftsteller. Er erhielt u.a. den Ingeborg-Bachmann-Preis (1993) und den Uwe-Johnson-Preis (1994). Inzwischen wohnt Drawert in Darmstadt.

**Zustandsbeschreibung. Zwischenbericht (1996)**

*Im sächsischen L., einer Stadt
im Auswurf der Zeiten,
habe ich nichts mehr*

*verloren. Gewonnen habe ich
die Einsicht vom Ende
der Herkunft. Was bleibt,*

*ist der Name
für meine vermutete
Person,*

*wie er auf amtlichen
Kopfbögen steht,
und daß mein linker Fuß*

*auf Dauer krank
und verpfuscht ist.
Da hilft auch die Freiheit*

*als geordnetes Rauschen
im Heizkörper nichts,
nichts hilft*

*der letzte schöne Weg
aller Dinge von gestern
in die Entsorgung,*

*nichts hilft die Gnade,
die Orte der Hinfälligkeit
zu vergessen.*

*Politisch betrachtet
meine ich bildlich gesprochen
schon lange nichts mehr,*

*und so sage ich klar:
meine Jahre bis heute
sind eine Schleifspur*

*gebrochener Schritte
aus den oben beschriebenen Gründen
im anders grauen Sand.*[31]

[31] Gedichtstext zitiert nach *Gedichte und Interpretationen*, Band 7, S. 106–107.

## *Form*

Das 1993 verfasste Gedicht findet sich in dem 1996 erschienenen Band *Wo es war. Gedichte*. Es besteht aus elf Strophen zu je drei Zeilen. Dreizeiler kommen in der Lyrik eher selten vor, denn Reime erfordern eigentlich eine *paarweise Struktur*. Was bei diesem Gedicht aber nicht weiter problematisch ist, denn Drawert verzichtet auf Endreime. Die Strophen folgen keinem festen, durchgängig einheitlichen Versmaß. Auffallend sind jedoch die häufig vorkommenden Daktylen. Als Beispiel der erste Dreizeiler:

| | |
|---|---|
| Im / sächsischen / L., einer / Stadt | x / x́xx / x́xx / x́ |
| im / Auswurf der / Zeiten, | x / x́xx / x́x |
| habe ich / nichts mehr | x́xx / x́x |

Das Metrum ist also sehr sprunghaft angelegt. Zudem sind die Zeilen durch zahlreiche Enjambements miteinander verbunden. Damit entsteht bereits eine große *formale* Unruhe, die zum *Inhalt* des Gedichtes passt: die Orientierungslosigkeit des lyrischen Ichs.

## *Verhältnis von Form und Inhalt*

Drawert, was unschwer zu erkennen ist, gehört nicht zu den „Ostalgikern“. Für ihn brachte die Wende Enttäuschung, Hoffnungslosigkeit und ein Gefühl dauerhafter Entfremdung mit sich. Dies zeigt sich in allen 58 Gedichten von *Wo es war*. Die Auflösung der DDR stellte nicht nur einen Einschnitt in der deutschen Geschichte dar, sondern natürlich auch einen Einschnitt in den Biografien der Menschen in West und vor allem in Ost. Was dieser Einschnitt für ihn bedeutete, davon spricht Drawert in „Zustandsbeschreibung. Zwischenbericht“. Es dürfte wohl legitim sein, Drawert, der lange im „sächsischen L.“, in Leipzig, gelebt hat, mit dem lyrischen Ich des Gedichts gleichzusetzen.

Wie Wolfgang Emmerich anführt,

> *(...) bilanziert Drawert in Prosa und Gedichten seit der Wende sein eigenes Leben als ein mit der gescheiterten DDR zu Bruch gegangenes. Sprechen viele der reformsozialistischen Schriftsteller und Intellektuellen aus der DDR immer wieder von Sinn und Notwendigkeit, die gelebten Lebensläufe im Gedächtnis aufzubewahren und als auf ihre Weise authentische zu retten, so zieht Kurt Drawert einen dicken Schlußstrich (...) gegenüber sich selbst und gegenüber allen anderen.*[32]

Das „sächsische L.“ (Z. 2), Leipzig, ein Kultur- und Wirtschaftsstandort mit langer Tradition, befindet sich für Drawert „im Auswurf der Zeiten“ (Z. 3), sowohl

---

32 Wolfgang Emmerich, „Warten, heillos. Zu Kurt Drawerts Gedicht *Zustandsbeschreibung. Zwischenbericht*“, in: *Gedichte und Interpretationen*, Band 7, S. 107–115, hier S. 108.

der Vor- als auch der Nach-Wende-Zeit. Während der DDR-Ära verfiel Leipzig, im neuen „Deutschland“ setzte sich die Zerstörung mit anderen Mitteln fort - die Immobilienspekulanten aus dem Westen kamen.

1993, im Entstehungsjahr des Gedichtes, konnte von „sinnvoller Stadtpflege“ in Leipzig sicher noch keine Rede sein. Dem „verloren“ (Z. 5) folgt unmittelbar ein antithetisches „Gewonnen“. Die Entschädigung für den Verlust ist allerdings mehr als bescheiden. „Gewonnen habe ich die Einsicht vom Ende der Herkunft.“(Z. 5ff.)

Unter „Herkunft“ ist hier vermutlich Drawerts eigene Biografie zu verstehen. Lakonisch fährt das lyrische Ich in seiner deprimierenden Zustandsbeschreibung fort. „Es bleibt“ nur noch ein Name, und dieser Name steht nur noch für eine „vermutete Person“ (Z. 9f.) - rigoroser lässt sich der Lebenslauf eines Menschen kaum auflösen. Das lyrische Ich steht nicht mit beiden Beinen fest auf dem Boden, sondern stolpert halt- und orientierungslos mit „krankem linken Fuß“ (Z. 13f.) durchs Leben. Es weiß nicht, wem es trauen darf, das Vertrauen in die sozialistische Idee ist nachhaltig erschüttert.

Was bleibt denn dann noch, fragt man sich als Leser? Was könnte diesen Verlust ausgleichen? Drawert antwortet lapidar: „Da hilft auch die Freiheit als geordnetes Rauschen im Heizkörper nichts, nichts hilft“(Z. 16ff.).

Die im Zusammenhang mit der DDR vielbeschworene (westliche) „Freiheit“ als höchstes Gut der Wiedervereinigung, wird reduziert auf einen materiellen Wert - das jetzt gesamtdeutsch zuverlässige Funktionieren der Heizkörper. Die dreimalige Wiederholung von „nichts hilft“ in den Zeilen 18-23 *„markiert den Stillstand, in dem sich dieses Ich befindet“*.[33]

Dieser *Stillstand* kann sich auch nicht mit der Empfindung einer politischen Abrechnung mit der DDR oder einer Identifikation mit dem neuen politischen System des vereinigten Deutschlands trösten: „Politisch betrachtet meine ich bildlich gesprochen schon lange nichts mehr.“ (Z. 26ff.). In diesen Zeilen drückt sich auch eine schon zu DDR-Zeiten bestehende *Desillusionierung* mit dem real existierenden Sozialismus aus.

In den letzten beiden Dreizeilern zieht das Ich des Gedichtes sein Fazit der „Jahre bis heute“ (Z. 30), worunter man die Zeit von 1989/90 bis 1993 verstehen darf: „Eine Schleifspur gebrochener Schritte (...) im anders grauen Sand“ (Z. 31ff.). Ob DDR oder Deutschland, dieser Unterschied spielt für das heimatlose, biografisch gebrochene und perspektivlose „Ich“ keine Rolle. Formal spiegeln das Hin- und Herspringen des Metrums, der fehlende Reim und die ungewöhnliche 33-zeilige Gedichtform den Eindruck von *Desillusionierung* und *Sinnlosigkeitsempfinden* wider.

---

33 Wolfgang Emmerich, „Warten, heillos. Zu Kurt Drawerts Gedicht *Zustandsbeschreibung. Zwischenbericht*“, in: *Gedichte und Interpretationen*, Band 7, S. 113.

## Weiterführende Literatur

*Transit. Lyrikbuch der Jahrhundertmitte*, hrsg. von Walter Höllerer, Frankfurt am Main: Suhrkamp, 1956.
*Eine Anthologie mit einer Mischung aus poetologischen Zitaten und Gedichten.*

*Aussichten. Junge Lyriker des deutschen Sprachraums*, hrsg. von Peter Hamm, München : Biederstein Verlag, 1966.
*Eine Gedichtanthologie für die 60er, die überwiegend Lyrik aus der Bundesrepublik, aber auch einige Gedichte von DDR-Autoren enthält.*

*In diesem besseren Land. Gedichte der Deutschen Demokratischen Republik seit 1945*, hrsg. von Adolf Endler und Karl Mickel, Halle/Saale: Mitteldeutscher Verlag, 1966.
*Die beiden Herausgeber hatten sich vorgenommen, innerhalb dieser Anthologie Gedichte nur auf Grund ihrer literarischen Qualität und nicht wegen ihres sozialistischen Charakters aufzunehmen. Ob das Unterfangen gelungen ist, muss man als Leser selbst beurteilen.*

*Nichts ist versprochen. Liebesgedichte der Gegenwart*, hrsg. von Hiltrud Gnüg, Stuttgart: Reclam Verlag, 1989.
*Eine Anthologie mit Liebesgedichten der 70er und 80er Jahre.*

*Atlas der neuen Poesie*, hrsg. von Joachim Sartorius, Reinbek bei Hamburg: Rowohlt, 1995.
*Sartorius stellt hier eine Sammlung internationaler Poesie aus 36 Ländern in insgesamt 21 (!) Sprachen vor. Die Originaltexte und die deutsche Übersetzung stehen dabei jeweils nebeneinander. Ein interessanter Einblick in internationale lyrische Welten, die man sonst auf Grund der sprachlichen Barrieren wohl kaum kennen lernen würde. Mehr als die Hälfte der Gedichte sind Erstveröffentlichungen.*

*Die Erfindung der Poesie. Gedichte aus den ersten viertausend Jahren*, hrsg. von Raoul Schrott, München: dtv, 1999 (Erstausgabe 1997).
*Eine Lyrik-Anthologie mit Gedichten aus den Jahren 2400 v.Chr. - 1400. Schrott, selbst Lyriker, hat die Gedichte, die u.a. aus dem sumerischen, griechischen und arabischen Raum stammen, nicht nur gesammelt, sondern auch neu übersetzt und mit begleitenden poetologischen und historischen Essays versehen.*

*Frankfurter Anthologie. Gedichte und Interpretationen*, Frankfurt am Main/Leipzig: Insel, ab 1976.
*„Die" Lyrik-Anthologie schlechthin. Seit 1976 gibt Marcel Reich-Ranicki Gedichte und die dazugehörigen komprimierten Interpretationen in Buchform heraus. Zur Jahrtausendwende war man übrigens schon bei Band 23 angelangt.*

# 10. Literarische Textanalyse am Beispiel Roman

**Lernziele**

- Die in den Kapiteln 2 und 3 erlernten Methoden der Textanalyse erweitern und vertiefen
- Methoden der Textanalyse am konkreten Roman-Beispiel verstehen und selber anwenden

*Das Vergangene ist nicht tot;*
*es ist nicht einmal vergangen.*
*Wir trennen es von uns ab und stellen uns fremd.*[1]

Was wollen uns diese Sätze sagen? Dass alles, was Sie bisher gelesen und gelernt haben, nicht tot und noch nicht einmal vergangen ist? So könnte man es sehen. Aber bitte trennen Sie es jetzt nicht ab, und stellen Sie sich bloß nicht fremd! Denn wir werden hier noch einmal wiederholen, was wir bisher zum Thema Textanalyse gelernt haben. Der Satz von Christa Wolf bezieht sich mehr auf den Inhalt des Buches, mit dem wir uns in diesem Kapitel befassen wollen. In Bernhard Schlinks *Der Vorleser* ist das Vergangene tatsächlich weder tot noch vergangen.

Ganz langsam nähern wir uns dem Ende dieses Arbeitsbuches. Da Sie bis hierhin schon mit ziemlich viel Wissenswertem „überschüttet" wurden, ist es nun sicherlich ratsam, Sie nicht mit noch mehr neuem Stoff zu traktieren. Viel sinnvoller ist es, den behandelten Stoff zusammenzufassen und zu wiederholen und den einen oder anderen Aspekt vielleicht noch zu verstärken.



Es sind also keine Lektüretipps mehr zu befürchten und keine großartig neuen Erkenntnisse, aber ein Aufarbeiten dessen, was wir in diesem Buch vor allem gemacht haben: Texte lesen, verstehen und interpretieren. Sie werden zwei neue Texte kennen lernen: in diesem Kapitel einen Roman, im nächsten ein Drama und Sie werden sehen, dass das, was Sie gelernt haben, auch dieses Mal gut funktioniert - und Sie dürfen hoffen, dass es auch bei anderen Texten funktionieren wird.

---

[1] Christa Wolf, *Kindheitsmuster*, Darmstadt/Neuwied: Sammlung Luchterhand, 1987. S. 9.

## 10.1 Die Fragestellung

Was will uns der Autor damit sagen? Lange Zeit war diese Frage die beliebteste, die Deutschlehrer an den Gymnasien stellten. Dabei ist es gar nicht so wichtig, was der Autor sagen will. Wichtiger ist, was im Text *drinsteht*. Belegen können Sie Ihre Beobachtungen und Ihre Analyse nur mithilfe des Textes, den Sie bearbeiten sollen, nicht mithilfe irgendwelcher Aussagen vom oder über den Autor. Trauen Sie dem Text, der vor Ihnen liegt, erarbeiten Sie Ihre Erkenntnisse aus diesem Text, dann können Sie Ihre Beobachtungen auch belegen.

Denken wir zurück an das erste Kapitel des Buches *Lesen, Zappen, Surfen - Der Mensch und seine Medien*[2]. Es gibt jemanden, der etwas sagen will, es gibt die *Botschaft*, es gibt den *Empfänger*. *Wer* sagt *was* zu *wem*?, hieß dort die einfachste Frage nach Kommunikation. Und dabei gibt es so unendlich viele Hindernisse und Missverständnisse. Nur selten kommt die Botschaft beim Empfänger so an, wie es der Sender beabsichtigt hat. Das ist auch das Problem eines jeden Autors. Wenn er eine Tragödie verfasst und Sie darüber Tränen lachen, dann haben Sie seinen Text eben anders verstanden.

Wir haben uns mit der Textanalyse befasst, die W-Fragen angewandt und sind damit dem Verständnis der Texte schon erheblich näher gekommen. Wir lernen hier noch eine Möglichkeit kennen, epische Texte nach ihrer Erzählhaltung einzuordnen: Wer spricht innerhalb des Textes zu uns? Ein Ich-Erzähler? Ein allwissender Erzähler, der offenbar in alle Figuren hineinsehen kann? Oder kann ich gar keinen Erzähler erkennen? Wohlgemerkt: Es geht nicht darum, dass der Autor spricht. Es spricht ein Erzähler innerhalb der Handlung - und diesen wollen wir uns näher ansehen.

## 10.2 Die Erzählhaltung[3]

*Ein einfacher junger Mensch reiste im Hochsommer von Hamburg, seiner Vaterstadt, nach Davos-Platz im Graubündischen. Er fuhr auf Besuch für drei Wochen. (...)*

*Hans Castorp – dies der Name des jungen Mannes – befand sich allein mit seiner krokodilsledernen Handtasche, einem Geschenk seines Onkels und Pflegevaters, Konsul Tienappel, um auch diesen Namen hier gleich zu nennen –, seinem Winterman-*

---

[2] Lieselotte Kinskofer u. Stefan Bagehorn, *Lesen, Zappen, Surfen - Der Mensch und seine Medien*, TR-Verlagsunion: München, 2000.

[3] Die Darstellung der Erzählhaltungen folgt weitgehend Franz K. Stanzel, *Typische Formen des Romans*, Göttingen: Vandenhoeck u. Ruprecht, 1979. Vgl. auch Hans-Dieter Gelfert, *Wie interpretiert man einen Roman? Für die Sekundarstufe*, S. 10ff.

*tel, der an einem Haken schaukelte, und seiner Plaidrolle in einem kleinen grau gepolsterten Abteil; er saß bei niedergelassenem Fenster, und da der Nachmittag sich mehr und mehr verkühlte, so hatte er, Familiensöhnchen und Zärtling, den Kragen seines modisch weiten, auf Seide gearbeiteten Sommerüberziehers aufgeschlagen.*[4]

Was dieser Erzähler nicht alles weiß: Namen und Herkunft des jungen Mannes, wo er hinfährt, wie lange er bleiben wird, was er trägt, dass er ein Familiensöhnchen und Zärtling ist und außerdem „einfach". Über sehr viele Seiten wird uns der Erzähler nicht nur schildern, was Hans Castorp tut und wen er trifft, sondern auch was er denkt und fühlt. Manchmal wird dies sogar noch ironisch kommentiert, der Erzähler mischt sich ein. „*Auktoriale Erzählsituation*" nennt man dies.

Es sieht so aus, als wäre dieser *allwissende* und *kommentierende Erzähler* identisch mit dem Autor. Dabei ist der allwissende Erzähler ein *Mittelsmann* zwischen der *fiktiven Welt* des Romans und der *Wirklichkeit* des Autors und des Lesers, eine vom Autor geschaffene Figur. Er kann sich auch objektiv verhalten, tut es aber nicht immer. Häufig neigt der Erzähler der Geschichte zur Ironie - bei Thomas Mann gleich gar.

Am leichtesten, so denkt man zunächst, ist der *Ich-Erzähler* zu erkennen. Aber auch hier gibt es Unterschiede. Es gibt Ich-Erzähler, die schildern die Geschichte eines anderen, so etwa in Thomas Manns *Doktor Faustus*. Hier erzählt ein Freund des Komponisten Adrian Leverkühn dessen Lebensgeschichte, bleibt dabei aber immer etwas außen vor, fast wie ein allwissender Erzähler.

*Mit aller Bestimmtheit will ich versichern, daß es keineswegs aus dem Wunsche geschieht, meine Person in den Vordergrund zu schieben, wenn ich diesen Mitteilungen über das Leben des verewigten Adrian Leverkühn, dieser ersten und gewiß sehr vorläufigen Biographie des teuren, vom Schicksal so furchtbar heimgesuchten, erhobenen und gestürzten Mannes und genialen Musikers, einige Worte über mich selbst und meine Bewandtnisse vorausschicke.*[5]



Andere Ich-Erzähler hingegen scheinen quasi-autobiografisch ihre eigene Lebensgeschichte zu erzählen.

*Indem ich die Feder ergreife, um in völliger Muße und Zurückgezogenheit – gesund übrigens, wenn auch müde, sehr müde (so daß ich wohl nur in kleinen Etappen und unter häufigem Ausruhen werde vorwärtsschreiten können),*

[4] Thomas Mann, *Der Zauberberg*, Frankfurt am Main: Fischer Taschenbuch Verlag, 1974, S. 7.

[5] Thomas Mann, *Doktor Faustus. Das Leben des deutschen Tonsetzers Adrian Leverkühn erzählt von einem Freunde*, Frankfurt am Main: Fischer Taschenbuch Verlag, 1981, S. 7.

*indem ich mich also anschicke, meine Geständnisse in der sauberen und gefälligen Handschrift, die mir eigen ist, dem geduldigen Papier anzuvertrauen, beschleicht mich das flüchtige Bedenken, ob ich diesem geistigen Unternehmen nach Vorbildung und Schule denn auch gewachsen bin.*[6]

Dreimal Thomas Mann so kurz hintereinander? Nun, bislang ist er eher zu kurz gekommen, der große Erzähler des 20. Jahrhunderts. Denn seine Werke sind zu umfassend, um in diesem Rahmen besprochen zu werden. So sollen seine Romane wenigstens zur Erläuterung von Erzählhaltungen dienen.

Anfang des 20. Jahrhunderts setzte sich jedoch noch eine andere Erzählhaltung durch, die schwierig zu fassen ist. Denn sie ist gekennzeichnet durch eine *Abwesenheit des Erzählers*. Dieser tritt weit hinter die Charaktere zurück, schildert fast emotionslos, lässt die Ereignisse sprechen oder verbirgt sich ganz hinter einer Figur. Ironie oder Kommentierung von außen gibt es nicht - ähnlich wie bei einer *subjektiven Kamera* im Film: ein Blickwinkel, manchmal verwackelt, manchmal klar, man bekommt als Leser/Zuschauer scheinbar geliefert, was dem Autor/Filmemacher gerade vor die Feder/Linse kommt. Franz Stanzel macht für die Entwicklung zur *personalen Erzählhaltung* drei Faktoren verantwortlich:

*(...) ein philosophisches Prinzip (die Forderung nach Objektivität); eine erzähltechnische Neuerung (die strenge und konsequente Einhaltung einer bestimmten Perspektive); und ein neues Thema (das Bewußtsein und das Unterbewußtsein des Menschen).*[7]

Stanzel beobachtet einen Zug zum *Bewusstseinsdrama*, zur kommentarlosen und scheinbar unredigierten Spiegelung erlebter *Innenwelt* (*stream of consciousness*). Oft werden nur kurze Zeitabschnitte so geschildert. Die personale Erzählhaltung hat also auch ein anderes Zeitgerüst.

Das Paradebeispiel, James Joyces *Ulysses*, bildet 24 Stunden im Leben von Leopold Bloom ab. Zum Vergleich: In Thomas Manns *Doktor Faustus* wird ein ganzes Leben erzählt, im *Zauberberg* erstreckt sich die Handlung immerhin über einige Jahre. Jedoch lässt sich die personale Erzählhaltung, diese *scheinbar objektive Sicht* auf die Dinge, nicht immer durchhalten, so dass es Übergänge zu anderen Erzählhaltungen gibt.

---

[6] Thomas Mann, *Bekenntnisse des Hochstaplers Felix Krull. Der Memoiren erster Teil*, Frankfurt am Main: Fischer Taschenbuch Verlag, 1974, S. 5.

[7] Franz K. Stanzel, *Typische Formen des Romans,* S. 39

Bei der personalen Erzählhaltung hält sich der Erzähler also zurück oder verschwindet in einer Figur, die denkt, spricht, beobachtet oder handelt.[8] Hier ein Beispiel aus dem Roman *Ulysses*, der das personale Erzählen stark mitbeeinflusst hat. Es sind die Gedanken von Molly Bloom, während diese im Bett liegt. Gedanken? Es sind Fetzen von Gedanken und Assoziationen, ohne Punkt und Komma aneinander gereiht.

> *Ja weil er so was doch noch nie gemacht hat bis jetzt daß er sein Frühstück ans Bett haben will mit zwei Eiern seit dem City Arms Hotel wo er immer so tat wie wenn er wegen seiner kranken Stimme das Bett hüten müßte und den feinen Lackaffen spielte alles bloß um sich bei der alten Ziege interessant zu machen Mrs Riordan von der er dachte er hätte einen dicken Stein im Brett bei ihr und dabei hat sie uns keinen roten Heller hinterlassen alles für Messen weg für sie selber und ihre blöde Seele also so was von Geizkragen (...)*[9]

## 10.3 Der Text als Kunstwerk

Wie Sie sich mit einem vorgegebenen Prosatext auseinander setzen, haben wir geübt. Schon im Buch *Reden, Schreiben, Präsentieren*, in dem es um die Analyse von Sachtexten ging, haben wir viele Möglichkeiten kennen gelernt, wie man sich einem Text nähern und ihn verstehen kann. Und es erwies sich, dass diese Methoden vom Lesen und Texterfassen bis hin zur Analyse auch sehr gut auf literarische Texte übertragen werden können. Wir haben nach dem Helden gefragt (Wer?), nach der Handlung (Was?), nach der Zeit (Wann?), nach dem Ort (Wo?). Sehr viel anders machen das auch andere Fachbücher nicht. Sie fragen nach Figur, Handlung (*Plot*) und Schauplatz (*Setting*).[10]



---

[8] Zur personalen Erzählhaltung vgl. auch Hans-Dieter Gelfert, *Wie interpretiert man einen Roman? Für die Sekundarstufe*, S. 12.

[9] James Joyce, *Ulysses*, Übertragung von Hans Wollschläger, Frankfurt am Main: Suhrkamp Verlag, 1981, S. 940.

[10] Hans-Dieter Gelfert, *Wie interpretiert man einen Roman? Für die Sekundarstufe*, S. 3f.

Dennoch sei ein Blick in das Reclam-Heft *Wie interpretiert man einen Roman?* empfohlen. Es gibt Anregungen weit über die hier zitierten hinaus. Die Rede ist z.B. von *archetypischen Charakterstrukturen*. Klingt kompliziert, ist es aber nicht: Vielleicht kennen Sie den Film „Pretty Woman" mit Julia Roberts in der Hauptrolle. Der Film folgt einer Art archetypischen Vorgabe, dem Märchen vom Aschenputtel. Und *Ulysses* von James Joyce orientiert sich an einem antiken Helden, an Odysseus. Aber auch die Stichworte „Ambiente" und „soziales Milieu" unter dem Oberpunkt „Schauplatz" geben Ihnen Anregungen, wie Sie die W-Fragen weiterentwickeln, intensivieren und vertiefen können.

Setzen Sie sich zunächst intensiv mit dem Textbeispiel auseinander, das Sie vorgesetzt bekommen. Sehen Sie sich an, was im Text steht. Die Intention des Autors, zeitgeschichtliche Bezüge etc. sind zunächst einmal zweitrangig. Der Text spricht für sich.

## 10.4 Fragen über den Text hinaus

Das heißt allerdings nicht, dass eine gute Interpretation keine Fragen stellen darf, die über den Text hinausgehen. Allerdings setzt die Beantwortung dieser Fragen häufig ein Wissen voraus, das nicht der Text vermittelt, das man sich erst mithilfe von weiterführender Lektüre aneignen muss. Die Einordnung von Texten in historische, literaturgeschichtliche oder autobiografische Zusammenhänge weist schon in Richtung Studium. Hier einige Beispiele für Fragen über den Text hinaus:

- Hat der Text von Thema, Sprache, Gestaltung etc. Ähnlichkeiten mit anderen Texten des Autors - oder fällt er völlig aus dem Rahmen?
- Ist der Text „typisch" für seine Zeit, seine Epoche, und wenn ja, was ist typisch an ihm?
- Wie ist der Text innerhalb des Werkes unseres Autors, innerhalb der Epoche, innerhalb der Literaturgeschichte einzuordnen?
- Weist der Text autobiografische Bezüge auf?
- Verarbeitet er ein historisches Ereignis?
- Wie sind diese Themen aufgenommen: Geschichte, Politik, aktuelle Ereignisse, Alltag etc.?
- Welche Freiheiten nimmt sich der Autor bei der Verarbeitung von historischen Details?
- Gibt es Anspielungen auf lebende oder verstorbene Personen - und wie sind diese zu entschlüsseln?

Es gibt darüber hinaus noch unendlich viele Fragen, mit denen man einen Roman einordnen könnte. Doch, wie gesagt, würde dies den Rahmen einer Analyse sprengen.

Wir wollen uns noch einmal mit der Textanalyse beschäftigen, allerdings werden wir nicht das volle Programm durchziehen. Gemeinsam befassen wir uns jetzt mit den Personen. Mit Ort, Zeit und Handlung müssen Sie sich selbst auseinander setzen. Wenn Sie damit Schwierigkeiten haben sollten, können Sie die Lösungen der Aufgaben als Hilfestellung heranziehen. Sollten Sie unabhängig vom Buch üben wollen, nehmen Sie sich einen beliebigen Textausschnitt aus diesem oder einem anderen Roman vor, sehen Sie ihn sich auf die verschiedenen W-Fragen hin an, versuchen Sie die Handlung zu erfassen und belegen Sie Ihre Beobachtungen mit *Zitaten*.

## 10.5 *Der Vorleser* von Bernhard Schlink

### 10.5.1 Inhalt und Erzählhaltung

Der Roman Bernhard Schlinks gehört zu den Bestsellern der letzten Jahre. Die Lektüre des nicht allzu dicken Buches ist unbedingt erforderlich, wenn Sie die folgenden Aufgaben lösen wollen. Hier trotzdem eine kurze Inhaltsangabe, um einen kleinsten gemeinsamen Nenner bei der Analyse herzustellen.

> *Der im deutschen wie im ausländischen Sprachraum mit zum Teil großer Begeisterung aufgenommene Roman läßt den etwa fünfzigjährigen Michael Berg eine Jahrzehnte zurückliegende Liebesgeschichte der außergewöhnlichen Art erzählen. Berg, als Rechtshistoriker an einer bundesdeutschen Universität lehrend, benötigte lange Zeit, bis er das geeignete Erzählgefüge für seine Geschichte fand und überzeugt war, daß diese „stimmt und daß daneben die Frage, ob sie traurig oder glücklich ist, keinerlei Bedeutung hat". Der Chronologie folgend, erinnert sich Berg an die fünfziger Jahre, als er – fünfzehnjährig – eine leidenschaftliche Beziehung mit der zwanzig Jahre älteren Hanna Schmitz eingeht. Unbemerkt von den Sittenwächtern der Zeit, lebt das ungleiche Paar seine Begierden aus. Man liebt sich fast täglich, wenn Hanna von der Arbeit als Straßenbahnschaffnerin heimkehrt. Als sie ihn darum bittet, ihr Romane und Gedichte vorzutragen, ist das Programm perfekt: „Vorlesen, duschen, lieben und noch ein bißchen beieinanderliegen – das wurde das Ritual unserer Treffen." Eines Tages, als Hanna Hals über Kopf die Stadt verläßt, ist alles vorüber, und erst Jahre später sieht Michael seine Geliebte wieder: im Rahmen eines Praxisseminars, das den Jurastudenten an einem Prozeß teilnehmen läßt. Hanna ist angeklagt, als Aufseherin in einem polnischen KZ zahllose Menschen*

*in den Tod geschickt zu haben. Michael verfolgt die Verhandlung genau und lernt Hannas Geheimnis kennen: Sie ist Analphabetin und zeitlebens darum bemüht, diese Schmach zu verbergen. Hanna wird zu lebenslänglicher Haft verurteilt, während Michael nicht von seinen zwiespältigen Erinnerungen und Gefühlen loskommt. Jahre nach der Verurteilung nimmt er wieder Kontakt auf und schickt Hanna besprochene Kassetten in die Zelle. Nach ihrer Begnadigung bereitet er ihre Rückkehr ins Draußen vor, doch am Morgen ihrer Entlassung erhängt sich Hanna im Gefängnis. (...)*[11]

Gehen wir davon aus, dass Sie den Roman mehrmals und intensiv gelesen haben, dass Sie sich wichtige Stellen angestrichen, sich Notizen gemacht haben. Erste Beobachtungen könnten etwa so aussehen:

- Es erzählt ein erwachsener Mann.
- Er erzählt aus seiner Jugend.
- Er erzählt auch aus seinem Studium.
- Eigentlich geht es nur um ihn und eine Frau, mit der er als Junge ein Verhältnis gehabt hat.
- Literatur und Bücher spielen bei dieser Beziehung eine entscheidende Rolle.
- Deutsche Geschichte wird aufgearbeitet.
- Die Frage nach Schuld ist wichtig.

Damit haben wir auch die Erzählhaltung des Textes bereits erkannt: Es gibt einen Ich-Erzähler, es ist seine eigene Geschichte, die er uns mitteilen will, er geht zurück in die Vergangenheit, schildert drei wichtige Stationen in seinem Leben, die alle mit dieser Frau zu tun haben. Der Ich-Erzähler ist nicht gleichzusetzen mit dem Autor Bernhard Schlink, selbst wenn das Buch autobiografische Züge haben sollte.

Gehen wir nach dem Muster vor, das wir im zweiten und dritten Kapitel kennen gelernt haben. Doch, wie schon angedeutet, hier geht es exemplarisch nur um die Personen. Die anderen Fragestellungen bleiben Ihnen überlassen.

## 10.5.2 Personenkonstellation und Textstruktur

Zwei Personen stehen im Mittelpunkt dieses Romans: Michael Berg, der Ich-Erzähler, und Hanna Schmitz. Zugleich ist der Roman in drei große Abschnitte gegliedert. Wir werden versuchen, uns mithilfe von Zitaten aus dem Text den beiden Figuren und ihrer Beziehung zueinander in jedem dieser Abschnitte zu nähern.

---

[11] *Reclams Romanlexikon*, hrsg. von Frank Rainer Max u. Christine Ruhrberg, Band 5: „20. Jahrhundert III“, Stuttgart: Reclam Verlag, 2000, S. 440f.

Michael Berg ist ***im ersten Teil*** 15 Jahre alt. In dieser Phase des Romans sind ihm weitere Personen zugeordnet: Er hat Vater und Mutter, er hat Geschwister. Hinzu kommen Schulfreunde, die im ersten Teil in zunehmendem Maß eine Rolle spielen. Michael geht gern mit ihnen aus, doch er verbirgt seine Beziehung zu Hanna vor ihnen und beginnt, wie er selbst sagt, seine Geliebte „zu verraten".

> *Ich weiß, das Verleugnen ist eine unscheinbare Variante des Verrats. Von außen ist es nicht zu sehen, ob einer verleugnet oder nur Diskretion übt, Rücksicht nimmt, Peinlichkeiten und Ärgerlichkeiten meidet. Aber der, der sich nicht bekennt, weiß es genau. Und der Beziehung entzieht das Verleugnen ebenso den Boden wie die spektakulären Varianten des Verrats.*[12]

Hanna ist in diesem ersten Teil des Romans offenbar völlig allein. Sie wirkt wie jemand, der keine weiteren Kontakte hat. Einmal sieht Michael sie im Gespräch mit dem Straßenbahnfahrer, doch das ist natürlich, schließlich ist Hanna die Schaffnerin. Sie hat aber offenbar weder Verwandte noch Freunde.

***Im zweiten Teil***, wenn aus dem Ich-Erzähler ein Student geworden ist, sind ihm andere Menschen zugeordnet, schließlich ändern die meisten Menschen mit ihren Lebensumständen und mit dem Erwachsenwerden auch ihr Umfeld. Es gibt einen Professor, es gibt Kommilitonen an der Universität, einen Richter. Auch der Vater spielt noch einmal eine Rolle, als es um ethische und philosophische Fragen geht. Dennoch ist der Mensch, der Michael Berg offenbar am nächsten steht, wieder Hanna. Er erkennt sie in dem Prozess als eine der Angeklagten und ist ab sofort völlig auf sie fixiert. Wieder verheimlicht er den Menschen seiner Umgebung, was ihn wirklich beschäftigt. Michael wirkt sehr allein, wieder hat er ein Geheimnis, wieder hat dieses Geheimnis mit Hanna zu tun.

Hanna ist dieses Mal nicht ganz allein. Sie ist eine Angeklagte unter vielen. Doch im Verlauf des Prozesses wird klar, dass sie einsamer ist als je zuvor. Die anderen Angeklagten erkennen ihre Chance, die Schuld an den Verbrechen auf Hanna abzuwälzen. Hanna nimmt in dieser Phase keinen Kontakt zu Michael auf, der jeden Tag den Prozess beobachtet.



> *Als die Verhandlung beendet war und die Angeklagten abgeführt wurden, wartete ich, ob Hanna zu mir schauen würde. Ich saß da, wo ich immer gesessen hatte. Aber sie schaute geradeaus und durch alles hindurch. Ein hochmütiger, verletzter, verlorener und unendlich müder Blick. Ein Blick, der niemanden und nichts sehen will.*[13]

---

[12] Bernhard Schlink, *Der Vorleser. Roman*, Zürich: Diogenes Verlag, 1995. S. 72.

[13] Ebenda, S. 157.

***Im dritten Teil*** des Romans wirkt es zunächst so, als sei Hanna gar nicht mehr wichtig. Der Ich-Erzähler ist erwachsen geworden, er heiratet, er lässt sich wieder scheiden, er beginnt zu arbeiten, er hat Bekannte. Aber Hanna ist nicht vergessen. Vielmehr ist sie so präsent, dass der Ich-Erzähler seine frühe Beziehung mit ihr offenbar mit seiner jetzigen Unfähigkeit, Beziehungen einzugehen, in Verbindung bringt.

> *Ich habe nie aufhören können, das Zusammensein mit Gertrud mit dem Zusammensein mit Hanna zu vergleichen, und immer wieder hielten Gertrud und ich uns im Arm und hatte ich das Gefühl, daß es nicht stimmt, daß sie nicht stimmt, daß sie sich falsch anfaßt und anfühlt, daß sie falsch riecht und schmeckt. Ich dachte, es würde sich verlieren. Ich hoffte, es würde sich verlieren. Ich wollte von Hanna frei sein. Aber das Gefühl, daß es nicht stimmt, hat sich nie verloren.*[14]

Egal, in welchen menschlichen Beziehungen der Autor sich selbst schildert, immer stehen Hanna und das Geheimnis um Hanna zwischen ihm und den anderen Menschen. Bis er offenbar „aufgibt" und diese Beziehung auf eine besondere Art und Weise wieder aufnimmt: Er bespricht Kassetten für Hanna.

Hanna taucht zunächst im dritten Teil nicht auf. Sie ist im Gefängnis, sie ist als Bild des Ich-Erzählers vorhanden, aber nicht mit einer eigenen Handlung präsent. Vermutlich ist sie im Gefängnis allein, ohne große soziale Kontakte, wie sie es auch vorher schon war. Später wird dies von der Leiterin der Anstalt bestätigt.

> *Über viele Jahre hat sie hier gelebt wie in einem Kloster. Als hätte sie sich freiwillig hierher zurückgezogen, als hätte sie sich der hiesigen Ordnung freiwillig unterworfen, als sei die einigermaßen eintönige Arbeit eine Art Meditation. Bei den anderen Frauen, zu denen sie freundlich, aber distanziert war, genoß sie besonderes Ansehen.*[15]

Diese Beschäftigung mit den Kontakten der beiden Protagonisten zeigt deutlich, dass sie während des ganzen Buches aufeinander bezogen sind. Sie sprechen mit niemandem über ihr gemeinsames Geheimnis, ihre Beziehung. Als der Ich-Erzähler Hannas Analphabetismus entdeckt, gibt es zudem noch ein weiteres Geheimnis, das sie teilen.

Daher kann man sich als Leser dem Ich-Erzähler kaum anschließen, wenn er behauptet:

---

[14] Bernhard Schlink, *Der Vorleser. Roman*, S. 164f.

[15] Ebenda, S. 196.

> *Ich hatte Hanna eine kleine Nische zugebilligt, durchaus eine Nische, die mir wichtig war, die mir etwas gab und für die ich etwas tat, aber keinen Platz in meinem Leben.*[16]

Sieht man sich die sozialen Kontakte des Ich-Erzählers, so wie er sie selbst in seiner Geschichte darstellt, genauer an, dann muss man eher daraus schließen, dass Hanna der einzige Mensch war, der in seinem Leben einen wichtigen Platz einnahm - und sonst niemand. Das heißt, der Ich-Erzähler widerspricht seiner eigenen Geschichte. Auch das gibt es. An anderer Stelle wird das auch in seinen Überlegungen deutlich, dass Hanna sehr viel mehr als eine Nische in seinem Leben besetzte.

> *Wie sollte es ein Trost sein, daß mein Leiden an meiner Liebe zu Hanna in gewisser Weise das Schicksal meiner Generation, das deutsche Schicksal war, dem ich mich nur schlechter entziehen, das ich nur schlechter überspielen konnte als die anderen. Gleichwohl hätte es mir damals gutgetan, wenn ich mich meiner Generation hätte zugehörig fühlen können.*[17]

Und auch von anderer Seite wird dem Ich-Erzähler bestätigt, dass seine Unfähigkeit, sich auf Menschen einzulassen, mit seiner Liebe zu Hanna in Zusammenhang steht.

> *„Warum haben Sie das alles gemacht?*
> *„Wir hatten, als ich fünfzehn war, eine Beziehung."*
> *„Sie meinen, Sie haben zusammen geschlafen?"*
> *„Ja."*
> *„Was ist diese Frau brutal gewesen. Haben Sie's verkraftet, daß sie Sie mit fünfzehn ... Nein, Sie sagen selbst, daß Sie ihr wieder vorzulesen begonnen haben, als sie im Gefängnis war. Haben Sie jemals geheiratet?"*
> *Ich nickte.*
> *„Und die Ehe war kurz und unglücklich, und Sie haben nicht wieder geheiratet, und das Kind, wenn's eines gibt, ist im Internat."*
> *„Das trifft für Tausende zu; dazu braucht es keine Frau Schmitz."*
> *„Hatten Sie, wenn Sie in den letzten Jahren mit ihr Kontakt hatten, jemals das Gefühl, daß sie wußte, was sie Ihnen angetan hat?"*[18]

10

Die genauere Betrachtung der Figurenkonstellation ergibt also, dass es fast ausschließlich um *zwei Personen* geht. Alle anderen haben eher den Rang von *Nebenfiguren*. Held ist der Ich-Erzähler Michael Berg, der rückblickend diese

---

[16] Bernhard Schlink, *Der Vorleser. Roman*, S. 187.

[17] Ebenda, S. 163.

[18] Ebenda, S. 201f.

Geschichte niederschreibt, der offenbar sein ganzes Leben lang nicht von dieser Frau loskommt, mit der er als 15jähriger eine Beziehung hatte. Auch wenn er selbst - wie das Zitat über das „Nischendasein" Hannas in seinem Leben als Erwachsener zeigt - sich dessen nicht immer bewusst ist, so kann er doch an anderer Stelle sehr deutlich erkennen, dass diese Frau sein Schicksal war. Mit ihr verbindet sich für ihn auch die „deutsche" Frage nach dem *Schuldigwerden*.

> *Seltsam berührte mich die Diskrepanz zwischen dem, was Hanna beim Verlassen meiner Heimatstadt beschäftigt haben mußte, und dem, was ich mir damals vorgestellt und ausgemalt hatte. Ich war sicher gewesen, sie vertrieben, weil verraten und verleugnet zu haben, und tatsächlich hatte sie sich einfach einer Bloßstellung bei der Straßenbahn entzogen. Allerdings änderte der Umstand, daß ich sie nicht vertrieben hatte, nichts daran, daß ich sie verraten hatte. Also blieb ich schuldig. Und wenn ich nicht schuldig war, weil der Verrat einer Verbrecherin nicht schuldig machen kann, war ich schuldig, weil ich eine Verbrecherin geliebt hatte.*[19]

Dieses Kapitel zur Textanalyse ist unvollständig. Es bricht nach der Betrachtung der Personen ab - und kann nur von Ihnen vervollständigt werden, wenn Sie die folgenden Aufgaben lösen. Sie sehen, auf diese Art und Weise werden Sie zu Mit-Autoren an diesem Buch. Die Kapitel werden kürzer, Ihr Beitrag hingegen sollte immer umfangreicher und vollständiger ausfallen. Das ist in jedem Beruf der Weg vom Lehrling zum Meister.

## AUFGABEN

Analysieren Sie den Roman nach folgenden Gesichtspunkten:

1. Welche Zeitebenen gibt es? Welche Rolle spielen sie?
2. Welche Örtlichkeiten kommen vor? Welche Rolle spielen sie?
3. Welche Themen sind wichtig? Nennen Sie mindestens drei und begründen Sie Ihre Wahl mit Zitaten aus dem Roman.
4. Betrachtet man die Texte, die Michael Berg im Laufe seines Lebens Hanna Schmitz vorgelesen hat, so ergibt sich ein ganz eigener „Literaturkanon". Notieren Sie sich, was Michael Berg als Junge und was er als erwachsener Mann vorliest. Kennen Sie die Werke? Hätten Sie andere gewählt?

---

[19] Bernhard Schlink, *Der Vorleser. Roman*, S. 129.

# 11. Literarische Textanalyse am Beispiel Drama

**Lernziele**

- Die in den Kapiteln 5 bis 7 erlernten und eingeübten Methoden der Textanalyse erweitern und vertiefen
- Methoden der Textanalyse am konkreten Dramen-Beispiel verstehen und selber anwenden

*Denn eben wo Begriffe fehlen,*
*Da stellt ein Wort zur rechten Zeit sich ein.*
*Mit Worten läßt sich trefflich streiten,*
*Mit Worten ein System bereiten,*
*An Worte läßt sich trefflich glauben,*
*Von einem Wort läßt sich kein Jota rauben.*[1]

Mephistopheles spricht so, der Teufel, der große Verführer, geistreich, witzig und hochgefährlich. Er spricht so zum Schüler. Und warum soll nicht dieser beeindruckt sein vom Intellekt und vom rhetorischen Können des Mephisto? Selbst der Gelehrte Faust ist es ja! Doch was Mephisto hier sagt, muss nicht unbedingt falsch oder gefährlich sein. Das ist ja seine Kunst, dass er Wahrheit und Lüge so mischen kann, bis niemand mehr das eine vom anderen unterscheiden kann.

Wir haben es bereits im vorangegangenen Kapitel gesehen: Es hat tatsächlich etwas Gutes, sich zunächst auf das Wort zu verlassen. Davon lässt sich kein Jota rauben, davon ausgehend kann man sein System der Textanalyse aufbauen. Wesentliche Epochen und Entwicklungen des Dramas haben wir bereits kennen gelernt, auch haben wir uns bereits mit Szenen, mit Monologen und Dialogen befasst.



Wir haben Dramen gelesen und gelernt, sie auch unter historischen Aspekten zu betrachten. Welche Art von Drama war zu welcher Zeit „in Mode“? Wer hat das Drama und die Schaubühne revolutioniert? Mit diesen Fragen, mit Namen und Epochen haben wir uns in drei Kapiteln beschäftigt.

---

[1] Johann Wolfgang von Goethe, *Faust. Der Tragödie erster Teil*, Stuttgart: Reclam Verlag, 1971, S. 58.

## 11.1 Das Drama - das Geschehen

Wir haben gelernt: Drama ist Handlung. Dramen kann man lesen, aber wirklich lebendig werden sie erst, wenn sie auf der Bühne dargestellt werden. Nach der Dramentheorie vor Brecht sollte der Zuschauer in das Geschehen eintauchen. Er sollte Furcht und Mitleid empfinden, sich mit dem Helden identifizieren, die Handlung als fast real empfinden, mitfiebern, mitleiden, mitweinen, mitlachen. Wer dies vom Theater bedauerlicherweise noch nicht kennt, der hat es sicherlich schon im Kino erlebt.

Brecht aber sucht mit seinem V-Effekt die Verfremdung. Der Zuschauer soll nicht mitfiebern, er soll distanziert und mit klarem Verstand auf die Handlung sehen und mögliche Veränderung, auch gesellschaftliche Veränderung, erwägen. Auch nach Brecht ist von Furcht und Mitleid im Theater nicht mehr allzu viel übrig geblieben. In vielen Stücken ist eine große Skepsis gegenüber dem Wort zu spüren, Reden hat mit Handlung nichts zu tun, wenn die Protagonisten sprechen, dann reden sie häufig vordergründigen Unsinn, Sätze stellen keinen Sinnzusammenhang mehr her.[2]

Dennoch: Irgendeine Form von Handlung gibt es immer, und sei sie noch so absurd, unwahrscheinlich oder grotesk. Drama ist und bleibt Handlung, auch wenn sich manche Autoren eher auf Nicht-Handlung zurückzuziehen scheinen.

## 11.2 Lachen oder weinen

Wer das Drama in Untergattungen einteilen möchte, kommt nach wie vor an den Begriffen *Komödie* und *Tragödie* nicht vorbei. Es mag sicherlich Mischformen geben, die heiteren und tragischen Stücke mögen sich einander angenähert haben. Trotzdem kann man die Dramenliteratur immer noch einteilen in Werke, die „gut" ausgehen und die, die „schlecht" ausgehen - auch das ist ganz ähnlich beim Film. Dann gibt es natürlich noch die Werke, bei denen sich der Vorhang schließt und alle Fragen offen sind, ein Satz, den wir im Zusammenhang mit dem epischen Theater kennen gelernt haben.

[2] Eine Zusammenfassung der „Grundformen dramatischer Präsentation" finden Sie in: Hans-Dieter Gelfert, *Wie interpretiert man ein Drama? Für die Sekundarstufe*, S. 9–14.

*Die Tragödie unterscheidet sich von der Komödie vor allem dadurch, daß sie vom Zuschauer mit viel geringerer Distanz wahrgenommen wird. Während in der Komödie das entlastende und damit distanzierende Lachen schon im Verlauf der Aufführung erfolgt, löst sich in der Tragödie die Spannung erst am Schluß, wenn wir erschüttert und vielleicht sogar weinend den Untergang des Helden erleben.*

*In der Komödie ist der Zuschauer der Überlegene, der auf die Figuren herabschaut, auch wenn sie sozial weit über ihm stehen. Zum tragischen Helden hingegen, selbst wenn es sich um einen einfachen Arbeiter handelt wie Hauptmanns Fuhrmann Henschel, schauen wir hinauf.*

*In der Komödie erlebt sich der Zuschauer als Vertreter der Normalität, von der die verspotteten Figuren abweichen, weil sie aus Unvernunft oder moralischer Schwäche unfähig sind, sich optimal an ihre Verhältnisse anzupassen.*

*In der Tragödie hingegen erlebt er sich in seiner Gewöhnlichkeit, während er voll heimlicher Bewunderung zu den tragischen Helden aufschaut, die diese Anpassung verweigern und damit ihren Untergang auf sich ziehen.*[3]

## 11.3 Figur, Geschehen, Schauplatz

Das empfehlenswerte und bereits zitierte Reclam-Bändchen *Wie interpretiert man ein Drama?* nennt als Elemente des Dramas: Figur, Geschehen, Schauplatz, Requisiten.[4] Das kennen wir bereits: Wer? Was? Wo? Und was die Requisiten betrifft: Womit?

Beim Lesen eines Dramas wirkt die Beantwortung einiger dieser Fragen auf Anhieb oft sehr leicht. Am Anfang finden wir meistens ein Personenverzeichnis, auch Ort und Zeit der Handlung sind häufig angegeben.

Dennoch ist damit noch nicht alles gesagt. Die Figur des Helden ist natürlich deutlicher ausgearbeit als die der Nebenfiguren, oft lernen wir Personen auch über Dritte kennen, wenn über den Helden oder den Schurken gesprochen wird.

11

*In Goethes* ***Tasso*** *ist der Held schon vor seinem ersten Auftritt Gegenstand eines ausführlichen Gesprächs, dem wir bereits ein Porträt seines Charakters sowie eine Andeutung des darin angelegten Problems entnehmen können. In* ***Egmont*** *bedient sich Goethe sogar des Kunstgriffs, den Helden vor seinem*

---

3 Hans-Dieter Gelfert, *Wie interpretiert man ein Drama? Für die Sekundarstufe*, S. 33f.

4 Ebenda, S. 3.

*ersten Auftritt gleich dreimal aus einer jeweils anderen Optik zu zeigen, (...). Shakespeares Richard III. übernimmt es selber, sich gleich zu Beginn des Stückes in seiner ganzen Skrupellosigkeit vorzustellen.*[5]

## 11.4 *King Kongs Töchter* von Theresia Walser Schauspiel in 13 Szenen[6]

Wie in Kapitel 7 versprochen, soll nun ein sehr modernes Theaterstück behandelt werden, geschrieben von einer Frau. Theresia Walser, so steht es in dem *Spectaculum*-Band zu lesen, wurde 1967 in Friedrichshafen geboren, besuchte die Schauspielschule in Bern und erhielt bereits einige Auszeichnungen.

In München war im Frühjahr 2001 nicht nur ihr Stück *King Kongs Töchter* (Uraufführung 1998 in Zürich) zu sehen, sondern auch *So wild war es in unseren Wäldern schon lange nicht mehr* (Uraufführung 1. November 2000). Weitere Stücke: *Kleine Zweifel* (1997) und *Das Restpaar* (ebenfalls 1997).[7] Mit Sekundärliteratur zur Autorin und vor allem zum Stück ist also kaum zu rechnen. Sie müssen sich bei einer Analyse vor allem auf sich selbst und die *eigene Beobachtungsgabe* verlassen.

### 11.4.1 Kurzer Überblick über das Stück

Bevor man das Drama liest, bekommt man schon einen Überblick darüber, *wer* mitspielt und *wo* sich die Handlung abspielt.

#### *Wer?*

Die Personen sind vorgegeben: drei Pflegerinnen, auch King Kongs Töchter genannt; die alten Bewohner, sechs an der Zahl, unter ihnen ein Ehepaar; der Abenteurer Rolfi sowie die Stimme von Frau Tormanns Sohn Winnie, dem Existenzgründer.

---

[5] Hans-Dieter Gelfert, *Wie interpretiert man ein Drama? Für die Sekundarstufe,*, S. 17. Wer andere Deutschbücher zum Thema Drama befragen möchte, dem seien folgende beiden, bereits häufiger genannten Werke empfohlen: Monika Müller/Walter Eschenbacher/Siegfried Kaulfersch, *Deutsch für die berufliche Oberstufe. Ein Lehr-, Text- und Arbeitsbuch*, S. 557-609; Karl Josef Weiß/Helmut Erwert/Gerd Dieter Kohse, *Literatur und Text. Ein Lehr- und Arbeitsbuch für den Literaturunterricht der Sekundarstufe II*, S. 432-436. In beiden Büchern werden weitere Dramen als Beispiele angeführt, bei Müller u.a. finden sich auch Aufgaben, an denen Sie das Erlernte erproben können.

[6] In: *Spectatculum 71. Sechs moderne Theaterstücke*, Frankfurt am Main: Suhrkamp Verlag, 2000, S. 191-234.

[7] Ebenda, S. 254.

*Wo?*

Handlungsort ist ein Altersheim.

*Wann?*

Vermutlich die Gegenwart - jedenfalls nicht weit zurückliegend.

*Was?*

Zwar sind Personen und Handlungsort vorgegeben, doch um die Handlung zu verstehen, müssen Sie das Stück tatsächlich lesen. Es lohnt sich, eine kurze Inhaltsangabe der einzelnen Szenen zu skizzieren und sich Notizen zu machen, was einem selbst bei der Lektüre auffällt. Es wird dann sicherlich leichter sein, Strukturen zu erkennen, die Handlung zu verfolgen, die Dramaturgie zu sehen.

Bei einer Aufführung des Theaterstückes ist es dem Regisseur, den Schauspielern und den Mitarbeitern überlassen, diese Vorlage nach eigenen Vorstellungen umzugestalten. Wir aber können mit dem geschriebenen Text nicht so verfahren.

## 11.4.2 Die Szenenübersicht

Hier ein Beispiel für eine Szenenübersicht, die aus *einfachen Notizen* besteht. Sie bezieht sich auf die ersten drei Szenen des Stücks.

*Szene 1*

Zwei der drei Pflegerinnen, Berta und Carla stehen auf dem Balkon. Die Rede ist von Nachttischchen und einem Sofa, alte, gebrauchte Gegenstände vom Sperrmüll. Es geht auch um die dritte Pflegerin, Meggie, die offenbar glaubt, sie sei etwas Besseres. (Am Ende der Szene kommt Meggie übrigens kurz hinzu.) Weiteres Thema ist die Pflege der alten Menschen, auch unappetitliche Details der Arbeit werden nicht ausgespart. Auffallend ist, dass so häufig von alten Hollywood- und Ufa-Stars die Rede ist: John Wayne, Greta Garbo, „Rühmänner“[8], Ginger Rogers, Judy Garland, Audrey Hepburn. Die Pfegerinnen sprechen darüber, dass sie ihren Beruf erweitert haben.

Carla scheint etwas langsamer von Begriff zu sein als Berta, die vermutlich Meinungsführerin ist. Carla stellt öfter Fragen („Wer denn?“ - „Ah ja, für was denn?“) und sie hat einen Standard-Spruch für alle Gelegenheiten: „Frag nicht nach Sonnenschein.“



---

[8] Theresia Walser, „King Kongs Töchter“, in: *Spectaculum 71. Sechs moderne Theaterstücke*, S. 194.

### *Szene 2*

Die Bewohner des Altersheims sind im oder kommen in den Gemeinschaftsraum. Die Pflegerinnen sind dabei. Es ist schwer, sich in dieser Szene einen Überblick über die Bewohner zu verschaffen, aber einige Dinge fallen auf.

*Frau Tormann* wird am nächsten Tag 80 Jahre alt, spricht kaum, ist offenbar krank oder geistig abwesend und hört andauernd eine Kassette, die ihr Sohn besprochen hat mit Anekdoten und Ereignissen aus seinem Leben.

*Herr Nübel* („großes N und kleines übel") hat einen Lieblingsspruch - das kennen wir ja schon von Carla in der ersten Szene. Herr Nübels Spruch heißt: „Aber das ist ja auch wieder das Schöne daran, nicht wahr?" Je unpassender die Gelegenheit, desto komischer der Spruch.

*Frau Albert* erzählt ständig, einen Glücksbrief bekommen zu haben, „Hildes Glücksbrief!" Hier werden Humphrey Bogart und Marilyn genannt - also wieder Verweise auf Hollywood.

### *Szene 3*

Die drei Pflegerinnen und die Bewohner des Altersheims, allerdings in einer anderen Gewichtung. Frau Tormann ist nicht dabei, Herr Pott übt ein Gedicht, Herr Nübel und Herr Albrecht sprechen kaum. Den Dialog bestreiten die drei Pflegerinnen einerseits und Frau Albert und Frau Greti andererseits - ein Kontakt der beiden Gesprächsgruppen miteinander scheint nicht stattzufinden. Wenn die Rede auf Frau Tormann kommt, ist wieder von Hollywood-Größen, von Mae West, die Rede. Frau Greti und Frau Albert sprechen über Dinge irgendwo zwischen sexuellen Anspielungen und „Ekelkram".[9] Meggie hält einen ausführlichen Monolog, der ihren Beruf und ihre Berufsauffassung widerspiegelt.

So oder so ähnlich könnte es aussehen, wenn Sie sich das Stück Szene für Szene erarbeiten möchten, es verstehen wollen. Um das Verfahren abzukürzen wählen wir im Weiteren einen einfacheren Weg und zitieren eine Art Inhaltsangabe, die den Materialen am Ende des *Spektaculum*-Bandes entnommen ist.

> *Das Stück spielt in einem Altersheim. Eine kleine vergessene Gesellschaft in der Endstation. Es soll aber keine Sozialstudie sein, es beschreibt nicht auf naturalistischer Ebene Alterstrostlosigkeit oder den Horror einer aussichtslosen Existenz, als vielmehr die sich daraus ergebenden Grotesken, in denen jeder sein Recht auf Sehnsucht fordert. Es sind bizarre, trotzige Stimmen, die sich gegeneinander behaupten müssen, weil immer weniger für das eigene Vorhandensein spricht.*

---

[9] Theresia Walser, „King Kongs Töchter", in: *Spectaculum 71. Sechs moderne Theaterstücke*, S. 207.

*King Kongs Töchter sind die Pflegerinnen, von den Alten werden sie Kellnerinnen genannt. Drei junge Frauen, die immer wieder an die Grenzen des Pflegens stoßen, die das Pflegen an sich in Frage stellen und die daran zweifeln, ob es wirklich ein Beruf sein kann, ein Beruf, in dem letztlich nichts gelingt.*

*Dieser Hilflosigkeit wollen sie sich nicht überlassen, was sie zu Ende bringen, soll glanzvoll sein. Sie betreiben den Tod als vitales Spiel, inszenieren die Alten in Todesszenen großer Stars, sie sollen als Idole ihrer eigenen Jugend sterben, als Mae West, Greta Garbo, Clark Gable etc. Sterben und sich selbst noch ähnlich sein, so King Kongs Töchter, das ist zuviel verlangt.*

*Dabei machen sie sich selbst zu Schicksalsverwalterinnen von Sterbeszenen großer Idole. Gestorben wird jeweils an Todestagen der Vorbilder. Der Tod ist ein Termin, sagen sie, und wir sind die Chefdisponentinnen.*

*Das Stück spielt in einer Nacht, einerseits beschreibt es den Vorgang einer solchen Inszenierung, eine alte Frau soll als Mae West auf einem Sofa sterben, das Sofa haben King Kongs Töchter vom Sperrmüll angeschleppt, andererseits beschreibt es splitterhaft die Unruhe der alten Bewohner in ihrer schlaflosen Zeit.*

*Dort mitten hinein stolpert ein junger Kerl von der Straße, ein sogenannter Abenteurer, einer, der behauptet, seine Reise nach Athen verpaßt zu haben und der Angst hat, seine Zukunft könnte ihn überrollen.*

*Es ist ein Reigen von verschiedenen Wirklichkeiten, die dort zusammenstoßen und die sich auf poetische, traurige und komische Weise ihre Wahrheiten selbst erfinden müssen, weil sie sich mit der Rolle, die ihnen die Gesellschaft bietet, nicht abfinden mögen. Und es ist das Auflehnen dreier Frauen gegen die Willkür einer Trostlosigkeit, der sie einen Triumph abverlangen.*

*Eine Frage, die sich unter anderen daraus stellt, ist: Gibt es Dienstleistung für Todgeweihte?*[10]

11

Wenn Sie nun zurücksehen, was wir aus den ersten drei Szenen an Handlung und Inhalt erarbeitet haben, so bemerken Sie, dass Sie sich mit der Szene-für-Szene Methode ein gutes Gerüst für eine Analyse aufbauen können. Ansatzweise haben wir die großen Themen dieses Stückes, wie sie in dem Text gerade geschildert werden, schon erkannt: Die unterschiedlichen Lebenswelten von Pflegerinnen und Heimbewohnern, die Bedeutung von Hollywood-Schauspielern (auch wenn nach der Lektüre von drei Szenen noch nicht klar ist, welche Bedeutung sie haben), die Komik, die Verwirrung.

---

[10] Theresia Walser, „King Kongs Töchter", in: *Spectaculum 71. Sechs moderne Theaterstücke*, S. 254f.

### 11.4.3 Personenkonstellation und dramaturgische Aufteilung

In der dritten Szene wurde deutlich, dass die Personen eines Dramas auch verschiedene Gruppen bilden können, die zwar gleichzeitig auf der Bühne sind, aber trotzdem kaum miteinander in Kontakt treten. Vielleicht sagt ja auch die Anordnung der Personen, über das Stück verteilt, etwas aus. Sehen wir uns also die Frage nach dem Wer? noch einmal genauer an.

*1. Szene*

Zwei Pflegerinnen, die dritte kommt hinzu.

*2. Szene*

Die Pflegerinnen und die Bewohner des Altersheims; Winnie auf Kassette.

*3. Szene*

Drei Pflegerinnen, die Bewohner des Altersheims (ohne Frau Tormann). Die Pflegerinnen sprechen miteinander; die Unterhaltung der Altersheimbewohner bestreiten vor allem Frau Albert und Frau Greti. Herr Pott geht laut Regieanweisung durch den Raum und übt sein Gedicht.

*4. Szene*

Die Bewohner des Altersheims (ohne Frau Tormann und ohne Greti); es sprechen vor allem Herr und Frau Albert. Herr Pott schläft, Herr Nübel trägt wenig zur Unterhaltung bei.

*5. Szene*

Drei Pflegerinnen und Frau Tormann. Über der Szene steht: *King Kongs Töchter machen Frau Tormann als Mae West zurecht.*[11] Frau Tormann spricht nicht. Sie scheint im ganzen Stück - bis zur Inszenierung ihres Todes eine passive, leidende Rolle einzunehmen.

*6. Szene*

Drei Bewohner des Altersheims (Frau Albert, Frau Greti, Herr Pott übt sein Gedicht).

*7. Szene*

Die drei Pflegerinnen und Frau Tormann.

---

[11] Theresia Walser, „King Kongs Töchter“, in: *Spectaculum 71. Sechs moderne Theaterstücke*, S. 211.

### *8. Szene*

Die drei Pflegerinnen; Bewohner des Altersheims (Frau Albert, Herr Albert; Herr Pott übt sein Gedicht, Frau Greti); neu hinzu kommt Rolfi.

Die Aufteilung des Gesprächs: Die Pflegerinnen sprechen fast nur untereinander - in diesem Fall fasziniert von dem Neuankömmling Rolfi, Herr und Frau Albert führen ein Gespräch, Frau Greti wird von Rolfi im Rollstuhl hereingeschoben und spricht mit ihm - man könnte besser sagen, sie schäkert mit ihm. Herr Pott ist ein Einzelgänger - man sieht ihn wieder nicht im Dialog mit anderen, sondern allein sein Gedicht rezitierend.

### *9. Szene*

Die drei Pflegerinnen; Herr Pott liest seinen Brief für Meggie und übt sein Gedicht; Rolfi kommt hinzu - Carla und Berta sind wiederum fasziniert von ihm.

### *10. Szene*

Herr Pott und Meggie; Rolfi kommt hinzu.

### *11. Szene*

Rolfi und Herr Nübel. Tod Rolfis.

### *12. Szene*

Die Heimbewohner am Tisch außer Frau Tormann (tot) und Rolfi (tot).

### *13. Szene*

Die drei Pflegerinnen.

Tatsächlich ist eine Art *Struktur* zu erkennen - auch wenn man vom Inhalt des Stückes noch nicht viel weiß und lediglich die Personenkonstellation betrachtet: Die drei Pflegerinnen tauchen in der ersten und in der letzten Szene alleine auf. In der fünften und siebten Szene mit der stummen bzw. sterbenden Frau Tormann.



### *1. Szene*

King Kongs Töchter.

### *5. Szene*

King Kongs Töchter machen Frau Tormann als Mae West zurecht.

### *7. Szene*

King Kongs Töchter mit Frau Tormann als Mae West.

### *13. Szene*

Abschluss durch King Kongs Töchter - fast eine Umkehrung von Szene 1.

In Szene 3 und Szene 9 sind sie ebenfalls sehr wichtig. Fast könnte man sagen, die Szenen mit den ungeraden Zahlen sind die zentralen Auftritte von King Kongs Töchtern.

In Szene 2 lernen wir die ganze Gesellschaft kennen. Und tatsächlich wirkt Szene 12, also die vorletzte, als Umkehrung der zweiten Szene: Wieder sitzen alle am Tisch (mit Ausnahme der Verstorbenen), ja sogar die Regieanweisung von Szene 2 wird wieder aufgegriffen: „*Sie zwicken einander gegenseitig in die Backen, das Ritual aus der ersten Tischgesellschaftsszene.*“[12]

Szene 1 und 2 und in Umkehrung Szene 12 und 13 geben damit einen *Rahmen* ab, in dem sich der Irrsinn des Altersheims entfaltet. Zwar sind zwei Menschen zu Tode gekommen, doch ist letztlich für die meisten fast nichts geschehen. Sie verhalten sich am Ende genauso wie am Anfang. Auch King Kongs Töchter werden die alten Leute wohl weiterhin für ihre letzte Reise schminken und drapieren.

Die Übersicht über die Personenkonstellation lässt auch *Strukturen* innerhalb der Altersheim-Gesellschaft erkennen:

- Frau Albert ist häufig im Gespräch mit Frau Greti - oder mit ihrem Mann, Herrn Albert.
- Herr Pott ist viel allein unterwegs. Er übt vor allem sein Gedicht.
- Frau Tormann ist allein, bekommt wenig mit und hört die Kassette ihres Sohnes. Nach ihrem Tod taucht Rolfi auf. Auch er wird umkommen, ein junger Mensch inmitten dieser alten Gesellschaft.
- Frau Greti hofft noch auf einen Mann in ihrem Leben.

Letztlich kann man jeder der Figuren bestimmte *Formulierungen* und *Verhaltensweisen* zuordnen: Herr Nübel mit seinen Sprüchen, Herr Pott mit seinem Gedicht, Frau Albert mit ihrem Glücksbrief, Frau Tormann mit ihrer Winniecassette.

---

[12] Theresia Walser, „King Kongs Töchter“, in: *Spectaculum 71. Sechs moderne Theaterstücke*, S. 233.

Doch nur in der Vermischung durch Dialoge und Monologe ergibt sich das Panoptikum menschlicher Verhaltensweisen, das sich hier dem Leser oder Zuschauer bietet.

Noch einmal kurz zurück zur *Zeit*. *„Tischgesellschaft, nächster Morgen"* heißt es in der Regieanweisung zu Beginn von Szene 12. Damit ist klar, dass die erzählte oder genauer gesagt die gespielte Zeit einen Tag und eine Nacht umfasst.

Theresia Walser hält sich damit an die *Einheit von Ort und Zeit*. Die Handlung hingegen ist schwer als Einheit zu begreifen. *Bruchstückhaft* oder, wie es in dem auf S. 206f. zitierten Text heißt, „splitterhaft" wird aus dem Leben im Altersheim erzählt, aus dem Leben der Pflegerinnen und der alten Menschen.

Wie Puzzlestücke wirken die einzelnen Szenen. Zusammen ergeben sie ein Bild. Ob es den jungen Menschen in diesem Stück besser geht als den alten? Sind King Kongs Töchter zufriedener als Frau Albert, ist Rolfi glücklicher als Herr Pott? Die Antwort bleibt dem Leser bzw. dem Zuschauer überlassen.

## Aufgaben

Zwei Monologe zum Vergleich: Der eine stammt von der „Winniecassette". Winnie, der Sohn von Frau Tormann, schickt besprochene Kassetten, kann aber nicht zum 80. Geburtstag seiner Mutter kommen. In der Personenübersicht wird er als „Existenzgründer" bezeichnet.

Meggie hingegen ist eine von King Kongs Töchtern und möchte so gerne Spezialistin sein.

1. Welche Sicht des eigenen Berufs haben Winnie und Meggie? Vergleichen Sie die beiden Ansichten miteinander und notieren Sie Stichpunkte.

2. Auch wenn nicht ganz klar ist, welchen Beruf der Existenzgründer Winnie wirklich hat: Welcher der beiden Berufe wird wohl in der Gesellschaft höher anerkannt und warum? Geben Sie Ihre Antwort in Stichpunkten.

3. Welcher sprachlichen Mittel bedienen sich die beiden Figuren, um ihre Berufe und Berufswünsche zu verdeutlichen?

4. „Wenn es Rassenunterschiede gibt, das sage ich Ihnen, dann sind die aber zwischen alt und jung."

   Schreiben Sie eine Stellungnahme von etwa einer Seite zu diesem Satz des jungen Rolfi!

**WINNIECASSETTE** Wenn einer eine Reise tut, wenn einer eine Reise tut ...

Mein liebes Muttchen, heute an einem 12. Februar, Montag, gewitterblau und mild, daß ich bereits in kurzen Ärmeln bin, sitz ich wieder im Flugzeug, diesmal Peking.

Dein Sohnemann wird ganz schön durch die Lüfte serviert, was Muttchen und du wirst gleich 80 ...

Das ist jetzt bereits die siebte Reise, bei der ich mein Abteilungsleiterchen vertreten muß, vom Abteilungsleiterchen, Muttchen, hab ich dir erzählt, du weißt noch, das ist der, der Paris mit ie schreibt.

Ein herzhaftes Lachen, Muttchen, wär hier jetzt angebracht, am liebsten dein Muttchenlachen, bei dem es mich immer an den Fußsohlen kitzelt.

(...)

Ja, Muttchen, jetzt häuft es sich, langsam häuft es sich, das Know-how zeigt die ersten Früchte und manchmal lieg ich noch nachts mit Schmerzen wach, daß ich glaub, das käm vom schnellen Wachsen.

Das ist das Zutrauen, Muttchen, was bei mir wächst und wächst, und deinen Winnie würd es gar nicht wundern, wenn er am nächsten Morgen auf einmal Knospen an den Fingern hätte.

Ganz baff ist er über seine eigenen Fähigkeiten, ganz gesprenkelt vom vielen Erfolg. Die Unersetzlichkeit schärft mir die Zacken an der Säge, Muttchen, und dem Abteilungsleiterchen klappt bald der Sitzboden weg, so unschuldig wie dein Winnie, Muttchen, hat noch keiner was gewonnen.[13]

---

**MEGGIE** Das ist nicht mein Beruf, ich frag mich, ob das überhaupt ein Beruf ist. Schon lange frag ich mich, wann aus diesem Nebensachengewurschtel endlich die Hauptsache erscheint. Ich bin jetzt 32 und warte täglich, daß hier mal endlich mein Beruf auftaucht. Meine Cousinen, die bauen Flughäfen in der ganzen Welt, für die ist Europa ein alter Speiserest, die sind schon lang in Hongkong, versteht ihr, da sind die spezialisiert, die bauen Flughäfen, da kommt alles durch, was grad noch einen Kopf hat,

[13] Theresia Walser, „King Kongs Töchter", in: *Spectaculum 71. Sechs moderne Theaterstücke*, S. 200.

versteht ihr, die denken an jede Behinderung, Aufzüge für Blinde und so. Wenn die hier mal rüberfliegen, dann denken die, da unten hockt die Meggie und verpennt ihre eigene Entwicklung, weil ich noch nicht mal richtig spezialisiert bin, weil man hier richtig zerfleddert in diesem Haufen. Ich möchte spezialisiert sein, versteht ihr, durch und durch geschliffen, völlig einseitig, nutzlos, beschränkt, unbrauchbar für Tesafilm, unbrauchbar fürs Aufwischen, unbrauchbar fürs Nachfüllen von Seifenspendern, jenseits meiner Spezialisierung möchte ich eine Katastrophe sein, eine zerstreute Linkshändige, eine Gefahr fürs Alltägliche. Ich möchte, daß man mir meinen Beruf ansieht, so wie man eine Spitzensportlerin am Hals erkennt, ich möchte, daß man vor mir stehen bleibt und sagt, Mensch, die Meggie, für 32 hat die aber ziemlich dunkle Augen, Sterbebegleitung, versteht ihr, Stewardeß für die letzte Reise, so was schwebt mir vor, und dann die Wracks aufpolieren so gut es eben geht.[14]

## 11.5 Fast ein Schlusswort

Wir sind am Ende unserer Betrachtung zur deutschen Literatur. Und doch fehlt noch vieles: Die Ausblicke in die *Nachbarländer* und die dortige Literaturgeschichte und -gegenwart, ein *ausführlicher Literaturkanon*, ein kritischer Blick auf die *Vermischung der Gattungen* usw.

Das Buch ist ein Anfang - weitermachen können Sie selbst. Deshalb auch noch ein letztes Kapitel zum Thema Kreatives Schreiben. Vergessen Sie nie, dass Sie auch Autor sind und nicht nur die Texte anderer Autoren lesen.

Vielleicht ist es Ihnen aufgefallen, dass dieses Buch eine große Lücke im Bereich Drama aufweist: Wir haben nie über Goethes *Faust* gesprochen, wenngleich wir ihn mehrfach zitiert haben. Absicht? Versehen? Eher eine Art Ratlosigkeit. Wie kann man dieses große Werk in ein paar Sätzen charakterisieren, wie die großen Themen ansprechen, die es behandelt?



Daher eine Empfehlung zum Schluss: Lesen Sie *der Tragödie erster Teil*. Der Text ist sehr, sehr spannend. Vermutlich werden Sie stellenweise das Gefühl haben, Sie lesen ein Lexikon der geflügelten Worte. Wenn möglich, sehen Sie sich eine Aufführung an.

---

[14] Theresia Walser, „King Kongs Töchter“, in: *Spectaculum 71. Sechs moderne Theaterstücke*, S. 208.

Wir können Ihnen also nur einen Textauszug aus dem *Faust* mit auf den Weg geben. Er bezieht sich übrigens auf das Theater - aber wie wir gesehen haben, ist unsere Welt tatsächlich häufig ein Theater, in dem Lust- und Trauerspiele aufgeführt werden.

> *Noch sind sie gleich bereit, zu weinen und zu lachen,*
> *Sie ehren noch den Schwung, erfreuen sich am Schein;*
> *Wer fertig ist, dem ist nichts recht zu machen;*
> *Ein Werdender wird immer dankbar sein.*[15]

Für das Lesen und Verstehen von Literatur gibt es kein definitives Ende. Die Beschäftigung mit der Literatur hört nicht auf; man hat nicht irgendwann einmal alles Wichtige gelesen. Entwickeln Sie sich daher besser nicht zu jemandem, der fertig ist, denn so jemandem ist ja nichts recht zu machen. Bleiben Sie immer ein Werdender und ein Lernender - haben Sie Freude an Ihrer eigenen Neugier und an dem, was Sie gelernt haben.

Hoffentlich hatten Sie auch nie das Gefühl, dass die Autoren dieses Buches „fertig“ waren, sondern Werdende und Lernende geblieben sind. Denn nicht nur Sie haben mit und aus diesem Buch gelernt, den Autoren ging es da nicht anders. Auch sie haben viel dazu gelernt.

---

[15] Johann Wolfgang von Goethe, *Faust. Der Tragödie erster Teil*, S. 7.

# 12. Kreatives Schreiben

**Lernziele**

- Den Mut zum eigenen Schreiben finden
- Anregungen zum Verfassen von Nicht-Sachtexten erhalten
- Selbst schreiben

*Die Schriftstellerei ist, je nachdem man sie treibt, eine Infamie, eine Ausschweifung, eine Tagelöhnerei, ein Handwerk, eine Kunst, eine Wissenschaft und eine Tugend.*[1]

Wer sich vom literaturkritischen Inhalt der Aussage August Wilhelm Schlegels nicht abschrecken lässt, kann diesen Worten des bedeutenden Romantikers auch eine motivierende Seite abgewinnen: *„das"* Schreiben an und für sich gibt es nicht. Schreiben kann man so oder so oder auch ganz anders: gut oder schlecht, zum Broterwerb, als handwerkliche Fingerübung, als Kunst, im Dienste der Forschung und Lehre oder zur ideellen Erbauung und Läuterung seiner Mitmenschen.

Schreiben kann man also aus vielerlei Gründen und - zugegebenermaßen - in unterschiedlichen Qualitätsstufen. In diesem abschließenden Kapitel des dritten Bandes der Trilogie Telekolleg Deutsch wird Literaturkritik aber keine Rolle spielen. Es geht ums Schreiben, um das *eigene* Schreiben, *Ihr* Schreiben.

Der Frage „Was ist Literatur?" sind wir bereits in Kapitel 1 nachgegangen und in den nachfolgenden Kapiteln haben Sie Muster und Bewertungskriterien für den kritischen Umgang mit Lyrik, Epik und Dramatik kennen gelernt. Sie wissen nun ein wenig mehr darüber, wie, warum und wieso „andere" geschrieben haben.

Jetzt sind Sie an der Reihe.



[1] August Wilhelm Schlegel „Fragmente", zitiert nach Karl Peltzer u. Reinhard von Normann, *Das treffende Zitat*, Thun: Ott Verlag, 1995, S. 529.
A.W. Schlegel (1767-1845) gehörte zusammen mit seinem jüngeren Bruder Friedrich (1772-1829) zu den wichtigsten Theoretikern der deutschen Romantik und war Professor für Kunst- und Literaturgeschichte.

Aber kein Grund zur Sorge. Sie müssen keine Hoch- oder Höhenkammliteratur verfassen. „Nur“ schreiben. Das kann zwar dasselbe sein, muss es aber nicht. Es besteht kein naturgegebener Zwang, mit jedem selbst geschriebenen Satz die Welt in ihren Grundfesten zu erschüttern. Im Lande der Dichter und Denker ist dies allerdings immer noch eine etwas ungewohnte Vorstellung:

> *Der Umgang mit Schreiben im deutschen Bildungssystem ist seit dem 18. Jahrhundert von der Vorstellung des Schreibenden als Genie befangen: Schreiben kann in seiner technischen Erscheinungsform vermittelt und angeeignet werden, nicht jedoch in seinem kreativen Potential. Ein heute kaum noch bewußt reflektierter, aber trotzdem immer noch wirkungsvoller Ausgangspunkt für diese Position ist die Definition des Schreibens durch den literarischen Sturm und Drang als imaginären Schöpfungsakt.*[2]

Den literarischen Sturm und Drang (1767–1785) kennen Sie schon etwas genauer aus Kapitel 2 des Deutschbuches *Reden, Schreiben, Präsentieren – Mit Texten arbeiten*. Die „hervorstechendste Programmforderung war die Überordnung des Genies über den kritischen Kopf“[3] fassen Herbert und Elisabeth Frenzel das literarische Credo der vornehmlich jungen Vertreter zusammen. Zeitgenössische Interpretationen definierten das „Genie“ als „Aussprecher unaussprechlicher Dinge“ und „Licht der Welt“[4] (Johann Kaspar Lavater), oder als „Urkraft, Erfinder, Original“[5] (Johann Gottfried Herder). Vermutlich hätte auch der eine oder andere heutige Schriftsteller nichts dagegen, immer noch als „Licht der Welt“ bezeichnet zu werden. Das schmeichelt.

Der Sturm und Drang ist nun seit mehr als 200 Jahren Geschichte, die Rolle und das Wesen des Schriftstellers wurden inzwischen wiederholt überdacht und neu formuliert, aber geblieben ist bis heute ein wenig die Ansicht, dass das Schreiben eine Gabe oder ein Talent sei.

Das ist zum Teil sicher richtig. Manche Menschen können besser mit Worten umgehen als andere. Manche Menschen können besser Autos reparieren als andere. Und manche können besser schreinern als der Rest von uns. Neben der Satzstellung haben diese drei Beispiele aber noch etwas gemeinsam: Mit etwas *Übung* und entsprechenden *Fachkenntnissen* kann man es auf allen drei Gebieten zu

---

[2] Gerd Bräuer, *Schreibend lernen. Grundlagen einer theoretischen und praktischen Schreibpädagogik*, Innsbruck: Studien-Verlag, 1998, S. 11.

[3] Herbert A. u. Elisabeth Frenzel, *Daten deutscher Dichtung. Chronologischer Abriß der deutschen Literaturgeschichte*, Band 1, S. 201.

[4] Ebenda, S. 201.

[5] Ebenda, S. 201.

einer gewissen *Fertigkeit* bringen. In Sachen Technik ebenso wie in puncto Kreativität. Nicht überall zur Meisterschaft, denn da spielt sicherlich die „Begabung" eine Rolle, aber vielleicht schafft man es vom Lehrling immerhin bis zum Gesellen. Wer selbst etwas schreibt, muss damit nicht immer etwas „Wichtiges" sagen, etwas „Unaussprechliches" in Worte fassen. Schreiben kann - siehe das Anfangszitat Schlegels - viele Anlässe und Gründe haben. Und alle haben ihre Berechtigung. Es muss nicht immer gleich die „Tugend" sein:

> *Man werde vor allem freier und natürlicher. Man gebe die 'Unendlichkeit' auf für die Endlichkeit; eine gutgemalte Katze ist mehr wert, als der erhabenste Seraf.*[6]

## 12.1 Warum selbst schreiben?

Warum überhaupt schreiben? Was bringt mir das, was habe ich davon? Der englische Philosoph Thomas Hobbes (1588-1679) entwickelte in seinem staatstheoretischen *Leviathan* (1651) in Kapitel 4 „Von der Sprache" auch eine der einflussreichsten Sprachphilosophien des 17. und 18. Jahrhunderts. Von einem Philosophen dürfen wir vermutlich einen unvoreingenommeneren Blick auf das Wesen des Schreibens erwarten als von einem Schriftsteller oder einem Literaturkritiker:

> *Besondere Benutzungsarten der Sprache sind die folgenden: erstens, das Aufzeichnen dessen, was wir durch Nachdenken als Ursache eines beliebigen gegenwärtigen oder vergangenen Dings herausfinden und was nach unserer Erkenntnis gegenwärtige oder vergangene Dinge hervorbringen oder bewirken können - kurz, das Erwerben von Fertigkeiten. Zweitens, anderen die Kenntnisse zu zeigen, die wir erworben haben, das heißt gegenseitige Beratung und Belehrung. Drittens, anderen unseren Willen und unsere Absicht bekannt zu machen, um gegenseitige Hilfe zu ermöglichen. Viertens, uns und anderen zu gefallen und zu erfreuen, indem wir zum Vergnügen oder zum Schmuck auf harmlose Weise mit unseren Wörtern spielen.*[7]

---

[6] Arno Schmidt, *Der Platz, an dem ich schreibe. 17 Erklärungen zum Handwerk des Schriftstellers*, hrsg. von Bernd Rauschenbach (eine Edition der Arno Schmidt Stiftung im Haffmans Verlag), Zürich: Haffmanns Verlag, 1993, S. 16.
Arno Schmidt (1914-1979) gehört zu den interessantesten deutschen Schriftstellern der Nachkriegszeit. Sein literarischer Rang wird inzwischen mehrheitlich anerkannt. Dennoch ist Schmidt einem breiten Publikum immer vergleichsweise unbekannt geblieben. Er galt als schwierig und menschenscheu, sein Stil als „avantgardistisch". Sein Hauptwerk *Zettel's Traum* (1970) z.B. umfasst über 1300 Typoskript-Seiten im Format DIN-A3. Sein Erstlingswerk hieß übrigens *Leviathan oder Die beste der Welten* (1949) - vgl. Thomas Hobbes, *Leviathan* (Fußnote 7).

[7] Thomas Hobbes, *Leviathan oder Stoff, Form und Gewalt eines bürgerlichen und kirchlichen Staates* (1651), hrsg. u. eingel. von Iring Fetscher, Frankfurt am Main u.a.: Ullstein, 1976, S. 25.

Vier Gründe also, Sprache in Worten festzuhalten:

- Schreiben hilft beim *Nachdenken*,
- Schreiben *vermittelt Wissen* an andere,
- im Schreiben kann sich der Schreiber *selbst ausdrücken* und
- Schreiben zum *Vergnügen*.

Vier Gründe, aus denen man auch heute, mehr als 350 Jahre später, immer noch eine Motivation fürs eigene Schreiben entwickeln kann.

Unterschätzen Sie auch den „praktischen" Nutzen nicht. *Literarische* und *Sachtexte* haben durchaus *Gemeinsamkeiten*. Was Sie auf dem einen Gebiet gelernt haben, können Sie auch auf dem anderen einsetzen. Im Wirtschaftsdeutsch würde man von *„Synergie-Effekten"* sprechen. Eine schlüssige Struktur und gute Formulierungen nützen einer Erörterung ebenso wie einem Roman.

## 12.2 Erste Schritte: einfache Schreibübungen

Nach traditionellem Verständnis wird ein Schreibprozesses meist so interpretiert:

| Schreibanlaß<br>Themenfindung – Planung – Materialsammlung – Erstentwurf – Überarbeitung<br>Endfassung[8] |
|---|

Mit diesem Modell könnte man ein Referat schreiben, aber genauso auch einen Roman zumindest in der Theorie:

> *Zu Beginn der siebziger Jahre haben britische und amerikanische PädagogInnen anhand empirischer Untersuchungen von Textentwürfen und Endfassungen festgestellt, daß es sich beim Schreiben keineswegs um einen linearen Handlungsablauf zwischen den Polen ‚Schreibanlaß' und ‚Endprodukt' handelt.*[9]

Vielmehr ergibt sich um den zentralen Pol des „Schreibens" eine kreisförmige Struktur wiederkehrender Handlungen:

---

[8] Gerd Bräuer, *Schreibend lernen. Grundlagen einer theoretischen und praktischen Schreibpädagogik*, S. 19.

[9] Ebenda S. 19-20.

| | | | |
|---|---|---|---|
| | Zweifeln | Entwerfen | Inspirieren |
| Planen | | **Schreiben** | Überdenken |
| | Verwerfen | Überarbeiten[10] | |

Schreiben ist also eher ein Etappenrennen als ein 100-m-Lauf. Stück für Stück kleine Ziele verfolgen und erreichen, um irgendwann das große „Ganze" zu verwirklichen. In diesem Sinne sind die folgenden ersten, spielerischen Schreibübungen zu verstehen. Sie brauchen dafür keine besonders ausgeprägten literaturtheoretischen Spezial-Kenntnisse. Es geht zunächst darum, Schriftsprache (wieder) einmal abseits vom Alltagsgebrauch zu verwenden und etwas Spaß am Schreiben von Nicht-Sachtexten zu entwickeln.

## 12.2.1 Schreibspiele – Einige Anregungen

Abgeleitet u.a. aus den Vorschlägen von Kaminski und Müller[11] seien Ihnen in Kurzform einige Schreibspiele und -übungen vorgeschlagen, die man alleine, mit dem Partner oder in der Gruppe durchführen kann. Dabei finden sich ganz einfache erste Übungen bis hin zu schon relativ komplexen Aufgabenstellungen.

### *Die Patchwork-Geschichte*

Probieren Sie dieses Schreibspiel, bei Kaminski/Müller „Fließband-Geschichte"[12] genannt, doch einmal mit einer Gruppe von Freunden an einem geselligen Abend aus. Es ist für alle „Ersttäter" geeignet, um einfach ein bisschen Spaß am Schreiben zu entwickeln. Verteilen Sie an die Teilnehmer jeweils ein DIN-A4 Blatt. Jeder schreibt nun den Anfang einer beliebigen, selbst gewählten Geschichte auf (je nach Größe der Handschrift 5-10 Zeilen lang). Dann falten alle ihr Blatt so, dass das Geschriebene zugedeckt ist und reichen die Blätter im Uhrzeigersinn weiter. Ohne den Anfang des Vordermannes zu kennen, muss nun weitergeschrieben werden. Lassen Sie nun alle Blätter zweimal komplett reihum gehen, bis jeder wieder im Besitz seines eigenen Anfangsblattes ist. Nun schreiben Sie noch einen Schluss für Ihre Geschichte (Sie als Einziger kennen ja den Anfang).

12

[10] Gerd Bräuer, *Schreibend lernen. Grundlagen einer theoretischen und praktischen Schreibpädagogik*, S. 20.

[11] Winfred Kaminski u. Martina Müller, *Werkstatt Schreiben. Ideen für die Klassen 8-10*, Mainz: Matthias-Grünewald-Verlag, 1996.

[12] Ebenda, S. 22.

Dann entfalten Sie die inzwischen reichlich geknickten Blätter und lesen sich nacheinander ihre Patchwork-Geschichten vor. Je nach Größe der Gruppe beansprucht dieses Spiel ca. eine halbe Stunde Zeitaufwand.

## *Das literarische Scrabble*[13]

Auch ein Schreibspiel für den „alternativen“ geselligen Abend, das allerdings eine gewisse handwerkliche Vorbereitung erfordert. Sie müssen nämlich vor Spielbeginn fünf Würfel mit unterschiedlichen Wörtern bekleben. Am einfachsten sind Substantive. Dann würfeln Sie in der Gruppe und notieren die gefallenen Wörter bis zehn verschiedene zusammengekommen sind. Jeder der Mitspieler bekommt jetzt ein Blatt Papier und muss eine kurze Geschichte schreiben, in der alle zehn gewürfelten Wörter vorkommen. Wahlweise kann man sich auch auf das Verfassen eines Gedichtes einigen. Zeitvorgabe sind zehn Minuten. Anschließend werden die Geschichten oder Gedichte nacheinander vorgelesen.

## *Die Akrostichontechnik*

Eher eine Soloübung. Wenn Sie möchten, können Sie dieses, schon in der Antike beliebte Schreibspiel aber auch in Wettkampfform durchführen. Die Buchstaben eines beliebigen Wortes werden nicht nebeneinander, sondern untereinander am linken Zeilenrand einer Seite angeordnet. Jeder Buchstabe stellt den Anfang eines Satzes dar. Die Aufgabe ist nun, sich passende Sätze zu den jeweiligen Anfangsbuchstaben auszudenken. Dadurch soll gleichzeitig eine zusammenhängende Geschichte entstehen.

Peter Söllinger zeigt diese Technik am Beispiel des Wortes „Abenteuer“. Zuerst ordnet man die Buchstaben untereinander an. Dann werden die Buchstaben zu Sätzen ergänzt:

**A** m Bach machten wir endlich Rast nach einem Marsch in der Junihitze.
**B** equem lagerten wir am Bachrand und ließen die nackten Beine ins Wasser baumeln.
**E** lsa schrie plötzlich auf und riß die Beine hoch.
**N** ahe ihrem Fuß hatte sich etwas blitzschnell vorbeigeschlängelt.
**T** otenbleich zogen auch wir unsere Beine aus dem Wasser.
**E** ndlich sahen wir das Ungeheuer, das uns so erschreckt hatte.
**U** nter einem dicken, halbverfaulten Ast verharrte es regungslos.
**E** s war eine bläulich schillernde Forelle, die uns neugierig zusah.
**R** egungslos beobachteten wir sie, bis sie wie ein Pfeil wegglitt.[14]

---

[13] Winfred Kaminski u. Martina Müller, *Werkstatt Schreiben. Ideen für die Klassen 8–10*, S. 28. Dort heißt das Spiel „Dichten gegen die Uhr“.

[14] Peter Söllinger, *Texte schreiben. Methodische Anregungen*, Wien: Literas-Universitätsverlag, 1989, S. 17.

Mit dieser Übung lernt man im kleinen Rahmen, eine fortlaufende, zusammenhängende Geschichte zu erzählen. Sie müssen ein Akrostichon aber nicht notwendigerweise als Prosatext verfassen. Sie können gerne auch ein Gedicht zu den Anfangsbuchstaben eines gewählten Wortes schreiben.

Wenn man die Aufgabe umkehrt und die Anfangsbuchstaben des Grundbegriffes an das Zeilenende setzt (die Sätze also vom Zeilenanfang her ergänzt), dann nennt sich das „Telestichon“. Richtig kompliziert wird schließlich das „Akroteleuton“, eine Mischung aus beidem. Dabei sollen die Anfangs- (von oben nach unten gelesen) und die Endbuchstaben (von unten nach oben gelesen) der Zeilen dasselbe Wort ergeben. In antiker Reinform besteht ein Akroteleuton aus Wörtern gleicher Länge. Ein Beispiel zum Begriff „Kamel“:

Kugel
Agave
Modem
Erika
Lyrik[15]

Seien Sie beim folgenden Akroteleuton, dem Erstversuch des Kapitelautors, bitte nicht zu kritisch, was das Versmaß angeht.

| | | | |
|---|---|---|---|
| T | heseus, der nahm sich einen Kru | G | G |
| E | r hub ihn an, doch rann aus einer Spalt | E | E |
| L | angsam fort der kühle Lebensquel | L | L |
| E | rbost nahm er aus Lehm ‘ne Kuge | L | L |
| K | ein Grund zur Sorge, ward sein Mott | O | O |
| O | ft wollt er schon erproben, die edle Kunst von der Physi | K | K |
| L | eicht ungeduldig drückt er fest | E | E |
| L | ernt nun, des Lebens eh’rne Rege | L | L |
| E | s gibt die Praxis, nicht bloß die Theori | E | E |
| G | ar jämmerlich zerbarst der Krug. So pudelnass wie höchst verstimmt, | | |
| | so schlich er fort von diesem unglücksel’gen Or | T | T |

# Aufgabe

1. Schreiben Sie ein Akrostichon zu den Anfangsbuchstaben Ihres Namens. Prosa- oder Gedichtform können Sie wählen. Wichtig ist jedoch, dass der fertige Text eine zusammenhängende Handlung ergibt.

15 http://www.max-ernst-gesamtschule-koeln.de/lit/akrot_def.htm, vom 20.3.2001.

### *Von innen nach außen schreiben*

Söllinger nennt diese Vorgehensweise „Einbau eines Erzählelements“[16]. In anderen Werken zum Thema „Schreiben“ taucht dieses Modell in ähnlicher Form auf:

> *Nehmen Sie sich Sprichwörter, allgemeine Lebensweisheiten, Bibelworte und dergleichen vor. (...) Fangen Sie an mit ganz einfachen Redewendungen, am besten solchen, die bereits den Verlauf der Handlung in großen Zügen vorschreiben. (...) Solche Sprichwörter mit Handlungseinteilung sind etwa: Es ist nichts so fein gesponnen, es kommt doch ans Licht der Sonnen - Wer andern eine Grube gräbt, fällt selbst hinein - Der Krug geht so lange zum Brunnen, bis er bricht. Erdenken Sie blitzschnell um derartige Sprüche eine kleine Geschichte (...)*[17]

Mit etwas vermindertem Tempo lässt sich diese Übung sicherlich auch sinnvoll angehen. Den Ansatz mit den Sprichwörtern ignorieren wir aber ebenso wie die Vorgabe des „blitzschnellen“ Ausdenkens - wenn das so einfach wäre, wozu schreibt Schumann dann sein Lehrbuch?

Der Zweck der Grundübung ändert sich dadurch nicht. Söllinger z.B. wählt als Ausgangspunkt für den Bau einer Geschichte um ein Kernelement einen Satz in direkter Rede. In seinen Musterübungen[18] sind es die Aussagen „Ich liebe dich“ und „Das hättest du mir ja sagen können!“. Durch diese letztlich beliebige Vorgabe erhält man eine Hilfestellung auf der oft mühsamen Suche nach einem *Erzählanlass*.

## AUFGABE

2. Schreiben Sie eine Geschichte um den Kernsatz: „Ohne dich kann ich nicht leben!“ Diese Übung muss nicht so umfangreich ausfallen, eine halbe DIN-A4-Seite sollte ausreichen.

---

[16] Peter Söllinger, *Texte schreiben. Methodische Anregungen*, S. 29.

[17] *Grundlagen und Techniken der Schreibkunst. Handbuch für Schriftsteller, Pädagogen, Germanisten, Redakteure und angehende Autoren*, hrsg. von Otto Schumann, Wilhelmshaven: Friedrich Noetzel Verlag, Lizenzausgabe Hamburg: Nikol Verlagsvertretungen, 1994, S. 27-28.
Eine persönliche Anmerkung: Dieses knapp 800 Seiten-Werk ist insgesamt eher abschreckend als hilfreich für den Schreibwilligen. Weniger „Genialität“ bei den Autoren wäre dem praktischen Nutzen zuträglich gewesen.

[18] Peter Söllinger, *Texte schreiben. Methodische Anregungen*, S. 29.

### *Schreiben nach Sinneseindrücken*

Auch eine fiktive Person, z.B. eine Figur in einem Roman, hat, neben ihrer Funktion für den Fortgang der Handlung, ein ganz „normales" Leben. Sie isst, trinkt, berührt Gegenstände und Menschen, sieht und hört, macht also Gebrauch von ihren fünf Sinnen: Tast-, Geruchs-, Geschmackssinn, Sehvermögen und Gehör. Diese unterschiedlichen Sinneseindrücke selbst in Worte zu fassen, ist eine nicht ganz leichte, aber interessante Aufgabe.

Trinken Sie ein Glas Wein (Saft, Tee, Mineralwasser, je nach Vorliebe). Beschreiben Sie auf einem Blatt Papier das „Geschmackserlebnis" des Trinkens. Aus dem Alltag kennen Sie vermutlich die Charakterisierungen auf einer Weinkarte: „blumig, rund, nachhaltig im Abgang, säurearm etc." Hier handelt es sich aber lediglich um eine Aneinanderreihung von mehr oder minder genormten, fachsprachlichen Adjektiven, nicht wirklich um eine Beschreibung dessen, was man individuell beim Genuss des jeweiligen Weines tatsächlich schmeckt. Versuchen Sie abseits dieser Worthülsen den Geschmack so zu beschreiben, wie *Sie* ihn wahrnehmen.

„Der Wein ist anfangs kalt. Ich spüre ihn an meinen Schneidezähnen. Zuerst ist da die Kälte, keine unangenehme Kälte wie z.B. bei einer Cola aus dem Kühlschrank. Es ist die Kälte von Zimmertemperatur. 20 Grad." Diese Übung lässt sich natürlich auch für die übrigen vier Sinne durchführen:

- Schließen Sie die Augen und tasten Sie mit den Händen einen beliebigen Gegenstand ausführlich ab. Beschreiben Sie, was Sie „erfühlt" haben.
- Beschreiben Sie einen Geruch Ihrer Wahl. Betätigen Sie sich z.B. als Topfgucker beim Abendessen. Wie riechen denn Lasagne oder auch eine klare Hühnerbrühe? Oder nehmen Sie sich ihr Parfum/Rasierwasser vor. Wie lässt sich der Duft beschreiben? Ganz besonders schwierig wird diese Übung, wenn man versucht, Alltagsgegenstände zu „erriechen", z.B. Schuhleder, ein Sofakissen oder ein Regal.
- Suchen Sie sich einen Gegenstand in Ihrer Wohnung aus. Betrachten Sie ihn intensiv für einige Minuten. Dann versuchen Sie, diesen Gegenstand so umfassend wie möglich zu beschreiben.
- Setzen Sie sich zu Hause an den Küchentisch oder an den Arbeitstisch. Schließen Sie für zwei Minuten die Augen, bewegen Sie sich möglichst nicht und konzentrieren Sie sich nur auf das, was Sie hören. Schreiben Sie dann Ihre Eindrücke auf.

### *Umerzählen einer bekannten Vorgabe*

Ein *Thema* zu finden, über das man etwas erzählen möchte, gehört zu den schwierigsten Momenten in einem Schreibprozess. Die bisherigen Übungen haben Ihnen im kleinen Rahmen Hilfestellungen auf der Suche nach einem *Schreibanlass* angeboten. Nun sollen Sie sich an einem ersten größeren Werk versuchen. Versuchen Sie, eine bekannte Geschichte mit eigenen Worten auf eine neue Art zu formulieren. Nehmen wir als Beispiel das Märchen „Rotkäppchen" der Brüder Jakob Ludwig Karl und Wilhelm Karl Grimm. Im Original beginnt der Text so:

> *Es war einmal eine kleine süße Dirne*[19]*, die hatte jedermann lieb, der sie nur ansah, am allerliebsten aber ihre Großmutter, die wußte gar nicht, was sie alles dem Kinde geben sollte. Einmal schenkte sie ihm ein Käppchen von rotem Sammet, und weil ihm das so wohl stand und es nichts anders mehr tragen wollte, hieß es nur das Rotkäppchen. Eines Tages sprach seine Mutter zu ihm: »Komm, Rotkäppchen, da hast du ein Stück Kuchen und eine Flasche Wein, bring das der Großmutter hinaus; sie ist krank und schwach und wird sich daran laben. Mach dich auf, bevor es heiß wird, und wenn du hinauskommst, so geh hübsch sittsam und lauf nicht vom Weg ab, sonst fällst du und zerbrichst das Glas, und die Großmutter hat nichts. Und wenn du in ihre Stube kommst, so vergiß nicht, guten Morgen zu sagen, und guck nicht erst in alle Ecken herum.*
>
> *»Ich will schon alles gut machen«, sagte Rotkäppchen zur Mutter und gab ihr die Hand darauf. Die Großmutter aber wohnte draußen im Wald, eine halbe Stunde vom Dorf. Wie nun Rotkäppchen in den Wald kam, begegnete ihm der Wolf. (...)*[20]

Die Brüder Grimm haben hier eine auktoriale Erzählperspektive gewählt. Nicht Rotkäppchen schildert die Geschehnisse, sondern eine andere Person erzählt über das Mädchen mit der roten Sammetkappe. Die Hauptfiguren des Märchens werden bereits in diesem ersten Abschnitt alle genannt: Rotkäppchen, dessen Mutter und Großmutter sowie der große, böse Wolf. Es fehlt nur noch der Jäger, der am Ende Rotkäppchen und die Großmutter aus dem Bauch des gefräßigen Wolfes befreit.

Probieren Sie nun, das Märchen aus der Perspektive eines Ich-Erzählers umzuschreiben. Lassen Sie z.B. den Wolf oder Rotkäppchen selbst die Geschichte in der Ich-Form erzählen. Wenn Sie wollen, müssen Sie die Geschichte auch nicht unbedingt aus der Sicht einer der „natürlichen" Personen schildern. Sie können z.B. auch das rote Sammetkäppchen oder das Haus der Großmutter zum Ich-Erzähler erklären.

---

[19] „Dirne" war früher ein gebräuchliches Wort für „Mädchen".

[20] http://gutenberg.aol.de/grimm/maerchen/rotk.htm, vom 20.3.2001.

Damit die Umerzählung des Märchens nicht gleich beim ersten Versuch zu schwierig wird, behalten Sie den Handlungsverlauf des Originals bei:

Rotkäppchen wird beauftragt, die gebrechliche, kranke Großmutter mit Essen zu versorgen. Vertrauensselig plaudert sie auf dem Weg dorthin gegenüber dem Wolf aus, wo die Oma wohnt und lässt sich zusätzlich von diesem zum „Herumtrödeln" verleiten. Der Wolf gewinnt dadurch genügend Zeit, um die Großmutter in aller Ruhe aufzufressen. Er verkleidet sich, legt sich ins Bett und verschlingt schließlich auch noch Rotkäppchen. Doch Rettung naht in Gestalt eines Jägers. Der befreit die beiden Opfer mithilfe einer Schere aus dem Bauch des Wolfes und füllt den Magen des Übeltäters stattdessen mit Steinen. Der Wolf erwacht, will fliehen, kann aber nicht wegen der Steine und fällt, derart übersättigt, auf der Stelle tot um.

Bevor Sie an die Arbeit gehen, überlegen Sie sich aber, wie die Wahl eines Ich-Erzählers auf einen Text wirken kann. Ein auktorialer Erzähler spricht über eine Figur, bei einem Ich-Erzähler spricht die Figur selbst. Eine Figur, die über sich selbst erzählt, kann dies sehr viel intensiver und emotionaler, als dies ein Außenstehender könnte. Überlegen Sie sich z.B., welche Empfindungen Rotkäppchen wohl gehabt haben könnte, als sie von ihrer Mutter aufgefordert wurde, durch einen dunklen Wald (oder war er vielleicht hell und sonnig?) zur Großmutter zu gehen. Vielleicht hatte Rotkäppchen ja gar keine Lust dazu und hätte lieber gespielt. Wie war das, als sie dem großen, bösen Wolf begegnete? Wie sah der Wolf aus, hatte Rotkäppchen Angst oder wirkte der Wolf eher vertrauenswürdig - etwa wie ein Herr Kaiser von der Versicherungsgesellschaft des Waldes?

## Aufgabe

3. Erzählen Sie nun also das Märchen von „Rotkäppchen" aus der Ich-Perspektive des Wolfes. Damit es nicht gar zu schwer wird, ist Ihnen ein Anfang vorgegeben. Dafür sollten Sie mit einer DIN-A4-Seite auskommen.

   Falls Sie das Gefühl haben, so viel ließe sich gar nicht aus der Sicht des Wolfes im vorgegebenen Handlungsrahmen erzählen, dann denken Sie daran, dass der Wolf auch ein Leben hatte, bevor er Rotkäppchen im Wald traf (Ist er verheiratet? Hat er Kinder, einen Beruf?). Von irgendwo muss er ja auch z.B. zum „Treffpunkt" mit Rotkäppchen gekommen sein. Und vermutlich hatte das auch einen Grund.

   Stellen Sie sich z.B. auch die Frage, ist der Wolf wirklich „böse", nur weil er Hunger hat und sich Essen holen geht? Aus Sicht des Wolfes ist ja wohl eher der Jäger „böse". Der bringt ihn schließlich auf eine ziemlich gemeine Art und Weise um!

*„Das kann doch wohl nicht wahr sein! Ich latsch zur Videothek, hol' uns den Film, frag' vorher extra noch 'Haben wir auch genug Knabberzeug im Haus?', ihr plärrt 'Na klar, Papa' und was ist? Ja, nix ist. Alles leer! Ich werd' noch wahnsinnig!" Wissen Sie, das Leben als alleinerziehender Wolfsvater ist die Hölle. Ehrlich. Es war Samstagnachmittag, ich hatte das Wochenende frei und den Kindern versprochen, zusammen mit ihnen – zum wie vielten Mal eigentlich? – ihren Lieblingsfilm anzuschauen: Ein Schweinchen namens Babe. Macht aber leider auch schweinemäßig Appetit, dieser Film. Ohne ein Ärmchen oder Beinchen zum Abnagen, ein Stückchen Leber mit Salsa oder zumindest frittierte Kinder-Nierchen zum Dippen, geht da nix bei mir. An alles muss man selber denken. Ich hievte mich aus dem Fernsehsessel: „Dann geh' ich jetzt schnell noch mal in den Wald, um was zum Beißen zu besorgen." ...*

### *Die Kettenglied-Geschichte*

Diese Schlussübung ist jetzt schon aufwändiger und erstreckt sich auch über einen längeren Zeitraum. Vermutlich kennen die meisten von Ihnen ein ähnliches Spiel in mündlicher Form. In einer Gruppe beginnt jemand, eine Geschichte zu erzählen. Auf ein bestimmtes Stichwort o.Ä. hin übernimmt eine andere Person das Weitererzählen, bis am Ende eine fertige Geschichte steht. Probieren Sie dieses Modell in Zusammenarbeit mit einem Koautor. Jetzt aber in schriftlicher Form. Statt eines bestimmten Stichwortes setzen Sie eine Textlängenvorgabe an. Soll heißen, dass jeder der Autoren abwechselnd eine DIN-A4-Seite der Geschichte fortsetzt. Räumliche Distanz ist dabei kein Hinderungsgrund. Dieses gemeinsame Schreibprojekt funktioniert z.B. ganz hervorragend über E-Mail. Denn so besitzt jeder der Mitschreibenden immer ein aktuelles, ergänztes Skript in Dateiform. Ein bisschen *Disziplin* und *Terminabsprache* im Autoren-Team sind dabei nötig. Vermutlich finden Sie nach einer Weile Geschmack an der gemeinsamen Geschichte, müssen aber eben immer eine gewisse Zeit darauf warten, bis Sie wieder „dran" sind. Sie müssen sich natürlich darauf verlassen können, dass Ihr Koautor seine „Hausaufgaben" auch wirklich macht.

Das Ziel der Übung ist es, die eigene *Flexibilität* in Sachen *Handlungsentwicklung* zu schulen. Deswegen sei davon abraten, sich allzu genau mit dem oder den Mitschreibenden abzusprechen. Wenn Sie sich schon vor Beginn der gemeinsamen Schreibarbeit über den exakten Verlauf der Rahmenhandlung im Klaren sind sowie alle tragenden Figuren definiert haben, zwängen Sie Ihre Geschichte in ein unnötig eingrenzendes Raster. Empfehlenswert ist es aber, sich vor Beginn auf eine bestimmte *Gattung* oder Untergattung zu einigen. Am besten suchen Sie sich eine literarische Form aus, die Ihnen auch als Leser gefällt, z.B. Krimi, Science Fiction o.Ä. Anschließend lassen Sie sich überraschen. Von dem, was Ihnen selbst einfällt und von dem, was sich Ihr Koautor ausdenkt.

## 12.3 Ganz zum Schluss

Mit diesem Kapitel endet der neue Deutschkurs im Medienverbund. 36 Kapitel in drei Bänden auf insgesamt mehr als 800 Seiten liegen nun hinter Ihnen. Wir, die Autoren, hoffen, dass Sie etwas daraus mitnehmen konnten - ein Mehr an Fachwissen, zusätzliche Informationen oder auch ein paar gedankliche Anregungen. Und natürlich wünschen wir uns auch insgeheim, dass es Ihnen auch ab und an ein bisschen Spass gemacht hat.

In den drei Bänden war oft von unterschiedlichen Kompetenzen die Rede: von Medienkompetenz, von Sprachkompetenz und auch von „literarischer" Kompetenz. Und es war ebenso oft die Rede davon, warum es sich lohnt, diese Kompetenzen zu erwerben oder zu vertiefen. Am Ende des dritten Bandes seien die Argumente noch einmal zusammengetragen:

***Medienkompetenz*** war der Schlüsselbegriff des ersten Bandes: Neue Technologien beherrschen, Strategien für den Umgang mit Medieninhalten entwickeln und Medien kritisch beurteilen. Jeder von uns benutzt Medien und zwar mehr als sechs Stunden jeden Tag. Beim Umgang mit Medien, vor allem den Massenmedien, sollte man sich aber immer eine kleine, aber wesentliche Unterscheidung bewusst machen: Medien „sind" nicht die Wirklichkeit. Medien bilden die Wirklichkeit nur ab - in Ausschnitten, in Häppchen, in Bruchstücken. Das fertige Bild der Welt muss man als Mediennutzer selbst zusammensetzen. Dafür braucht man Medienkompetenz.

***Schriftliche und mündliche Sprachkompetenz*** hieß die thematische Klammer des zweiten Bandes. Man hätte es auch weniger kompliziert formulieren können: „Deutsch" brauchen und verwenden Sie jeden Tag, 365 Mal im Jahr und das vermutlich bis an Ihr Lebensende. Es nützt Ihnen immer und überall, wenn Sie sich mündlich und schriftlich gut ausdrücken können. Egal ob dies in der Gestalt eines Referates, einer Diskussion im Kollegenkreis oder in der Form eines Leserbriefes an Ihre Lokalzeitung geschieht.

***Literarische Kompetenz*** könnte man als Oberbegriff für den dritten und abschließenden Band wählen. Man hätte auch titeln können „Sprachkompetenz II", denn das Verstehen von literarischen Texten kann man ebenso lernen wie das Verstehen von Sachtexten.



An dieser Stelle würden Sie nun vermutlich von den Autoren eines Deutschbuches erwarten, dass Sie mit mahnenden Worten dazu aufgefordert werden, doch bitte wenigstens gelegentlich etwas „Anspruchsvolles" zu lesen. Aber wir müssen Ihre Erwartungen enttäuschen. Niemand „muss" lesen, auch nicht etwas von Goethe, Shakespeare oder Sartre.

Aber überlegen Sie sich auf der anderen Seite einmal, was es auf dieser Welt ohne die Literatur alles *nicht* gäbe!

Keinen Faust, keinen Jedermann, keinen Romeo und keine Julia, keinen Hannibal Lector, keinen Robinson Crusoe, keine Fünf Freunde, keinen Pumuckl, keinen Winnetou, keinen Old Shatterhand und auch keinen Harry Potter. Auch wären vermutlich 90 Prozent aller geflügelten Worte plötzlich verschwunden. Kein „Ende gut, alles gut“ (Shakespeare), lebe wohl „des Pudels Kern“ (Goethe), auf Wiedersehen für immer die Vorstellung vom „Raum“, der „in der kleinsten Hütte ist“ (Schiller).

Macht Sie das nicht vielleicht ein bisschen neugierig? Neugierig darauf, was für interessante Dinge die Literatur in Zukunft noch bereit hält ...? Stimmt, das literarische Angebot ist unendlich groß. Aber lassen Sie sich von der Vielfalt nicht ins Bockshorn jagen. Wie Sie wissen, kommt es bei der Literatur nicht darauf an, „fertig“ zu werden. Bleiben Sie ein Werdender!

## Adressenhinweise und Lektüretipps für Schreibinteressierte

- **Volkshochschulen**

*Viele Volkshochschulen bieten Kurse aus dem Themenkreis „Schreiben“ an. Unter www.vhs.de können Sie nach einer Volkshochschule in Ihrer Nähe forschen und deren Kursangebote online einsehen. Die VHS Köln z.B. bot 2001 Schreibwerkstätten zu „Grundlagen des Erzählens“ und „Die Stadt als literarisches Thema“ sowie einen Kurs „Kreatives Schreiben“ an.*

- **Kißlegger Kunstwoche**

*Die Stadt Kißlegg im Allgäu (Bayern) bietet jedes Jahr im Rahmen ihrer Kunstwoche neben Veranstaltungen zum Zeichnen, Malen oder zur Bildhauerei auch einen Kurs im kreativen Schreiben an. Der Kurs wendet sich an schreibinteressierte Laien. Veröffentlichungen werden nicht vorausgesetzt. Kursleiter 2001 war z.B. Imre Török, freier Schriftsteller und Vorsitzender des Schriftstellerverbands Baden-Württemberg. Weitere Informationen unter der Homepage der Stadt Kißlegg: www.kisslegg.de. Oder über das Gäste- und Kulturamt Kißlegg: Neues Schloß, 88353 Kißlegg , Tel.: 07563 - 93 61 42, Fax: 07563 - 93 61 99.*

- **Manuskriptum - Münchner Kurse für kreatives Schreiben**

*In Zusammenarbeit mit dem Literaturhaus München und der Verlagsgruppe Random House bietet das Institut für Deutsche Philologie an der Ludwig-Maximilians-Universität München seit dem WS 1999/2000 ein Seminar im kreativen Schreiben an. Teilnehmen können Student/innen der drei Münchner Universitäten, Höchstalter: 28 Jahre. Die Teilnehmerzahl ist auf 12 Personen beschränkt (Stand: 2001). Bewerben können sich Interessierte beim Institut für Deutsche Philologie der LMU-München. Informationen zu Manuskriptum auch übers Internet unter www.uni-muenchen.de*

▶ ***TextArt*** **– Magazin für kreatives Schreiben**

*Eine Zeitschrift, die sich ausschließlich mit dem kreativen Schreiben befasst. Mit Anleitungsartikeln zum Verfassen von Texten, Rezensionen von Fachbüchern zum Thema Schreiben und auch einem Serviceteil über Termine von Schreibwerkstätten oder Wettbewerben. Die erste Ausgabe erschien am 1.9.2000. Homepage: www.textartmagazin.de, E-Mail: Redaktion@textartmagazin.de.*

TextArt *erscheint alle drei Monate im Textart-Verlag, Bergisch-Gladbach. Nachfragen zu Abonnement oder Erscheinungsdaten unter Tel.: 0211/ 9053048 oder per Fax: 0211/9053050.*

▶ **Literaturbuero.de**

*Literaturbuero.de ist die Homepage des Autors und Lektors Peter Renz, Mitglied im P.E.N. Unter der Internetadresse www.literaturbuero.de/serviceNews/service/ServiceAdressen/inhalt_ServiceAdressen.htm findet sich eine sehr umfangreiche Linksammlung zum Thema „Schreiben". Im Rahmen des von ihm initiierten Projekts „Schreibakademie" soll in naher Zukunft ein Internet-Netzwerk von Workshops und Schreibwerkstätten entstehen. Renz selbst bietet im Rahmen dieses Netzwerks auf seiner Homepage Seminare und Wochenendkurse zum literarischen Schreiben an.*

Willy Steputat, *Reimlexikon*, neu bearbeitet von Angelika Fabig, Stuttgart: Reclam, 1998.

*Der „Steputat" erschien zum ersten Mal vor über 100 Jahren und ist der Klassiker unter den Reimlexika. In alphabetischer Reihenfolge listet das ca. 400 Seiten starke Werk Reimsilben und die dazu gehörenden möglichen Reimwörter auf, also z.B. zu „ack" findet man dann im Steputat die Reimwörter „Anorak, Ammoniak, Truck, Zickzack" etc.*

Robert McKee, *Story. Substance, Structure, Style, and the Principles of Screenwriting*, New York: HarperCollins, 1997.

*Wenn Sie sich lieber gleich an einem Drehbuch versuchen möchten, dann ist McKee's „Story" ein möglicher Einstieg. Das Buch richtet sich allerdings eher an professionelle Autoren. Man darf also keine eingängigen Weisheiten erwarten, z.B. wie man in fünf Monaten einen Oscar gewinnt. Denn diese Weisheiten gibt es nicht, auch wenn andere Schreibratgeber z.B. vollmundig versprechen „Wie man einen verdammt guten Roman schreibt". McKee's Buch ist keine leichte Unterhaltungslektüre, sondern manchmal eher trocken geschrieben und manchmal ein wenig zu philosophisch. Es vermittelt aber wirklich fundierte Anregungen für die ernsthafte Beschäftigung mit dem Drehbuchschreiben. Auch in dt. Übersetzung als „Story. Die Prinzipien des Drehbuchschreibens" im Alexander Verlag, Berlin erhältlich.*

# Über die Autoren

*Dr. Lieselotte Kinskofer*, geb. 1959 in Langquaid in Niederbayern:

- Studium der Germanistik, Anglistik und Kommunikationswissenschaft an der Ludwig-Maximilians-Universität München
- 1989 Promotion zum Dr. phil. mit einer Dissertation über Clemens Brentano
- mehrjährige Tätigkeit als Redakteurin für verschiedene Zeitungen
- seit 1994 freiberuflich als Autorin und Drehbuchautorin tätig, u.a. auch für den Bayerischen Rundfunk und den Südwestrundfunk

*Veröffentlichungen:*
*Clemens Brentano Briefe*, 3 Bände, Kohlhammer 1988-1991
*Agentur der bösen Mädchen*, Roman, Reclam Leipzig 1999
*Der Klavierling*, Kinderbuch, Bajazzo Verlag 1999
*Lesen, Zappen, Surfen - Der Mensch und seine Medien*, TR-Verlagsunion 2000
*Reden, Schreiben, Präsentieren - Mit Texten arbeiten*, TR-Verlagsunion, 2001

Lieselotte Kinskofer lebt und arbeitet in München.

*Stefan Bagehorn*, geb. 1964 in Ulm:

- Studium der Englischen Literaturwissenschaft, der Neueren Deutschen Literaturwissenschaft und der Neueren Geschichte an der Albert-Ludwigs-Universität in Freiburg/Breisgau und an der Ludwig-Maximilians-Universität München
- mehrjährige Tätigkeit als Hörfunkredakteur, -moderator und -reporter
- anschließend einige Jahre als redaktioneller Mitarbeiter beim Bayerischen Fernsehen
- zur Zeit freiberuflicher Fernsehautor

*Veröffentlichungen:*
*Lesen, Zappen, Surfen - Der Mensch und seine Medien*, TR-Verlagsunion 2000
*Reden, Schreiben, Präsentieren - Mit Texten arbeiten*, TR-Verlagsunion, 2001

Stefan Bagehorn lebt seit 1989 in München.

# Literaturliste

## 1. Bücher

### *1.1 Primärwerke*

Brecht Bertolt, *Gesammelte Werke in 20 Bänden*, Frankfurt am Main: Suhrkamp Verlag, 1967.

Dietl Helmut u. Mueller Christoph, *Late Show*, ein Drehbuch mit vielen Fotos, einem Vorwort von Harald Schmidt und einem Interview mit Helmut Dietl, München/Zürich: Piper Verlag, 1999.

Drawert Kurt, „Zustandsbeschreibung. Zwischenbericht", in: *Gedichte und Interpretationen*, Band 7: „Gegenwart", hrsg. von Walter Hinck, Stuttgart: Reclam Verlag, 1997, S. 106f.

Dürrenmatt Friedrich, *Der Besuch der alten Dame. Eine tragische Komödie*, Neufassung 1980, Werkausgabe in 30 Bänden, Band 5, hrsg. in Zusammenarbeit mit dem Autor, Zürich: Diogenes Verlag, 1985.

Duve Karen, *Regenrom*an, Frankfurt am Main/Wien: Lizenzausgabe für die Büchergilde Gutenberg, mit freundlicher Genehmigung des Eichborn Verlages Frankfurt/Main, 1999.

Eichendorff Joseph Freiherr von, „Der Schiffer", in: Kurt Binneberg, *Lektürehilfen Liebeslyrik. Epochen- und gattungsspezifische Aspekte*, Stuttgart/Dresden: Klett, 1993, S. 82.

Goethe Johann Wolfgang von, *Die Leiden des jungen Werthers* u. *Zum Schäkespears Tag*, in: *Sämtliche Werke in 18 Bänden*, Band 4: „Der junge Goethe", München: dtv, 1977, S. 268-381 u. 122-126.

Goethe Johann Wolfgang von, *Faust. Der Tragödie erster Teil*, Stuttgart: Reclam Verlag, 1971.

Goethe Johann Wolfgang von, *Götz von Berlichingen*, Stuttgart: Reclam Verlag, 1993.

Grass Günter, *Katz und Maus. Eine Novelle*, München: dtv, 1999.

Hacks Peter, *Das Jahrmarktsfest zu Plundersweilen/Rosie träumt*, zwei Bearbeitungen nach J.W. von Goethe und Hrosvith von Gandersheim, München: dtv, 1981.

Hacks Peter, *Stücke nach Stücken*, Berlin/Weimar: Aufbau Verlag, 1980.

Hahn Ulla, „Ars poetica", in: *Gedichte und Interpretationen*, Band 7: „Gegenwart II", hrsg. von Walter Hinck, Stuttgart: Reclam Verlag, 1997, S. 195.

Hofmannswaldau Christian Hofmann von, „Vergänglichkeit der Schönheit", in: Annemarie u. Wolfgang van Rinsum, *Interpretationen Lyrik*, München: Bayerischer Schulbuchverlag, 1991, S. 98.

Jandl Ernst, „bibliothek", in: *Gedichte und Interpretationen*, Band 6: „Gegenwart", hrsg. von Walter Hinck, Stuttgart: Reclam Verlag, Jahr 1997, S. 188.

Joyce James, *Ulysses*, Übertragung von Hans Wollschläger, Frankfurt am Main: Suhrkamp Verlag, 1981.

Kirsch Sarah, „Der Himmel schuppt sich“, in: Birgit H. Lermen, Matthias Loewen, *Lyrik aus der DDR. Exemplarische Analysen*, Paderborn u.a.: Ferdinand Schöningh, 1987, S. 329.

Lebert Benjamin, *Crazy*, Köln: Kiepenheuer & Witsch, 2000.

Lessing Gotthold Ephraim, *Nathan der Weise. Ein dramatisches Gedicht in fünf Aufzügen*, Anmerkungen von Peter von Düffel, Stuttgart: Reclam Verlag, 2000.

Mann Heinrich, *Der Untertan*, Frankfurt am Main: Fischer Taschenbuch Verlag, 1999.

Mann Thomas, *Bekenntnisse des Hochstaplers Felix Krull. Der Memoiren erster Teil*, Frankfurt am Main: Fischer Taschenbuch Verlag, 1974.

Mann Thomas, *Der Zauberberg*, Frankfurt am Main: Fischer Taschenbuch Verlag, 1974.

Mann Thomas, *Doktor Faustus. Das Leben des deutschen Tonsetzers Adrian Leverkühn erzählt von einem Freunde*, Frankfurt am Main: Fischer Taschenbuch Verlag, 1981.

Schiller Friedrich, *Kabale und Liebe. Ein bürgerliches Trauerspiel*, Stuttgart: Reclam Verlag, 1972.

Schlegel August Wilhelm, „Fragmente“, zitiert nach Karl Peltzer u. Reinhard von Normann, *Das treffende Zitat*, Thun: Ott Verlag, 1995, S. 529.

Schlink Bernhard, *Der Vorleser. Roman*, Zürich: Diogenes Verlag, 1995.

Schnabel Johann Gottfried, *Insel Felsenburg*, Stuttgart: Reclam Verlag, 1979.

Schneider Robert, *Schlafes Bruder*, Frankfurt am Main/Wien, Lizenzausgabe für die Büchergilde Gutenberg, 1993.

Schwitters Kurt, „Die Nixe“, in: *Gedichte und Interpretationen*, Band 5: „Vom Naturalismus bis zur Jahrhundertmitte“, hrsg. von Harald Hartung, Stuttgart: Reclam Verlag, 1983, S. 405.

Vogelweide Walther von der, „Herzeliebes frouwelîn“, in: Kurt Binneberg, *Lektürehilfen Liebeslyrik. Epochen- und gattungsspezifische Aspekte*, Stuttgart/Dresden: Klett, 1993, S. 141-143.

Tucholsky Kurt, *Gesammelte Werke in 10 Bänden*, hrsg. von Mary Gerold-Tucholsky und Fritz J. Raddatz, Band 2: 1919-1920, Reinbek bei Hamburg: Rowohlt, 1989.

Walser Theresia, „King Kongs Töchter. Schauspiel in 13 Szenen“, in: *Spectaculum 71. Sechs moderne Theaterstücke*, Frankfurt am Main: Suhrkamp Verlag, 2000, S. 191-234.

Wolf Christa, *Kindheitsmuster*, Darmstadt/Neuwied: Sammlung Luchterhand, 1987.

Wolf Christa, *Nachdenken über Christa T.*, Darmstadt/Neuwied: Sammlung Luchterhand, 1981.

## 1.2 Fachliteratur

Anz Thomas, „Literatur als Spiel. Ulla Hahns postmoderne Ars poetica“, in: *Gedichte und Interpretationen*, Band 7: „Gegenwart II“, hrsg. von Walter Hinck, Stuttgart: Reclam Verlag, 1997, S. 195-203.

*Arbeitstexte für den Unterricht. Theorie der Kurzgeschichte*, hrsg. von Hans-Christoph Graf von Nayhauss, Stuttgart: Reclam Verlag, 1977.

*Arbeitstexte für den Unterricht. Theorie der Lyrik*, hrsg. von Ludwig Völker, Stuttgart: Reclam Verlag, 1986.

Aust Hugo, *Novelle*, Stuttgart/Weimar: Metzler, 1995.

Binneberg Kurt, *Lektürehilfen Liebeslyrik. Epochen- und gattungsspezifische Aspekte*, Stuttgart/Dresden: Klett, 1993.

Bohrer Karl Heinz, *Der romantische Brief. Die Entstehung ästhetischer Subjektivität*, München/Wien: Carl Hanser Verlag, 1987.

Böll Heinrich, „Ende der Bescheidenheit“, in: *Literarisches Leben in der Bundesrepublik. Für die Sekundarstufe. Arbeitstexte für den Unterricht*, hrsg. von Ilsabe Dagmar Arnold-Dielewicz u. Heinz Ludwig Arnold, Stuttgart: Reclam Verlag, 1977, S. 16-33.

Braak Ivo, *Gattungsgeschichte deutschsprachiger Dichtung in Stichworten*, Teil IIa: „Lyrik. Von der Antike bis 1600“, Kiel: Ferdinand Hirt, 1978.

Braak Ivo, *Poetik in Stichworten. Literaturwissenschaftliche Grundbegriffe. Eine Einführung*, Kiel: Ferdinand Hirt, 1980.

Bräuer Gerd, *Schreibend lernen. Grundlagen einer theoretischen und praktischen Schreibpädagogik*, Innsbruck: Studien-Verlag, 1998.

Breuer Dieter, *Deutsche Metrik und Versgeschichte*, München: Fink, 1991.

Büchmann Georg, *Geflügelte Worte und Zitatenschatz*, Reutlingen: Bertelsmann-Lesering, 1955.

Burdorf Dieter, *Einführung in die Gedichtanalyse*, Stuttgart: Metzler, 1995.

*Deutsche Literaturgeschichte. Von den Anfängen bis zur Gegenwart*, hrsg. von Wolfgang Beutin/Klaus Ehlert/Wolfgang Emmerich u.a., Stuttgart/Weimar: Metzler, 1994.

*Die deutsche Literatur in Text und Darstellung. Romantik II*, Stuttgart: Reclam Verlag, 1978.

*Die deutsche Literatur. Ein Abriß in Text und Darstellung*, hrsg. von Gerhard R. Kaiser, Band 16: „Gegenwart“, Stuttgart: Reclam Verlag, 1983.

*Duden-Grammatik der deutschen Gegenwartssprache*, Mannheim u.a.: Dudenverlag, 1998.

Eggerer Wilhelm u. Eggerer Elmar W., *Interpretationen. Methoden. Balladen, Lyrik, Erzählprosa, Dramen*, München: Manz Verlag, 1995.

Emmerich Wolfgang, „Warten, heillos. Zu Kurt Drawerts Gedicht *Zustandsbeschreibung. Zwischenbericht*“, in: *Gedichte und Interpretationen*, Band 7: „Gegenwart II“, hrsg. von Walter Hinck, Stuttgart: Reclam Verlag, 1997, S. 107–115.

*FOS 2001. Abschluss-Prüfungsaufgaben mit Lösungen. Fachoberschule Deutsch Bayern 1991-2000*, Freising: Stark Verlag, 21. neu bearbeitete Auflage, 2000.

Frank Horst J., *Wie interpretiere ich ein Gedicht? Eine methodische Anleitung*, Tübingen/Basel: Francke, 1993.

Frenzel Herbert A. u. Elisabeth, *Daten deutscher Dichtung. Chronologischer Abriß der deutschen Literaturgeschichte*, Band 1: „Von den Anfängen bis zum Jungen Deutschland“, Band 2: „Vom Realismus bis zur Gegenwart“, München: dtv, 1998.

Gabler Hans Walter, „Der Text“, in: *Shakespeare-Handbuch. Die Zeit. Der Mensch. Das Werk. Die Nachwelt*, unter Mitarbeit zahlreicher Fachwissenschaftler, hrsg. von Ina Schabert, Stuttgart: Alfred Kröner Verlag, 1978, S. 202–251.

Gelfert Hans-Dieter, *Wie interpretiert man ein Drama? Für die Sekundarstufe*, Stuttgart: Reclam Verlag, 1992.

Gelfert Hans-Dieter, *Wie interpretiert man einen Roman? Für die Sekundarstufe*, Stuttgart: Reclam Verlag, 1999.

*Gedichte und Interpretationen* (5 Bände), hrsg. von Harald Hartung, Stuttgart: Reclam Verlag, 1983.

*Geschichte der deutschen Literatur*, hrsg. von Joachim Bark/Dietrich Steinbach/Hildegard Wittenberg, Band 6: „Von 1945 bis zur Gegenwart“, von Hans-Peter Franke/Ulrich Staehle/Gisela Ullrich/Dietmar Wenzelburger, Stuttgart: Klett, 1988.

*Goethes Werke. Hamburger Ausgabe in 14 Bänden*, Band 3, textkritisch durchgesehen und kommentiert von Erich Trunz, München: Beck Verlag, 1976.

Gössmann Wilhelm, *Theorie und Praxis des Schreibens. Wege zu einer neuen Schreibkultur*, Düsseldorf: Pädagogischer Verlag Schwann-Bagel, 1987.

*Grundlagen und Techniken der Schreibkunst. Handbuch für Schriftsteller, Pädagogen, Germanisten, Redakteure und angehende Autoren*, hrsg. von Otto Schumann, Wilhelmshaven: Friedrich Noetzel Verlag, Lizenzausgabe Hamburg: Nikol Verlagsvertretungen, 1994.

Hamm Peter, „Die Wiederentdeckung der Wirklichkeit“ (1966), in: Klaus Schuhmann, *Lyrik des 20. Jahrhunderts. Materialien zu einer Poetik*, Reinbek bei Hamburg: Rowohlt, 1995, S. 313.

*Hansers Sozialgeschichte der deutschen Literatur*, Band 3: „Deutsche Aufklärung bis zur Französischen Revolution 1680–1789“, erster Teilband, hrsg. von Rolf Grimminger, München: dtv 1980.

Hasselbach Ingrid, *Günter Grass. Katz und Maus. Interpretation*, München: Oldenbourg Verlag, 1990.

Hermes Eberhard, *Abiturwissen Lyrik*, Stuttgart u.a.: Klett, 1999.

Hilzinger Sonja, *Christa Wolf*, Stuttgart: Metzler, 1986.

Hobbes Thomas, *Leviathan oder Stoff, Form und Gewalt eines bürgerlichen und kirchlichen Staates* (1651), hrsg. u. eingel. von Iring Fetscher, Frankfurt am Main u.a.: Ullstein, 1976.

Jeziorkowski Klaus, „Zu Ernst Jandls Gedicht *bibliothek*", in: *Gedichte und Interpretationen*, Band 6: „Gegenwart", hrsg. von Walter Hinck, Stuttgart: Reclam Verlag, 1997.

Kaiser Gerhard, *Geschichte der deutschen Lyrik von Goethe bis Heine. Ein Grundriß in Interpretationen*, 3. Teil: „Die Gedichte", Frankfurt am Main: Suhrkamp, 1988.

Kaminski Winfred u. Müller Martina, *Werkstatt Schreiben. Ideen für die Klassen 8-10*, Mainz: Matthias-Grünewald-Verlag, 1996.

Karthaus Ulrich, *Novelle*, Bamberg: C.C. Buchners Verlag, 1990.

*Kindlers Literatur-Lexikon*, München: Kindler Verlag, 1990.

Kinskofer Lieselotte u. Bagehorn Stefan, *Lesen, Zappen, Surfen - Der Mensch und seine Medien*, München: TR-Verlagsunion, 2000.

Kinskofer Lieselotte u. Bagehorn Stefan, *Reden, Schreiben, Präsentieren - Mit Texten arbeiten*, München: TR-Verlagsunion, 2001.

Klüger Ruth, *Von hoher und niedriger Literatur. Bonner Poetik-Vorlesung*, Band 1, hrsg. von Karin Hempel-Soos/Joseph A. Kruse/Helmut J. Schneider, Göttingen: Wallstein-Verlag, 1996.

Knörrich Otto, *Lexikon lyrischer Formen*, Stuttgart: Kröner, 1992.

Lamping Dieter, *Das lyrische Gedicht. Definitionen zu Theorie und Geschichte der Gattung*, Göttingen: Vandenhoeck u. Ruprecht, 1989.

Lamping Dieter, *Moderne Lyrik. Eine Einführung*, Göttingen: Vandenhoeck u. Ruprecht, 1991.

Lermen Birgit H. u. Loewen Matthias, *Lyrik aus der DDR. Exemplarische Analysen*, Paderborn u.a.: Ferdinand Schöningh, 1987.

*Literatur im Deutschunterricht*, hrsg. von Hans-Waldemar von Nürnberg u. Hans Sembritzki, Band 1: „Kleine literarische Formen", Band 2: „Lyrik-Kurzgeschichten", Paderborn u.a.: Ferdinand Schöningh, 1985.

*Literaturwissenschaftliches Lexikon. Grundbegriffe der Germanistik*, hrsg. von Horst Brunner u. Rainer Moritz, Berlin: Erich Schmidt Verlag, 1997.

Lobentanzer Hans, *Deutschhilfen. Gedichtinterpretation. Grundlagen-Beispiele-Übungen. Sekundarstufe II. Abitur*, München: Ehrenwirth, 1982.

Lorenz Otto, *Kleines Lexikon literarischer Grundbegriffe*, München: Wilhelm Fink Verlag, 1992.

Lühr Rosemarie, *Neuhochdeutsch. Eine Einführung in die Sprachwissenschaft*, München: Wilhelm Fink Verlag, 1986.

*Lyrik der neunziger Jahre*, hrsg. von Theo Elm, Stuttgart: Reclam Verlag, 2000.

*Lyriktheorie. Texte vom Barock bis zur Gegenwart*, hrsg. von Ludwig Völker, Stuttgart: Reclam Verlag, 2000.

Martini Fritz, *Deutsche Literaturgeschichte von den Anfängen bis zur Gegenwart*, Stuttgart: Alfred Kröner Verlag, 1952.

Marx Leonie, *Die deutsche Kurzgeschichte*, Stuttgart/Weimar: Metzler, 1997.

Mayer Dieter, „Katz und Maus", in: *Deutsche Novellen von Goethe bis Walser. Interpretationen für den Deutschunterricht*, hrsg. von Jakob Lehmann, Band 2: „Von Fontane bis Walser", Königstein/Ts.: Scriptor, 1980.

Meid Volker, *Sachwörterbuch zur deutschen Literatur*, Stuttgart: Reclam Verlag, 1999.

*Metzler Literatur Lexikon. Begriffe und Definitionen*, hrsg. von Günther u. Irmgard Schweikle, Stuttgart: Metzler, 1990.

Müller Monika/Eschenbacher Walter/Kaulfersch Siegfried, *Deutsch für die berufliche Oberstufe. Ein Lehr-, Text- und Arbeitsbuch*, Köln: Stam Verlag 1997.

Neis Edgar, *Die Novelle*, Hollfeld/Ofr.: C. Bange Verlag, 1980.

Popp Helmut, *Der Bestseller. Reihe Studientexte für die Kollegstufe*, München: R. Oldenbourg Verlag, 1978.

*Reclams Romanlexikon*, hrsg. von Frank Rainer Max u. Christine Ruhrberg, Band 5: „20. Jahrhundert III", Stuttgart: Reclam Verlag, 2000.

*Reclams Schauspielführer*, hrsg. von Siegfried Kienzle u. Otto C.A. zur Nedden, Stuttgart: Reclam Verlag, 1996.

Rico Gabriele L., *Garantiert schreiben lernen. Sprachliche Kreativität methodisch entwickeln - ein Intensivkurs auf der Grundlage der modernen Gehirnforschung*, Reinbek bei Hamburg: Rowohlt, 1984.

Rinsum Annemarie u. Wolfgang van, *Interpretationen Kurzprosa*, München: Bayerischer Schulbuch-Verlag, 1990.

Rinsum Annemarie u. Wolfgang van, *Interpretationen Lyrik*, München: Bayerischer Schulbuch-Verlag, 1991.

Rinsum Annemarie u. Wolfgang van, *Interpretationen Romane, Erzählungen*, München: Bayerischer Schulbuch-Verlag, 1996.

Schmidt Arno, *Der Platz, an dem ich schreibe. 17 Erklärungen zum Handwerk des Schriftstellers*, hrsg. von Bernd Rauschenbach (eine Edition der Arno Schmidt Stiftung im Haffmans Verlag), Zürich: Haffmans Verlag, 1993.

Serke Jürgen, *Frauen schreiben. Ein neues Kapitel deutschsprachiger Literatur*, Hamburg: Gruner + Jahr, 1979.

*Shakespeare-Handbuch. Die Zeit. Der Mensch. Das Werk. Die Nachwelt*, unter Mitarbeit zahlreicher Fachwissenschaftler, hrsg. von Ina Schabert, Stuttgart: Alfred Kröner Verlag, 1978.

Siebs Theodor, *Deutsche Aussprache. Reine und gemäßigte Hochlautung mit Ausspracheworterbuch*, hrsg. von Helmut de Boor/Hugo Moser/Christian Winkler, Berlin: de Gruyter, 1969.

Söllinger Peter, *Texte schreiben. Methodische Anregungen*, Wien: Literas-Universitätsverlag, 1989.

*Spectaculum 64. Vier moderne Theaterstücke*, Frankfurt am Main: Suhrkamp Verlag, 1997.

*Spectaculum 71. Sechs moderne Theaterstücke*, Frankfurt am Main: Suhrkamp Verlag, 2000.

Stanzel Franz K., *Typische Formen des Romans*, Göttingen: Vandenhoeck u. Ruprecht, 1979.

*Theorie des Dramas für die Sekundarstufe. Arbeitstexte für den Unterricht*, hrsg. von Ulrich Staehle, Stuttgart: Reclam Verlag, 1973.

Tiesler Ingrid, *Günter Grass. Katz und Maus. Interpretation*, München: Oldenbourg Verlag, 1985.

*Wege aus der Moderne. Schlüsseltexte der Postmoderne-Diskussion*, hrsg. von Wolfgang Welsch, Weinheim: VHC Verlagsgesellschaft, 1988.

Weiß Karl Josef/Erwert Helmut/Kohse Gerd Dieter, *Literatur und Text. Ein Lehr- und Arbeitsbuch für den Literaturunterricht der Sekundarstufe II*, Bad Homburg vor der Höhe: Verlag Dr. Max Gehlen, 1994.

Wilpert Gero von, *Sachwörterbuch der Literatur*, Stuttgart: Kröner Verlag, 1989.

Wilpert Gero von, *Deutsches Dichterlexikon*, Stuttgart: Kröner Verlag, 1976.

## 2. Zeitungs- und Zeitschriftenartikel (chronologisch)

Hans-Peter Kunisch, „Eine Ankunftsliteratur anderer Art. Der selbstbewusste Auftritt der neuen Ausländer in der deutschsprachigen Gegenwartsliteratur“, in: *Süddeutsche Zeitung*, Literaturbeilage vom 22. März 2000, Beilage S. 1.

Gisela Funck, „Schmonzette mit Sogwirkung. Vom Ladenhüter zur Beststeller-Autorin: Die Amerikanerin Janet Fitch und ihr Roman *Weißer Oleander*“, in *Süddeutsche Zeitung, SZ am Wochenende* vom 30. September 2000, S. III, zitiert nach http: //szarchiv.diz-muenchen.de

**Die Lösungen zu den Aufgaben sind als *Vorschläge* zu verstehen, die keinen Anspruch auf Vollständigkeit oder Absolutheit erheben. Denn häufig ist Ihre Meinung gefragt, Ihre persönliche Sicht der Dinge – und gerade hier geht es nicht um allgemein verbindliche Lösungen, sondern um Nachdenken, Sortieren und Präsentieren der Argumente.**

# Kapitel 1

## Aufgabe 1

Literatur ist für mich ein geschriebener Text, der ein gewisses Niveau hält. Er muss sprachlich gut formuliert sein, etwas Relevantes zu erzählen haben (oder zumindest ein altes Thema ganz neu aufbereiten) und auch vom Aufbau her wohl durchdacht sein.

Ein weiteres Moment ist die Fiktion: Ein Reisebericht z.B. ist für mich keine Literatur. Literatur hat mit Fantasie zu tun, mit Ideen und Träumen.

## Aufgabe 2

***Kitsch*** ist meiner Auffassung nach etwas Geschriebenes, das sich stark in vorgefassten Bahnen bewegt, statt fantasievoll zu sein. Klischees (wie z.B. armes Mädchen - reicher Mann) werden dabei immer wieder neu ausgemalt. Kitsch ist sehr konventionell ausgerichtet und bietet keinen Raum für Innovation und gesellschaftliche Veränderung.

***Unterhaltung*** kann als Literatur „gut gemacht" sein, Sprache und Aufbau sind stimmig, der Inhalt ist jedoch oftmals weniger schwer wie bei der so genannten „großen" Literatur. Kriminalromane würde ich hier einordnen, wobei die Grenzen zum Kitsch wie auch zur Literatur fließend sind.

***„Große" Literatur*** ist anspruchsvoll, was Inhalt, Aufbau und Sprache betrifft. Es werden keine Klischees bedient, die Aussage ist relevant. Wenn der Inhalt „gebraucht" ist, z.B. eine Volkssage neu gestaltet wird, so doch auf eine Weise, die etwas Neues birgt, eine neue Perspektive, eine andere Darstellungsform etc.

## Aufgabe 3

Der Begriff der Gattung hilft, Texte einzuordnen, und zwar auf dreifache Weise:

1. Die Unterscheidung Epik - Lyrik - Dramatik
2. Die Unterscheidung in einzelne literarische Formen, innerhalb der Gattung Epik z.B. Roman, Kurzgeschichte
3. Die Unterscheidung von „Unterformen", z.B. Abenteuerroman oder Krimi

Die Unterscheidung verschiedener Gattungen geschieht mithilfe sprachlicher Merkmale, die einer bestimmten Gattung gemeinsam sind, in anderen Gattungen hingegen nicht oder nicht in dieser Kombination auftauchen.

Der Gattungsbegriff ist ein Ordnungsmodell, hilfreich z.B. bei Editionen von Gesamtwerken. Im Vergleich zu anderen Ordnungsmodellen, wie etwa dem Alphabet, hat das Modell der Gattung den Vorteil, mithilfe der Systematik auch das Verständnis für die Inhalte zu fördern.

## Aufgabe 4

| **Autoren der Romantik** | **Werke** |
| --- | --- |
| Novalis | „Hymnen an die Nacht" (Lyrik)<br>„Geistliche Lieder" (Lyrik)<br>*Heinrich von Ofterdingen* (Epik/Roman) |
| Ludwig Tieck | Märchendichtungen, z.B. „Der blonde Eckbert" (Epik)<br>„Prinz Zerbino oder die Reise nach dem guten Geschmack" (Märchenspiel)<br>*William Lovell* (Epik/Roman) |
| Friedrich Hölderlin | *Hyperion* (Epik/Roman)<br>Oden, Elegien, Hymnen (Lyrik) |
| Jean Paul | *Schulmeisterlein Wuz* (Epik)<br>*Siebenkäs* (Epik)<br>*Flegeljahre* (Epik) |
| Johann Peter Hebel | „Alemannische Gedichte" (Lyrik)<br>*Schatzkästlein des rheinischen Hausfreundes* (Epik) |
| Clemens Brentano | *Godwi* (Epik)<br>*Ponce de Leon* (Lustspiel)<br>„Die lustigen Musikanten" (Singspiel) |
| Achim von Arnim | „Des Knaben Wunderhorn" (Sammlung von alten Gedichten, zusammen mit Brentano)<br>*Halle und Jerusalem* (Drama)<br>*Die Kronenwächter* (Epik) |
| Bettina von Arnim | *Goethes Briefwechsel mit einem Kinde*<br>*Clemens Brentanos Frühlingskranz*<br>*Die Günderode*<br>(alle drei Epik/Briefe bzw. Briefromane) |
| E.T.A. Hoffmann | „Meister Floh" (Epik/Märchen)<br>*Das Fräulein von Scuderi* (Epik)<br>*Die Elixiere des Teufels* (Epik/Roman) |
| Joseph Freiherr von Eichendorff | *Aus dem Leben eines Taugenichts* (Epik)<br>*Das Marmorbild* (Epik)<br>*Das Schloß Dürande* (Epik) |

## Aufgabe 5

Die Amerikanerin Janet Fitch hat einen Roman mit dem Titel *Weißer Oleander* verfasst. Dieser handelt von einem Mädchen, dessen Mutter ins Gefängnis kommt und das unter schweren Bedingungen dennoch sein Leben meistert.

An sich ist das kein sehr innovatives Thema. Zu Berühmtheit gelangte dieser Roman jedoch, weil er im amerikanischen Fernsehen von einer Showmasterin mit Namen Oprah Winfrey empfohlen worden ist.

Jene Showmasterin war einst arm, übergewichtig und drogenabhängig und ist heute reich an Vermögen und an Einfluss. Damit verkörpert sie - nicht nur für ihre Anhänger - den „american dream“, dass alles machbar ist, dass jeder eine Chance hat und sich ändern kann.

Das Buch der Autorin Janet Fitch passt insofern in diese Ideologie, als es eine therapeutische Funktion erfüllt, nämlich Frauen Mut macht, ihr Leben zu meistern.

Der Aufkleber „Oprah’s Book Club“, den solchermaßen empfohlene Bücher tragen dürfen, ist allemal 500 000 verkaufte Exemplare wert. Und so entwickelte sich auch der Roman *Weißer Oleander* trotz zweifelhafter literarischer Qualität zu einem Bestseller.

## Aufgabe 6

Die Überschrift „Schmonzette mit Sogwirkung“ ist eine *Alliteration*, das Wort „Schmonzette“ ein *umgangssprachlicher Begriff*. Die Autorin arbeitet in ihrem Text mit *Gegensätzen* („...werden so aus Ladenhütern Chartbreaker“) und mit *Bildern* („hochschnellen“, „Schallmauer“, „leicht verdauliche Preise“).

Sie *vergleicht* („eine Mischung aus Oliver Twist und Aschenbrödel“), *übertreibt* (der Aufkleber „prunkt“) und *verallgemeinert* („Das Buch muss eine Schmonzette sein“).

Sie würzt ihren Text mit einer guten Portion *Ironie* („Ehrlich-währt-am-längsten-Sagas“).

## Aufgabe 7

Der kommerzielle Literaturbetrieb unterliegt - wie alles in unserer Gesellschaft - den Gesetzen des Marktes. Es besteht Bedarf an erschwinglicher Unterhaltungslektüre und dieser wird durch ein entsprechendes Angebot befriedigt, möglicherweise auch erst geweckt oder ausgebaut.

Um die Breitenwirkung eines Buches gegenüber dem Fernsehen zu gewährleisten, ist dies vermutlich auch wichtig. Jedoch ist der Preis für diese Breitenwirkung - wie bei der Privatisierung des Fernsehens ebenfalls zu beobachten war - eine zunehmende Verflachung des Dargebotenen.

Niveauvolleres spielt sich in Nischen ab. Kulturpolitisch ist es sinnvoll, solche Nischen zu schaffen bzw. bei ihrem Entstehen zu unterstützen, z.B. durch die Gründung von Literaturhäusern und durch die Unterstützung junger Autoren oder weniger kommerzieller Buchverlage.

# Kapitel 2

## Aufgabe 1

Das Ehepaar Leon und Martina bekommt in seinem neuen Haus am Moor einen Antrittsbesuch des benachbarten Schwesternpaares Isadora und Kay. Kay wird als groß, schlank und maskulin beschrieben, während Isadora als klein und äußerst üppig skizziert wird.

Die beiden Schwestern werden ins Wohnzimmer gebeten. Martina geht in die Küche, um Kaffee bzw. Tee zu kochen. Leon betrachtet das ungleiche Schwesternpaar und versucht, auf einer leicht erotischen Ebene Kontakt mit Isadora aufzunehmen. Er hat sie am selben Morgen zufällig nackt im Moor gesehen und spielt jetzt darauf an, um sie in Verlegenheit zu bringen, was ihm allerdings nicht gelingt.

## Aufgabe 2

a) **Kay:** Maskulin, groß, reizlos, unbeholfen
**Isadora:** Klein, dick, kokett, üppig, forsch, nicht leicht in Verlegenheit zu bringen

b) Die Schwestern verhalten sich zueinander komplementär, die eine ist, was die andere nicht ist (groß-klein, dünn-dick, schüchtern-distanzlos), tut, was die andere nicht tut (reden-schweigen) und auch in dem, wem sie sich zuwenden, unterscheiden bzw. ergänzen sie sich: Isadora wendet sich in erster Linie an Leon, Kay an Martina.

Isadora übernimmt die Rolle der Sprecherin, stellt ihre Schwester vor. Auch ist sie es, die Kontakt zu Leon hat. Kay sitzt still und unbeholfen in der Sofaecke.

Markant ist die Unterschiedlichkeit der beiden auch im Aussehen. Jede von beiden lebt die selbstgewählte Geschlechterrolle derart überzogen, dass das Männliche und das Weibliche von den beiden verzerrt und karikiert wird.

c) **Kay zu Leon:** Hier gibt es wenig Beziehung. Leon gegenüber schweigt sie

**Kay zu Martina:** Sie behält Martinas Hand zu lange in der ihren und sieht sie lange an. Sie passt sich an bei der Frage Kaffee oder Tee („Kaffee ... bitte“, Z. 38). Sie zögert und sagt „bitte“. Sie wirkt verlegen wie ein schüchterner Teenager, der sich gerade auf den ersten Blick verliebt hat.

**Isadora zu Martina:** „Tee wäre großartig, Sie Gute“ (Z. 39): Zum einen macht Isadora Martina mehr Arbeit, indem sie keinen Kaffee trinken mag wie Kay und Leon, zum anderen benutzt sie den Zusatz „Sie Gute“, etwas von oben herab, so als würde sie mit einer lieb gewonnenen Hausangestellten verkehren. Dieser Zusatz wirkt auf mich zudem merkwürdig distanzlos, wenn man bedenkt, dass sich die beiden vor wenigen Minuten erst kennen gelernt haben.

**Isadora zu Leon:** Isadora drückt Leons Hand „hingebungsvoll“ (Z. 28). Es stört sie anscheinend nicht, dass er sie nackt gesehen hat. Sie lächelt, kichert, kokettiert. Zwischen den beiden entwickelt sich ein Flirt, zu dem Isadora durchaus das Ihre dazutut.

d) **Gegensätze:** Die Gegensätzlichkeit der beiden Schwestern wird auch sprachlich gut herausgearbeitet: „Kaffee ... bitte“ (Z. 38), „Tee wäre großartig, Sie Gute“ (Z. 39), „Sie lächelte zurück, ebenfalls abwartend und ohne eine Spur von Verlegenheit. (...) Die Große saß unbeholfen in ihrer Sofaecke, wie ein Müllarbeiter, den man in den Salon gebeten hatte.“ (Z. 47ff.)

**Bilder:** „Pat und Patachon“ (Z. 26), die „Geisha“ (Z. 32), der „Sumo-Ringer“ (Z. 34), der „Sparringpartner“ (Z. 43), der eben zitierte „Müllarbeiter“ (Z. 48).

**Vergleiche:** „eine Nase wie mit dem Lineal gezogen“ (Z. 16), die „Schultern ... breiter als seine“ (Z. 18).

**Übertreibung:** klobige Stiefel (Z. 13), protzige Goldringe (Z. 25), aufgetürmte Haare (Z. 32), erbärmlicher Busen (Z. 19) - hier wird nicht mit Extremen gegeizt.

# Kapitel 3

## Aufgabe 1

Wilhelm II. war von 1888 bis 1918 deutscher Kaiser. Er war der Sohn von Kaiser Friedrich III. und dessen Frau, der englischen Prinzessin Viktoria. In seiner Jugend stand er in Opposition zu seinem liberal eingestellten Elternhaus und hatte hohe sozialpolitische Ziele. Er verehrte Otto von Bismarck, veranlasste aber schon bald nach seiner Thronbesteigung (1888) dessen Rücktritt (1890).

Er hoffte, die Reichspolitik selbst zu leiten, aber seine sozialpolitischen Pläne, deretwegen er sich schon mit Bismarck überworfen hatte, scheiterten. Daraufhin wandte er sich betont konservativen Kreisen zu.

Wilhelm II. wird in vielen Fachbüchern so charakterisiert: unausgeglichen, impulsiv, Freude an Waffen. Obwohl er sich im Grunde an die Spielregeln hielt, ließen seine Neigungen im Ausland den Anschein von Despotismus und kriegerischen Absichten entstehen. Nach der so genannten Daily-Telegraph-Affäre musste Wilhelm II. öffentlich größere politische Zurückhaltung versprechen.

Das diplomatische Geschehen vor dem Kriege wie auch der Kriegsverlauf gingen weitgehend an ihm vorbei, immer weiter wurde er aus der Politik zurückgedrängt. 1918, am Ende des Ersten Weltkrieges, verkündete Prinz Max von Baden eigenmächtig den Rücktritt des Kaisers. Dieser ging daraufhin in die Niederlande und verzichtete auf seinen Thron.

Wilhelm II. war nach außen hin autoritär und mächtig, in Wirklichkeit aber hatte er wenig Einfluss. Durch seine Impulsivität und Kraftprotzerei verspielte er vermutlich das Vertrauen, das in ihn gesetzt wurde. Seine Ideale gab er auf, als sich herausstellte, dass sie sich nicht so leicht verwirklichen ließen. Salopp könnte man ihn beinahe einen „Papiertiger“ nennen. Die Fäden behielten andere in der Hand.

Das Wilhelminische Zeitalter war eine äußerlich glanzvolle Epoche, es verband die Friederizianische Tradition mit dem Fortschrittsglauben der Industrialisierung. Das gleichzeitige Elend der Arbeiterschaft, die daraus folgende Entstehung des Kommunismus, die in Russland schließlich zur Oktoberrevolution von 1918 geführt hat, die Sozialdemokratie - all das entwickelte sich ebenfalls in dieser Zeit, wurde jedoch massiv unterdrückt. Diese Facette des Wilhelminischen Zeitalters fehlt selbst heute noch in vielen Beschreibungen dieser „glanzvollen Epoche".

## Aufgabe 2

Die Literatur dieser Zeit schwankt nach meinem Dafürhalten zwischen Innen und Außen, zwischen Individuum und Gesellschaft: Die naturalistischen Werke Hauptmanns (z.B. *Die Weber*, 1892) zu Anfang des Jahrhunderts, die gesellschaftskritischen Werke Ibsens und anderer (z.B. *Nora oder ein Puppenheim*, 1879) und die pazifistischen Ideen Bertha von Suttners (*Die Waffen nieder*, 1889) werden abgelöst von eher „impressionistischen" Strömungen, wie sie Hugo von Hofmannsthal, Stefan George oder Rainer Maria Rilke verfolgen.

Wo die Naturalisten das Schauspiel als Genre bevorzugen, wenden sich die Impressionisten und „Romantiker" des beginnenden 20. Jahrhunderts vermehrt der Lyrik zu. Die Neuromantik repräsentieren Stefan Zweig mit dem österreichischen Geschichtsroman sowie Hermann Hesse mit seinen träumerischen, nach innen gewandten Werken.

Die Literatur zwischen 1900 und 1918 ist so zerrissen wie ihre Zeit: Siegmund Freud begründet die Psychoanalyse, Rudolf Steiner entwickelt das anthroposophische Weltbild, die Werke Nietzsches werden entdeckt und gelesen. Gleichzeitig entstehen aber auch Sozialdemokratie und Marxismus - Bewegungen von unten, die sich weniger auf innere Befindlichkeiten konzentrieren als vielmehr auf gesellschaftliche Realität und deren Veränderung.

## Aufgabe 3

Diederich Heßling wird als verträumt bis schwärmerisch, ängstlich bis feige, devot gegenüber Überlegenen, aber verachtend und brutal gegenüber Untergebenen beschrieben.

*Inwiefern bleibt er sich treu?* Was ihm als Kind der Vater, ist ihm als Erwachsener der Kaiser. Er fürchtet ihn, sieht zu ihm auf, bewundert seine Stärke. Hier kommt auch das Schwärmerische der Kindheit wieder zu Tage: übertrieben, mit „geradezu religiöser Erhebung" (Z. 30f.). Schon als Kind zeigt er Verachtung nach unten, zu den Arbeitern seines Vaters, später zeigt er sie gegenüber liberaleren und nicht ganz so national gesinnten Menschen (Dr. Heuteufel).

*Inwiefern hat er sich verändert?* Heßling ist als erwachsener Mann brutaler geworden. Er liebt die Macht, er ist fanatisch, in seinem Wunsch nach Heroismus geht er über Leichen. Zudem ist er auch verschlagener. Hatte er als Kind etwas „ausgefressen", so nahm er demütig seine Strafe in Empfang, es war ihm schwer, vor seinem Vater Geheimnisse zu haben. Als Erwachsener tönt er zwar große nationalistische Parolen, hat sich aber dennoch vor dem Militärdienst gedrückt, wird also seinen eigenen Maßstäben nicht gerecht.

## Aufgabe 4

Der Roman spielt zu Zeiten Wilhelms II. Dieser war trotz protzigem Militarismus weniger mächtig als es den Anschein hatte und wurde von der Regierung immer mehr zurückgedrängt. Durch unbedachte Aussagen und Mangel an diplomatischem Gespür stand er sich auch oftmals selbst im Weg. Der Begriff „Schattenkaiser", den Diederich verwendet, könnte mit dieser heimlichen Entmachtung Wilhelms II. zu tun haben. Wenn Diederich Dr. Heuteufel mitteilt, „dass er keinen Schattenkaiser wünsche" (Z. 43), könnte das bedeuten, dass er sich mit „seinem Kaiser" dagegen aufbäumt.

Im zweiten Textabschnitt ist von Krawallen in Berlin die Rede. Dabei sind offenbar Demonstranten zu Tode gekommen. Ich nehme an, dass es sich hierbei um eine geschichtliche Begebenheit handelt. Heßling bezieht sich auf diese Vorgänge und bewundert die Brutalität, mit der hier durch die Ordnungskräfte vorgegangen worden ist.

## Aufgabe 5

Das Kind Diederich beschreibt Mann zunächst beinahe liebevoll, er nimmt dabei die Perspektive des Kindes ein, nimmt seine Fantasien von großen Kröten oder Gnomen ernst. Er arbeitet mit *Wiederholungen* („vom Märchenbuch, dem geliebten Märchenbuch", Z. 5f.), mit *Gegensätzen* („Fürchterlicher als Gnom und Kröte war der Vater, und obendrein sollte man ihn lieben", Z. 10f.) und mit *Übertreibungen* („ein ... Kind, das ... sich vor allem fürchtete", Z. 1f.). Die Beschreibung der Arroganz dieses Kindes überlässt der Autor Diederich selbst, er bedient sich hier der *wörtlichen Rede* („Ihr wäret froh, wenn ihr auch Prügel von ihm bekommen könntet. Aber dafür seid ihr viel zuwenig", Z. 21f.).

Den Erwachsenen Heßling zeigt Mann in einer für ihn emotional aufgeladenen Situation und lässt ihn meist selbst sprechen. Dabei mangelt es nicht an *Übertreibungen* („phänomenal", Z. 35f.; „geradezu religiöse Erhebung", Z. 32f.), an lateinischen *Fremdwörtern* und allerlei *Manieriertheiten* („... etwas Großartiges, sozusagen Majestätisches", Z. 26; „... kommt so was - Heroisches vor!", Z. 29). Manns bevorzugtes Stilmittel ist meiner Ansicht nach die *ironische Überzeichnung* der Figur des Diederich Heßling.

## Aufgabe 6

Stichworte:

- „Veränderung" (Z. 2)
- „Der neue Mensch" (Z. 3) (Umerziehung)
- „überlebensgroße Papptafeln" (Z. 5), „die schrecklich strahlenden Helden der Zeitungen, Filme und Bücher" (Z. 10f.) (Propaganda)
- „absolute Perfektion und Zweckmäßigkeit des Apparats" (Z. 20) (Planwirtschaft, Vergesellschaftung, Vernunftbetonung)

*Die Stichworte in Klammern dienen der Erklärung und kommen im Text selbst nicht vor.*

## Aufgabe 7

„Es war dafür gesorgt, daß der Vergleich zu unseren Ungunsten ausfiel." (Z. 12f.)

Im ersten Teil des Satzes fällt die *Anonymisierung* auf: nicht die Partei sorgte für etwas, nein, *es* war gesorgt. Möglicherweise dient diese Anonymisierung als Schutz vor Zensur oder sonstigen Repressalien, wobei jedoch zwischen den Zeilen lesbar ist, wen die Romanfigur für verantwortlich hält. Zugleich wird dadurch deutlich, dass ein Apparat hinter solchen Erscheinungen steht, der nicht greifbar ist.

„ - aber bewegte es sich denn?" - (Z. 18)

Die sie umgebende Gesellschaft vergleicht die Romanfigur hier mit einem Mechanismus, einem Apparat, der in Gang gehalten wird. Mit der *rhetorischen Frage* „aber bewegte es sich denn?" formuliert sie ihren Zweifel daran, dass diese Gesellschaft überhaupt in Bewegung ist, möglicherweise ist sie ja erstarrt. Damit zeichnet die Erzählerin indirekt das *Bild* einer stehen gebliebenen Maschine.

„..., den reibungslos in Gang zu halten kein Opfer zu groß schien - selbst nicht das: sich auslöschen. Schräubchen sein." (Z. 20f.)

Hier wird wiederum ein *Vergleich* herangezogen, das *Bild* der Maschine. Es beschreibt die Seelenlosigkeit des Systems, das den Einzelnen zum Rädchen im Getriebe degradiert, zum *Schräubchen,* wie die Romanfigur es nennt (wieder ein *Bild*).

# Kapitel 4

## Aufgabe 1

Esel Nummer eins, der dem Löwen als lebendiger Jagdhornersatz dient, fühlt sich durch seine Begleitung, den Löwen (den König der Tiere), in seinem gesellschaftlichen Status erhöht. Esel Nummer zwei zeigt sich vom neuen sozialen Prestigegefühl seines Artgenossen überhaupt nicht beeindruckt. „Vergiss nie, wo du herkommst", erinnert er ihn. Den Rat, den Lessing seinen Lesern mit dieser Fabel geben will, könnte man also in etwa so zusammenfassen: Wir sind alle Menschen, unabhängig von unserem sozialen und gesellschaftlichen Status. Und deshalb sollten wir auch immer „menschlich" miteinander umgehen.

## Aufgabe 2

***„Es war einmal ..."*** - schon die ersten drei Worte stellen einen sprachlichen Hinweis dar, dass es sich bei dem, was folgt, um ein Märchen handeln könnte. Denn ***Stereotypen*** spielen beim Märchen eine große Rolle: Die Sprache ist immer schlicht und wiedererkennbar, die Charaktere schablonenartig vereinfacht und kaum individuell nuanciert und die Handlung folgt ohne große Abweichungen einem zentralen Strang.

Die ***Sprache*** im „Sterntaler"-Märchen kann wirklich „jedes Kind" verstehen. Die Sätze sind einfach gebaut und es finden sich weder Fremdwörter noch anspruchsvolle rhetorische Figuren. Die Diminutivbildungen „Röcklein" und „Hemdlein" erzeugen ein Gefühl von Vertrautheit und Bekanntheit beim Leser.

***Detailfragen*** werden im Märchen nicht beantwortet. Zum Beispiel ist die Formulierung „Hemdlein" doch reichlich nebulös. Was für ein Hemdlein war es denn?, würde man da gerne fragen. Ein weißes oder ein rotes, ein kurzes oder ein knielanges, mit oder ohne Knöpfen? Hatte dieses mysteriöse „Hemdlein" lange oder kurze Ärmel? Solche Fragen beantworten Märchen fast nie, denn die Charaktere dürfen nicht zu individuell gestaltet sein, damit das Märchen seine ***Allgemeingültigkeit*** behalten kann. Über das Mädchen aus „Die Sterntaler" erfahren wir folglich so gut wie nichts, nicht einmal zu einem Namen hat es gereicht. Es könnte im Grunde jedes x-beliebige Mädchen sein.

Auch die ***allwissende Erzählhaltung*** trägt ihren Teil dazu bei, dass das Geschehen so wenig individuelle Züge wie möglich trägt. Die Handlung schreitet sehr schnell voran und es werden weder die Schauplätze noch die weiteren Charaktere - ein armer Mann, drei Kinder - ausführlicher beschrieben.

Der ***Handlungsverlauf*** im Märchen ist äußerst schematisch. Die Guten gewinnen und die Bösen werden bestraft. Das Waisenkind in „Die Sterntaler" wird für seine Barmherzigkeit mit einem Regen von Talern belohnt und wundert sich nicht über dieses doch recht ungewöhnliche Ereignis - denn im Märchen ist das ***Übernatürliche*** ganz normal.

## Aufgabe 3

Gleich im zweiten Satz fallen die wichtigen Stichworte: „Es war aber gut und fromm". Das arme Waisenmädchen wird also für seine *christliche Nächstenliebe* und *Barmherzigkeit* belohnt. Trotz seiner Armut gibt es buchstäblich sein letztes Hemd fort, um den Bedürftigen zu helfen. In der Bibel heißt es in der Apostelgeschichte, Vers 20:35, „Geben ist seliger als nehmen" und in „Die Sterntaler" folgt der Beweis für diese These gleich auf dem Fuß: ein Regen von blanken Talern. Die Taler könnte man auch gegen etwas anderes Wertvolles austauschen, wichtig ist letztlich die moralische Botschaft an den Märchenleser: Sei auch du gut und fromm, denn christlich-ethisches Verhalten „lohnt" sich.

## Aufgabe 4

So wie der Fliegerleutnant seine Kriegserlebnisse schildert, gewinnt man den Eindruck, hier erzählt ein Sechsjähriger von seinen „Abenteuern" auf dem Spielplatz. Die Sätze sind grammatikalisch höchst lückenhaft, häufig sogar fehlerhaft und der junge Redner sprudelt seine Erlebnisse sprunghaft im verbalen Zickzack-Kurs heraus: „... denke, wär doch gelacht, wenn nicht, stoße steil von oben, hab ihn drinnen, und da zeigt er schon Spuren, kann noch gerade meine Mühle auf die linke Tragflächenspitze, als ich auch schon eine zweite im Gegenkurs kommende Spitfire im Visierkreis, halte auf Propellernarbe, er oder ich; na, wie ihr seht, er mußte in den Bach ..." Für den Fliegerleutnant handelt es sich beim Zweiten Weltkrieg offenbar tatsächlich um ein abenteuerliches Spiel, wobei die Assoziation zum

„Spiel" später im Verlauf der Rede sogar noch explizit hergestellt wird: „das verlief beinahe wie früher, wenn wir hier auf unserem guten alten Pausenhof - denn den Sportplatz gab es noch nicht - Handball spielten."

Wie ein Kind ist der Redner offenbar nicht in der Lage, die Tragweite und die Bedeutung des Krieges zu begreifen. Und dabei muss man sich noch einmal vergegenwärtigen, *wer* hier erzählt: Hier plappert kein Kindergartenbub, sondern es handelt sich immerhin um einen Abiturienten (!) im Alter von vermutlich ca. 20 Jahren!

### Aufgabe 5

Die beiden Protagonisten sind seit 39 Jahren verheiratet. Aus dem rücksichtsvollen Umgang der beiden miteinander kann man schließen, dass es sich um eine „glückliche" Ehe handelt. Dennoch geschieht in dieser Nacht, um halb drei, ein schlimmer Verrat. Der Mann hintergeht seine Frau. Er stiehlt ihr Essen und belügt sie, selbst als sie ihn „inflagranti" in der Küche ertappt. Und dennoch macht sie ihm keine Vorwürfe. Ganz im Gegenteil, sie baut ihm sogar goldene Brücken für eine passende Notlüge.

Hätte sie ihn beschimpft, zur Rede gestellt oder aus dem Haus geworfen - die Kurzgeschichte wäre nur halb so erschütternd. Die Lebensumstände der Nachkriegsjahre zwingen sogar zwei Menschen, deren Liebe sich in einer 39-jährigen Ehe bewiesen hat, dazu, sich gegenseitig zu belügen. Und die Scham über dieses Verhalten ist bei beiden Eheleuten so groß, dass sie darüber nicht miteinander reden können. Es gibt Dinge, die sind zu schmerzhaft, als dass man sie auch noch in Worten festhalten möchte. Eine solche Situation beschreibt Borchert hier. Die Beziehung der Eheleute hat zweifelsohne einen emotionalen Bruch erlitten („Sie sah ihn nicht an, weil sie nicht ertragen konnte, daß er log. Daß er log, nachdem sie neununddreißig Jahre verheiratet waren."). Die Handlungsweise der Ehefrau, ihre Nachsicht im Angesicht des Betrugs, deutet aber eine zaghafte und unsichere Hoffnung auf einen Neubeginn an.

## Kapitel 5

### Aufgabe 1

Das Mädchen Recha ist die Adoptivtochter von Nathan, einem reichen, vornehmen Juden. Er hat sie adoptiert, nachdem seine sieben Söhne von Christen ermordet worden waren. Sie selbst ist Christin, hält sich aber für die leibliche Tochter Nathans, und somit ebenfalls für eine Jüdin.

Bei einem Feuer wird sie von einem jungen Mann gerettet, einem Tempelherrn, der große Zuneigung zu Recha fasst. Im Verlauf des Dramas zeigt sich, dass die beiden leibliche Geschwister sind.

Die Handlung spielt außerdem auch am Hofe des Sultans Saladin und dessen Schwester Sittah, beides Mohammedaner. Saladin leiht sich von Nathan Geld und freundet sich mit ihm an.

Es kommt zu Tage, dass Recha und ihr Bruder, der Tempelherr, auch mit Saladin und Sittah verwandt sind und damit drei Religionen - die christliche, die jüdische und die mohammedanische - in einer Familie vereint sind.

Die „Ringparabel" von Nathan ist der Kern des Stücks: sie vergleicht die drei genannten Religionen mit drei Ringen, die einander so ähnlich sind, dass man sie kaum auseinander halten kann. Das Fazit der Ringparabel besagt, die beste Religion sei die, die sich am meisten um Liebe bemüht und keine Vorurteile zulässt - besonders nicht gegenüber den anderen Religionen.

## Aufgabe 2

Götz von Berlichingen ist ein Ritter, ein stolzer Mann, der der eigenen Aussage zufolge nur abhängt von Gott, seinem Kaiser und sich selbst. Er ist ein Ehrenmann, der nichts hält von Intrigen, Frauengeschichten und dem faulen Leben wie es bei Hofe zelebriert wird. Er lebt auf seiner Burg als sein eigener Herr.

Sein Jugendfreund und späterer Gegenspieler Adelbert von Weislingen ist die Kontrastfigur zu Götz: Er ist wankelmütig, untreu, liebt das Hofleben, Götz bezeichnet ihn als „Paradiesvogel". Neben ihm treten Berlichingens Qualitäten um so stärker hervor.

Götz von Berlichingen gleicht in seinem Streben nach Gerechtigkeit der Figur des Robin Hood. Dies bringt ihm viele Feindschaften ein, vor allem die des Bischofs von Bamberg. Götz geht so weit, Nürnberger Kaufleute zu überfallen, um armen Leuten zu helfen. Schließlich wird er sogar zum Hauptmann der Bauern, diese jedoch entgleiten ihm, denn ihr über Jahrzehnte angestauter Hass lässt sie zu Mordbrennern werden.

Gefangen im Turm von Heilbronn zeigt Götz Verbitterung: „Sie haben mich nach und nach verstümmelt, meine Hand, meine Freiheit, Güter und guten Namen." Im Kreise seiner Lieben findet Götz jedoch einen schönen, versöhnlichen Tod.

Auch in der Sterbeszene wird der Kontrast zu seinem Gegenspieler deutlich: dieser stirbt einsam und von allen verlassen, vergiftet von seiner Frau und seinen Knappen, nur getröstet von Berlichingens Schwester Maria, die zufällig anwesend ist und die er einst schwer enttäuscht hat.

Freiheit (Berlichingens letztes Wort), Ehre, Tapferkeit, Treue und Derbheit sind Schlagworte, die zur Person des Götz passen. Den politischen Menschen kennzeichnen neben der Freiheit auch sein soziales Gewissen, revolutionäres Streben, hohe Skepsis gegenüber den Mächtigen, Kampfgeist, Unbestechlichkeit und der Mut, sich zwischen alle Stühle zu setzen.

## Aufgabe 3

Die Personenkonstellation in Kabale und Liebe weist viele Gegensätze auf.

- Die unschuldig-naive Luise hat ihre Gegenspielerin in Lady Milford, einer Frau, die im Rufe steht, „eine privilegierte Buhlerin" zu sein (im Grunde aber auch nur eine vom Schicksal getroffene Frau ist) und die mit ihr um Ferdinands Liebe rivalisiert.
- Der aufrechte Ferdinand kontrastiert zur fiesen Gestalt des Wurm - gut und böse sind hier am deutlichsten voneinander zu unterscheiden. Doch auch diese beiden, so unterschiedlich sie auch angelegt sein mögen, rivalisieren um dieselbe geliebte Person: Luise.
- Luises Eltern sind in ihrer Einstellung gegenüber Luises Liebesbeziehung zu Ferdinand gegensätzlicher Meinung. In ihrer sozialen Stellung und ihrer Wortwahl aber sind sie durchaus homogen. In dieser Hinsicht findet Vater Miller seinen Gegenpart vielmehr im Präsidenten. Doch was Aufrichtigkeit und Ehre anbelangt, kann sich Vater Miller vom intriganten Präsidenten positiv abgrenzen.
- Diese Gegensätzlichkeiten leben auch von den Ähnlichkeiten, die darin enthalten sind: Beide Frauen lieben Ferdinand, Ferdinand wie auch Wurm möchten Luise für sich gewinnen, Vater und Mutter Miller möchten das Beste für ihre Tochter, Vater Miller wie auch der Präsident sind Väter der beiden Liebenden und billigen beide die Beziehung nicht. In ebendieser Ähnlichkeit werden die Gegensätzlichkeiten um so markanter und spannungsreicher herausgearbeitet.

# Kapitel 6

## Aufgabe 1

Das Publikum wird im Epilog aufgefordert, selbst einen Schluss zu suchen und zu finden, und zwar einen guten. Brecht weckt also die *Aktivität* des Zuschauers, möchte seine *Mitarbeit*. Es geht dabei weniger um Gefühle als vielmehr um *Entscheidungen*. Der Ausgang, im herkömmlichen Theaterstück mit Spannung erwartet, wird dem Betrachter einfach verweigert, er selbst soll tätig werden.

Es geht Brecht dabei aber nicht darum, dass sich die Theaterzuschauer zu Hause hinsetzen und einen entsprechenden Schluss schreiben. Er will beim Betrachter die *Erkenntnis* erzwingen, dass es unter den gegebenen politischen und gesellschaftlichen Umständen kein gutes Ende geben *kann* und dass die Verhältnisse eben aus diesem Grunde verändert werden müssen.

In der ersten Hälfte des Epilogs spielt Brecht mit den Erwartungen des Publikums:

> *Wir stehen selbst enttäuscht und sehn betroffen*
> *Den Vorhang zu und alle Fragen offen.*
> *Dabei sind wir doch auf Sie angewiesen*
> *Daß Sie bei uns zu Haus sind und genießen.*

*Wir können es uns leider nicht verhehlen:*
*Wir sind bankrott, wenn Sie uns nicht empfehlen!*

Auf durchaus humorvolle Art stellt Brecht hier dar, dass Theaterzuschauer auch zahlende Kunden sind, von deren Gunst die Zukunft seines Theaters abhängt. Ihm ist bewusst, dass er ihnen nach herkömmlichem Theaterverständnis ein schönes Ende schuldet. Trotzdem fordert er sie anschließend auf, selber nachzudenken - und bietet ihnen *nicht* das, was sie sich vermutlich wünschen: ein Happy End.

## Aufgabe 2

- Galilei hat ein schlecht bezahltes Lehramt an der Universität in Padua inne. Von seinem Privatschüler lernt er das Fernrohr kennen und bietet es den Senatoren der Republik Venedig als eigene Erfindung an. Galilei ist hier ***ein schlitzohriger Wissenschaftler, darauf aus, sein Einkommen zu verbessern***.
- Mithilfe des Fernrohrs kann Galilei die kopernikanische Lehre beweisen. Er ***hofft auf Anerkennung***, aber die Inquisition untersagt weitere Forschungen.
- Galilei ***resigniert*** und zieht sich auf harmlosere Forschungsfelder zurück.
- Nach der Wahl Papst Urbans VIII. ***setzt Galilei Hoffnungen auf dessen Weltoffenheit*** und nimmt seine verbotenen Forschungen wieder auf. Sein ehemaliger Privatschüler Ludovico löst daraufhin die Verlobung mit Galileis Tochter.
- Galilei wird von der Inquisition verhaftet, ***er beugt sich der Gewalt und widerruft.***
- Er lebt in Schutzhaft der Kirche bis zu seinem Lebensende. Er hat einen großen Teil seiner ***Selbstachtung eingebüßt***. Seine Schüler verzweifeln an ihm.
- Kurz vor seinem Tod lässt er seine Erkenntnisse noch in die freie Welt hinausschmuggeln, ***ein letzter schwacher Akt gegen die Machthaber***, die sein Lebenswerk zerstören wollten.

## Aufgabe 3

Mutter Courage ist Marketenderin im Dreißigjährigen Krieg. Sie hat drei Kinder: Sohn Eilif, Sohn Schweizerkas und eine stumme Tochter mit Namen Kattrin. Mutter Courage befürwortet den Krieg, sie verteidigt ihn, verliert jedoch nacheinander alle drei Kinder an den Krieg.

Sohn Eilif ist das erste Opfer: Er wird als Soldat angeworben und für seine Brutalität ausgezeichnet. Einige Jahre später wird der Krieg einmal für kurze Zeit unterbrochen. Da Eilif den Frieden aber nicht kennt, ändert er sein gewalttätiges Verhalten in dieser Zeit nicht. Dafür wird er hingerichtet.

Sohn Schweizerkas wird zum Soldatensein gezwungen. Das gegnerische Heer nimmt ihn gefangen und will ihn töten, weil er seiner alten Armee die Treue hält und die Regimentskasse nicht preisgeben will. Mutter Courage verhandelt um seine Freilassung, aber sie feilscht zu lange, so dass er schließlich doch hingerichtet wird.

Ihrer Tochter zuliebe lehnt Courage einen Heiratsantrag des Kochs ab, der mit ihnen umherzieht. Der Koch möchte Courage allein, also ohne ihre Tochter, mit nach Utrecht nehmen und dort eine Kneipe führen.

Kattrin warnt die Stadt Halle vor einem kriegerischen Überfall, indem sie wie wild trommelt. Sie wird daraufhin erschossen.

Mutter Courage, vom Feldprediger als „Hyäne des Schlachtfelds" bezeichnet, sieht den Krieg als Einkommensquelle. Sie spiegelt damit das Verhalten der von ihr so bezeichneten „Großkopfigen", die ihrer Ansicht nach den Krieg aus Gewinnsucht und nicht aus Idealismus führen.

Menschlichkeit zeigt sie bei ihren Kindern, die sie jedoch nicht retten kann, sondern im Gegenteil ins Verderben zieht. Am Ende verkörpert sie die uneinsichtige Verliererin.

## Aufgabe 4

Keine Einheit von Ort, Zeit und Handlung:

Die Orte wechseln, die Handlung erstreckt sich über 12 Jahre, sie passiert in einzelnen, voneinander mehr oder weniger unabhängigen Episoden. Die Geschehnisse verlaufen nicht linear, die Szenen stehen für sich.

Mutter Courage ist auch weniger von Gefühlen oder Trieben geleitet als vielmehr von rationalen Beweggründen, vom Wunsch nach Wohlstand und guten Geschäften.

Den einzelnen Bildern sind kurze Texte vorangestellt, die über den zwischenzeitlichen Fortgang der Geschichte informieren, die Ortswechsel werden durch Ortstafeln über den Szenen veranschaulicht.

Auch Lieder dienen dazu, die einzelnen Szenen zu markieren und auszudeuten.

## Aufgabe 5

| | **Brechts *Leben des Galilei*** | **Kipphardts *Oppenheimer*** |
|---|---|---|
| **Wer?** | Galilei, Ludovico (Verlobter), Tochter, Andrea (Schüler) | J. Robert Oppenheimer, der Sicherheitsausschuss, die Anwälte, Zeugen |
| **Wo?** | Italien (Padua, Rom Florenz) | Washington, ein Untersuchungszimmer |
| **Wann?** | 1609 - 1637 | 12. April - 14. Mai 1954 |
| **Was?** | Galileis Kampf um Anerkennung, sein Taktieren, sein Zurückweichen, sein Aufgeben | Oppenheimers Kampf gegen den Verdacht, ein „Sicherheitsrisiko" zu sein |

| | | |
|---|---|---|
| **Wie?** | Darstellung Galileis Lebensstationen in fünfzehn Bildern<br>Szenische Darstellung, eine Geschichte wird erzählt mithilfe von Dialogen, Monologen etc. | Als szenischer Bericht mithilfe von dokumentarischem Material<br>Zeugenaussagen, Tonbandmitschnitte dokumentieren die Situation, aber es gibt wenig Lebendigkeit. |
| **Requisiten:** | Fernrohr | Tonband, Akten |
| **Unterschiede:** | episches Theater:<br>was geschieht, geschieht im „Hier und Jetzt"<br>Ortswechsel<br>Bewegung (Galilei wagt sich vor, weicht zurück ...) | dokumentarisches Theater<br>was geschehen ist, wird von hinten her aufgerollt<br>immer gleicher Ort<br>Stagnation (Argumente werden ausgetauscht) |

## Aufgabe 6

Schon seit Galilei beschäftigt diese Frage die Menschen, und sie ist bis in unsere heutige Zeit hinein aktuell geblieben. Handelte es sich bei Galilei noch um einen ideologischen Konflikt mit der Kirche, um eine Frage des Weltbildes, gegen dessen Zerstörung sich der Klerus mit aller Macht wehrte, so stehen heute oftmals Menschenleben auf dem Spiel. Dies zeigte das Beispiel des Atombombenabwurfs über Hiroshima schon sehr deutlich.

Auch damals stellte sich die immer noch brisante Frage: Ist die Forschung noch zweckfrei? Forschung ist doch nichts Böses. Der Forscher selbst tötet ja niemanden. Er forscht, sucht findet und entwickelt weiter. Doch er muss verantworten, dass aus einem wissenschaftlichen Ergebnis eine Bombe werden kann.

Heute ist es noch komplizierter: Beim Thema Genforschung sehen wir, dass Menschenleben in die Waagschale geworfen werden. Schon im Rahmen der Forschung stehen Menschenleben auf dem Spiel - oder zumindest menschliches „Material". Befruchtete Eizellen, also Embryonen im allerfrühesten Stadium, werden dazu benutzt, Zellmaterial zu gewinnen. Mit diesem kann man Schwerkranken vielleicht irgendwann das Leben retten. Hier geht es nicht mehr darum, was mit einer Erfindung geschieht, wie sie möglicherweise missbraucht werden kann, hier wird der Wissenschaftler selbst zum Täter: Er manipuliert Leben.

Wie frei ist die Wissenschaft? Für die Frage der Zellforschung an Embryonen wird jetzt ein Ethikrat eingesetzt. Das Horrorszenario des geklonten Menschen macht uns allen Angst. Natürlich soll die Wissenschaft nicht mit Scheuklappen versehen werden, der Fortschritt soll nicht wegen unbegründeter Befürchtungen blockiert werden. Bei Erfindung der Eisenbahn z.B. gab es große Bedenken, die Menschen würden erblinden, wenn die Landschaft mit 20 Stundenkilometern an ihnen vorbeirauscht. Allerdings scheint eine solche Gefahr in unserer heutigen, fortschrittsgläubigen Zeit gering. Schon der internationale Wettbewerb führt dazu, dass wir uns immer mehr an den Grenzen des ethisch Machbaren bewegen. Ethikräte sind sicherlich eine gute Einrichtung, doch am eigenen Gewissen, an der persönlichen Verantwortung kommt der Einzelne trotzdem nicht vorbei.

# Kapitel 7

## Aufgabe 1

Man probt für eine neue Talk-Show. Scheffer inszeniert offenbar die Show, Heiner schreibt die Gags, Hannes soll als Moderator fungieren. Scheffer versucht Hannes anzufeuern, er und Heiner wollen von ihm einen bestimmten Gag wörtlich vorgetragen hören. Hannes weigert sich, den Gag wie gewünscht einzuleiten.

Scheffer und Heiner tun sich daraufhin mit Wollner und dem Bildregisseur zusammen und diskutieren, ob Hannes möglicherweise zu alt für die Show sei.

## Aufgabe 2

Typisch für die deutsche Fernsehlandschaft ist die Jagd nach hohen Einschaltquoten, der Jugendwahnsinn („wie Mitte dreißig sieht er jedenfalls nicht aus“), das niedrige Niveau des Gags („warum Michael Jackson täglich zwei Pfund Sauerkraut mit scharfem Senf frisst“). Die Person Michael Jackson ist zudem jedem Fernsehzuschauer bekannt. Die vulgäre Sprache könnte zwar auch in einem modernen Theaterstück vorkommen, ist aber durchaus typisch für entsprechende Fernsehsendungen.

## Aufgabe 3

Ich denke, vom Standpunkt der Inszenierung aus könnte diese Szene durchaus auch auf einer Theaterbühne stattfinden. Thematisch allerdings passt sie besser ins Fernsehen, weil die Arbeit des Fernsehens mit den Mitteln des Fernsehens karikiert wird. Das verschärft die Kritik an unserer Medienwelt: Nicht die „Kulturinstitution“ Theater beschäftigt sich mit den Auswüchsen der Film- und Fernsehlandschaft, sondern die Showmaster selbst (immerhin spielten in dem Film Thomas Gottschalk und Harald Schmidt mit) greifen das System an.

Vielleicht ist die Sztene deshalb weniger geeignet für die Bühne, weil man sich doch erhofft, dass im Theater größere und wichtigere Dinge verhandelt werden - eine Hoffnung, die allerdings auch trügerisch sein kann. Die Szene selbst ist vordergründihg banal (ein dummer Witz, ein irritierter Moderator); die zynische Tiefe, mit der die Fernsehlandschaft zugleich gezeigt wird, macht die Szene jedoch doppelbödig.

## Aufgabe 4

Im Theater ist die Aussage meist verschlüsselter, der Weg von A nach B wird nicht so einspurig vollzogen wie bei den meisten filmischen Produkten. Die Genres sind beim Film festgelegter: er ist lustig oder ernst, bestenfalls ist er eine Tragikomödie. Beim Theater gibt es mehr Zwischentöne, vieles ist auch nicht auf Anhieb verständlich oder entzieht sich sogar ganz der Einsicht des Betrachters.

Viele Theaterstücke haben über Jahrzehnte, wenn nicht über Jahrhunderte hinweg eine gewisse Relevanz und können durch neue Inszenierungen immer wieder zeitgerecht erlebt werden. Filme haben nach Jahrzehnten allenfalls noch nostalgischen Charakter, Um das Textbeispiel aufzugreifen: Man wird in hundert Jahren vielleicht gar nicht mehr wissen, was eine Late-Show ist, und wenn ja, entbehrt es jeglicher Wichtigkeit. Natürlich gibt es auch wichtige Filme und von diesen werden zuweilen auch Remakes angefertigt. Sie beziehen sich aber oftmals auf wichtige Ereignisse, wie z.B. den Untergang der Titanic. Also nicht der alte Spielfilm, sondern das Ereignis an sich wurde hier neu in Szene gesetzt.

Kurz und gut: Das Theaterstück erreicht vielleicht weniger Menschen, aber es ist von Dauer. Filme sind für die Gegenwart geschaffen, können als Dokumente überleben, aber das ist nicht ihre eigentliche Aufgabe.

## Aufgabe 5

Ill selbst wird es unbehaglich zumute. Ein Panther, ein Haustier der alten Dame, bricht aus, und die Güllener Einwohner bewaffnen sich - der Panther liefert ja den Vorwand. Ill spürt die Bedrohung, kann aber auch den Ort nicht verlassen. Er glaubt offenbar inzwischen selbst an seine Schuld und stellt sich schließlich dem Gericht der Güllener Bürger.

Die Einwohner töten ihn gemeinschaftlich, bewahren ihm jedoch ein ehrenvolles Andenken: Sie teilen der Presse mit, Ill habe die Milliardenstiftung als Jugendfreund der Spenderin eingefädelt. Der Arzt stellt als Todesursache Herzschlag fest; die Presse mutmaßt, er sei „vor Freude“ gestorben.

## Aufgabe 6

Die Meinungsführer sind in diesem Stück wohl der Bürgermeister und der Lehrer. Am Anfang herrscht, harsche Ablehnung gegenüber der Forderung der alten Dame, jedoch beginnt man recht bald, über die Verhältnisse zu leben. Kredite werden gewährt, übrigens auch von Ill. Die Spende darf also gar nicht ausbleiben. Schließlich beginnen die Umdeutungen, es geht nicht mehr um das Geld, sondern um *Gerechtigkeit*, um *Ehre*. Das Schicksal der jungen, ledigen, verlassenen Schwangeren, die die alte Dame einst gewesen ist, wird in den Vordergrund gerückt, ebenso die Ungerechtigkeit, die ihr widerfahren ist und die Notwendigkeit der Sühne. Selbst Ill, dem seine Untat über viele Jahre hinweg anscheinend nicht den Schlaf geraubt hat, leidet jetzt unter seinem schlechten Gewissen und stellt sich freiwillig seinen Richtern.

Niemals wird gesagt, „wir tun es des Geldes wegen“, sondern es werden moralische Argumente vorgeschoben. Dabei ist unter dem Gesichtspunkt der Moral doch gerade ein Mord das Verwerflichste, was man tun kann. Die Schizophrenie, die in diesem Handeln und Denken liegt, fällt den Güllener Bürgern gar nicht auf. Es scheint eher so, als würde Ills Tod nicht geplant, sondern vielmehr billigend in Kauf genommen: er passiert irgendwie, niemand übernimmt dafür die Verantwortung.

## Aufgabe 7

Der Lehrer ist bei seiner ersten Rede entsetzt über das Ansinnen der alten Dame, spricht von Humanismus, protestiert „angesichts der Weltöffentlichkeit", mit einem gewissen (betrunkenen) Pathos.

In der zweiten Rede spricht er nicht mehr von Menschlichkeit, sondern von Gerechtigkeit. Das Erfüllen der Bedingung der alten Dame, den Mord also, knüpft er an eine weitere Bedingung: der Forderung der alten Dame darf nur dann entsprochen werden, wenn die Güllener Bürger das Böse nicht mehr aushalten und nicht mehr mit der Bürde der Ungerechtigkeit leben können.

## Aufgabe 8

Der Mord passiert aus Habsucht, aber alle - auch der Lehrer - sagen, er passiere exakt *nicht* deswegen. Das ist eine *Verleugnung*.

Keiner nennt den Mord beim Namen. Der Lehrer nennt das Töten Ills „die Bedingung erfüllen, die mit dieser Stiftung verbunden ist". Das ist, sprachlich gesehen, ein *Euphemismus*, eine Beschönigung für das hässliche Wort „Auftragsmord".

„... Ernst machen, blutigen Ernst": eine *Steigerung* durch *Wiederholung*, sowie durch das Wort „blutig" das zudem eine *Anspielung* ist auf den Mord.

## Aufgabe 9

Der Ausdruck „ethnische Säuberung" ist vor wenigen Jahren zum Unwort des Jahres ernannt worden. Es impliziert etwas von Hygiene, meint aber eher etwas im Sinne von Hitlers „Rassenhygiene", einem weiteren Unwort.

Gemeint ist damit, dass Menschen, die einer anderen als der vorrangigen Volksgruppe angehören („Ausländer", „Fremde") von ihrem Aufenthaltsort (dort, wo sie geboren wurden, wo sie gelebt haben, wohin sie möglicherweise auch geflüchtet sind) verschleppt werden. Oft werden sie auch gleich getötet. Im Jugoslawienkrieg wurde dies als „ethnische Säuberung" bezeichnet, man könnte es auch Völkermord nennen.

Ich habe den Ausdruck seiner Krassheit wegen gewählt, weil er etwas wirklich Fürchterliches nicht nur abmildernd ausdrückt, sondern banalisiert - als handle es sich dabei um den Einsatz einer Putzkolonne.

# Kapitel 8

## Aufgabe 1

Goethe hat bei diesem Gedicht aus dem Roman *Wilhelm Meisters Lehrjahre* als Metrum einen ***fünfhebigen Jambus*** gewählt:

Kennst du / das Land, / wo die / Zitro/nen blühn, xx́ / xx́ / xx́ / xx́ / xx́
Im dunk/len Laub / die Gold/oran/gen glühn, xx́ / xx́ / xx́ / xx́ / xx́

## Aufgabe 2

Heyms Gedicht dagegen ist ein Beispiel für einen ***sechshebigen Trochäus***:

Aufge/standen / ist er, / wel/cher / lange / schlief, x́x / x́x / x́x / x́x / x́x / x́
Aufge/standen / unten / aus Ge/wölben / tief x́x / x́x / x́x / x́x / x́x / x́

## Aufgabe 3

Der begriffliche Kern, also die Denotation zu beiden Wörtern läßt sich jeweils ganz einfach z.B. über einen Blick ins Wörterbuch ermitteln.

Zu **„Meer“** findet sich im *Duden. Deutsches Universalwörterbuch* der Eintrag „sich weithin ausdehnende, das Festland umgebende Wassermassen, die einen großen Teil der Erdoberfläche bedecken“. Ihre Lösung muss nicht exakt mit der Version aus dem *Duden* übereinstimmen. Aber mit großer Wahrscheinlichkeit liegen Sie mit Ihrem Vorschlag auch irgendwo in dem Bereich von „großer Wassermasse, meist aus Salzwasser bestehend, die die Kontinente umschließt“ o.Ä.

Die Konnotationen zu „Meer“ können dagegen individuell schon recht unterschiedlich ausfallen. Ein begeisterter Windsurfer empfindet bei dem Gedanken ans Meer vermutlich Freude, Glück und Sehnsucht, spürt ein Gefühl von Freiheit und Abenteuer und denkt an Sonne, Wärme und Entspannung. Eine andere Person, die nicht gerne schwimmt oder baden geht und der Wasser an und für sich nicht so ganz geheuer ist, fühlt sich bei Nennung des Begriffes „Meer“ eher unwohl und denkt zuerst an Gefahr, Unberechenbarkeit und unendliche, unergründliche Weite.

Die Denotation von **„Schlange“** dürfte auch bei Ihrer Lösung in etwa mit der Wörterbuchversion übereinstimmen: „Kriechtier mit lang gestrecktem, walzenförmigem Körper ohne Gliedmaßen, langer, vorne gespaltener Zunge, das sich in Windungen gleitend fortbewegt.“

Die Begleitgefühle von „Schlange“ sind für die meisten Menschen wahrscheinlich eher unangenehmer Art. Angst und Ekel dürften dominieren. Ferner denkt man mit großer Sicherheit noch an Falschheit und Hinterlist (die sprichwörtliche „gespaltene Zunge“) oder wahlweise an Heimtücke und Bosheit. Würden wir aber einen Schlangenpfleger aus dem Zoo nach seinen Empfindungen zum Begriff „Schlange“ fragen, würden die Antworten vermutlich positiver ausfallen: Eleganz, Lautlosigkeit, Schönheit etc.

# Kapitel 9

## Aufgabe 1

Ulla Hahn unternimmt eine ganze Menge, um die Bezugnahme auf Horaz und die traditionellen Dichtungsregeln als Parodie zu entlarven. In den kompletten zwölf Strophen kommt z.B. nur ein einziges Satzzeichen vor: ein Punkt am Schluss des Gedichtes. Die *Interpunktion als ordnendes Element* fällt somit aus.

Auch die *Enjambements* sorgen zusätzlich dafür, dass der äußerlich traditionelle Strophenrahmen des Volksliedes eine Ordnung nur vortäuscht. Hahn hätte z.B. in der ersten Strophe ohne weiteres auch die „Formen“ (Z. 3) und die „Normen“ (Z. 5) ans Ende der Verszeile setzen können - wenn sie ein „traditionelles“ Gedicht hätte schreiben wollen. Hat sie aber nicht gemacht, sondern bewusst das Enjambement gewählt.

Dadurch vermeidet sie in der ersten Strophe absichtlich auch noch auf elegante Art und Weise einen reinen Endreim („Formen“-“Normen“). Stattdessen präsentiert Hahn den reichlich „krummen“ *Reim* von „neuen“ (Z. 2) mit „alten“ (Z. 4). Sie erinnern sich aber sicher noch aus Kapitel 8 an die Definition der Assonanz: Ausschlaggebend ist der Gleichklang vom letzten betonten Vokal an. Doch das „-euen“ von „neuen“ reimt sich ganz und gar nicht mit „alten“, auch wenn es optisch durch das „-en“ am Versende den Eindruck macht, bzw. machen soll. In den Zeilen 6 und 9 wiederholt sich dieses Spiel mit dem Pseudo-Reim von „euren“ und „den“. Das Kreuzreimschema abab entpuppt sich also bei näherer Betrachtung als absichtliche („optische“) Täuschung. In der dritten Strophe verzichtet die Autorin schließlich ganz darauf, die Fiktion eines durchgängigen Reimschemas weiter aufrecht zu erhalten.

Auch die *Wortwahl* deutet an, dass Hahn mit „Ars poetica“ nicht wirklich ein Loblied auf das klassische Gedicht verfasst hat. Die bewusst antiquiert klingenden Formulierungen „Versesfüßen“ (Z. 4) und „zu Hauf“ (Z. 5) signalisieren schon in der ersten Strophe „Achtung, nicht ganz ernst gemeint!“. Der absichtlich alberne Reim von „Ohren“ (Z. 7) und „Poren“ (Z. 9) zielt in dieselbe parodistische Richtung.

Die zweite Strophe nimmt außerdem noch zwei der bekanntesten Vorstellungen übers Dichten aufs Korn: Die enge *Verbindung von Dichtung und Musik* (auf die in Gattungspoetiken immer wieder hingewiesen wird) und die Vorstellung von der Dichtung als direktem und spontanem *Ausdruck des Innersten der Dichterseele*. Bei Hahn klingen diese Querverweise auf dichterische Traditionen alles andere als respektvoll. Die poetische Inspiration wird quasi ausgeschwitzt: „klingt mir das Lied aus den / Poren rinnen die Zeilen voll“ (Z. 8f.).

Die dritte Strophe macht sich über weitere „klassische“ *dichterische Stilmittel* lustig. In den Zeilen 10 und 11 reiht die Autorin ohne Anspruch auf den Sinngehalt vokalische und konsonantische Gleichklänge aneinander, so z.B. „U's“ und „Ü's“ oder „B's“ und „D's“. Die vielen „und“ in den Zeilen 10-12 fungieren außerdem als Anaphern. Diese parallele Konstruktion verweist aber nicht auf einen inneren Sinnzusammenhang der Zeilen 10-12, sondern die Anaphern dienen lediglich als Anschauungsmaterial in diesem Spiel mit lyrischen Standards.

Die letzten beiden Zeilen dürften vielen Lesern bekannt vorkommen. Hahn hat sich hier das *Bild* der Loreley aus dem Gedicht von Heinrich Heine „ausgeliehen". Bei Heine ist die Loreley daran schuld, dass „am Ende Schiffer und Kahn" von den Wellen verschlungen werden. Im Falle von Hahns „Ars poetica" sorgt die Loreley in den Zeilen 12 und 13 mit ihrem Gesang (dem Gedicht) dafür, dass die Vorstellung vom Sinn einer streng geregelten Dichtungstheorie „untergeht".

Dies ist ein sehr ausführlicher Lösungsvorschlag. Verzweifeln Sie nicht, wenn Ihnen nicht alle der hier genannten parodistischen Elemente aufgefallen sind. Wenn Sie zwei oder drei gefunden haben, so ist das schon ein ordentliches Ergebnis!

# Kapitel 10

## Aufgabe 1

Es gibt drei für den Roman relevante Zeitebenen:

1. Michael Berg als Fünfzehnjähriger: Er lernt Hanna kennen und beginnt eine Beziehung mit ihr
2. Michael als Student: Er verfolgt als Beobachter den Prozess gegen Hanna
3. Michael als Erwachsener: Er schickt Hanna besprochene Kassetten ins Gefängnis

Dazwischen gibt es Teile, die weniger aussagekräftig sind. Es sind jene, in denen die Beziehung unterbrochen ist:

Nach 1. Die Zeit bis zum Abitur und die erste Studienzeit

Nach 2. Seine kurze Ehe und seine Berufsfindung

Nach 3. Die Zeit nach Hannas Tod

Während 1., 2. und 3. die Handlung vorwärtstreiben, sind die jeweils anschließenden Textabschnitte Phasen der Reflexion und der Selbstanalyse, für ihn selber auch Phasen relativer Einsamkeit und innerer Leere. Leere empfindet er nicht, solange er mit Hanna in Beziehung steht, auch wenn er nicht immer glücklich ist. Auch Literatur spielt immer dann eine Rolle, wenn Hanna für ihn präsent ist, in erster Linie in den Teilen 1 und 3. In Teil 2 kommt nur ein einziges Buch vor, nämlich das der Überlebenden, auf Grund dessen schließlich Anklage gegen Hanna erhoben wird.

## Aufgabe 2

1. Die Heimatstadt von Michael Berg, in dieser Stadt
   a. die Wohnung seiner Eltern
   b. Hannas Wohnung
   c. die neue Wohnung der Eltern
   d. das Schwimmbad, wo er sich gegen Ende des ersten Teils gerne mit Gleichaltrigen trifft

2. Fahrradtour

3. Universitätsstadt von Michael Berg und Stadt, in der der Prozess stattfindet, ca. 100 km von der Universitätsstadt entfernt sowie der dort befindliche Gerichtssaal

4. Struthof im Elsass, das nächstgelegene ehemalige Konzentrationslager

5. Das Gefängnis

6. New York

Die gelebte Beziehung zwischen Hanna und Michael findet nahezu ausschließlich in ***Hannas Wohnung*** statt. Zwar lädt er sie einmal zu sich nach Hause ein, als seine Eltern nicht da sind, aber sie fühlt sich dort als Eindringling. Die ***neue Wohnung der Eltern*** spielt nur insofern eine Rolle, als sie Michael, nachdem Hanna verschwunden ist, ein wenig aus dem Bannkreis ihrer früheren Wohnung herauslöst. Das ***Schwimmbad*** ist insofern wichtig für die Entwicklung der Beziehung zwischen Hanna und Michael, als Michael gegen Ende des ersten Teils immer lieber dorthin geht, sich also ein Leben neben der Zeit mit Hanna aufbaut.

Die ***Fahrradtour***, die Berg und Hanna unternehmen ist zwar kein fester Ort, aber dennoch wichtig für die Beziehung zwischen Hanna und Michael. Sie machen Ferien und genießen die Freiheit, die ihnen die Fremde bietet. Zwar können sie sich nicht öffentlich als Liebespaar ausgeben, aber unter der Verkleidung Mutter und Sohn genießen sie zumindest eine relative Freiheit.

Bei Bergs ***Studienstadt*** ist nicht sicher, ob es sich dabei gleichzeitig um seine Heimatstadt handelt. Sie spielt jedenfalls keine große Rolle, höchstens insofern, als er sich in den sonntäglichen Prozesspausen die Umgebung „erläuft". Er bewegt sich viel in der Natur und kommt hier auch auf den Gedanken, dass Hanna Analphabetin ist.

Das ***KZ*** besucht Berg zweimal. Einmal, in der Zeit während des Prozesses, beschreibt er es genauer. Er will hier etwas erfahren, spürt aber in erster Linie die Leere, von der er auch in Zusammenhang mit dem Prozess immer wieder schreibt.

Das ***Gefängnis*** bleibt lange Zeit ein ferner Ort, an dem er Hanna weiß und an den er Kassetten schickt. Er besucht Hanna dort erst kurz vor ihrer Entlassung. Er geht noch ein zweites Mal hin, an dem Tag, an dem Hanna entlassen werden soll, aber vorher Selbstmord begeht.

In ***New York*** findet das Gespräch mit der Überlebenden statt, der Hanna Geld hinterlässt, damit sie es einem guten Zweck ihrer Wahl stiften kann. Diese Frau thematisiert erstmals den (sexuellen) Missbrauch, dessen sich Hanna Michael gegenüber schuldig gemacht hat. Sie sieht Berg ebenfalls als Opfer und konfrontiert ihn mit den Wunden, die diese Beziehung in sein Leben und in seine Beziehungsfähigkeit geschlagen hat.

Die ***Natur***, das Unterwegssein ist für Michael Berg immer wieder wichtig, nach großen Reisezielen kommt er darauf, dass es ihm wichtiger ist, sich „die vertrauten Regionen noch vertrauter zu machen." (S. 126).

## Aufgabe 3

### *Die Themen Liebe und Schuld*

Ein zentrales Thema des Romans ist der Komplex Liebe, Missbrauch und Schuld: die Liebe des Jungen zu der um so vieles älteren Frau, seine Abhängigkeit und seine Unterlegenheit. Aus dieser Liebe resultiert eine ihn sein Leben lang begleitende Unfähigkeit, sich auf andere Frauen einzulassen, ihnen zu vertrauen, sich ihnen hinzugeben.

Später quält ihn der Gedanke, eine Frau geliebt zu haben (und möglicherweise immer noch zu lieben), die so Schreckliches getan hat. Er fühlt sich dafür schuldig, so wie sich viele Missbrauchsopfer schuldig fühlen für das, was ihnen angetan wurde: „Also blieb ich schuldig. Und wenn ich nicht schuldig war, weil der Verrat einer Verbrecherin nicht schuldig machen kann, war ich schuldig, weil ich eine Verbrecherin geliebt hatte." (S. 129)

Mit dem Beginn seiner Liebe verliert Michael Berg also seine „Un-Schuld", und das in mehr als einer Beziehung.

### *Das Thema Nationalsozialismus*

Der Prozess, in dem Hanna angeklagt ist, ist ein Teil der Abrechnung mit dem Nationalsozialismus im Vorfeld der 68er-Bewegung. „Es war nicht der erste KZ-Prozeß und keiner der großen." (S. 86), sagt Berg selbst. Zunächst befindet sich Berg in der selbstbewussten Aufklärerposition des jungen Menschen, der, etwas selbstgerecht vielleicht, klar zwischen Gut und Böse zu unterscheiden weiß. Nicht zuletzt durch die Liebe zu Hanna wird er in seiner Klarheit, seiner Eindeutigkeit und seiner Entrüstung gegen die Täter verunsichert, fühlt sich gelähmt: „Sollen wir nur in Entsetzen, Scham und Schuld verstummen? Zu welchem Ende? Nicht daß sich der Aufarbeitungs- und Aufklärungseifer, mit dem ich am Seminar teilgenommen hatte, in der Verhandlung einfach verloren hätte. Aber daß einige wenige verurteilt und bestraft und daß wir, die nachfolgende Generation, in Entsetzen, Scham und Schuld verstummen würden – das sollte es sein?" (S. 100)

### *Das Thema Literatur und Lesen*

Hanna Schmitz kann nicht lesen und liebt die Literatur. Sie nimmt den Jungen Michael, ebenso wie vormals die schwächeren Jüdinnen im Lager, als Vorleser, ohne ihr Analphabetentum zu verraten. Sie benutzt sie also.

Insofern kann man, als Hanna im Gefängnis das Lesen erlernt, auch von einer Veränderung, einer *Läuterung* ausgehen: Sie muss nicht mehr verheimlichen, sie muss nicht mehr benutzen und lässt es Michael wissen: „Jungchen, die letzte Geschichte war besonders schön. Danke. Hanna." (S. 177) Michael jedoch schickt ihr weiterhin Kassetten, hält am früheren Bindeglied Literatur fest.

Die Literatur ist ihm jetzt eine Stütze in seiner Sprachlosigkeit Hanna gegenüber, er spricht zu ihr, aber nicht in eigenen Worten. Die Literatur verdeckt auch, dass Michael Hanna nicht mehr liebt, jedenfalls nicht mehr begehrt: „Ich hatte Hanna eine kleine Nische zugebilligt, durchaus eine Nische, die mir wichtig war, die mir etwas gab und für die ich etwas tat, aber keinen Platz in meinem Leben." (S. 187) Und: „Das Vorlesen war meine Art, zu ihr, mit ihr zu sprechen."(S. 180)

## Aufgabe 4

Der Literaturkanon beginnt mit Schullektüre: *Emilia Galotti* und *Kabale und Liebe* (das sie sich zu einem späteren Zeitpunkt auch im Theater anschauen), dann schreibt er ihr ein eigenes Gedicht, Benn und Rilke nacheifernd. Auf ihren Wunsch hin liest er ihr ein Strück aus dem Kant-Buch, das sein Vater verfasst hat, vor. In der Schule lesen sie die *Odyssee* von Homer. Michael liest Hanna *Krieg und Frieden* vor, das auch für ihn neu ist: „Wir taten die ferne Reise gemeinsam." (S. 68)

Der erwachsene Michael Berg liest die *Odyssee* auf Kassette, dann Erzählungen von Schnitzler und Tschechow. Er liest Texte von Keller, Fontane, Heine und Mörike. Er wagt sich jetzt auch an Gedichte, liest Werke, die er selbst bereits gut kennt und schätzt. Als Junge hatte er vor allem Schullektüre oder ihm selbst unbekannte Werke vorgelesen. Weiterhin fallen die Namen Kafka, Frisch, Johnson, Bachmann und Lenz. Berg arbeitet sich also zur zeitgenössischen Literatur vor, lehnt jedoch die experimentelle Literatur ab. Hanna charakterisiert in ihren Antworten die Autoren Schnitzler, Zweig, Keller, Goethe und Lenz, ohne sie jedoch in ihrer Zeitgeschichte eingebettet zu wissen.

Mit *Emilia Galotti* und *Kabale und Liebe* greift Michael nach den Klassikern Lessing und Schiller: Es handelt sich um zwei Theaterstücke, die sich ähnlich sind in ihrer Kritik der absolutistischen Willkür und in der Aufwertung des bürgerlichen Standes. Beide behandeln Frauenschicksale und beide enden tragisch.

*Krieg und Frieden* von Leo Tolstoi hingegen ist ein Roman, ein dicker und fesselnder Roman. Hier steht weniger ein Einzelschicksal im Mittelpunkt, sondern das Individuum ist eingebettet in große gesellschaftliche Zusammenhänge und Veränderungen.

Die *Odyssee* ist ein Klassiker des Altertums und im Original nur Menschen mit humanistischer Bildung zugänglich, ein eher elitäres Werk also. Berg liest es Hanna in der deutschen Übersetzung vor. Über die Romantik (Heine) arbeitet sich Berg zu den damals zeitgenössischen Autoren und Autorinnen wie Ingeborg Bachmann vor.

Im zweiten Teil des Literaturkanons, den Berg als Erwachsener vorliest, werden kaum noch Werke genannt.

Ich kenne wohl die Autoren und Autorinnen und habe von den meisten schon etwas gelesen. Ich hätte teilweise anders gewählt, weil seither ja auch wieder neue Bücher erschienen sind. Ich persönlich stelle mir vor, dass Hanna Bücher über außergewöhnliche, starke Menschen gefallen hätten wie Peter Hoegs *Fräulein Smillas Gespür für Schnee* oder Sten Nadolnys *Die Entdeckung der Langsamkeit*.

# Kapitel 11

## Aufgabe 1

***Winnies und Meggies Sicht ihrer Berufe***

| **Winnie** | **Meggie** |
|---|---|
| Sieht sich als Gewinner | Sieht sich als Verliererin |
| Vergleicht sich mit dem Abteilungsleiter, dem er sich überlegen fühlt | Vergleicht sich mit ihren Cousinen, denen sie sich unterlegen fühlt |
| Fühlt sich kompetent in seiner Tätigkeit | Weiß nicht, was sie eigentlich tut |
| Schreitet in seiner Karriere fort | Wartet, „dass ihr Beruf auftaucht“ |
| Das „Drumherum“ (Reisen z.B.) wertet er als Zeichen des Wachstums | Das „Drumherum“ (z.B. Seifenspender auffüllen) empfindet sie als Hindernisse ihrer Spezialisierung |

## Aufgabe 2

Am letzten Punkt der Beantwortung von Aufgabe 1 sieht man deutlich: Winnies Job hat sicherlich mehr soziale Anerkennung als Meggies. Bei Winnie gehören Flugreisen zu seiner Arbeit dazu. Er kommt viel herum, lernt die Welt kennen. Bei Meggie sind es bloß Seifenspender, die sie auffüllen muss. Schlimmer noch: Ihr Beruf *besteht* aus einer Vielzahl solcher Aufgaben, aus kleinen, einfachen Handreichungen und praktischen Tätigkeiten. Sie kommt aus den Wänden des Altersheims nicht heraus.

Winnie spricht von Know-how, von Fähigkeiten, hat wachsendes Zutrauen in sich. Meggie hingegen fühlt, dass sie stagniert, dass sie „ihre eigene Entwicklung verpennt“, wie sie sagt.

## Aufgabe 3

Winnie setzt auf ***Wiederholungen***: „Wenn einer eine Reise tut“ (2x, Z. 1), „Abteilungsleiterchen“ (2x am Anfang, Z. 7, 8 und 1x am Schluss, Z. 20), „Muttchen“ (in jedem Absatz, im ersten sogar 2x, Z. 2, 5, 8, 10ff., 15, 20, 21), „Lachen“ (ein herzhaftes Lachen ... dein Muttchenlachen ..., Z. 10f.).

Er benutzt ***Verkleinerungsformen*** gegenüber Leuten, die in der Hierarchie über ihm stehen - seine Mutter und sein Abteilungsleiter werden mit einem „chen“ bedacht. Das beschönigt ein wenig, dass er seine Mutter an ihrem 80. Geburtstag nicht besucht und den Abteilungsleiter von seinem Posten verdrängen will und auch aktiv daran arbeitet.

Diese Situation beschönigt er auch mit dem Satz: ..., so unschuldig wie dein Winnie, Muttchen, hat noch keiner was gewonnen.“ (Z. 21f., ***Euphemismus***).

Winnie benutzt ***Bilder***, das Bild des Wachsens etwa: „... und deinen Winnie würd es gar nicht wundern, wenn er ... Knospen an den Fingern hätte.“ (Z. 15ff.) Er sieht sich „gesprenkelt vom vielen Erfolg“ (Z. 18f.), seinem Abteilungsleiter „klappt der Sitzboden weg“ (Z. 20).

Auch Meggie benutzt ***Bilder***, allerdings etwas deftigere: „für die ist Europa ein alter Speiserest“ (Z. 27) oder „Stewardess für die letzte Reise“ (Z. 42). In ihrer Sprache spiegelt sich die Morbidität ihres Umfelds und die Alltäglichkeit, die sie umgibt. Sie spielt mit ***Wiederholungen*** („unbrauchbar für Tesafilm, unbrauchbar fürs Aufwischen, unbrauchbar fürs Nachfüllen von Seifenspendern“, Z. 35f.). Sie zeichnet ein Gegenbild, einen ***Kontrast*** zu ihrem jetzigen Dasein, und selbst von diesem Gegenbild malt sie die negative Seite sehr viel deutlicher aus als die positive: man könnte sagen, sie hat kaum eine positive Vision: „..., jenseits meiner Spezialisierung möchte ich eine Katastrophe sein, eine zerstreute Linkshändige, eine Gefahr fürs Alltägliche“ (Z. 36ff.). Meggie ist eine Meisterin in der ***Umkehrung des Euphemismus***, so wie Winnie Dinge beschönigt, kann sie sie „verhässlichen“.

## Aufgabe 4

Im Altersheim stehen sich zunächst einmal zwei Gruppen gegenüber: die Heimbewohner und das Personal. Das sind die Alten und die Jungen; die, die dort leben und die, die dort arbeiten; die, die zahlen, und die, die bezahlt werden; die, die arbeiten, und die, die nichts tun dürfen. Man kann vielleicht sogar sagen: die Hilflosen und die Helfer, die Ohnmächtigen und die Mächtigen.

Das macht schon eine Menge Unterschiede. Hinzu kommt, dass eine über Jahrhunderte gewachsene Hierarchie inzwischen überkommen ist: die Alten besitzen keine Autorität mehr gegenüber den Jungen - eine gesellschaftliche Entwicklung der letzten 50 Jahre.

Im Altersheim ist diese Umkehrung der Verhältnisse am deutlichsten zu erkennen: Waren die Alten vormals mächtig, oft noch im Besitz ihres Grund und Bodens, ihrer Häuser und standen ihren Großfamilien vor, so leben sie im Altersheim fast ausschließlich unter Ihresgleichen, fast wie in einem Getto. Ihre Rente geht für die Pflegekosten drauf, es gibt nichts mehr zu entscheiden und nicht mehr viel zu tun. Früher konnten sie noch Einfluss nehmen auf das Leben ihrer Kinder und Enkel (was zugegebenermaßen für diese auch nicht immer nur positiv war), doch jetzt entscheiden andere über sie, sie müssen sich in eine große Gemeinschaft einfügen und sich auch dem Willen des Personals unterordnen.

In der heutigen Zeit, in der Leistung zählt, in der es wichtig ist, schnell zu sein, mobil und anpassungsfähig, wirken alte Leute oft wie Repräsentanten einer anderen Zeit, ja, einer anderen Welt. Die alte Dame an der Supermarktkasse, der die Kassiererin das Geld aus dem Geldbeutel nehmen muss und die das Wechselgeld noch einmal vorgezählt haben möchte, die vielleicht noch eine kleine Geschichte erzählen will, weil diese Kassiererin für heute ihre einzige Gesprächspartnerin bleiben wird, steht vor einem jungen Kreditkartenkunden, der nur schnell einen Snack für seine halbstündige Mittagspause einkaufen will. Hier prallen Welten aufeinander und nicht selten enden solche Begegnungen in gegenseitigem Unverständnis und Aggression.

Eine weitere gesellschaftliche Entwicklung ist, dass es immer mehr alte Menschen gibt und diese auch immer ärmer werden. Das hebt nicht ihr Ansehen in dieser Gesellschaft. Wenn auf jeden Arbeitnehmer ein Rentner kommt, den er sozusagen „mitfinanzieren“ muss, weil der Generationenvertrag auf Grund der Bevölkerungsentwicklung nicht mehr funktioniert, sorgt das für einen schlechten Lebensstandard der Alten und der Jungen, für Neid und Missgunst auf beiden Seiten.

Das Leben im Altersheim zeigt all diese Konflikte - die finanziellen Probleme wie auch den Wertewandel - in höchst kondensierter Form. Dafür sorgen die räumliche Nähe, der oftmals schlechte gesundheitliche und geistige Zustand der Bewohner, die knappe Personaldecke und der entsprechende Stress bei den Altenpflegerinnen.

Das Bild von den Rassenunterschieden scheint mir darum nicht so weit hergeholt.

# Kapitel 12

## Aufgabe 1

Da können wir Ihnen keine verbindliche Musterlösung vorgeben, aber der Kapitelautor hat sich zumindest an einem Akrostichon zu seinem eigenem Vornamen versucht. Was die geschilderte Situation anbetrifft - Ähnlichkeiten mit lebenden Personen oder tatsächlichen Ereignissen wären rein zufällig.

S ie! Sie hatte „Sie" zu mir gesagt. Das war zu viel! Was kommt als nächstes? Dass mich jemand fragt: „Soll ich Ihnen über die Straße helfen ...?"

T his is the end, my friend - wie Recht du hattest, Jim Morrison

E s also geht dem Ende zu. Und woran erkennt man das (außer dass man immer häufiger depressive Songs aus den 70ern hört) ? An Situationen wie dieser:

F rage (Sie, neunzehn, neue Bedienung in der Kneipe): „Was möchten **SIE (!)** trinken?"

A ntwort (er, Stammgast, noch nicht mal Ende dreißig): Schockiertes Schweigen, dann - „Einen dreifachen Vodka ... ach was, die ganze Flasche ..."

N ie wieder verlasse ich das Haus - habe ich mir seit jenem Abend geschworen. Einsam und elend werde ich von nun an den bescheidenen Rest meiner verbliebenen Tage damit verbringen, das Anwachsen meiner Glatze zu verfolgen. Lebe wohl, schnöde, siezende Welt ...

## Aufgabe 2

Da war es wieder, dieses sehnende Verlangen. Ich kann nicht wirklich sagen, dass ich mich direkt dafür „verachtete", eher so ein bisschen stille Resignation gepaart mit der Erkenntnis, dass andere eben härter waren als ich. Na und, klopfte ich mir innerlich tröstend auf die Schulter, dafür bin ich ... schön und klug. Sich selbst ab und an zu belügen, hat etwas sehr motivierendes. Ich spreche aus langjähriger Erfahrung. Natürlich habe ich nicht gleich nachgegeben. Ein bisschen Stolz hat man schließlich. Ich ging erst mal zum Schreibtisch. „Plenus venter non studet libenter" (Ein voller Bauch studiert nicht gern). So ein Schwachsinn, noch dazu lateinischer Schwachsinn. Hat bestimmt ein unglaublich fetter Dichter geschrieben, um sich an der dünnen Welt zu rächen, die ihn immer „Tonne von Sparta" oder so ähnlich genannt hat. Während der folgenden fünfzehn Minuten hatte ich eine echt gute Zeit. Ich erfand überaus geistreiche Beschimpfungen für diesen imaginären wohlbeleibten Dichter. Holte sogar mein altes Latein-Lexikon heraus: „Dolium pingue Spartae" – „Die fette Tonne aus Sparta". Ich war rasend stolz auf mich. Nachdem ich's diesem antiken Schmierfinken nun gegeben hatte, war es an der Zeit, es mir selbst zu „geben".

Sie im Kühlschrank zu verwahren, wäre schlichtweg eine Sünde. Wie könnte ich sonst immer und immer wieder im flüchtigen Vorübergehen die poetischen Zeilen „mit dem Besten aus 1/3 Liter entrahmter Milch" lesen? – Eben, gar nicht.

Ganz ehrlich, geliebtes, wenngleich kalorienhaltiges Nutella: Ohne dich kann ich nicht leben!

## Aufgabe 3

Am Samstag, nach Ladenschluss, wird die Nahrungsbeschaffung selbst für einen alten, erfahrenen Wolf manchmal etwas schwierig. Und, was soll ich sagen, Glück muss man haben. In diesem Falle bedeutete das: weiblich, jung, rotkäppig – ein Mädchen, mit einer roten Baseballkappe, allein im Wald unterwegs. Oder, wie wir unter uns Wölfen sagen, Essen auf Beinen. Köstlicher Scherz, nicht wahr!? Sie können sich jetzt wohl denken, was wir zu Radfahrern sagen – Essen auf Rädern, haha.

Wie auch immer, das kleine Mädchen mit der roten Baseballkappe trug einen Korb mit Kuchen und Wein. Sie war nicht gerade die Hellste, wenn Sie wissen, was ich meine, und bevor ich's verhindern konnte, textete sie mich mit der rührseligen Geschichte von ihrer kranken Großmutter zu. Oho, noch was für den kleinen Hunger zwischendurch, dachte ich, ließ die Kleine erst mal Kleine sein und hetzte zum Haus der Großmutter.

Ich also hin zum Haus der Großmutter und nehme den Senioren-Snack gleich an Ort und Stelle zu mir. Schalte den Fernseher ein, während ich auf die Enkelin mit der roten Kappe warte. Hatte ich schon erwähnt, dass die Kleine nicht gerade eine Leuchte war? Ja, hatte ich. Also, kommt die rein, hält mich (!) für ihre Großmutter – mal ehrlich, wie blöd kann man sein? – und fängt auch noch an, mich zu beleidigen. Meckert über meine angeblich großen Ohren, meine großen Hände und meinen großen Mund! Da ist mir echt der Kragen geplatzt und ich hab' sie auf der Stelle aufgefressen. Wollte sie ja eigentlich mit den Kindern beim Videogucken teilen, aber, was soll man machen. Man ist halt auch nur Wolf! Dann muss ich wohl eingeschlafen sein und das nächste, an das ich mich erinnere: Ich stehe auf einer Wolke und klopfe an eine Tür. Ein weißhaariger Wolf mit langem Bart macht auf, reicht mir eine Harfe und sagt: „Willkommen, du hättest an dein Magengeschwür denken sollen".

Den anderen Wölfen auf der Wolke gegenüber hab' ich die Geschichte dann noch ein bisschen ausgeschmückt, einen Jäger dazu erfunden, der mir den Bauch aufgeschnitten, die beiden Snacks recycelt und mir stattdessen Steine in den Bauch gefüllt hat, woran ich dann letztendlich gestorben bin.

Und, Sie werden's nicht glauben, die haben mir die Geschichte doch glatt abgekauft!

## A



## B



## C



## D

## E



## F

## G



## H



## I

## J



## K



## L

## M



## N



## O

## P



## R



## S

## T

## U



## V



## W



## Z

## A



## B



## C



## D



## E



## F



## G

## H



## J



## K



## L



## M



## N



## O